微表情心理学全集

人际交往中的心理策略

WEI BIAO QING XIN LI XUE

陈璐 编著

中央编译出版社
Central Compilation & Translation Press

图书在版编目（CIP）数据

微表情心理学/陈璐编著. -- 北京：中央编译出版社，2014.6
ISBN 978-7-5117-2153-2

Ⅰ．①微… Ⅱ．①陈… Ⅲ．①表情－心理学－通俗读物 Ⅳ．①B842.6-49

中国版本图书馆CIP数据核字(2014)第 091157 号

微表情心理学全集

出 版 人：葛海彦
责任编辑：盛菊艳
特约编辑：张金蓉
责任印制：尹 珺
出版发行：中央编译出版社
地　　址：北京西城区车公庄大街乙5号鸿儒大厦B座（100044）
电　　话：(010) 52612345（总编室）　　(010) 52612335（编辑室）
　　　　　(010) 52612316（发行部）　　(010) 52612317（网络销售）
　　　　　(010) 52612346（馆配部）　　(010) 55626985（读者服务部）
传　　真：(010) 66515838
经　　销：全国新华书店
印　　刷：北京嘉业印刷厂
开　　本：710毫米×1000毫米　1/16
字　　数：300千字
印　　张：24.5
版　　次：2014年6月第1版
印　　次：2018年7月第10次印刷
定　　价：39.80元

网　　址：www.cctphome.com　　邮　　箱：cctp@cctphome.com
新浪微博：@中央编译出版社　　　微　　信：中央编译出版社（ID:cctphome）

本社常年法律顾问：北京市吴栾赵阎律师事务所律师　闫军　梁勤
凡有印刷质量问题，本社负责调换，电话：010-55626985

前言
PREFACE

俗话说："画虎画皮难画骨，知人知面不知心。"就如同动物依靠保护色躲避敌人的攻击一样，人类也喜欢把自己伪装起来，不愿意表现出真实的一面。例如，几乎所有的职员在上司面前都会表现自己的勤劳努力，所有的情侣相处时都会向对方表达自己的痴情专一，所有的推销员都会说自己的产品非常好，但真相究竟如何？在上司背后偷懒的员工不在少数，结婚后不乏红杏出墙者，我们也经常为冲动买下的产品叫苦不迭。所以说，社会本来就是复杂的，人们为了追求利益常常会发生钩心斗角、尔虞我诈的事情，而想在这个扑朔迷离的社会里拨云见日，免受他人的误导、欺骗、中伤，就必须掌握"微表情读心术"的技巧。

所谓的微表情就是人在受到来自外界的刺激后，所产生的一种应激反应。这种反应最短可持续1/25秒，最长也就是1/5秒，往往都是一闪而过，在实验里，只有10%的人察觉到。但相比人们有意识做出的表情（这种表情往往有很强的虚假性），"微表情"更能体现人们真实的感受和动机。因为，微表情是人类作为一种生物，经过长期进化而遗传、继承下来的，是人类实现生存和繁衍的本能反应。这种表情不经过大脑，没有任何修饰，不以人的主观意识而转移，不能伪装，不能作假。它是人在遇到应急刺激后所做出的"第一表情"，这种表情才是人内心最真实的声音，所以要知道对方内心的真实想法，读懂微表情是关键！如果你观察到了真实的微表情，接着又看到了试图掩饰和造作的表情，那么真相已经摆在你的面前。

菲尔先生是一位心理医生，有一次公司派对的时候，他发现自己的女友与自己的同事杰里神色很是暧昧。

菲尔并没有立刻表达出心里的愤怒，等杰里走了之后，他貌似随意地告诉自己的女友："嗨，亲爱的，你知道吗？约翰和玛丽，我们还去参加过他们的订婚仪式来着，三天前他们吹了。"

"哦？这是为什么？"果然，女友的兴趣被勾了起来。

"因为约翰发现玛丽和自己的上司有一腿。"菲尔一副闲谈的样子，眼神却密切注意着女友的表情。

"是吗？那可真是不幸。"女友笑了笑，笑容却有些不自然，她转过身向厨房走去，"哦，天哪，这都几点了？我该做晚饭了。"

"我出去吃，不用等我了。"菲尔脸色阴沉地出了门，径直去了私家侦探社。果然，不出几天，他聘请的私家侦探就拍到了他的女友与杰里举止亲密的照片。

菲尔先生用的这种试探方法正是心理学上的"墨迹测试"，他一边描述一个比较类似的情景，一边观察女友的反应，如果女友当时表情很轻松，而且很感兴趣地和他闲谈起来，他就可以对女友放心，而遗憾的是结果果真如他所料。但不管怎么说，这个读心的招数还是非常有用的，至少让他很快了解到事实真相。

微表情是人们内心活动的"放大器"，一张面孔下有什么样的心理活动，都可以通过微表情尽收眼底。一个人的外表、姿势、动作和说话的语气，甚至是一个眼神、一个习惯，都在传达其内心的所思所想。正如法国文学家狄德罗所说的："一个人，他心灵的每一个活动都表现在他的脸上，刻画得很清晰，很明显。"因此，面试官可以通过微表情识别应聘者的职业素养，下属可以通过微表情了解领导的真实意图，推销员可以通过微表情洞察客户的心理活动……借由观察并解读他人的微表情，不仅能掌握他人当下的情绪与想法，对于其性格与行事风格也能推断一二。

在竞争日益激烈的时代，掌握他人的长短优劣，在细微之中察人于无形，从而控制他人，是追求成功的人士必须要牢牢掌握的杀手锏。如果我们错误地理解了微表情的含义，会让我们对交流对象形成错误的判断，这无疑增加了人们之间的隔阂；如果正确理解了微表情，我们就能够从他人一闪而过的表情信号里发现有价值的信息，以此来准确地识别他人。

本书将心理学知识应用于日常工作、生活、交际中，教你在与人交往过程中灵活运用心理学的方法，快速地学会如何读心，如何识人，如何用眼睛洞察一切可以观察的事物，读懂他人内心深处的微妙心思，并对之做出精准的判断和剖析，从而更好地面对社会上形形色色的人。可以说，书中的每一个读心技巧都是我们日常生活中时时刻刻都能用到的，掌握了本书中的技能，必能在人际交往中春风得意，在工作生活中左右逢源，从而掌握人生的主动权！

目录
CONTENT

第一章 观人于细微，察人于无形 / 1

察言观色是一切人情往来中操纵自如的基本技术。不会察言观色，等于不知风向便去转动舵柄。在现实生活中，我们需要和各色各样的人打交道，面对非常复杂的人群，我们必须练就一双慧眼，能够准确地读懂他人的内心。如此一来，很多人的小心思就难逃你的法眼。

微表情：瞬间流露的表情才是真实可信的 …………………………3
真假表情：人的表情是最善于掩饰和伪装的 ………………………6
安慰行为效应：当人内心不安时会自然流露出小动作 ……………8
指向性的脚部：从脚部动作可以看出对方的情绪波动 ……………11
保卫性的躯干：从躯干动作可以看出双方的信任关系 ……………14
象征着领地的手臂：手臂动作就是对方的权力宣告 ………………17
一切尽在掌中：通过手看出对方的自信程度 ………………………20
从手势看出蛛丝马迹，看谁还对你撒谎 ……………………………23
从说话中找出破绽，让说谎者无所遁形 ……………………………26
示爱肢体动作：异性间示爱时身体本能发出的信号 ………………28

第二章 眉梢眼角藏心计，音容笑貌露玄机 / 33

微表情是内心真相的流露。当人们在表达某种思想或心情时，人们的脸上会有一闪而过的表情，这其实就是一种微表情的展示和交流。这些微表情传达的信息就是了解他人内心意图的最准确的线索。人可貌相，通过微表情的细致观察和分析，我们可以看出一个人的精神生活和内心玄机。

头部动作能够最直观地表达内心语言……………………………………35
眼睛是连接心灵与外界的窗口………………………………………………37
从眼神里能看出对方内心状态………………………………………………39
不同的笑容背后隐藏着不同的秘密…………………………………………40
额头也能反映出对方的情绪…………………………………………………42
鼻子也会泄露心机……………………………………………………………44
眉毛也能向人"传情"…………………………………………………………46
嘴巴动作反映着内心的活动…………………………………………………48
牙齿透露着人的情绪状态……………………………………………………50

第三章　触摸人性脉搏，识破对方谎言 / 53

　　生活中处处有谎言，这绝不是危言耸听。无论你是经理、公务员、作家、专家，还是其他任何人，都面临形形色色的谎言。而如果你被其中的某一个谎言欺骗，你的事业就很可能遭受重创。你要做的就是在五分钟内判断对方说的是真话还是谎话！

通过面部表情识别对方的谎言…………………………………………………55
撒谎者常常触摸鼻子……………………………………………………………56
频繁眨眼睛说明他在撒谎………………………………………………………58
抓挠耳朵代表什么意思…………………………………………………………59
用手遮住嘴巴传达出什么信号…………………………………………………61
谈话方式泄露了说谎的秘密……………………………………………………63
微笑是否能够隐藏谎言…………………………………………………………65
目光坚定不一定代表诚恳………………………………………………………66
抓挠脖子是口是心非的暗号……………………………………………………68
撒谎者在不经意间有多余动作…………………………………………………70

第四章　透过对方的话语，探视内心需求 / 73

　　一个人的言语，包括说话的语音跟韵律，都是自我心声的流露。学会分析声音的基本特点，以及能够从简单的言语中解读出更深层面的意思，即使再含糊晦涩的话语，你也可以听出说话人真正的思想情感，从而更深入地了解对方，看透人心。

向你询问第三者意见的人其实是想知道你的意见…………………… 75
特意强调"巧合"的事可能是有意为之的 …………………………… 77
提供"二选一"选项的人，是在下套让你钻 ………………………… 79
嘴上说"欢迎提意见"，心里并不想听到你的批评意见 …………… 81
不断抱怨第三者的人可能是在间接地抱怨你 ………………………… 83
以忙为借口拒绝你的人可能只是需要你再三邀请 …………………… 85
托付你顺便去办的事可能才是他真正关心的事情 …………………… 87

第五章　洞察处世方式，揭示交往准绳 / 91

　　在日常生活中，人际交往是不可避免的，但世事复杂，人心难测。尤其是初出茅庐的年轻人，涉世不深，常常因为缺乏辨别他人意图的经验而导致失败。其实，读心识人并不难！只要你能够仔细挖掘对方的处世方式，你就能调整自己的交往方式，轻松处理复杂的人心！

能实时抓住对方需求的人，办事有能力 ……………………………… 93
谦逊的人周围自然会有很多人帮忙 …………………………………… 95
视为人效劳为己任的人，可以与之共存共荣 ………………………… 98
办事条理清晰的人，具有理解力和指导力 …………………………… 100
把他人放在第一位的人，可以放心与他交往 ………………………… 103
可以从吃亏中收获的人，能与他建立长期关系 ……………………… 105
能把时间换算成金钱的人，是个计划周详的人 ……………………… 108
重视知识和技能的人，对自己的职业感到自豪 ……………………… 111
拥有吸引同伴的光环，在事业上一定会成功 ………………………… 113

第六章　巧妙试探，实践出真知 / 117

人们常说的一句俗语："是骡子是马，拉出来遛遛。"意思是试验一下就知道谁才真正有本事，虚张声势以及自吹自擂都是没有用的，有没有真才实学一试便知，实践是检验真理的唯一标准。当然"路遥知马力，日久见人心"，也是一种实践的方法，但更可取的是主动设计情景安排试验的方法，这种方法在中国传统的识人术方面有着悠久的历史。

让他经手钱财，看他是否廉洁……………………………………119
告知机密要事，看他能否保密……………………………………121
美色当前，看他举止是否轻佻……………………………………123
以美酒招待他，看他酒醉后的行为………………………………125
匆忙之间与他约定，看他是否守约………………………………128
突然查问他，看他的知识储备……………………………………130
交给他一件难办的事，看他的能力高低…………………………133
以大是大非来问他，看他的判断能力……………………………135
告诉他大祸临头，看他有无抗争的勇气…………………………137
给他介绍地位不同的人，看他是否势利…………………………139

第七章　用心观察，答案不言自明 / 143

通常来说，一个人的人品是品出来的，不是试探出来的。一个人平时的举止行为，就会证明他是什么样的人，因为一个人的人品不是装出来的，是本身的素质的体现。《论语》就记载了孔子名言："视其所以，观其所由，察其所安；人焉廋哉。人焉廋哉。"意思是，要观察他因何去做，再观察他如何去做，再观察他做此事时的心情如何，安或不安。如此观察，那人再向何处去藏匿呀？！

看他富裕时，结交什么样的朋友……………………………………145
看他有钱时，把钱花在什么地方……………………………………147
看他有地位时，待人接物是否知礼…………………………………149

看他身居要职时，推举什么样的人 …………………………… 152
看他穷困时，是否接受非分之财 ……………………………… 154
看他地位卑下时，是否堂堂正正 ……………………………… 156
看他不得志时，做人的底线在哪里 …………………………… 159
看他远离领导和监督时，是否忠诚 …………………………… 162
看他闲暇时，追求什么 ………………………………………… 164

第八章 闻其声，辨其人，识其心 / 167

　　人的言辞是传递心声最简便而又最直接的一种方式，同时，不同的心理反应往往会通过不同的言辞与神情表现出来。一个人的语言与微表情是密切相关的，并且一个人的微语言，更是其内心世界的真实写照。因此我们可以通过一个人的声音，辨别其为人，再推测出他的想法。

从打招呼言语中能看出人的性格 ………………………………… 169
回答问题的习惯透露出性格秘密 ………………………………… 171
口头禅彰显着一个人的个性 ……………………………………… 173
说话声音变化可以反映出人的内心变化 ………………………… 175
说话声调也能反映出一个人的个性 ……………………………… 177
语速快慢不同，内心状况不同 …………………………………… 179
语言风格是个人修养的显示 ……………………………………… 181
谈事情场合的选择体现着处世方式 ……………………………… 183
从客套话中辨别对方的真意 ……………………………………… 185
言辞过恭者必怀戒心 ……………………………………………… 187

第九章 千头万绪藏心间，一举一动露真相 / 189

　　身体语言是一个人下意识的举动，它最不具欺骗性，因此常常会出卖人们内心的真实想法。读懂身体语言，你就能轻松自如地破解那些意在言外的信息，从而读懂他人，领悟他人微妙的感情，你就能更清楚地理解对方的真实意思，从而使得沟通能够更顺利地进行，随心所欲地掌控局面。

握手，能握出内心的秘密·· 191
行走姿势是个性的速写·· 193
站姿最能反映一个人秉性如何··· 195
坐姿体现着一个人的内心状态··· 197
手是表达信息的最好工具·· 199
双臂交叉抱于胸前的人防卫心强·· 201
爱幻想的人总是双手托腮·· 203
双手叉腰的人充满了敌意·· 205
双腿交叉是自信舒适的象征·· 206
不自觉地抖脚是内心紧张的表现·· 208

第十章　透视行为心理，掌控人生全局 / 211

人类就好像大自然中的树木，每一棵树都有各自的特点，但是，总存在一些共同之处。通过权威的行为心理知识分析人性的自我，不仅能够帮助你更加了解自己，而且能够让你掌握人性共同之处，从而易于了解他人，以便于站在他人的角度上，直视对方心底的秘密。

发掘一个人行为背后所隐藏的意义······································ 213
发现潜藏在内心深处的未知的自己······································ 215
分析他人个性，预见其未来的行为······································ 218
心理学家教你做人际关系的大赢家······································ 221
由行为可以窥探出对方的心理真相······································ 223
通过潜意识，帮助你了解他人心底秘密······························ 226
通过周哈里窗，帮你打开心灵之窗······································ 228
通过心智模式，为你辨析他人惯性思维······························ 231
通过内在的小孩，带你看透他人的过去······························ 233
通过认知失调，为你揭露他人心理原动力··························· 236

第十一章　辨明人格类型，摸清行为模式 / 239

人格指的是人们所具有的与他人相区别的独特而稳定的思维方式和行事的风格。如果说一个人如同电脑的主机，那么人格就好比主机的运行程序，不同人格的人，为人处世的风格也大不相同。了解一个人的人格类型，对你判断出他是什么"型号"，应采取什么"程序"来沟通大有裨益。辨明对方的行为特征，透视他们的心理活动，对我们识人察人用人，有着意义重大而深远的帮助。

双重人格：一具躯体里的"两个人" ································· 241
自恋型人格：傲慢自大的"自私鬼" ································· 244
强迫型人格：强迫倾向的"工作狂" ································· 247
回避型人格：过于羞涩的"老实人" ································· 250
依赖型人格：小鸟依人的"没头脑" ································· 253
被动攻击型人格：背后捅刀的"老油条" ····························· 256
表演型人格：人生就好像戏剧一样精彩 ······························· 259
分裂型人格：人际交往困难的"自闭者" ····························· 262
偏执型人格：总是猜疑的"倔脾气" ································· 264
边缘型人格：情绪不稳的"动荡源" ································· 267
反社会人格：毫无责任心的"恐怖分子" ····························· 270
A型愤怒人格：总是紧张的"高压电" ································· 273
ADHD型人格：思维跳跃的"外星人" ································· 276

第十二章　透过防御机制，洞穿心理弱点 / 279

我们每个人都有自己独特的一套防御机制，又被称为置换机制。靠着它，才能保护我们在愤怒时不至于失去理智，在沮丧时不至于万念俱灰，在兴奋时不至于得意忘形，堪称是神奇的心灵"变压器"。通过行为了解他人的防御机制，能够帮助我们更快地了解一个人，看穿他的心性与弱点，从而加以防备或利用。

防御机制：情绪压力的"转换器"……281
攻击机制：自我焦虑的暴力宣泄……283
嫉妒机制：心怀愤恨者的恶性转移……286
反态机制：被理性束缚的双面人……288
过失机制：当理性未能束缚你……290
退行机制：岁数越大，活得越小……293
白日梦：欲求不满者的心灵庇护所……296
代偿机制：迁怒之人必有一颗伤不起的心……299
投射机制：讽刺他人就是讽刺自己……302
补偿机制：努力的汗水源于自卑……304
升华机制：成功之人的辛酸往事回忆录……305

第十三章　看穿操纵模式，谁也别想操纵我 / 309

活在现下的社会里，免不了的，就是操纵他人和被人操纵。即使我们不想去操纵别人，但活在被别人操纵的世界里，总是一件"憋屈"的事儿。所以，在人际交往中，我们需要学习如何通过对方的行为、动作、表现来看穿他的心理，洞穿他的图谋，了解他所采用的操控手法，才能冲破被操纵的窘境。

正向强化：利人利己的肯定模式……311
负向强化：向邪恶妥协的心理惯性……313
间歇强化：不可自拔的"赌局"式操纵……316
惩罚：规定是一座难以逾越的大山……319
创伤：一朝被蛇咬，十年怕井绳……322
互惠原理：你对我好，我就对你好……325
喜好原理：为什么人们会爱屋及乌……328
从众原理：被人孤立的滋味不好受……333
权威原理：为什么人们会盲从他人……336
承诺原理：为什么人们会信守承诺……338
稀缺原理：资源越是稀缺，人们争夺得越激烈……341

第十四章　展开心理博弈，把握致胜关键 / 345

生活中，总是有些人能够先一步洞悉他人的想法，步步抢占先机；甚至有些人无论何时都能说服他人，将对方与对手玩弄于股掌之间。也许你会说，这些能力都是天生的，这些人注定会被光环围绕，但是我要告诉你：你没有他们受欢迎，没有他们成功，并不是因为你运气不好，或是能力太差，而是你还没有掌握社交过程中的心理博弈术。

囚徒困境：进可逼人就范，退可唬人套话 ……………………… 347
脏脸效应：共同知识和潜规则的运作 …………………………… 351
智猪效应：多劳未必多得，不作为未必是偷懒 ………………… 353
斗鸡效应：绥靖与妥协——武之心，志在止戈 ………………… 356
承诺威胁效应：没出手的刀子永远最锋利 ……………………… 359
猎鹿效应：打破不合作误区，实现共同利益 …………………… 362
协和谬误：越陷越深，危险的陷阱往往由自己设计 …………… 365
分蛋糕效应：讨价还价也是一门学问 …………………………… 368
枪手效应：置身于是非之外，庶民的胜利 ……………………… 372
信息甄别效应：数亿元的广告位为何令人趋之若鹜 …………… 375

第一章

观人于细微，察人于无形

察言观色是一切人情往来中操纵自如的基本技术。不会察言观色，等于不知风向便去转动舵柄。在现实生活中，我们需要和各色各样的人打交道，面对非常复杂的人群，我们必须练就一双慧眼，能够准确地读懂他人的内心。如此一来，很多人的小心思就难逃你的法眼。

第一章 观人于细微,察人于无形

微表情:瞬间流露的表情才是真实可信的

> **微表情关键词** 人们通过一些表情把内心感受展示给对方。有些表情不受大脑控制,是下意识的表情,往往会一闪而过,我们把它叫做"微表情"。这些持续时间很短的表情表达出的,才是人们真实的内心状态。

什么是"微表情"呢?"微表情"就是人们一种内心的流露与掩饰,是一个心理学名词。有时候,人们会通过做一些表情来传达自己的内心感受,在他们做不同表情之间,或者做这些表情的同时,有时候脸部会显现出一种微表情,不自觉的"泄露"出其他的信息。"微表情"是一种瞬间的表情,一般在 1/4 秒,最短可持续性仅有 1/25 秒。通过"微表情",我们完全可以断定自己是不是喜欢某个人。

尽管这个下意识的表情时间很短,但是人的这种特性,却很容易暴露出我们本身的情绪。比如在面试的时候,我们一个自然的动作就会暴露出我们内心:把玩自己的领带或者玩弄着自己身上的饰物时,就说明这个人内心心神不定;而紧抿嘴唇的行为则说明这个人正处于一种窘迫的状态;而咬指甲的行为则说明这个人的内心缺乏安全感。因此,当别人指出你心里的小秘密时,千万不要惊讶,因为挠头、摸鼻子、咬手指、眨眼睛等"微表情"是完全可以洞悉他人心理状况的。有时候微表情表达的是一种和我们本身情绪截然相反的情绪。

比起人们有意识去做出的表情,"微表情"更能体现人们真实的感受和动机。比如在别人微笑的表情中有时候我们会看到一个瞬间的轻蔑表情,在停车场里一个表情严峻的人可能会突然闪现恐惧的表情。

尽管有时候我们会忽略"微表情"。但是我们的大脑依然受其影响,改变我们对别人表情的理解。所以,当我们看到一个人很自然地表现出"高兴"的表情,且其中没有"微表情"时,那么我们就可以断定这个人是发自内心的高兴，但是如果这个人在"高兴"的同时包含有"耻笑""蔑视"的"微表情"闪现，那么就算我们没有刻意地去察觉，我们也会更倾向于认为这张"高兴"的面孔是"狡猾的"或"不可信的"。

在畅销美剧《别对我说谎》中，主人公卡尔·莱特曼就是一个微表情大师，他通过人们这不到1/5秒的瞬间"微表情"而破获了无数大案。当一个人不经意地耸肩、搓手，或者扬起下嘴唇，莱特曼就知道他们在撒谎。通过对脸部表情的分析，他可以读懂一个人的感情——从隐藏在心底的憎恶，到性的冲动，再到嫉妒。所以说，"微表情"能够出卖人们真正的内心。要想了解一个人内心的真实想法，读懂他人的内心，那么我们就要了解那些"微表情"的含义：

◎ 提高右边的眉毛

当我们看到一个人右边的眉毛上扬时，说明这个人有疑问，可能是对他人的话产生疑问，或者对自己过去做过的事情有疑问。

◎ 眉毛向上拉紧

当一个人眉毛向上拉紧时，说明这个人内心很恐惧。比如在我们看恐怖电影时，会下意识地产生这种表情。

◎ 注视对方眼睛

有时候一个人在说话时会注视着你的眼睛，说明这个人很可能在说谎，之所以看着你的眼睛是为了看看自己的把戏是否能够得逞，或者被你识破。所以，当一个人在说话时注视着你的眼睛，那么你就要注意了。

◎ 中断眼神交流

当两个人正在用眼神进行交流时，突然一方中断了眼神的交流，这并不代表这个人在撒谎，很可能他是在回忆某一件事情。

◎ 眼睛向左看或者向右看

有时候人们在交流中眼神会不自觉地向左看或者向右看，这同样能够显示出他们内心的想法。眼睛向左看的人大多是在回忆，而向右看的人则更多的是在思考谎话。

 第一章 观人于细微，察人于无形

◎ **瞳孔突然变大**

这样的表情很普遍，我们在生活中很常见。它代表着很多的信息，比如说人在恐惧的时候，在愤怒的时候以及产生性欲的时候，瞳孔就会变大。要区分它们，那么就要看当时的情景或者在什么场合下。

◎ **鼻孔外翻，嘴唇紧闭**

如果一个人流露出这样的表情，那么就说明这个人正在生气。

◎ **嘴唇向左边翘起**

当一个人在笑的时候嘴唇是向左边翘起的，那么这个人很可能正在假笑。因为人们脸部 74% 的真实感受往往会在右脸暴露，而不是在左半边。

◎ **抿嘴**

这是很多女人经常做的一个表情，它是一个经典的模棱两可的动作。一个人在做这种表情时，其实他的内心正在选择，或者煎熬。

◎ **抬起下巴**

如果一个人突然抬起了下巴，说明当前的话题对这个人来说十分尴尬，这时候我们应切换话题。如果他在抬起下巴的同时，嘴角下垂，那么说明这个人正在自责。

◎ **惊讶时间长**

如果一个人在遇到某件事情的时候惊讶表情超过了一分钟，那么这一定是假惊讶。

其实"微表情"还有很多很多，如果我们能够了解到它，那么在日常生活中这种能力会帮助我们认清他人的真正本意。如果你理解了"微表情"，那么我们就更能够从一闪而过的表情信号里发现有价值的信息。

真假表情：人的表情是最善于掩饰和伪装的

> **微表情关键词** 表情也会有假？没错，除了一些一闪而过微表情之外，我们的大脑会控制我们做出各种各样配合谎言的表情。刻意做出的表情，或者与肢体动作不同步，或者显得太过刻意，总会露出些许破绽。如果能够认真辨别，总能看穿一些人的内心，摘下他们伪装的面具。

生活中，当有人对你说"我爱你"的时候，你是否在心里猜测对方是否在说谎，是真心实意还是虚情假意呢；一个初次见面的人对你彬彬有礼，你却有可能在想"其实他并不高兴见到我"……我们每天都可能在不自觉地通过表情去猜测他人的内心，但是有多少人能够保证自己"看穿"他人的内心呢？

在我们的周围，并不缺少那些表里不一而且擅长伪装的人，用他的外表闪亮来掩盖内心的邪恶，和这样的人相处，我们不能只看他的表面，应该透过表象来摸清对方的内心，尤其是他的变化多端的表情。我们要分清真假表情，这样我们才能识别他们的内心。

通过研究发现，有三种线索可以告诉我们对方的表情是假的，即：在对话过程中面部的表情不对称、时间因素以及相对的顺序。

所谓面部的表情不对称，指的是当一边脸的动作比另一边来得大时，那么它显示的情绪可能并不是真实的，这也是我们在前文所提到过的，笑容不对称，就是人们的一种说谎线索。

以笑为例，微笑可以说是人们在日常生活中用得最多的表情之一。美国精神病学专家威廉·弗赖依博士强调：生活里不能没有笑声，没有笑，人们就容易患病，并且容易患重病。但是，尽管笑能够为我们带来很多的益处，但是在交谈中，我们也要认清，有些笑容并不都是发自内心的，有很多人每天都在假笑。那么我们应该如何区别它们呢？这其实并不难。

第一章 观人于细微,察人于无形

当一个人真笑的时候,他的两个嘴角会同时上翘、眼睛会眯起来。这时候,我们面部主管笑容的颧骨主肌和环绕眼睛的眼轮匝肌会同时收缩。这是因为人们真心流露的笑容是自发产生的,并不受我们的意识所支配,因此,除了反射性地翘起嘴角之外,大脑负责处理情感的中枢还会自动指挥眼轮匝肌缩紧,使得眼睛变小,眼角产生皱纹,眉毛微微倾斜。

相反,在假笑时,人的面部表情则只是嘴角上提。伪装的笑容是人们通过有意识地收缩脸部肌肉、咧开嘴、抬高嘴角产生的。它与真笑不同的是,此时眼轮匝肌不会收缩,因为眼部肌肉不受人的意识支配,只有真的有感而发时才会发生变化。有时候我们会看到有些人假笑时动作很夸张,而且面部肌肉强烈收缩,仿佛要把整个脸都挤成一团,给人造成眼睛眯起来的假象。但只要仔细观察一下,你会发现,假笑者当前眼角的皱纹和倾斜的眉毛是没有办法伪装的。也就是说,如果我们把真笑者和假笑者面部的其他部位遮住,只露出眉毛和眼睛,那么真笑者依然能看出来他在微笑;而若是假笑,则只能看到一双无神的眼睛。

因此,要想知道别人是真心地笑还是虚伪地笑,我们就要仔细地去观察他们的眼睛和眉毛,这是我们判定的最重要的线索。即使是一个表情高手,那么他在做假表情的时候也会和真表情有一些细微的差别。只要我们注意观察,我们就能够发现那些细微的差别。

在时间因素上,分辨真假表情也是可以实现的。这涉及面部表情的持续时间,以及出现快慢和消退快慢,从中可为我们提供说话者的表情线索。

一般来说,那些能够持续时间很长的表情,差不多都是假的,人们真正发自内心的表情都不长,除非是我们的情绪达到了一个极点,就如同《范进中举》中范进的表情,欣喜若狂或者怒气冲天,即使在这么极端的情况下,人们的面部表情也很少能够持续很长时间。

在表情出现与消退的快慢上,并没有怎么样就是说谎线索的硬性规定,但惊讶例外。当一个人因为某些原因而做出惊讶的表情时,从它的出现、持续到最后的消退时间特别短暂,只有不到一秒的时间。如果长过于此,那么通常不是戏谑或者是在表态的情况下,基本上可以断定他们是在假装。因为那些出乎意料的事情一旦弄清楚,人就能够很快回过神来。尽管装出惊讶的表情机会人人都会,但是惊讶来得快去得也快的特质,真正知道的人并不多。

所谓相对顺序,就是指表情相对于言辞、声音以及身体行为的准确定位。打个比方来说，如果一个人正在生气，那么他在说"简直是气死我了"的同时，脸上也会做出相应的表情，如果生气的表情是在说完话以后才出现的，那么大可断定他的表情是装出来的。但是在话还没有开始讲之前，表情就已经出现了，那么这个表情的真假就不好断定了，这就需要我们再通过别的方法去断定。

基本上，任何与肢体动作不同步的面部表情都很可能是在假装。如果你能够运用好辨别真假表情的方法，那么可以说你已经成为一名读心高手，任何人在你面前都将摘下伪装的面具。

安慰行为效应：当人内心不安时会自然流露出小动作

> **微表情关键词** 当人们感到压力时，会不自觉地触摸颈部、脸部等部位，我们把它叫做安慰行为。当一个人做出这样的动作，说明他感受到了苦恼、压力、不适、威胁……内心不安。这是一条非常重要的线索，通过它我们可以发现一个人是否在说谎，或是刻意隐瞒某些事情。

每个人都会自我安慰，特别是在一段令人悲痛或充满威胁的经历中，那么这时候人们经常会产生一种安慰行为，这样的情况在动物身上也有体现，例如，猫和狗会舔自己或同类，这就是一种安慰。

不同的是，人类的安慰方式很多。比如，婴儿会习惯性地吸吮拇指，有些人爱咀嚼口香糖和咬铅笔等，其实这就是一种安慰行为，只是他们自身没有意识到。大多时候，很多人注意不到这些细微的安慰行为，也意识不到它们在揭示一个人思想和感觉方面的重要意义。

安慰行为会泄露很多秘密，会告诉别人你的不自在，或者对别人所做或所说的事情产生了某种消极反应。因此，要想读懂一个人的内心，你就要注意到他们的那些细微的安慰行为，这样我们就能知道对方在想什么，看清这个人的真面目。

 第一章 观人于细微,察人于无形

安慰行为的类型很多,比如我们在感到有压力的时候通常会轻轻按摩一下颈部、摸一摸脸或玩弄一下头发。这些动作完全是自发的安慰行为。一般来说,安慰行为有以下几种形式:

◎ 颈部安慰行为

触摸或抚摸颈部是我们在生活中最为常见且意义最重大的安慰行为,也是最有效且使用最频繁的安慰行为之一。在颈部按摩上,男性和女性的方式各不相同。一般来说,男性的按摩行为力度比较大,他们会用手抓或盖住下巴以下的部位,刺激那里的神经,从而起到降低心率并达到让自己冷静的效果。有时候,男性也会用手指按抚脖子两侧或后侧,或校正领带打结处或衬衫领口的位置。

而女性的宽慰行为通常会用手掩盖或触摸她们的胸骨上切迹。胸骨上切迹是位于喉结和胸骨间的浅凹部位,有人把它称为"颈窝"。当一名女性用手触摸这一部位或将手放置在这个部位时,说明她感觉到了苦恼、威胁、不适、不安全或害怕。

很多情况下,在遇到压力时,女性会用右手盖住自己的颈窝,用左手托住手肘。压力过后,或当不愉快的讨论暂停的时候,她的右手会放低一些,并逐渐放松下来抓住左臂。但是如果局面再次紧张,那么她的右手会再次上升至胸骨上切迹。

颈部按摩的行为是一条非常重要的线索,通过它我们可以发现一个人是否在说谎或是否隐瞒了重要信息。

◎ 脸部安慰行为

在我们的生活中感到有压力的时候,触摸或安抚脸部也是人们缓解压力的方法之一。它的主要动作包括搓擦前额、抿嘴唇、把玩头发、触摸胡须等,这些动作都能在人类遇到压抑境况时起到安慰的作用。

比如有些人会通过深吸气鼓足腮帮然后再缓缓呼气达到安慰自己的目的,因为在我们的脸部有很多的神经末梢,鼓足腮帮的时候能够使它成为边缘系统进行自我安慰的理想区域。

◎ 声音安慰行为

有时候人们会通过吹口哨或者听音乐的方式来安慰自己。比如,当我们

一个人行走在路上的时候，会努力吹口哨，让自己平静下来。也有些人会通过自言自语的方式来缓解当时的压力。有时候触觉和听觉安慰行为是可以同时使用的，比如有人在喝酒的时候喜欢用筷子敲桌子合着音乐的节拍，或者用手指轻轻的敲打节拍等等，这些都是通过声音来达到一种自我安慰的形式。

◎ 搓腿安慰行为

搓腿动作是一种经常被忽略的安慰行为，因为在很多情况下这种动作都是在桌子下面完成的。搓腿这种方式的目的不仅仅是为了擦干掌心的汗，更主要的是为了消除内心的一种紧张感。

这种情况在罪犯的身上经常可以看到，当嫌疑人面对无可抵赖的罪证时，他们往往会反复的通过搓腿来消除自己的紧张。在面试的时候，这种安慰行为也同样存在。比如如果你看到面试者在重复搓腿行为时，那么你们当前的话题很可能会涉及到他们自身，因此他们要通过搓腿来平息自己的紧张。

◎ 通气安慰行为

很多人特别是男性有时候会将手指放于衣领和脖子之间，然后通过把衣服拉离自己的皮肤，这一通气动作通常也是对压力的一种反应方式，反映一个人对自己想到的事情或者自己当时所处的环境感到不满意不愉快的信号。大多数的女性在运用通气安慰行为时，方式更为巧妙，可能只是抖动几下衬衫或者向后撩一撩头发。

了解了人们的这些安慰行为，那么我们就要透过安慰行为更有效地解读他人，这样才能真正了解到他人的内心，获得更多的信息：

（1）当安慰行为发生时及时识出它们。只要你留意捕捉这些身体信号，发现它们会变得越来越容易。

（2）为每个人建立一个安慰行为基线。这样，你就能注意到安慰行为的量度和密度上的变化，进而做出相应的反应。

（3）当看到一个人做出安慰动作时，停下来并问一问自己："他为什么会这样做？"你要知道这个人肯定是遇到了什么令他心神不安的事情。而你要做的就是做一名非语言情报的收集者，去找出其中的缘由。

（4）安慰行为一般都发生在一个人遇到某种令人感到压力的事情之后。因此，作为一条基本原则，凭借安慰行为的出现，你基本上可以断定某些令人

 第一章 观人于细微，察人于无形

感到压力的事情发生了。

（5）将安慰行为和相应的压力源联系起来的能力能帮助你更好地理解和你互动的人的所思、所为。

（6）在某些特定环境中，你可以通过说些什么或做些什么来判断一个人（如安慰行为增加所反映的那样）是否感到压力，进而更好地理解这个人的思想和意图。

（7）注意人们安慰的部位。这很重要，因为压力越大，相关的面部或颈部抚摸的动作就会越多。

（8）当压力或不适感越强的时候，安慰行为的发生率越大。

安慰行为是区别舒适与不适的主要方式之一。更多的时候，安慰行为能够在很大程度上反映出人的情绪状态和真实感受。因此，我们可以通过人的安慰行为去了解认识一个人。

指向性的脚部：从脚部动作可以看出对方的情绪波动

> **微表情关键词** 想知道对面坐着的人内心的情绪波动吗？那别看他的双眼，也别听他在说什么，看看他的双脚即可。我们通常会注意人的表情和手势，心理学家研究发现，脚也会"说话"，通过观察一个人移动脚的方式，可以一窥此人的内心世界。

在解读人类的身体语言时，大多数人都习惯于从高部位——比如脸开始。但殊不知，尽管我们看一个人总是最先看他的脸，但脸上的表情却常常被用来虚张声势或掩盖真实的情绪。因此，我们不妨换一个角度，从低到高，首先把注意力集中到人的脚上，通过脚步的行为而看清对方的心情。

脚部可以说是我们身体上最诚实的部位了，我们所有的情绪，自信、谦逊、恐惧、忧虑、生气、厌烦、奉承、小心、快乐、受伤、害羞、腼腆、紧张、沮丧、兴奋等等，都能够在我们脚部的行为中体现。从生气时的站姿，

到开心时的跳跃，以及工作升迁的紧张，都能够通过脚部——向我们发送情绪的信号。

总的来说，脚部的行为可以分为以下几种：

◎ 快乐脚

快乐脚是指人们在高兴时，双腿和双脚一起不由自主地摆动或颤动。快乐脚有时会突然出现，特别是听到或看到某些意义重大的事情或事物时。比如说在打牌的时候有人拿到了一副好牌，那么尽管在表面上他看起来很镇定，但如果你去观察一下他的腿和双脚，你就会发现它们在轻微地颤抖。

快乐脚可以说是一种非常可靠的信号，它表示一个人认为他此刻正在得到他想要的，或者有优势能够从另一个人或者事情当中获得有价值的东西。初为人父的父亲或者久违的情侣都会表现出快乐脚，这是一种潜意识的行为，并不是人为所特意去控制的。

◎ 转向脚

在大多数情况下，人们都喜欢将自己的身体转向自己喜欢的人或事。事实上，我们也可以通过这种信息判断别人是否愿意见到我们，或是否更愿意离开我们。假设你走近两个正在谈话的人，你认识他们并想加入他们的讨论，于是你走过去跟他们打招呼。可是，你并不确定这两个人是否愿意你加入，那么，注意观察他们的脚和躯干动作。如果他们移动自己的双脚和躯干来欢迎你，那么他们的欢迎应该是全心全意的。如果他们并没有移动双脚，而只是转了转身说了声"你好"，那么表示他们不愿意你加入。

同样，我们会转身离开那些我们不喜欢的人或物。一个人将双脚移开就是一种希求解脱的信号，说明他想远离自己的位置。当你与人交谈时，如果发现对方渐渐地或突然地将他的双脚从你这一侧移开，这时候你应该做些调整了。对方可能是因为有一个约会要迟到了，也可能是他不想再听下去或待下去了。总而言之，转向脚是一个人想要离开的信号。

因此，我们需要看清，尽管有时候一些人在表面上对我们很是热情，但他的脚才是最诚实的。

◎ 背离重力的脚部行为

比如说当一个人在感到高兴或者幸福时，就会有一种飘飘欲仙的感觉。

 第一章 观人于细微，察人于无形

比如工作上的任务完成，或者彩票中了大奖。对兴奋中的人来说，重力好像不起作用一样。这些行为都十分明显，只要我们仔细观察，就能在生活中抓住这些行为。

比如说有一种非常具有情报价值的背离重力的行为，叫做"起跑姿势"。即一个人的脚从静止不动转换到一种预备起跑者的姿势，即后脚跟翘起，重心全都转移到脚掌上，这是一种意图线索，它告诉我们，这个人已经做好了准备，要做一些肢体动作，而这种肢体动作需要脚的配合。它可能会表示这个人想要离开。

◎ 叉开的双脚

叉开的双腿是最明显、最容易被认出的"捍卫领地"式行为，人们在感到压力或烦乱时，叉开双脚是强调自己的领地的一种很直接的方式。当人们想要去战胜某个人的时候，他们会下意识地尽量将脚叉得比其他人更宽些，以此获得更多的领地。

因此，当一个人在叉开自己的双脚时，这是一种强烈的信号，至少也表明有些事情正在准备中，或者麻烦真的要来了。如果一个人的腿从并在一起到叉开，那么说不定他正越来越不高兴。这时候我们就需要提高警觉了。

◎ 双腿交叉

通常，我们在感到舒适放松的时候就会将双腿交叉，但当我们不喜欢的人突然出现时，我们可能会立即恢复常态。另外，我们在别人面前感到自信时也会将双腿交叉。如果两个人在交谈的时候有一方将两腿交叉，那么说明这个人很放松，这时候我们就可以讨论更重的话题。

◎ 双脚左右摇动转向踢动

当一个人的脚部动作从左右轻摇转向上下踢动时，说明这个人一定看到或听到了些什么消极或不高兴的事情，它完全是一种不自觉行为，大多数人都意识不到。尽管这些行为并不能表明一个人是否有欺骗意图，但却能够说明当前的话题对他产生了影响。

◎ 脚部冻结，互锁

脚部冻结是边缘控制反应的另一种表现，是一个人在面对危险时的一种

倾向。如果一个在不停摆动和弹动自己双脚的人突然停了下来，那么，这个人就需要引起我们的注意，他可能听到了不舒适的事情。这通常说明，这个人正在承受压力和情绪的波动，或是感到了某种程度的压力。而当一个人突然将脚趾转向内侧或两只脚互锁时，那么他所传递的信号就是，他感觉到了不安全、焦虑或威胁。这是大脑在遭遇到威胁时的一种反应。

通过一个人脚部的行为，我们完全可以了解到这个人内心的一种心情波动，从而找出合适的方法来对待他。

保卫性的躯干：从躯干动作可以看出双方的信任关系

> **微表情关键词** 人类的本能，感觉到危险或不适时，会不由自主地用躯干保护自己，或者做出发起挑战的姿势。所以，单纯从躯干的某些动作，就能看出是不是已经和对方建立了信任关系。

和腿脚的动作一样，人体躯干的很多行为也能反映出大脑的真相。躯干是人体众多器官的载体，其中包括心脏、肺、肝和消化道，我们期待大脑能够运用它的聪明才智来保护那些受到威胁或挑战的器官。当一个人遭遇到危险时，不管这种危险是真实的还是幻想的，大脑都会召集身体的其他部位来保卫那些重要的器官。

一个人躯干发出的信号有很多种，有的很微妙，有的则很明显。

◎ 躯干倾斜：说明厌恶

当一个人站在一个令人讨厌的或自己不喜欢的人旁边时，他的躯干会倾向远离这个人的一侧。有时候，保持距离的动作出现得很突然而且很微妙，也许只是略微将身体转换一个角度。

腹侧否决和腹侧前置：前者说明对人的厌恶，后者说明好感。

我们的腹侧聚集着眼、嘴、胸、生殖器等器官，它对我们喜欢和不喜欢

 第一章 观人于细微，察人于无形

的人或事物都很敏感。当遇到好东西时，我们的腹侧会倾向它，遇到喜欢的人时也一样。而当我们感觉到事情不妙，如关系发生了变化或遇到不喜欢的话题等，腹侧否决行为就会出现，我们就会转换姿势或者转身离开。这就是为什么在宴会上，当我们不喜欢的人走近时，我们马上会下意识地微微转动身体。

和腹侧否决相对的行为是腹侧展示，即我们会将身体的腹侧展示给我们喜欢的人或事物。当我们的孩子跑过来拥抱我们时，我们会移开一切可能阻挡孩子的东西，甚至包括双臂。我们会将腹侧前置，是因为我们感到这样是最热情的，也是最舒适的。事实上，我们会用转过身去，或者不理睬，不喜欢来表达对某人或某物的消极态度，这是因为，我们总是用腹侧去面对自己喜欢的人或东西，而用背部去面对我们不喜欢的人或东西。

◎ **躯干保护：远离不喜欢的人或事，用手臂等隔开**

如果现实情况不允许人们远离自己不喜欢的人或物时，人们会下意识地用手臂或其他事物为自己筑起一道壁垒。例如，交谈中的商人可能会突然系上夹克的扣子，那可能是因为谈话让他感到了不适，而谈话结束后，他才会重新解开扣子。

◎ **躯干弯曲：表示对他人尊重和自我的谦逊**

弯腰动作的含义在全世界都是一样的，无外乎奉承、尊敬或受到表扬时的一种谦逊。例如，我们可以观察一下现在的日本人和中国人是如何通过鞠躬表示对别人的尊重和敬意的。自动地鞠躬或叩头还是阿谀奉承或地位卑微的表现。

对于西方人来说，叩头并不是件简单的事。但是，在不断扩大交往范畴的过程中，西方人也学会了略微弯下躯干，特别是在遇到长者或值得尊敬的人时。

◎ **躯干伸展：这是一种舒适的信号，同时在谈论严肃事物时作为对他人权威的一种漠视**

伸展是一种舒适的信号。但是，当人们正在讨论很严肃的事情时，这样的动作就成了一种霸道的表现。青少年经常会这样，他们在受到父母的责罚时就四肢伸展地坐在椅子上以示对抗。这种伸展行为表现的是对他人的不尊

重,是对别人权威的漠视,是不值得鼓励的,也是不能让人容忍的。

◎ 挺胸,露出躯干:试图掌控领地时会挺胸,露出躯干也是为搏斗准备

与其他生物一样,人类在试图掌控自己的领地时会挺起胸膛。注意观察一下正在吵架的两个人,他们会像银背大猩猩那样挺起胸膛。虽然看似好笑,但是,挺胸的动作是不容忽视的。

有时,准备打架的人会脱掉衣服。这样做的目的可能只是单纯地想放松一下肌肉,也可能是为了保护被脱去的衣服,或是让对方找不到着手点,没人知道。无论如何,当你和别人发生争吵时,如果对方突然摘掉了帽子或脱掉了外套,你就要小心了。

◎ 耸肩:敏锐的耸肩说明个人感到自在和有信心;局部耸肩说明实施者缺乏安全感

这是我们在生活中常见的一个动作,这一动作蕴涵着丰富的含义。比如,当老板向员工提出这样的问题:"你听到过客户的抱怨吗?"员工可能会回答说"没有",然后耸耸他的半个肩,这样的动作说明这个人没说实话。如果他是诚实的,他的双肩耸动应该是敏锐的、向上的且双肩动作应该是一致的。

当人们对自己说的话确信无疑时,他们会大幅度地向上耸双肩,而且耸得很高。这种背离重力的行为表明这个人感到很自在,且对自己的言行充满信心。

◎ 肩部收缩:弱势,无安全感,情绪低落

有的人在谈话时会慢慢地将双肩提升到耳朵的高度,看起来就像脖子没了一样。这一动作的焦点是双肩的缓缓上升。基本上,人们做这样的动作的目的就是想缩回自己的头,就像乌龟那样。做这样动作的人缺乏信心,而且感到非常不自在。我曾在很多会议上看到有人做这样的动作,尤其是当老板走进来说"好了,我想听听大家都在忙些什么"时,动作尤为明显。当大家七嘴八舌地谈论自己的骄人业绩时,业绩平平的人则会越缩越低,他们的肩膀不断上升,仿佛要把他们的头藏起来一样。

由于躯干内部藏着人体的全部重要脏器,这些器官又很脆弱。所以,在

 第一章 观人于细微，察人于无形

长期的进化过程中，躯干的警惕性很强，会很敏感地意识到危险的来临，并及时做出各种动作来保护脏器。一句话概括，躯干的动作就是靠近有益的，即接受甚至喜欢对自己有益的人，远离有害，即排斥甚至厌恶对自己有害的人。

比如，恋人之间关系亲近，相互的信任程度极高，就会不由自主地希望接近、依靠、拥抱、亲吻等。而如果两个关系疏远，信任的程度不够，就会产生愤怒或厌恶的情绪，有很强的戒备感，肢体上自然不会有亲近的想法，只会尽量远离对方。由此，我们就能轻易从躯干的动作中看出两个人的亲密关系和信任程度。

象征着领地的手臂：手臂动作就是对方的权力宣告

> 微表情关键词 对不熟悉的人，人们都会有一定的戒备心。表现在肢体动作上，就是本能地将胳膊抱于胸前，做出拒绝或者防范的姿势。手臂，帮助人们表达防卫、舒适、接纳等感情。因此，看人们的手臂动作，准确了解他人的内心想法，才会做出正确的举动，获得对方好感。

很多时候，当人们感到有危险或者遇到不愿意面对的事情时，人们会下意识地将自己的双臂交叉抱在胸前，以此为自己建立起一道身体防线。这一动作是人的本能，正是通过这一动作来保护自己的领地。可见，手臂在表达舒适感、自信等情感方面的作用毫不逊色。

当我们在遇到威胁的时候，你会发现手臂总是会最快做出第一反应。比如别人向我们扔东西，我们的手臂会处于本能的上扬并准确地将其挡开或者接住。甚至有时候即使是不合逻辑或判断失误，它们也会抬起来保护我们。比如当子弹飞来的时候，我们明知道手臂是不可能挡住子弹的，但我们还是会下意识地将手臂抬起来。

因此，在很多情形下，一个人的手臂动作可以向我们透露出一些真情实

感。它与那些各种善于欺骗的表情不一样，能够非常清晰地提供真实的线索，让我们能够准确地了解他人的思想、感觉或者意图。

以下是几种我们在生活中常见的手臂的姿势：

◎ 不受重力束缚的手臂

当一个人在高兴或者非常满足的时候，你会发现他的双臂会自由地挥舞、透露着喜悦的情绪，仿佛手臂是不受重力约束的。这是我们的一种下意识反映，就像我们在听到一个对我们自身非常有利的消息时，我们会不由自主地举起手臂欢呼，而且，这种情绪还是可以彼此传染的。

◎ 收回的手臂

当人们在感受到消极情绪时，如受伤害或威胁，感到焦虑时，人们通常的动作都是收回自己的手臂，让它垂直搭在一边或者交叉于胸前。这其实就是人的一种生存战略，从本质上讲，是在保护自己，安慰自己。

◎ 冻结的手臂

如果一个人在另一个人的面前，主动去限制手臂的动作，说明这个人可能会意识到如果他的动作越多，那么他就会引起对方的注意，很可能会因此而受到伤害，所以，他们会做一些调整，尽量保证自己的手臂不会引起别人的注意。

因此，当我们看到一个人手臂冻结时，说明这个人正感受到恐惧或者承受着压力。

◎ 双手放在背后

有时候我们会看见，某些人在走路的时候或者和他人谈话的时候，会下意识的把双手放在背后。人们常常认为这是一种沉思或者思考动作，但事实并非如此，它传达了两种信息："我的地位很高"和"请不要靠近我"。这一动作有时候也被称为"帝王的站姿"，皇族成员大都是用这样的行为来与人们保持距离的。

当我们身边的人在交流的时候突然将双手放在背后时，那么这时候我们就要考虑一下是不是我们之间的距离太过于亲密。人们会主动靠近那些自己喜欢的东西，也绝不会触摸那些令人讨厌的东西。

 第一章 观人于细微，察人于无形

◎ 双手叉腰

当一个人将自己的双手叉在腰部，会给人一种澎湃的气势，我们经常会在警察、军人、领导身上看见，其实这是一种捍卫领地的动作，常被用来统治生命或者维护权威。我们可以通过这个动作而探测对方的身份，因为除了那些权威人士，普通人很少做出双手叉腰的动作。

◎ 双臂抱头

双臂抱头的动作表明了一种舒适感和支配地位，这在一些商务会议中经常见到，它好像在对人说："这是我的地盘。"

◎ 挥舞手臂，伸展手臂

当一个人在挥舞自己手臂的时候，很可能他正在强调某一重点，借此来声明自己的主导地位，他表达的信息就是"我很自信"。需要注意的是，如果一个人正在挥舞手臂的时候突然将手臂收回，那么很可能是当前的话题让他不自信了。

有时候人们也会把手指张开并把指尖按于桌子表面，这是一种重要的表达自信和权威的动作，比如在演讲的时候。而将手臂伸展到周边座椅上的人，是在向周围人宣告他很自信也很舒适。

◎ "恋爱"的手臂

在青年男女恋爱的阶段，男方通常会把手臂搭在女伴的肩上，特别是有其他情敌在场的时候。或者，他会将一只手放在女伴周围，这样，别人就不会侵犯他的领地了。

当两个人的关系很好时，那么他们的手臂会靠得很近，但一旦他们之间的关系不尽如人意，那么其中一方在不小心碰到对方的手臂时，会立即移开。

◎ 拥抱

可以说"拥抱"是全世界都在盛行的一种行为，它在传递关怀和慈爱。有时候，一个善意的拥抱很可能被当作一种示好行为。一个人对待拥抱的态度，能够看出这个人是否有礼，还是这个人很冷漠、很难相处。

尽管人们可以用语言来掩饰自己，但他的手臂却不能，他的手臂动作暴

露了他的一切内心想法。如果我们了解了这些肢体语言的能力，那么我们就能够提前预感到那些不利于我们的决定，从而使得自己有充足的时间来扭转不利的局面。打个比方说，如果你是一名推销员，正在向客户推销你的产品，在推销即将接近尾声时，客户突然将双臂交叉抱于胸前，而大拇指则保持向上竖立的姿势露在外面，同时还伴有其他表示肯定意义的动作和表情，那么，你大可以放心地向客户提出签订合同之类的要求，因为客户尽管还没有开口，但他已经将自己的购买意向通过肢体语言表露得一清二楚了。

需要注意的是，在同样的情况下，如果客户摆出握拳式的双臂交叉姿势，而且面无表情，那么如果此时你向客户提出进一步要求，必然受挫，得不到任何的好结果。所以说，通过手臂的肢体语言，我们能够洞察他人的心思，这样，我们才能做出更好的防范。

一切尽在掌中：通过手看出对方的自信程度

微表情关键词 他是一个自信的人吗？其实，不用问别人，只要观察他的双手和双手的动作，就可看清一个人的自信程度。学会解读手部的密码，就能够了解到别人的自信心。

手在人们的生活中的用处可谓是最大的，我们在做很多事情时都离不开双手。因此，手上的动作和行为很容易表达我们的情绪，我们可以通过双手来看清一个人的自信程度。

高度自信的动作能够反映一个人大脑的高度舒适感和对自己的绝对自信。高度自信的手部动作有以下几种：

◎ 尖塔式手势

所谓尖塔式手势，就是将双手手指张开，将一只手的指尖相对应地轻轻接触另一只手的指尖部位，然后做出与"合掌式"相似的动作，但是十指并不

 第一章 观人于细微，察人于无形

交叉，手掌也可能互不接触，形成一个尖塔形的手势，就好像是教堂里高耸的尖塔。

尖塔式手势是最具自信力的一种动作，使用这个手势说明这个人十分自信，它经常出现于上下级之间的交谈中。当上级指导下级的时候，或是在给下级提建议时，通常都会在说话时使用这一手势，以此体现他们的身份和自信。

打个比方说，和朋友在一起下棋，轮到你走棋的时候，你的手会在棋盘上游动，当你把手指放在一枚棋子上，也许你就准备走这颗棋子了。这时候，你发现对手略有些轻松地向后靠在了椅背上，同时做出了尖塔形的手势。尽管他并没有说话，但是如果你能注意到这一点你就应该明白，你现在走的这步棋让对方认为胜利已经尽在掌握中。所以，这时候我们应该将手从这枚棋子上拿开，换一步棋。

尖塔式手势可以分为两种：举起的尖塔和放下的尖塔。人们通常会在发表自己的观点意见或说话时使用举起的尖塔；而在聆听他人的观点和谈话时会使用放下的尖塔。虽然尖塔形的手势是一种正面的肢体信号，但是它也同样可以用于消极或否定的场景之中，而且通常会被人们误解。譬如说，当我们向他人陈述观点时，尖塔式手势有时候会给人造成一种自鸣得意、狂妄自大的感觉。

◎ 竖起拇指，拇指伸出口袋

竖起的拇指通常被人们认作是高度自信的非语言信号。在很多人眼里，大拇指一直都被当成是权威和力量的象征。当人们将拇指高高竖起时，这说明他们对自己的评价很高或是对自己的思想或现状非常自信。它同样是一种背离重力的姿势，表达着一种积极的情感。

而把拇指伸出口袋的动作我们也很常见，那些感觉自己高人一等，或是处于优势地位的人，无论男女，都会在不经意间做出这样的动作。拇指的动作十分准确，它们能帮助你有效评估一个人的状态是自我感觉良好，还是在苦苦挣扎。

如果我们能够了解大拇指的动作密码，那么我们就应该主动地训练自己去使用这些密码，让它们为我们更好地服务。

低度自信的表现与高度自信的表现是相对的。它们反映了大脑的不舒适感、不安全感和自我怀疑。低度自信的手部动作有以下几种：

◎ 冻结的双手

有研究发现，和诚实的人比起来，那些说谎的人、不自信的人会尽量减少自己的各种手势和接触。因此，他们的手势行为将比语言更可信，它们能够告诉我们说话者的真实想法。如果一个人很不自信，那么他的手部动作将表现得非常生硬，因为他不知道自己的谎言能不能骗过对方。因此，当你发现一个人的手部冻结时，说明此人此时正处于极度的不自信当中。

◎ 十指交叉紧扣

当遭遇到重大事情或者产生了巨大变化时，很多人习惯于将十指交叉紧扣，这是人们在极度不自信或者重大压力的情况下，一个下意识的动作。而且随着手指紧扣的力度加大，手指的颜色也可能会发生变化，如果我们看到十指交叉相扣的人的手上已经有局部地方变白时，说明当前的事情可能已经变得很糟了。

◎ 搓手

当处于怀疑或者一种巨大压力的状态下，人们通常会不由自主地搓手，特别是在形势严峻的时候，搓手的动作将会增大，这表明人们对当前事情的一种不自信，非常苦恼、烦躁、焦虑，没有一定的把握，通过搓手来缓解自己的紧张与不安。

◎ 抚摸颈部

当一个人在抚摸颈部的时候，其实他是在告诉我们，他并不是很自信。比如我们在求一个人办事的时候，对方会不由自主地去抚摸自己的颈部，这说明他对我们所求的事情并不是很自信能够去办成，那么这时候我们最好要准备好第二套方案。

当我们在做一件事情或者看到某个事件时，我们经常会听到人们说"捏了一把汗"，这就是说尽管我们在表面上看起来强自镇定，但实际上，"手上的表情"往往要比"脸上"的表情来的真实。手部的动作会暴露出人们内心的情绪和想法，通过这些动作，我们完全可以了解某个人的自信程度。

因此，我们要学会解读手的肢体语言，因为这不仅能够增强我们自身的成就感，为我们赢得更多的胜利，而且，我们还可以通过手部的肢体语言了

第一章 观人于细微，察人于无形

解到别人的内心。这样，我们在面对一个人的时候，就能够游刃有余地交流。

从手势看出蛛丝马迹，看谁还对你撒谎

> **微表情关键词** 生活中随处有谎言，当然，有些善意的谎言，我们大可不必理会，但若是谎言出于欺骗，我们又该如何知道自己是否被骗呢？其实很简单，就是看他人说话时的手势。这些微妙的手势，能告诉我们对方是不是在说谎，成为打开别人心门的钥匙。

很多人看过美剧《别对我撒谎》，它是一部根据真实故事改编而成的剧集。莱特曼博士是一位鉴别谎言的能手，他能通过一个人的面部表情、肢体语言、语音语调来判断一个人是否在说谎以及为什么说谎。生活中随处都有谎言的存在，有时候我们简单的一个耸肩、一个搓手、一个抿嘴都可能是说谎的标志，即使是一个说谎高手，也会在细微的肢体动作上泄露出自己的秘密。而正是这些微妙的身体语言，决定了我们在与他人的交往中是掌控别人，还是被别人所掌控。

所以，千万不要忽视了那些微妙的身体语言，说不定它就会成为我们打开别人心门的一把钥匙。下面是我们在日常生活中最常见的六种撒谎手势。

◎ 用手遮住嘴巴

心理学家告诉我们，当我们在和别人交谈的时候，如果对方突然用手遮住嘴巴，那么表示大多是因为说了谎，他正试图通过捂住自己的嘴巴来掩饰自己说出的那些谎话。为了自然起见，有些人甚至还会在捂住嘴巴的同时假装咳嗽来掩饰自己。

比如，在电影或者电视中，我们常常看到一个小偷或者罪犯，想假装正常地从警察身边走过时，他总会先四处看一下，然后遮住嘴巴轻咳一下，当警察拦住他问话时，他会假装自然地放下手去回答，于是观众们会觉得这些

人鬼鬼祟祟的或者在对警察撒谎。

用手遮住嘴巴就如同把食指竖立在嘴唇前说"嘘"的手势一样，都是一种表示不要随意表达内心的想法。当我们在和对方聊天时，如果对方突然下意识地遮住了嘴巴，那么我们一定要注意听其话里的深意，我们要明白这个手势意味着别人对我们有所隐瞒。这时候，不妨表露出不感兴趣的样子，让对方有一种心安的感觉，那么接下来的交谈也会顺畅很多。

◎ 触摸鼻子

在童话《木偶奇遇记》中，匹诺曹说谎时鼻子会变长，而在现实中，人们在说话时会摸自己的鼻子。触摸鼻子的手势一般是用手在鼻子的下沿很快地摩擦几下，有时甚至只是略微轻触，几乎令人难以察觉。女人在做这个手势时比男人的动作幅度更小。

为什么会这样呢？有研究表明，人们在撒谎的时候，会引发鼻子部位的血液流量增大，导致鼻子膨胀而产生刺痒的感觉。于是人们只能频繁地用手抚摸鼻子来缓解发痒的症状。需要注意的是，摸鼻子是我们在生活中经常发生的一个小动作，在鉴定一个人是否说谎时，还需要结合其他的说谎迹象来进行解读。

当然，真正的鼻子发痒和说谎时鼻子发痒是不一样的。真正的鼻子发痒时，必须比较用力地摩擦鼻子，甚至是通过挖鼻孔才能消除刺痒的感觉，而不像触摸鼻子的手势只是轻轻一摸那么简单。而且单纯的鼻子发痒往往只会引发人们反复摩擦鼻子这个单一的手势，和人们整个对话的内容、频率和节奏没有任何联系。

◎ 摩擦眼睛

也许我们都有过这样的经历，当我们在不想看到某些事物或者画面的时候，我们总是做出摩擦眼睛的手势。其实，这是因为我们正在企图阻止眼睛看见那些令人不愉快、不舒服或者遭受怀疑的事情，它代表的意思就是："我很不安，我不想看！"

在日常生活中，如果你的观察够仔细，那么你就会发现一个人在酝酿谎言、说出谎言和说谎之后，都会去摩擦自己的眼睛或者不自然地笑笑。男人在做这个手势时往往会使劲揉搓眼睛；如果他试图掩盖一个弥天大谎，则很可能把脸转向别处。相比而言，女人更少做出摩擦眼睛的手势，她们一般只

 第一章　观人于细微，察人于无形

是在眼睛下方温柔地轻轻一碰。

当然任何事情都不是绝对的，我们不能看到对方摩擦眼睛就认为对方正在撒谎，我们要先观察、再判断，最后再下定论。

◎ 抓挠耳朵

人们在不想听别人说话的时候，就会抓挠自己的耳朵，这表示此刻他们并不想听。比如我们在和客户谈判的时候，你正在发表意见，客户突然侧着头用手指摩擦着耳朵，那么这代表的意思是客户对你现在表达的观点持相反意见，他正在酝酿着自己的观点。这时候，如果你不能给对方发表意见的机会，那么交流很可能就会没有效果。

◎ 抓挠脖子

当人们在抓挠脖子时，一般是用食指（通常是用来写字的那只手的食指）抓挠脖子侧面位于耳垂下方的那块区域，而且食指运动的次数一般为五次左右，这个手势是疑惑和不确定的表现，就像是在说"我不太确定是否认同你的意见"。但往往这时候他们说出的话确实顺着我们，也就是典型的"口是心非"。

当我们遇到"口是心非"者的时候，理智的做法就是放弃这个口是心非者，否则，你很可能会一直活在谎言当中。

◎ 拉拽衣领

英国著名动物学家和人类行为学家德斯蒙德·莫利斯观察发现，人们在撒谎时会在敏感的面部和颈部产生刺痒的感觉，这是因为撒谎者一旦感觉到听话人的怀疑，增强的血压就会使脖子不断冒汗。因此他们会下意识地通过摩擦或者抓挠的动作来消除这种不适。因此，我们在和对方交谈时如果看到对方正在频频地拉拽自己的衣领，那么我们可以推测，对方很可能是因为撒了谎正在担心谎言被识破。

当然，如果一个人在感到愤怒或者遭遇挫败的时候，同样也会拉拽衣领，因此我们要判断好，对方是否在撒谎。因此，当你看到有人做这个动作时，你不妨对他说，"麻烦你再说一遍，好吗？"或者"请你有话就直说吧，行吗？"这样，在对方反馈的时候就会显露出他的真实意图。

从说话中找出破绽，让说谎者无所遁形

> **微表情关键词** 最高明的说谎者也不能做到滴水不漏。或者是表情出卖了他，或者是动作出卖了他。虽然人们会刻意注意说谎时的语言，研究发现，说谎者还是会在说话中露出破绽。只要留心去观察，总会找到蛛丝马迹，让说谎者无处藏身。

美国心理学家费尔德曼称，人是爱讲大话的动物，而且比自己所意识到的讲得更多，平均每日最少说谎25次。

当然，多数谎言并没有多大危害。费尔德曼认为谎言有不同层次之分，而说谎的动机归为三大类。第一类，讨别人欢心，让人家感觉好一点；第二类，夸耀自己和装派头；第三类，自我保护。费尔德曼称："我们会不自觉地向人家撒谎，有时连想也不想，甚至不承认自己在撒谎。大部分的谎言是出于礼貌的应对，如'你这样穿一点也不胖啊'、'改天找你喝茶'、'我今天不能来了，我病了'、'我给你打过电话，但打不通'、'我今晚也玩得很开心啊，之后再跟你联络'等。"

费尔德曼解释道："懂得在适当的时候撒谎或扭曲事实，是待人接物的技巧。"

但是有一些谎言却是危害非常大的，那种为了达到一定目的有意为之的谎言是非常需要加强警觉的。当对方说话时出现以下特征时，你需要非常留意。

◎ 说谎者常会忘"我"

美国赫特福德郡大学的心理学家韦斯曼认为，人们在说谎时往往会感到不舒服，他们会本能地把自己从所说的谎言中剔除出去。打个比方说，如果你问一个上班迟到的人为什么迟到时，如果他在抱怨"车坏了"而不是"我

 第一章 观人于细微，察人于无形

的车坏了"，那么很有可能这个人正在说谎，其实他迟到的真正原因可能是起晚了。所以，在我们向某人提问的时候，如果在他的回答中总是反复地省略"我"，那么他们就具备怀疑的理由了。

值得一提的是，在撒谎者的谎言中，也很少提及他人的姓名。最著名的例子莫过于美国总统克林顿的"拉链门"事件了。当克林顿就"拉链门"事件向全国讲话时，就没有说出"莫妮卡"，而是用"那个女人"代替了"莫妮卡"，他说"我跟那个女人没有发生性关系"。因此，我们要时常去注意这些谈话细节中的小点。

◎ 滔滔不绝嫌疑大

当我们询问一个人几天前晚上发生的事情时，在复述的过程中他很难保证自己不犯错误，因为要想让人们记住自己在一个时间段内的所有细节是很困难的，难免要反复纠正自己，把自己的思绪理顺，所以会磕磕巴巴，如："我下班后，坐车，回到家——哦，不对，我下班后是搭小王的车顺路回家的……"

但一个说谎者在陈述的时候就绝不会犯这样的错误，因为他们所要说出的是编造的内容，他们已经在头脑的假定情景中把一切都想好了，所以在他们的讲述中绝对不会有："等一下，我说错了。"不过也正是这天衣无缝的陈述恰恰暴露了他们。

◎ 声音和声调反常

说谎者的声音还会不自觉地拔高，这是因为他们在掩饰内心的不安。因此，当你在和一个人交谈时，如果对方的声音突然拔高，那么这时候我们就要提高警惕了。

◎ 说谎时触摸自己

人在说谎时越是想掩饰自己的内心，就会有越多的小动作暴露出来，比如摆弄手指，摩挲双手，转动手上的戒指，或者下意识地抚摸身体的某个部位，这就像黑猩猩在压抑时会更多地梳妆打扮自己一样。心理学家奥惠亚等曾做过这样一项实验：指示被实验者用谎言回答面谈者的提问，并分别记录刚刚接受指示后、撒谎前、撒谎时、撒谎以后等各个时间段里的非语言行为，与不说谎时的行为加以比较。

刚刚接受指示后，被实验者撒谎的时候，回答变得更加简短，而且还伴有摆弄手指、下意识地抚摸身体某一部位等细微的动作。人在撒谎的时候越是想掩饰自己的内心，越是会因为多种身体动作的变化而暴露无遗。

在生活中有些人说谎会脸红，这是因为说谎时多余的血液会流到脸上。一些人整个面部都变红了，鼻子也会膨胀几毫米。当然，这通过肉眼是观察不到的，但是说谎者会觉得鼻子不舒服，不经意地触摸它，这正是一种说谎的体现。

当你发现对方可能在某个问题上在说谎时，你可以反复问说谎者同一个问题。如果我们问一个人同样的问题，在第一遍第二遍的时候，他的回答可能会保持不变，如果问第三次的时候给他留一段空隙，那么在这期间，他的身体会平静下来，他会想，"我已经蒙混过关了"。

他的身体已经放松下来，成为一种平常状态。这时候如果我们趁他不注意再次问这个问题，他不是恼羞成怒，就会倾向于坦白。如果一个人说："我不是已经和你说过这件事了吗？"然后才勃然大怒，这多半是在欺骗。也可能对你说："事情是这样的，我还是对你直说了吧。"

只要你留心去观察，你总会发现说谎者的蛛丝马迹，让说谎者在你的眼前无所遁形。

示爱肢体动作：异性间示爱时身体本能发出的信号

微表情关键词 男女示爱主要靠肢体，它不但是一种本能，而且因为害羞或者不确定，肢体语言能避免很多尴尬。所以，异性之间示爱时，会发出一些肢体语言信号，等待对方做出心照不宣的回应。

对于很多人来说，都有过这样的体验：当我们走在大街上的时候，如果迎面走来了一位美女或者帅哥，那么我们会本能地挺胸收腹、容光焕发，甚至连那些在平时有着"啤酒肚"的人也会不由自主地收腹抬头，使自己看起来

 第一章 观人于细微，察人于无形

更加挺拔威武，而且走路的步伐也会变得轻快起来。其实这一切的目的就是希望将自己最好的一面展示在异性面前，凭借其自身魅力博取异性的青睐。

可以说，肢体语言是人们在向异性示爱的过程中最基本的交流工具，因为几乎所有的想法和情绪都能够通过肢体语言表现出来。在这一点上，总是女人在掌握决定权，在90%的情况下，首先示爱的总是女性。通常，在女性发现了心仪的男性之后，她就会通过眼睛、身体或者面部表情不断地向他发送一些旁人不易察觉的示爱信号，直到她认为对方已经注意到了她和她发出的示爱信号，并且做出了某种回应。

人们的示爱过程也要遵循一定步骤。比如一位女士发现了一位极富魅力的男士，那么她首先会静静地注视对方，直到对方也发现了她的存在，彼此进行眼神交流；随后，这位女士的脸上会浮现一种稍纵即逝的微笑，这是一种默许的信号，女性常常会借此暗示异性采取下一步行动；第三步就是整理仪容，借此来凸显自己的魅力，吸引异性的注意；第四步，说话并走近对方，试图以闲聊的方式拉近两人之间的距离；第五步肢体接触，有时候女性会瞅准时机"无意间"触碰一下男性的手臂。

尽管这五个步骤看起来显得无关紧要，但这对一段新关系的开始具有至关重要的影响。在这五个步骤中，肢体语言将占着决定性的作用。比如在整理仪容中，男人和女人的基本动作都是一样的，这其中包括了梳理头发、平整服装、将一只手或者双手置于臀部、用脚尖和身体指向自己感兴趣的对象等。在一方没有接收到明确信号或给予明确表态的前提下，另一方都会想方设法通过肢体语言来示爱。

基本来说，女性在示爱时最常使用的肢体动作和信号有13种，她们正是借此来传达自己的单身信息。

（1）仰面与抚弄头发，这是女性在发现心仪对象时最先使用的两种信号。

（2）温润的嘴唇、撅嘴以及略微张开的双唇。

（3）自我抚摸，女性的这一行为能让她产生一种被男人爱抚的幻觉。

（4）展示自己柔软的手腕，借此来表示自己柔弱恭顺的心意，以期得到异性的关注。在男人眼中，拥有柔软的手腕的女子格外娇柔动人。

（5）对圆柱形物体的热情抚摸，比如玩弄香烟和手指，或者耳环等任何与男性生殖器形状相似的物体。这一动作其实是行动者内心想法外显的一种下意识行为。

（6）将手腕内侧那面平滑柔软的肌肤暴露在她感兴趣的男子面前，而且随

着兴趣的增加，女性闪动手腕的频率也会逐渐增加。

（7）扬肩外带斜视的目光，扬起的肩头突出了女性特有的珠圆玉润的曼妙身姿。

（8）摆动自己的臀部，于无形中突出了男女间的性别差异。

（9）扭动自己的胯部，女性在站立时的扭胯动作往往能够显示出其卓越的生育能力。

（10）如果女性将手提包放在一个靠近异性的地方，从而让异性注意到它的存在，或是碰触到它，那么，这就表示她对这位异性十分感兴趣，表示愿意接受对方。

（11）女性常常会摆出这样一种姿势：将一条腿弯曲后压在另一条腿之下。每当这时候，她们那条弯曲了的腿的膝盖指向的往往就是那个让她最感兴趣的人。

（12）将脚伸出鞋外，只用脚趾钩住鞋子来回晃动的动作，也是一种暗示行为者放松心态的动作。

（13）女人们常常会有意识地用两腿合而为一的姿势来让对方注意到自己的双腿，这是一种最能让男性心动的女性坐姿。除此之外，缓缓地将双腿交叉，然后分开，同时用手指轻轻地敲击大腿，这同样也是女性暗示其内心渴望被抚摸的欲望。

女性的示爱动作是展示自己的魅力，而男性的示爱动作和姿势从本质上来说就是一个展示其权力、财富和身份的过程。男性在示爱时最常用到的肢体语言动作基本上都是围绕其裆部展开的。

比如，在面对女性时，男人能够做出的最直接的凸显其两性差异的动作就是极具侵略性的拇指勒紧皮带的姿势，从而让其裆部显得更为突出。而且，男性还会将身体和脚尖慢慢朝向心仪的女性，然后用一种暧昧的眼神长时间地凝视着她，将她的注意力吸引过来。在坐着的时候，甚至会故意岔开双腿，露出裆部。

男性在一些公共场所最常做的向女性示爱的动作就是裆部调整动作。有些女人抱怨一些男性在没有任何原因或预兆的情况下，会将手伸向裆部。其实，这是因为他们不了解男性这一动作的潜台词——他的那个部位实在太大了，以至于会卡在裤裆里，所以才需要时刻注意它的位置。

可以说，很多时候男女最初都是在肢体语言的推动下才向异性示爱的。因此我们每个人都有机会去修饰自己的外形，从而加强自身对异性的吸引

 第一章 观人于细微,察人于无形

力,赢得更多的接触机会。男女之间的示爱信号很多,如果发射的信号够强,穿透力够大,那么一切都将水到渠成。很多人有时候碍于羞涩和勇气而不敢直接表白,那么通过上面的肢体信号,如果你也中意对方的话,就给对方一个明确的回应吧。

第二章

眉梢眼角藏心计，音容笑貌露玄机

　　微表情是内心真相的流露。当人们在表达某种思想或心情时，人们的脸上会有一闪而过的表情，这其实就是一种微表情的展示和交流。这些微表情传达的信息就是了解他人内心意图的最准确的线索。人可貌相，通过微表情的细致观察和分析，我们可以看出一个人的精神生活和内心玄机。

头部动作能够最直观地表达内心语言

 我们在观察别人时,第一眼看到的就是人的头部。它几乎每时每刻都在动,我们通过头部的动作,可以分析出他人的内心想法,是赞成还是反对;是友善还是敌意;是感兴趣还是厌烦,等等。

我们在借助动作识人时,首先是通过人的头部。这不仅是因为头长在身体的最上面,最为显眼。更重要的是,头部动作所传递的信息很多。下面,我们就随意总结几条来看看。

◎ 直竖着头

中国古代哲学中有"不偏不倚谓之中"。意思是说,头部的姿势如果保持正常状态,说明其人对你提出的观点既不赞成,也不反对,保持中立的态度。这类人可能老谋深算,城府极深,要想说服他,就必须要说出有利于他的条件。

◎ 斜偏着头

一般来说,当我们对某件事或某个人感兴趣,或者对某一观点表示赞同时,会有这样的动作,还会伴随着不断地点头。因此,当别人在对你说话时,你只需要斜着头点头微笑,就会使对方有温馨的感觉,愿意继续与你交谈下去。

◎ 向下低头

这种头部动作意味着否定。比如,你向领导汇报工作时,如果他听到一半就低下了头,一定是对你的工作不太满意,不愿意再继续听下去。这时,你就应该知趣地停下来,主动将工作完善。另外,当收到批评时,人们也会下意识地低下头，表达歉疚的感情。

◎ 双手在脑后托头

这类姿势常被认为是成功人士的专利。在社交场合，像会计师、律师、业务经理等，一些自信又有优越感的人，常常做出这种姿势。

◎ 不断点头

点头表示答应、同意、理解和鼓励。大多表示同意的意思，当听某人讲话时，只需要向他点点头，笑一笑，就能给对方留下很好的印象。但是，如果这个动作做得过于频繁，就会给人留下敷衍的感觉。

◎ 头向后仰

这个动作代表着骄傲或自信。但通常情况下，会给人留下不好的印象。比如影视剧里的势利小人，面对不如他的人会经常做出头向后仰，鼻孔朝天的姿态。生活中，一个人会把头部向后仰，其情绪变化大概是从沾沾自喜到自命不凡，再到自认优越。基本上，这种动作会让人觉得你是在挑衅，因此，要尽量少用。

◎ 头部突然上扬

如果是不熟悉的人，头部上扬代表吃惊。如果是熟悉的场合，则表示当事人猛然醒悟，突然明白过来。一般来说，商务交往中，这类动作会给人留下不稳重，不值得信赖的感觉。这样的身体语言也是非常不受欢迎的。

◎ 头部突然低下

可以隐藏脸部，表明当时人是谦卑和害羞的。但如果放在竞争场合，把头低下，则表示当时人承受不了再多的压力，希望能早点结束争辩。

头部属于人体的"司令部"，最先给我们传达他人的内心语言，的的确确不能够被忽略。

第二章　眉梢眼角藏心计，音容笑貌露玄机

眼睛是连接心灵与外界的窗口

 眼睛是心灵的窗户。一个人的心理状态及内心世界，都能通过眼睛传达出来。心理学家们认为，想走入别人的内心世界，首先要看的，就是他的眼睛。

常言道，眼睛是心灵的窗户，也是最能准确表达人的情感和内心活动的。一个人心性善恶，行为正邪，为人忠奸，都能通过眼睛反映出来。所以，心理学家们认为，要想走进别人的内心世界，首先要看的，就是他的眼睛。

◎ 不断眨眼

说话时不断眨眼，说明一边讲话，一边还在考虑别的事情。听话时不断眨眼，则表明他对你所说的话没有一点兴趣，但又不好拒绝，所以装出一副在听的样子，实则心思已经飞到了九霄云外。

◎ 瞪大眼睛

说明他对你说的话很感兴趣，在认真倾听，脑子里也进行着积极思考。如果眼睛圆瞪，嘴巴大张，则说明你的某些话让他很吃惊，有点不敢相信。这时，你需要做出更明确的说明，或者进一步详细的解释，才会令对方接受。

◎ 斜眸一瞥

喜欢拿眼睛瞥人的人一般都内向害羞。如果这种行为伴随着微笑，就是在告诉别人："我对你感兴趣！"但如果伴随的是撇嘴、眉毛下垂，则表示当事人发出的是一种怀疑、轻视、敌意或者批评的信号。

◎ 挤眼睛

即用一只眼睛向对方使眼色。这表示两人之间有某种默契，所传达的信息是："这个事情我们俩知道就行了。"他们中间若是存在着第三者，则会让其产生被疏远被孤立的感觉。如果这样的交谈发生在两个陌生人之间，则表示他们对某件事有着共同的看法。代表一种强烈的认同意味。

通常人们认为眼睛细节反映内心状况：

1. 眼睛闪闪发光，表明其人精力充沛，对谈话很感兴趣；
2. 目光呆滞暗淡，表明这是个没有斗志，没有信心，做任何事情都索然无味的人；
3. 目光飘忽不定，表明其做人做事三心二意，或者拿不定主意，抑或处于紧张不安的状态；
4. 目光忽明忽暗，表明其人工于心计，如果此时他正与人谈话，则表示已经听的不耐烦了，希望早点结束交谈；
5. 目光炯炯有神，表明其为人正直，有胆识有魄力，值得信赖；
6. 主动与人交换视线，则说明其心地坦率，是个直来直去的人；
7. 不敢正视或总是回避别人视线，表明此人内心紧张不定，或者言不由衷，有所隐藏；
8. 双目安详沉稳，表明其内心沉稳有主见；
9. 双目敏锐犀利，表明其野心勃勃，好胜心强。内藏杀机，锋芒外露，是个有胆识之人；
10. 目光游移不定，这类人多半是奸佞小人，应当远离；
11. 眼睛清澈澄明，表明其人单纯、豁达、开明，是个值得交往的人；
12. 目光浑浊昏暗，表明其性格粗鲁，个性愚笨，为人猥琐、庸俗；
13. 两眼似睡非睡，似醒非醒，这是一种老谋深算的表情，说明其人城府极深，善于图巧，又害怕别人看清他的内心世界。

总之，在人际交往中，我们不仅要听懂语言表达的意思，还要"听懂"眼睛所说的"话"，才能在交往中占据主动和有利地位。

 第二章 眉梢眼角藏心计，音容笑貌露玄机

从眼神里能看出对方内心状态

> 微表情关键词 很多说谎的人都会避免与别人眼神接触；人们表达爱意的时候，会深情注视着对方的眼睛……可以说，一个人内心的秘密，全部写在眼神里。要想读懂他人，就一定要识别其眼神。

古代人说看人要看"精气神儿"，其实这个神就是指的眼神。成功的社交离不开对人的察言观色，任何时候都需用脸色的变化来调整进退。而脸上变化最具特点的就是眼神儿。所以，识别别人的心思，最重要是会识别他人的眼神儿。

如果一个人眼神沉静，说明其对你着急的问题已然胸有成竹，稳操胜券。只是因为某种原因，他不便给你明说。所以，这个时候就不要多问，静候他行动即可。

如果一个人眼神散乱，说明他对你的问题也是毫无办法，向他请教是没有任何用处的，不如平心静气，另外想办法应付。

如果一个人眼神横着瞥过来，仿佛带刺，说明其态度异常冷淡。如果有所求，不如暂时搁置下来，退而研究其冷淡的原因，先修复感情，再谋求帮助。

如果一个人眼神阴沉，则说明他为人凶狠。跟这样的人打交道，一定要万分小心。如果没有实在的必要，就不如离他远一点，这样会更安全。

如果一个人眼神流动频繁，说明他是个胸怀诡计，城府极深之人。遇到这样的人，一定不要过分相信他所说的话，尤其是好听的话，也许这就是鱼钩上的饵。需要格外小心，步步为营。

如果一个人眼神呆滞，则说明他是个愚钝之人，为人胆小懦弱，思维缓慢。遇到问题时，千万不可问他。必要时，还要给其一点点拨，就会获得对方的无尽感激。

如果一个人眼神犀利异常，则表示他正处于愤怒之中，意气极盛。有一点点火星，就会马上爆发。这时，万不可跟他较劲儿，而是适当妥协，谋求转机。

如果一个人眼神恬静，且面带笑意，这说明他对某事或某人特别满意。想讨对方喜欢，不妨多说几乎恭维话。如果对其有所求，这也是一个很好的开口机会。

如果一个人眼神游移不定，则表示他对你的话已经感到了不耐烦，再说下去会让他越来越讨厌。所以，应该赶紧停下来，或告辞，或寻找新话题，谈点对方爱听的事儿。

如果一个人眼神凝视着你，很可能他对你的话特别感兴趣，迫不及待想要听下去。这时，你所说的一切，他必然会很乐意接受。

如果一个人眼神下垂，说明必定触碰到了他痛苦的回忆。所以，要就此打住。

如果一个人眼神上扬，很可能是他不屑听你的话。不要妄想用充分的理由和高超的技巧说服他，他已经看破你的小心思，会因此更不屑一顾。还不如戛然而止，另寻机会再谈。

总之，眼神有的呆滞，有的灵动，有的阴沉，有的明净，有的犀利，有的平和，仔细参悟之后，必能发现一个人真实的内心状态。

不同的笑容背后隐藏着不同的秘密

> **微表情关键词**　未曾开口人先笑。笑通常被认为是表示友好的信号。但是，心理学家们发现，笑容有很多种，真诚的笑、开心大笑、掩口而笑、假笑，等等。这是由人的性格，以及不同心理状态所决定的。

笑通常被认为是表达喜悦和友好的信号。不过，心理学家们研究发现：笑还能反映出一个人的内心世界，作为一种沟通方式存在。例如，苦笑不是

 第二章　眉梢眼角藏心计，音容笑貌露玄机

真笑，而是苦闷心理的发泄；微笑能让人际关系更和谐。人们笑的方式有很多种，隐藏在这些笑容背后，究竟都有什么样的秘密呢？马上就为您揭晓答案。

◎ **经常捧腹大笑**

这类人大多爽直开朗，不会掩饰自己的感情，想哭就哭想笑就笑，活得很自在。他们富有幽默感，别人跟他们交往，会很放松。他们还很有爱心，总会热心帮助需要帮助的人。他们不会嫌贫爱富，更不会嫉妒比自己强的人，所以，很值得交往。

◎ **窃窃而笑**

这类人大多性格保守，为人处世小心内敛，与人交往时，表现得有点羞怯。他们对别人的要求很高，如果别人做不到，就难讨其喜欢。不过，一旦有人满足了他们的要求，就会将这人视为好朋友，能与其患难与共。

◎ **附和别人而笑**

这类人性格随和，乐观开朗，热爱生活，人缘一般都不错。遇事从不着急，喜欢顺其自然。他们对生活没有太多的要求，自己也没有什么大志向。每一天过得平平淡淡，开开心心就好。

◎ **掩口而笑**

这类人大多性格内向，与人交往时比较害羞。如果是女性，则不会主动与人打交道，也不会轻易吐露心声。如果是男性，则多有些娘娘腔，跟其他人相比显得格格不入。

◎ **笑中带泪**

经常会肆意狂笑，以至于眼泪都出来了。这类人感情比较丰富，富有同情心，常向别人伸出援手而不求回报。他们热爱生活，对任何事情都保持着热情，能够积极进取。

◎ **笑声干涩**

他们笑起来若断若续，略带冷漠。这种人在生意场上比较多见，大多比

较现实和实际，有敏锐的观察力，能够通过细节窥视别人的肺腑，捏住别人的软肋。他们对人也很冷淡，只考虑自己的利益，一旦对方没有利用价值，就不再热情。

◎ 笑声柔和

和其笑声一样，这类人在个性上温柔敦厚，不喜欢与人争执，处处谦让。并且，他们一般都深明事理，凡事都能看得开，为别人着想，因此能得到别人的尊重和爱戴。他们还善于处理人事纠纷，帮助安抚当事人情绪，能做到公平公正，让两方都心服口服。

在我们生活的各方面，都能听到他人的笑声。懂得了隐藏在笑容背后的性格秘密，就能听声识人，提前知道他们的性格和内心想法。

额头也能反映出对方的情绪

<u>微表情关键词</u>　人们常说，额头宽的人聪明。这是因为，额头占据了头部近三分之一的位置，观察起来最方便。同样，想要知道一个人的情绪，只要观察他的额头，就能略知一二。

我们经常说，人不可貌相。可在现实生活中，几乎每个人都在"貌相"。人们几乎都愿意跟相貌端庄的人交朋友，而看到相貌丑陋的人，会心生厌恶。其实，人们的这种心理也不是完全错误，一个人的性格，在外貌上的确有所反映。下面，我们就说说几种不一样的额头，所能反映出的人群个性。

◎ 宽额头

这样的人聪明智慧，智商很高。他们很有才气，却也稍显轻佻，不擅长自我控制，感情容易泛滥。其他方面，他们个性冷静，能准确地下判断。额头宽而高的人，自尊心会很强，相对来说，一旦有所成就，也容易骄傲自

第二章 眉梢眼角藏心计，音容笑貌露玄机

大。他们比较心软，缺乏狠劲儿，一般在学术领域比较有造诣，不适合竞争环境。

◎ 窄额头

这类人心思并不敏锐，却是一个勤勤恳恳，踏踏实实的老实人。他们待人和善，很容易相处。缺点就是，不够坚韧，常因一点小挫折就轻易放弃。而且，在个性上稍显幼稚，感情易冲动，甚至有些蛮不讲理，非常任性。

◎ 发际线凌乱不整

不管什么形状的额头，只要发际凌乱，就容易产生此人不牢靠的印象，对其生厌。其实，这类人口才极佳，也擅长交际应酬。但是，因为有冷漠、自私的一面，人们往往不愿意跟他们建立亲密关系。

◎ 圆额头

这类人可以说是可爱型的，总是带着浓浓的孩子气，待人恭谦有礼。但是，往往缺乏决断力，做事没有主见。如果是男生，会被形容为"娘娘腔"，如果是女生，往往会特别有人缘，招人喜爱。

◎ 美人尖额头

这类人具有温柔体贴的特质，无论对朋友、家人还是爱人，从来不会大声说话，善于为他人着想，能很好地照顾家人的生活。若是女生，会被誉为"女人味十足"，若是男性，则欠缺点男子气概。缺点是，他们缺乏判断力和执行力，办事情不够干练，总是拖拖拉拉。而且，意志也稍显薄弱，有时候会很任性。

◎ 角型额头

这样的人一般脸型瘦长，额头较为尖一些。这类人性格刚强，男性会很有阳刚之气，女性则显得不够温柔。他们很有个性，有主见，一般不会轻易被说服。而且，还有很强的正义感，敢于与不平之事作斗争。他们头脑冷静，具有行动力，办事不会冲动，因此也出不了大差错。

◎ 外突型额头

多半见于男性之中，女性很少有这样的额头。他们属于认真而固执的一类人，对自己的看法会非常坚持，而且具备贯彻到底的信念。所以，稍微欠缺点灵活，在人际关系上，损多于利。

◎ M型额头

也是男性额头的一种。这类人理智而且干练，做事讲究干净利落，否则就不能顺心如意。他们爱跟人讲大道理，脾气也比较顽固。比较适合埋头研究，或者创作型的工作。

鼻子也会泄露心机

微表情关键词 鼻子作为呼吸器官，在人体中起到了重要作用。但是，近来人们发现，不同类型的鼻子，能够反映出人们不同的个性和心机，甚至有人说，如果鼻子形状改变了，性格也会跟着改变。

弗洛伊德在《人体美学》一书中说："鼻子细而尖，一定脾气不好；鼻子长而薄，为人轻浮；狮子鼻的人，容易上当；鹰钩鼻的人，绝不肯吃亏……"他的这一番言论一出，人们议论纷纷，到了亚里士多德的时候，很多人开始相信鼻子和性格息息相关。

现代心理学家研究证明，不同类型的鼻子能够反映不同的个性和心机。根据一位日本籍医生的临床经验："某人一旦接受了隆鼻手术，以往本来属于内向性格者，常会变成一个倔强的人。"

◎ 长而直挺的鼻子

这类人才华出众，富有美感，品位很高，对美和时尚的事物造诣很深，

 第二章 眉梢眼角藏心计，音容笑貌露玄机

对艺术有很好的理解能力。他们是理想主义者，有洁癖，对自己非常有信心，有时会骄傲自大。同时，他们喜爱孤独，缺少社交性格，因此，并不能得到周围人的喜欢。

◎ 短而矮小的鼻子

这类人性格开朗，但是意志力不是十分坚定，性情比较懒散，缺乏改变生活的勇气。做事情如果失败了，就很难再重新振作。如果出身不好的话，也只能窝窝囊囊过完一生了。他们没有什么想法，容易受他人影响，是一种比较容易被说服的人。若是女性，则缺少伦理观念，容易被男性玩弄。

◎ 凹陷型的鼻子

凹陷型鼻子是指，鼻梁不够高耸，就是我们平常所说的塌鼻子。这种鼻型的人多半性格开朗，喜欢与人交往，尤其是对陌生人，更是有一种莫名的亲近能力。

◎ 直线型的鼻子

这种鼻型成一条直线，不是很矮小，也并不十分高耸，外观看起来比较舒服。这类人头脑清晰，在工作和事业上大都能够一帆风顺，也很有异性缘，然而容易被对方抛弃。同时，这类人做起事来，事无巨细，太过计较小细节，而且也比较自私，为自己考虑的多，为别人考虑的少。

◎ 鹰钩鼻

鼻子的形状像鹰嘴一样，鼻尖向下垂成钩状。这类人往往个性阴险，冷酷残暴。他们生性贪婪，对金钱和权力的追求永不知足，缺少人情味。虽然寿命颇长，但年老后的生活会很孤独凄凉。

◎ 断层鼻

鼻梁中间呈断层状。这类人多半性格顽固不化，而且具有强烈的攻击性。在人际关系上，不懂得协调，更是从来不会退让。他们常常会因为个性的原因得罪人，不太受大家欢迎。

◎ 袋鼻

鼻子高，鼻梁略带弧形，鼻头则下垂成钩状，鼻翼厚而不露孔。根据犹太商人精打细算、生财有道的个性，这类鼻子又叫"犹太鼻"。有这种鼻型的人，有强烈的金钱欲望。为了钱，他们可以抛弃一切，地位、名誉甚至人情道义，即便被人唾骂也在所不惜。

鼻子位于整个面部的中央，高高耸立，上接天庭，下临人中。它的形状也很清楚了地告诉我们，它的主人有着什么样的性格特征。

眉毛也能向人"传情"

<微表情关键词> 眼睛和眉毛像双胞胎一样，是互生的。眼睛可以"传情"，眉毛同样也可以表达一个人的心声。随着人们心情的变化，眉毛的形状也会或紧锁、或舒展，随之发生变化。

有一个成语叫"眉目传情"，原本是指男女之间表达爱意的说法。但同时也能说明，眉毛是能传递人的心理行为的。随着人们心情的变化，眉毛的形状也会跟着改变。

◎ 扬眉

俗话说"扬眉吐气"，是说当人们某种压抑感得以释放的时候，眉毛就会向上扬起，抒发胜利后的喜悦心情。所以，一般情况下扬眉通常表示得意、高兴等情绪。

不过，如果一个人经常做出单眉上扬的动作，则表明他性格傲慢，对别人爱理不理。

同时，极度惊讶或者极度惊喜的状态下，人们的双眉也会随着眼睛的睁大，高高扬起。

 第二章 眉梢眼角藏心计，音容笑貌露玄机

◎ **皱眉**

一般情况下，人们会在两种情况下皱起眉毛。一是，当遇到突然的强光，或者面临外界攻击时，会下意识地把眉毛皱起来保护眼睛，抵抗攻击。另一种，当一个人面临难题，一时找不到解决的办法，也会情不自禁地皱起眉毛。

通常，皱眉表示厌烦、反感、不同意、防御等心理。

◎ **耸眉**

该表情是将眉毛先扬起，停留片刻后下降，往往还伴随着嘴角下撇的动作。这表示一种不高兴，但又无可奈何的心情。比如，遇到某个人找你的麻烦，无论怎么解释他都不听，接下来，你就会做出这种动作，表示不满又无可奈何的心情。

另外，对方在强调自己观点的时候，也往往会出现这种动作，目的是要让你赞同他的观点。

◎ **眉毛斜挑**

斜挑是两条眉毛中的一条向下压低，另一条高高扬起，看起来就像一个大大的问号。这是产生怀疑心理时特有的神情。表示对方对你说的话，表示不相信，如果不抓紧时间解释，令对方释怀，恐怕会继续造成他对你的不信任，继而使人际关系变坏，或者某件事情办砸。

◎ **眉毛倒竖**

通常将眉毛倒竖起来，说明此人的愤怒已经到了极点，接着可能发生的是一阵狂风暴雨似的脾气爆发。或者，正在发脾气的人，也常常会将眉毛竖起来。

◎ **眉毛紧锁**

在古代诗词里，常见诗人用"紧锁峨眉"形容女子的愁苦。现实生活中也是一样，当一个人极度苦闷，又找不到方式派遣的时候，常常会一副愁容，紧锁眉头。另外，内心极度忧虑，遇事犹豫不决的时候，也常会做出这个动作。这时，他非常需要别人劝慰，如果你能主动去关心他，就如同雪中送

炭，得到他的友谊。

◎ **眉毛舒展**

和紧锁眉毛相反，此时人的心情比较愉悦坦然，一般是遇到高兴的事情，或者刚刚解决了一个难题，心里高兴，才会出现这样的眉形。这是比较适合提要求的时候，当他眉头舒展开之后，比平时更容易答应别人的要求。

眉毛虽然只是眼睛的附属，甚至有些人的眉毛变化不是很明显，但是和眼睛一样，作用非常大。它的一静一动，都会无形中透露说话人的心境。如果和眼睛一起来观察，更能准确判断出他人的心境。

嘴巴动作反映着内心的活动

微表情关键词 嘴巴是个人情感宣泄的重要渠道。人们无论在高兴，还是愤怒，还是惆怅的时候，都是通过说话来发泄的。这时候，你如果仔细观察他的嘴巴，会发现，心情不同，他的嘴巴也会随之出现不同的小动作。

在人的头部，嘴巴和嘴巴周围的肌肉异常发达，嘴巴也是最灵活的部位。吃东西需要用嘴，说话的时候要用嘴，高兴时大笑，生气时撇嘴，嘴巴或张或合、或紧或松，组成了丰富的动作。同时，也传递出人们此时此刻的内心活动！

◎ **微笑**

嘴角向上，成一个弧形微微翘起。一般来说，这种动作表示精神愉悦，它是人真情实感的自然流露，包含着真诚、信服、友善、爱恋、喜悦、娇羞等情绪。无论是他人还是对方，都会感到身心舒服。多微笑，哪怕是可以装出来的微笑，是人际关系的润滑剂，能促进人际关系的和谐。

 第二章 眉梢眼角藏心计，音容笑貌露玄机

◎ 大笑

嘴部大张，甚至有点不顾形象。一般来说，这种动作代表极其开心，而且表示很信任对方，跟对方的关系很亲密，所以才不怕自己的形象受损。在陌生人面前，人们很少有这个动作。一般都是在熟人面前，情绪处于极其放松的状态下，才会张开嘴大笑。

◎ 张圆嘴巴

嘴巴张成一个圆，相应的表情还有眼睛睁大，眉毛挑高。嘴部出现这种动作，可能是遇到或者听说什么不可思议的事情，感到非常震惊和诧异。比如，非常非常丑的某个人，竟然娶到了一位很漂亮的新娘，熟悉他的人听到这个情况，一定会张大嘴巴，仿佛在问："真的是这样吗？"

◎ 嘴巴抿成"一"字形

做这个动作的人可能正面临着紧急的事态，或者需要很快做出人生的某个重大决定。抿嘴的动作，表示他们已经下好某个决定，但是感到压力很大，会不自觉地做此动作，来给自己打气，给自己信心。如果一个人长做这样的动作，则说明他性格倔强，遇到困难不会临阵退缩，所以获得成功的可能性很大。

◎ 牙齿咬住嘴唇

交谈的时候，对方用下牙齿咬住上嘴唇，或者用上牙齿咬住下嘴唇，表明他们正在认真聆听你的谈话，同时在心中仔细揣摩话中的含义。如果是在谈判桌上，这种动作表示，他对你的产品很感兴趣，或者比较认可你提出的条件。接下来，不用费多大力气，就能很轻松地说服对方。

◎ 嘴唇歪斜

说明这个人内心焦虑不安，可能是遇到了比较大的麻烦，或者身处困境之中。比如，在等待交警处理问题的司机脸上，就会看到这种嘴型。

另外，还有一些嘴部动作很迅速，动作幅度很小，稍不留意，我们就会错过。

◎ 嘴唇向前撇

嘴唇微微向前突出，好像撇嘴的样子，但幅度很小。这表明他对接受到的外界信息持不相信、不确定的态度，希望能得到肯定回答，或者更详细的解释。

◎ 嘴唇往前嘟起

比嘴唇向前撇的动作更往前突点，变成了嘟起。这表明此人的心理可能正处于某种防御状态，并试图说话。这时，任凭你说什么，他都不可能相信，不如给他一次说话的机会，事情可能会出现转机。

通常，嘴巴所传出来的内心信息，是比较好观察到，也比较好理解的。不过，如果单独观察嘴巴，不一定十分准确，还需要配合面部其他动作来做最后的判断。

牙齿透露着人的情绪状态

微表情关键词 你的牙齿整齐吗？不要小看被我们隐藏起来的牙齿，它除了能帮助我们咀嚼食物，还能无意中透出一个人的情绪和性格！

美元上的华盛顿肖像似乎有一口整齐而健康的牙齿。可是据说，事实并非如此。华盛顿患有牙周病，很早就是满口假牙了。但是，当时假牙技术很差，只要他张口一笑，假牙随时可能会掉下来。后来，摄影师想了一个办法，就是暂时让他把假牙取掉，口腔内塞上棉花。才终于拍出一张笑容最自然的照片。

不管这个故事是真是假，我们从中都能看出牙齿对人的重要性。它不仅关系着一个人的健康、容貌，甚至从一颗牙齿，还能推测出人的性格和情绪！

第二章 眉梢眼角藏心计，音容笑貌露玄机

◎ 小牙齿

小牙齿的人性格温顺冷静，有超强的忍耐力。而且，感情丰富，喜欢帮助人，人缘颇佳。他们的逻辑思维能力很好，做事按部就班，细致认真。但是，他们比较敏感，甚至有些神经质，常常过于拘泥细节。

◎ 大牙齿

大牙齿的人体力也较好，富有朝气，性格粗狂，行为大胆。但是他们做事不够细心，容易出错。他们善于思考，为人诚实，并热爱自己的工作。在性格方面，这类人比较自私，各种欲望也很强。

◎ 牙齿排列整齐

牙齿疏密有序，排列整齐。这样的人很传统，喜欢按部就班的生活，不喜欢改变。他们做事认真负责，不紧不慢，充满了责任感，总能勇敢理智地面对问题，有很高的声望。

◎ 暴牙

这类人大多心直口快，说话往往脱口而出，常得罪人。个性上固执已见，以自我为中心，会为了得到大家注意，做出一些出格的事情。因为个性固执，与亲人、朋友的关系也都不是很好。

◎ 牙齿内倾

就是上下两排牙齿都向内倾斜。这类人对新鲜事物的接受能力强，常提出大胆的想法和创意，事事喜欢标新立异，比较适合搞策划工作。他们追求与众不同的举止，并以此为荣。缺点是，报复心很强。

◎ 牙齿稀疏的人

虽然牙齿比较稀疏，但身体状况不错。这类人个性开朗乐观，直来直去，没有心机。他们为人诚实，待人也十分真诚。缺点是，不会替人保密。谁的小秘密到了他们这里都不能存住，他们会不经意间把秘密泄露给他人，因此，不想让别人知道的事情，千万不能告诉他们。

◎ 叠齿

就是出现相邻两颗牙齿，一前一后交叉叠在一起的情况。这类人自信心很强，个人能力也十分出色，对工作总是能够得心应手，做得特别好。正因为如此，他们容易产生自负心理，嫉妒心也很强，有时候会骄纵任性，所以，知心朋友不多。特别是女性，叠齿的女性爱挑拨是非，不适合做朋友。

牙齿虽小，但其用处不小，不但能帮我们咀嚼食物，还展示了一个人的个性与情绪，我们尤其不能忽略。

第三章

触摸人性脉搏,识破对方谎言

　　生活中处处有谎言,这绝不是危言耸听。无论你是经理、公务员、作家、专家,还是其他任何人,都面临形形色色的谎言。而如果你被其中的某一个谎言欺骗,你的事业就很可能遭受重创。你要做的就是在五分钟内判断对方说的是真话还是谎话!

第三章 触摸人性脉搏，识破对方谎言

通过面部表情识别对方的谎言

 人们说谎时，虽然可以说得天衣无缝。但是，这并不是说，别人因此就会被蒙骗。说谎者的面部表情会出卖他，语言可以控制，但面部表情是很难控制的。判断一个人是不是在说谎，看他的面部表情即可。

他是不是在说谎？很多时候，光听语言是听不出来的。说的比唱的好听的人靠不住，大家公认的"老实人"也有说谎的时候。那么该如何判断一个人是不是在说谎呢？第一时间要做的应该是——看面部表情。

说谎的人，会刻意控制自己的语言和面部表情。一般来说，这是交谈双方特别在意的两个方面。但是，掩饰言辞很容易，只要事先准备好就行了，而隐藏面部表情，却不是一件容易的事儿。

◎ 慢半拍的面部表情

一般来说，当一个人说谎时，会尽量微笑、点头、眨眼睛，他们试图以此掩盖自己的内心活动。但是，心理研究表明，我们的脸部特征很难完全被控制。在说谎时，整个脸部会出现短暂的凝固，这个过程大概会持续2~3秒。

如果你够细心，会发现很多说谎的人都存在类似情况。

场景一：

一位喜剧演员做客一个谈话节目，在现场为大家讲了一个小笑话。主持人听完后，哈哈大笑，说："这个笑话真是太好笑了。"

场景二：

一位喜剧演员做客一个谈话节目，在现场为大家讲了一个小笑话。主持人听完后，说："这个笑话真是太好笑了。"然后笑了出来。

那么，你觉得上面哪个场景表达了主持人真正的想法呢？没错，当然是第一个。第二个场景中，只是敷衍嘉宾而已。

这就是说，如果并不是出于真心，有些表情看上去明显是后补的，不仅慢半拍，还很机械僵硬。比如，一个上门的推销员，当你问他"能否保修一年"时，如果他先点头，再说"是"，说的就是真话。如果他先回答你："嗯……有的，你放心。"然后才点头，你就该怀疑他话的真假了。

撒谎者常常触摸鼻子

微表情关键词　人们在说谎时会产生压力，这会引起鼻腔内细胞肿胀和血压上升，鼻子有种刺痒的感觉。于是，人们只能频繁触摸鼻子，缓解这种症状。所以说，看到一个人说话时频繁地摸鼻子，就不要轻易相信他的话。

美剧《别对我撒谎》的第十一集，出现了一种撒谎掩饰姿态：用手指在鼻翼处蹭了一下。

一位妻子看完这个剧之后，就偷偷观察分析老公跟她说话时的语气、动作、表情，想探求他是不是在对她说谎。

一个周五，老公打电话说要加班，但是说话时犹犹豫豫的。她知道他在撒谎，可是想知道老公瞒着她在做什么。于是，假装答应，随后到他公司楼下等，偷偷跟踪他。结果，妻子发现，老公下班后就跟一群"狐朋狗友"聚会去了。

晚上回到家，妻子假装什么都不知道，拉住他的手问："今天是不是很辛苦？工作完成了吗？"老公摸了摸自己的鼻子，说："我努力工作都是为了让你过上更好的生活，不辛苦。"

人们摸鼻子，通常是在说谎。原因是什么呢？美国芝加哥的嗅觉和味觉治疗与研究基金会的科学家也许能给我们答案。

他们研究发现，当人们撒谎时，一种名为儿茶酚胺的化学物质就会被释放出来，而引起鼻腔内部的细胞肿胀。科学家们还通过可以显示内部血流量的特殊成像仪器，揭示出血压也会因为撒谎而上升。这项技术显示，人们的

第三章 触摸人性脉搏，识破对方谎言

鼻子在撒谎过程中会因为血流量上升而增大。血压增强导致鼻子膨胀，从而引发鼻腔的神经末梢传送出刺痒的感觉，于是，人们只能频繁地用手摸鼻子，以舒缓发痒的症状。

这就是著名的"皮诺基奥效应"。

尽管人们无法看到鼻腔血管膨胀的样子，但能看到撒谎者触摸鼻子这一手势。可以很轻松地认定，他是在撒谎。

某两位知名的神经学家，深入研究了美国前总统比尔·克林顿就莱温斯基性丑闻事件向陪审团陈述证词的录像。他们发现，克林顿说真话时很少触摸自己的鼻子，但是，只要他一撒谎，他的眉头就会在谎言出口之前不经意地微微一皱，而且每四分钟触摸一次鼻子，在陈述证词期间触摸鼻子的总数达到26次之多！这很好地印证了"撒谎会摸鼻子"的说法。

撒谎时，摸触鼻子的手势一般是用手在鼻子下沿的地方很快地擦几下，有时甚至只是略微轻触，几乎难以察觉。女性在做这个手势时，比男人的动作幅度更小些。

当然，不一定所有摸鼻子的动作都说明他在说谎。当一个人处于焦虑不安或者愤怒的情绪中时，他的鼻腔血管也会膨胀，也会出现触摸鼻子的动作。甚至有时候人们做出这个动作，只是因为感冒，或者花粉过敏，或者在抹鼻子上的脏东西。

鉴定他人是否在说谎时，还需要结合其他说谎迹象来进行解读。比如说，说谎因为要临时组织语言，会出现说话吞吞吐吐的现象；有的人会出现停顿、皱眉的动作；还有的人会脸红，等等。只要认真观察，这些小细节是不会逃脱出我们的眼睛的，知道他人是否在说谎也会变得十分轻松。

频繁眨眼睛说明他在撒谎

> **微表情关键词** 眨眼睛可以有效避免直接接触别人的目光。对说谎的人来说，这是掩盖谎言最好的办法。当你看到一个人频繁地眨眼睛，很可能是他在躲避你的眼神儿，也就是说，他在对你撒谎！

下班前，主管吩咐秘书写一份重要的报告。可是，因为这天是秘书的生日，在和朋友们庆祝完之后，她竟然将这份重要的工作忘了。第二天，主管要这份报告时，秘书在包里翻来翻去，最后假装着急地说："哎呀，我保存文件的 U 盘忘记带了。"

主管一听，就知道秘书在睁眼说瞎话。因为，秘书根本就没有 U 盘，前几天还跟他申请要买一个呢。而且，他发现，秘书在说话时，一直在用比平时快的频率不停地眨眼睛。

心理学家研究表明，人的正常眨眼次数是每分钟 30～50 次，当人感到重压，内心难以承受时，眨眼次数明显会增多。而人在撒谎时，会使自己的心理压力不自觉地增加，所以，眨眼的频率就会加快。由此，主管肯定地判断出，秘书是在撒谎。

除了这个原因之外，快速地眨眼，还能避免与对方的目光直接对视。人们在撒谎的时候，也会有心虚的心理，不敢正视对方的眼睛，生怕对方看穿自己内心的恐慌。可是，如果将头别过去，说谎人担心这个动作太过明显，会被对方看穿。而快速眨眼睛，就能不动声色地躲避过对方的眼神。

在电影或电视剧里，我们常会看到这样的镜头：

一个法官言辞严厉地审问犯人"你昨天晚上干什么去了？"

犯人低着头，说："昨天晚上我哪儿也没去，就待在家里看电视。"

这是因为，当一个人说谎时，他是心虚的，会下意识地避免和对方眼神做直接接触。这样，他能减少压力，把谎言说出来。相反，如果他说的是真

 第三章　触摸人性脉搏，识破对方谎言

话，就敢直视对方的目光，仿佛是在挑衅："我说的是真话，干嘛要怕你，你要是不信，可以去调查。"

在生活中，我们通过观察也会发现，一个人在酝酿谎言、说出谎言之后，都会有眨眼睛、低下头等不自然的动作。比如，老师问学生为什么没做完作业，他可能会先低下头想一想，或者眨巴几下眼睛，然后再编个能被原谅的理由，妄图逃避惩罚。

这个动作代表着心虚。

很多时候，就像前面案例中的秘书一样，有很多人会当着你的面睁眼说瞎话，要识破对方的谎言非常容易，因为人的眼睛是无法骗人的。说谎的人不敢直视别人的眼睛，因此会选择快速地眨眼，或别过头去，下意识地掩盖自己的眼神。

但是，不是所有的眨眼睛都意味着说谎。如果一个人在你面前刻意延长了眨眼睛的时间，那只是说明，他对你的话不感兴趣，希望交谈早点结束。如果，他的眼睛会闭上两三秒再睁开，则说明他真的不能忍受这样无聊的交谈，希望你快点从他眼前消失。这时，你需要调整一下说话内容，或者干脆直接走开。

只有当眨眼睛的速度快于平时的频率，才说明当事人是在撒谎。所以，我们在观察时，一定要区分清楚，不要随便冤枉了好人。

抓挠耳朵代表什么意思

微表情关键词　生活中，当我们不同意别人的意见时，习惯用手摸摸耳朵。这其实是通过肢体语言告诉对方你真实的内心想法。所以，说话的时候加上这个动作，很可能是说话人言不由衷的表现。

妈妈："小明，你的袜子又开始乱扔。不知道放到柜子收好吗？作业有没有做完？别看电视了，天天就知道玩儿，怪不得上次考试考得那么差……"

小明听到妈妈的唠叨，赶快捂住耳朵，做出一副痛苦的表情："妈妈，求求你别再说了。"

生活中，这样的场景很常见。捂住耳朵，说明他是不想听到你的声音。而在成人世界里，他们不会捂住耳朵，只会抓挠耳朵的不同部位，来表达不同的情绪和内心想法。

◎ 摩擦耳廓背后

这代表他不同意说话人的观点，或者想要发表不同的意见。比如，一位售货员不停地向顾客介绍商品的好处。顾客只看了一眼，然后下意识地用手指摸摸耳廓背后，接下来一定会说："我再考虑一下。"这时，代表的意思是他不喜欢售货员推荐的商品，所以，摸摸耳朵，不愿意再听他说下去。

在日常工作生活中，比如你正发表意见，对方侧着头摸了摸耳朵，这代表对方意思和你相反，而且急于表达。这时，你就应该停下来，听听对方的意见，交流才会有效果。

◎ 不停地抓挠耳垂、耳背

这代表一种焦虑的情绪，说明当事人一定是遇到解决不了的困难需要帮助。

晓云是一个非常细心的人，总能观察出周围人的动作变化，并解读其中的意思。一次，她看见同事卢冲不停地抓挠耳背，于是走过去问，他是否需要帮助。原来，卢冲遇到了一个程序问题，怎么都调试不出想要的结果。晓云及时伸出援手，帮他解决了问题，同时，也得到了卢冲的万分感激。

人们在着急、焦虑时，就会通过不停挠耳朵，释放内心的压力。如果你能看出其中端倪，主动帮助对方渡过难关，会大大拉近和对方的距离。

◎ 用指尖掏耳朵

生活中会有这样的场景：一个人滔滔不绝地在讲话，听的人似乎心不在焉，不停用指尖掏耳朵。

这个动作表示，他对你所说的一切很不屑！而且，对说话人也很不尊重。这时候，就不要自顾自地说下去了，可以问一问对方："您对这件事情有什么高明的看法吗？"或者如果对方是长辈，就考虑转化他感兴趣的话题。

第三章 触摸人性脉搏，识破对方谎言

◎ 用手或耳廓遮住耳洞

这跟孩子捂住耳朵是一个意思，他们在直接阻止不愿意听到的话进入耳朵。表示的意思是："我不想听你再说下去了！"同时，脸部会出现不耐烦的神情。

比如电影里，女主人公是个话唠，看电视的时候，常对着下班回家的丈夫东家长西家短地唠叨个没完。男主人公只好用手堵住耳洞，这样，就只看见妻子的嘴一张一合，听不见唠叨声了。

很多人有挠耳朵的习惯，殊不知，这个动作会给人留下紧张、焦虑的坏印象，甚至会让对方产生你不喜欢听他说话、不尊重他的误会，所以，不到必要时，千万不要再用手挠耳朵。

用手遮住嘴巴传达出什么信号

> **微表情关键词** 当人们说出了不该说的话，会下意识地捂住嘴巴表示懊悔，或者防止自己再继续说下去。这是一种下意识的动作，最能表达其真实的想法。所以，不要去相信他后面说的话，很可能是谎言。

在平时的交谈中，我们也许会发现一个现象，就是说话人在说完某一句话时，会突然捂住嘴。这说明了说话人的什么心理呢？我们一起来看看。

◎ 不该让他知道这个秘密

陈佩斯和朱时茂的小品《警察与小偷》里，有这样一个情景：

陈佩斯扮演的小偷在巷子口替正在干坏事儿同伴望风，恰巧遇到朱时茂扮演的警察巡视。

朱时茂问："你在这儿干什么？"

陈佩斯回答："我在望风儿。"

他意识到自己说漏了，紧接着用手捂了一下嘴，改口说："啊，不，我在放风儿。"

陈佩斯为什么会下意识地捂住了嘴呢？其实，他心里是在想："这个秘密不能让他知道！"

当你和别人交谈时，如果对方说话到一半，或者刚开了个头，就下意识地捂住了嘴巴，这可能是对方不愿意告诉你这件事情，但是毫无防备地说了半截。

这种情况下，我们不要相信他捂住嘴巴之后所说的话，那很可能是他临时编的谎言。只有他捂住嘴巴之前，不经意间说出的话，才是可信的。

并且，无论对方说了什么，无论这个秘密多么让你惊讶，你都要装作不感兴趣的样子，这样才会让对方安心些，接下来和你的交谈也会更顺畅些。否则，他可能会陷入说漏嘴的懊悔中，不再认真地和你进行交流，使谈话毫无意义。

◎ 不能让他看出我撒了谎

员工小王想看一眼发工资的单子，于是趁没人的时候，偷偷溜进了人事部的办公室。当他看完正要出门的时候，碰到外出办事儿回来的同事。

"你怎么会在这儿？有什么事吗？"

小王遮住嘴巴，轻咳了一声："啊，没什么，我来找小李，刚好他不在。"

心理学家告诉我们，在和别人交谈时，如果对方突然遮上了嘴巴，那么大多是因为说了谎。他试图通过捂住自己的嘴巴，来掩饰自己说出的那些谎话，或者遮挡说谎的痕迹。为了表现得更自然点，有些人还会像案例中的小王一样，在遮上嘴巴的同时，假装咳嗽来掩饰。

也就是说，用手遮住嘴巴，有可能是说了谎话，想掩饰自己的心虚。

比如，班会上，教室内一片安静，老师讲完话，问班长有没有事情要说。他摇摇头，说"没有"，手却不自觉地遮住了嘴。这时，他很可能在撒谎，因为比较有顾虑，该不该当着全班同学的面把某个问题说出来。

而且，如果能看到他的嘴巴，嘴巴的形状很可能是紧闭的，或者上嘴唇咬着下嘴唇。这表明，他的心里在纠结："到底是该说呢，还是不该说。"

遮住嘴巴就是在告诫自己，代表的是"不能让自己陷于危险中"或者"不能得罪人"的心理；蕴含的潜台词是"不要让他看出我在说谎"，"不能让他知道这个秘密"。

第三章　触摸人性脉搏，识破对方谎言

谈话方式泄露了说谎的秘密

 人们撒谎时主要靠语言，他一定不愿意让对方听出破绽，所以会事先编好一套说辞，以为这样就能掩饰。其实，这样会让谈话方式显得很刻意，无意中已经泄漏了他其实是在说谎的秘密。

当一个人说谎的时候，为了不让对方看出破绽，他会在谈话过程中十分注意。所以，如果仔细听，会发现他说话的模式和常人不同。

◎ 说谎的人记忆力都很好

警察在审问一个嫌疑犯。

警察："你还记得3月18号晚上10点钟，你在做什么吗？"

嫌疑人："哦，那天我吃完晚饭，躺在家里床上看电视。我还记得当时看的是五频道，我最喜欢的足球节目。"

警察："你晚饭吃的什么？"

嫌疑人："我晚饭吃了一份芝士披萨，还喝了一杯啤酒。"

警察："这可是一个月前的事儿了，既然你记得这么清楚，那请问那天你穿的什么衣服？想好了再回答，因为我们有当天你走进公寓时的监控录像！"

"这个……我真的忘了，我……"嫌疑人头上开始冒冷汗。警察把这一切都看在眼里，后来经过审问，他果真就是那个抢劫犯。

当你问到某个具体信息时，说谎的人一定会做出解答，而不会说不知道，因为他们害怕引起别人的怀疑。例如，这个抢劫犯，为了让警察相信他一直在家，特意说出了看了什么电视、吃了什么饭等具体信息。记忆力这么好的他，偏偏忘记了自己穿什么衣服！其实对大多数人来说，不要说一个月之前，恐怕一周之前某天做了什么，他都无法记得。

◎ 说谎的人不会把事情描述得很详细

丈夫一晚上没回来,第二天,妻子问他:"你昨天晚上是不是又赌钱去了?"丈夫有些慌张,说:"不是。我跟朋友们喝酒去了。"妻子接着问:"是吗?都是哪些朋友?去哪儿喝的酒啊?"丈夫:"就是关系不错的那几个朋友,去老地方喝酒了。"

很显然,妻子不会相信丈夫模模糊糊的回答。当一个人说谎的时候,他是心虚的,他害怕给出的信息越多,漏洞就越大。所以,当妻子问到具体的人时,丈夫不敢多说,害怕会穿帮。说谎的人,经不起追问细节,如果有怀疑,只要多问几句,就会知晓答案。

◎ 故意提供更多信息

警察审问嫌疑犯的案例中,我们发现,当警察问抢劫犯他吃过晚饭在做什么的时候,他说自己在看电视,而且还主动报出了节目内容。这就是典型的说谎方式之一!

说谎的人是心虚的,他害怕被看穿。所以,为了取信于人,会对自己的谎言加以更详细的描述。跟前面的区别是,他是不打自招,主动说出来,并且因为是早已在心里编造好的谎言,说出口的时候显得不假思索。

对于真诚的人不是这样,他们内心坦然,就不会再去做多余的解释。

比如,女友打电话给男友,很长时间才接,问为什么这么晚才接听啊?如果没做坏事儿,男友一定很坦然地告诉她:"哦,我在卫生间,没听着。"如果他啰嗦很多:"我在卫生间,水龙头开得很大,我的房子隔音效果太好了⋯⋯"那他一定在说谎。

在谈话中,如果人说了谎,一定会有某些语言,或者说话方式表现得很刻意,只要我们认真观察、仔细体会,是可以找出其中破绽的。

第三章　触摸人性脉搏，识破对方谎言

微笑是否能够隐藏谎言

微表情关键词　撒谎的人会心虚，也会刻意讨好你，使你放松对他的警惕。微笑是一个非常不错的办法。但是，他们不知道，微笑是发自内心，还是试图掩盖谎言，有的人一眼就能够看出。

一般情况下，人们都认为微笑展示的是友好、开心，微笑在生活中很泛滥，上班会看到同事的微笑、吃饭时会看到服务员的微笑、做公车时，如果够幸运，也能看到售票员的微笑……

你有没有想过，这些微笑之中有多少是发自内心的？所有的微笑都是真诚的吗？答案是：并不是所有的微笑都是真诚的！微笑的面孔之下，也可能掩盖着谎言！

小晴是一名新进员工，她很有责任心。来公司不久，就发现管理上存在着各种各样的问题。小晴鼓起勇气敲开主管办公室的门，给主管提出了许多改善公司内部情况的合理建议。听她一鼓作气说完之后，主管微笑着，告诉她说："你的建议提得很好，我会和上级领导沟通讨论这些问题的。"

可是，过了很长时间，小晴提出的问题并没有得到改善。她百思不得其解，为什么主管觉得她提的意见有道理，却迟迟不给反馈呢？

法国科学家纪尧姆·杜胥内·德·波洛涅曾做的一项研究，或许能告诉我们答案。

纪尧姆研究发现，人的笑容是由两套肌肉控制的。第一套肌肉组织是颧骨处肌肉，它能带动嘴巴微咧，双唇后扯，露出牙齿，面部提升，然后将笑容扯到眼角。我们可以自由控制颧骨处的肌肉，制造出虚假的笑容。

第二套肌肉组织在眼部，它可以收缩肌肉，使眼睛变小，眼角出现"鱼尾纹"。这部分肌肉不受我们意识的主动控制。它调动起的笑容，一般都是真心的笑。

小晴的主管在微笑时,眼角并没有出现鱼尾纹,也就是说,他并不同意小晴的建议。说那番话,只是不想打击小晴的积极性而已。

那么,什么样的微笑才是真诚的呢?

就在几天之后,员工董文也走进了那位主管的办公室,他为新产品制定了一份特别棒的宣传方案。

我们来看看那位主管的反应:

董文在演示着宣传效果图,主管一边看一边点头,微笑从嘴角咧开,随着笑意越来越浓,眼角的鱼尾纹也越积越多。最后,当董文讲完之后,主管哈哈大笑,拍着他的肩膀说:"做得不错,就按你的方案办!"

哪个微笑更真诚一些?很显然是对员工董文的微笑。

我们来比较一下,这个微笑出现了鱼尾纹。说明,他同时调动了嘴部和眼部两块肌肉,尤其是眼部肌肉,它不受我们意识的主动控制,也就是说,只有在眼部出现鱼尾纹的笑容,才是发自内心的真诚的笑。

现在,我们应该清楚了。微笑掩盖不了谎言。如果微笑带动的只是嘴部肌肉的运动,那这个笑容就不是真心的,脸上的表情看起来会很僵硬。这时,无论他后面说什么话,最好还是掂量掂量他的真假。

如果微笑时,不仅嘴巴张开,眼角的鱼尾纹也被挤了出来,表情看起来就会很自然。这样的微笑一定是真心的,他对你的话是赞同的,所以,也必然会对你说真心话。

目光坚定不一定代表诚恳

> **微表情关键词** 撒谎时,人们会把目光移开吗?现在,研究者们告诉人们另一个事实:撒谎者也可能会目光坚定地看着你!这是因为,他们试图反其道而行之,掩盖内心的慌乱。

我们都知道,撒谎时,人们会下意识地目光睛移开,避免与对方眼神儿

 第三章 触摸人性脉搏，识破对方谎言

碰撞。那么，是不是说，如果对方目光坚定地看着我们，一定代表着诚恳呢？恐怕未必！即使对方眼睛定定地看着你，他也有可能在说谎！

◎ 说谎时也会目光坚定

人们做过这样一个实验：他们找来一群人，将这群人分成两组，面对面坐下。然后，让一组人对另一组人说谎。并将室内所有说谎者的表情，一一录下来。最终结果非常令人吃惊！

实验中，只有大约30%的撒谎者将目光移开了，而另外70%的人，则采取了目光坚定地看着对方。这是因为，他们知道眼神儿的游移会让对方发现撒谎的秘密，所以他们为了避免被识破，刻意控制自己的眼神，盯着对方的眼睛。

实际上，我们在说谎过程中，或者说完谎之后，目光常常偏向一边；但是在说谎之前，目光通常会表现得十分坚定，一方面是在给自己信心，另一方面是为了不让他人怀疑。所以说，目光坚定不一定都代表诚恳，有些时候也代表着谎言。

◎ 区分谎言和真话

如何来区分目光坚定者是不是在说谎呢？

这就需要进一步看他的瞳孔！心理学家研究发现，人的心理活动与瞳孔变化关系非常密切。

张老师是位经验丰富的初三班主任，班上有几个调皮的学生，可他们不敢对张老师撒谎，因为每次都会被看穿。

张老师的法宝就是，看他们的瞳孔。一次，王小蒙踢球砸到了另外一个人的眼睛，却撒谎不是自己踢的。虽然，说这句话的时候，他理直气壮地盯着张老师的眼睛，可是，瞳孔却不自觉地放大。张老师当然不相信他的话，找了几个同学问过之后，果然没有冤枉他。

当一个人在撒谎的时候，会产生紧张情绪。在紧张情绪的刺激下，他的瞳孔就会放大，我们因此可以断定，他是在说谎。当然，并不是所有的瞳孔放大都代表着说谎，在恐怖、愤怒、喜爱等情况下也会如此，需要具体情况具体分析。

◎ 传递出诚意的目光

跟人交谈时，我们需要目光坚定地看着对方，但如果长时间定定地注视，有可能让对方觉得你太过做作，不可信。

因此，要想不让别人产生误会，我们在目光坚定地看着对方的同时，也要配合其他的身体姿势。

比如，在听别人讲话时，如果对他的话很感兴趣，不妨多点几次头，鼓励他继续说下去；或者，露出真诚的微笑；或者，插入一些自己的看法，等等。这时，对方会感觉到你对他的友善和尊重。

如果是你在为别人讲述某事，为了使自己的话更可信，可首先进行眼神的交流，然后配合一些表示自信和肯定的动作。这会感染他的情绪，对你的话坚信不疑。

总之，目光坚定者也有可能在说谎，看看他的瞳孔和其他的表情就知道了。在跟人交流时，尽量避免定定地看着对方，还要配合另外的动作或语言，表达自己的诚意。

抓挠脖子是口是心非的暗号

> **微表情关键词** 脖子和耳朵的距离很近，挠耳朵是在说谎，心理学家研究发现，挠脖子同样也可以起到放松情绪的作用。也就是说，人们在下意识地抓挠脖子时，很有可能是在说谎！

如果在讨价还价时，店主对你说："这真是最低价，不能再低了。"同时，我们看到他在抓挠这脖子，那千万不要相信他说的话！他抓挠脖子的动作已经显露了他在说谎！其实，他还赚着很多，你完全可以再使劲儿往下压价格。

心理学家研究发现，人们在撒谎之时，会感到紧张，大脑不自觉地指挥手触摸身体，起到保护自己和放松情绪的作用。这些动作包括握紧手、摸鼻

第三章 触摸人性脉搏，识破对方谎言

子、摸耳朵、抓挠脖子等。

人们抓挠脖子，一般是用食指抓挠脖子的侧面或者耳垂下方的那块区域；女性的动作幅度更为小一些，通常用手指盖住脖子和胸相接的地方，解剖学上称其为"胸骨上窝"。

美国联邦调查局前反间谍特工乔·纳瓦罗有一次调查一名持械通缉犯，前去他母亲家问话。其母亲知道儿子被通缉，显得有点紧张，但是面对盘问却对答如流。

"你儿子在家吗？"当纳瓦罗这么问她的时候，她把手放到胸骨上窝，说："不在。"纳瓦罗继续提问其他问题，几分钟后，又突然问道："有没有他趁你不在，偷偷藏在家里的可能？"母亲再次把手放到上次放的地方，表示自己不知道。

纳瓦罗觉察到了她这个小动作，确信她在说谎。为了进一步证实，离开之前他又问了一句："你确定他真的不在家里吗？"结果，她又一次将手放在胸骨上窝，回答说不在。

纳瓦罗申请了搜查令，最后，在母亲家里的密室找到了他的儿子。

这位母亲三次说谎，三次用手抓挠脖子，身体语言供出了他儿子就藏在家里的事实。

当一个人说"我非常理解你的感受"，但同时他的食指在脖子上抓挠了五次以上，那么我们可以断定，实际上他在说谎！

自从梁雅洁的同事离职之后，她就一个人干两个人的活儿，成天忙得脚不沾地儿。过了两个月，她实在不能忍受了，找到主管领导诉苦，提出要求，要么提工资，要么重新招一个人。在听梁雅洁说完之后，领导表现出很同情的样子，抓挠着脖子说："你说的这些公司都看在眼里了，我们也承认你做的工作的确不少。这样吧，我会跟上级领导商讨解决这个问题的。"梁雅洁得到这样的保证后，依然努力地做两个人的工作。

可是，过了很长一段时间，梁雅洁的问题迟迟没有得到解决。她觉得很懊恼，为什么领导说话不算话呢？

其实，如果她懂得领导挠脖子意味着什么，就不会轻易相信他了！而是应该不罢休，时时督促他快点招人。领导的手在抓挠脖子，这才是他真正的实话："我们可以理解你的感受，可是，公司暂时还没有招聘计划。"

在日常生活中，如果遇到总是说话抓挠脖子的人，那就别轻易相信他的话！理智的做法，应该是放弃跟这样口是心非的人交朋友，因为，他是永远不会拿真心对你的。

撒谎者在不经意间有多余动作

> **微表情关键词** 潜意识不受我们大脑的控制，它所起到的作用同样是不可忽视的。其实，人们在说谎时，先受到潜意识的支配，然后才受大脑控制。所以，哪怕是最高明的撒谎者，说谎时都会做出多余的小动作，露出马脚。

一个高明的撒谎者，知道掩饰一切撒谎时的细微动作，那么，就真的会让人看不出任何破绽了吗？答案是否定的。

任何一个人，哪怕是经过训练，最高明的撒谎者，都会受到内心潜意识的支配，露出马脚。

◎ 摇头前下意识地点头

林老板的客户欠下一大笔货款未支付，底下人几次到公司要货款，都被告知负责人不在。这次，林老板亲自出马。他问前台小姐："请问，你们的负责人马经理在吗？"前台小姐稍微迟疑了一下，然后非常肯定地摇摇头，告诉他："不在。"

林老板盯着她，说："你在说谎！"然后，径直往负责人马经理的办公室闯，果然见他正在办公室里打电话。

林老板是怎么知道前台小姐在说谎呢？因为他观察到，前台小姐迟疑之后，还有一个非常细微的点头动作，然后才是大幅度地摇头。这个下意识的点头动作出卖了她！

研究人员发现，很多说谎的人在摇头否定之前，都会做出下意识的点头，表示对对方问题的肯定。这个快速的点头动作，人脑很难控制，它告诉我们，对方摇头之后所说的话都是谎言！

 第三章 触摸人性脉搏，识破对方谎言

◎ 睁大又缩小的眼睛

除了快速眨动，眼睛还有另外的动作，暴露出人说谎的秘密。

警察给了被捕的毒贩一叠照片，让他辨认哪一个是同伙。他一张一张看过去，始终不肯说。但是，没关系，细心的警察们已经从他的眼睛里发现了问题。

原来，当他看到同伙的照片时，他的眼睛突然睁大，然后瞳孔迅速收缩，把眼睛轻轻眯了一下。后来，经过审问，这个人的确也在贩卖毒品。

用心理学原理解释是，他看到同伙的照片，会突然变得紧张，出现瞳孔不自觉地放大，但他害怕别人看到他眼睛的变化，于是有意识地将眼睛眯起来。

其实，这恰好证明了他内心所想。

◎ 咽唾沫的小动作

小周又迟到了，被经理逮了个正着，批评他说："听说你最近迷上打麻将，每天都熬到夜里两点，怎么样，手气一定不错吧。"

小周的喉结动了动，小声说："不是的经理，这几天我爱人身体不舒服，早上起床我得先照顾她。"

经理当然不信他的话，因为，听到了他咽唾沫的声音。

当一个人想要说谎时，内心的紧张，会让喉头有干痒和异样的感觉，这时，他们会下意识吞咽唾沫来缓解这种异样。所以，单凭这一个动作，我们就能判断对方说的是实话还是假话。

心理学家通过大量的研究和观察告诉我们，人在撒谎时会出现很多不经意的动作。例如上面讲到的摇头前的快速点头、眯眼睛、吞咽唾沫等，这些多余动作虽然持续的时间很短，却也告诉了我们事情真相。

第四章

透过对方的话语,探视内心需求

　　一个人的言语,包括说话的语音跟韵律,都是自我心声的流露。学会分析声音的基本特点,以及能够从简单的言语中解读出更深层面的意思,即使再含糊晦涩的话语,你也可以听出说话人真正的思想情感,从而更深入地了解对方,看透人心。

第四章 透过对方的话语，探视内心需求

向你询问第三者意见的人其实是想知道你的意见

 俗话说"听话听音儿"，会听话的人，善于听懂他人的弦外之音。比如，当有人向你询问第三者意见时，其实，他是想知道你的意见。这时，只要实话说出自己的看法，就一定能让他满意。

有时候，别人并不愿意直接表达自己内心的真实想法，或者怕说错，或者怕说了给自己带来不好的后果。于是，有些人就采取了一种高明的问法，"请问他的邻居对他印象如何？""请问他的老师怎样评价他？""请问他的同学认为他是一个怎样的人？"这样就打消了对方内心的顾忌，产生"反正我说的是他邻居、老师、同学的看法，又不是我的，我将不会为此负责任"这样的想法，从而将自己内心的想法和盘托出。

比如，很多记者就非常善于利用这种第三者意见而引出当事人心中的意见。尤其是在采访人命关天的案件的时候，记者知道问"你对死者的印象如何？""你觉得死者最近有什么反常吗？"很多人就会警觉起来，闪烁其词，不愿吐露真意。所以，记者就会换一种问法："请问死者的邻居对他怎么看？"对方就会放下警惕心，将自己的想法借邻居之名说出来。在红楼梦里，这一技巧用到的地方不少。

在《红楼梦》第六回"刘姥姥一进荣国府"中，周瑞家的带着刘姥姥和板儿来见凤姐，在地下拜了数拜。凤姐说自己"年轻，不大认得，也不知是什么辈数，不敢称呼"。周瑞家的忙回道："这就是我才回的那姥姥了。"这时，刘姥姥就拉身后的板儿出来作揖，大概是生疏，他死也不肯。

凤姐儿笑道："亲戚们不大走动，都疏远了。知道的呢，说你们嫌弃我们，不肯常来，不知道的那起小人，还只当我们眼里没人似的。"

凤姐的这最后几句话就是借第三者之口说出了自己的内心想法，其实并不是"知道的"人认为"你们嫌弃我们"，也不是"不知道的那起小人"认为

她"眼里没人似的",而是她自己这么认为的。同样的情景也出现在《红楼梦》的第四十五回中:

平儿斟上茶来,赖嬷嬷忙站起来接了,笑道:"姑娘不管叫那个孩子倒来罢了,又折受我。"说着,一面吃茶,一面又道:"奶奶不知道,这些小孩子们全要管的严。饶这么严,他们还偷空儿闹个乱子来叫大人操心。知道的说小孩子们淘气;不知道的,人家就说仗着财势欺人,连主子名声也不好,恨的我没法儿,常把他老子叫来骂一顿,才好些。"

这里赖嬷嬷说的也不是"知道的"的人和"不知道"的人的意见,而是她自己那么认为的,这种说法可以推卸掉一些不必要承担的责任。

那么,当我们想要了解一个人的真实看法和意见,而对方由于利益关系等诸多因素的干扰,不愿敞开心扉。而当他持反对意见时,更不愿意暴露自己的内心。

这时候,我们就可以假借询问第三者意见这个技巧,让他说说,其他人最有可能会怎么看这个事情。由于他陈述的是别人的意见,他不必承担什么责任,他就会放松警惕,说出自己的感想。

也许你会说,说不定他说的就是别人的想法呢。绝大多数情况下,他说的并不是别人的意见,而是他自己的真实想法。即便他说的是别人的想法,但别人的想法未必统一,他也需要自己做出判断,选择一种自己认为最可能的想法,这说明他个人比较赞同这种说法。再加上,陈述的时候,他不可能照搬别人的说法,多半还要靠他自己的描述,所以可以说完全是他本人的真实想法。一些人为了掩饰这个观点确实不是自己的,会在最后画蛇添足地说一句:"他们认为是这样,但我个人不是这样想的。"你若再问:"那可不可以谈谈你的想法呢?"对方通常会笑而不答,因为他的想法刚才已经告诉过你了。

第四章 透过对方的话语,探视内心需求

特意强调"巧合"的事可能是有意为之的

 电视剧中,不少故事情节太"巧合"了,这的确是编剧们故意的安排,来推动故事情节的发展。但是,现实生活中,也有很多"巧合"的事儿,特别是对方故意强调的时候,很可能是对方为了达到某种目的,有意为之。

"哇,这么巧,你也在这里。"偶然的相遇,总是能给人带来更多的惊喜。由于巧合表面上完全没有功利性,很容易拉近人与人之间的距离。比如,你在一个朋友的聚会上偶然碰到一个让你心动的人,恰好对方也有这种感觉,你会觉得这真是上天安排的,你们很可能因此迅速坠入爱河……

偶然的巧合能极快地瓦解对方的心理防线,对你产生信任。所以,很多时候,一些人就会精心布置一些巧合,利用人们对其无条件信任的心理,来达到自己的目的。

卓女士是一位非常有名的销售人员,不久前,她从公司辞职,准备好好休息下,然后再决定下一步的发展。

很多猎头和企业都瞄上了她,有一家公司甚至开出了200多万的年薪,她都不为所动,她并不缺钱。

在一个朋友的聚会上,卓女士碰到了一个陈老板,两个人聊得很投机,但陈老板并没有在这次聚会上邀请卓女士加盟自己的公司。

那次聚会结束后,陈老板邀请卓女士吃饭,提出了邀请对方的想法,但卓女士没有答应。陈老板也没有强求,之后,他依然和卓女士保持着联系。

一次,陈老板在与卓女士的一次通话中,得知她最近要去北京,就说:"巧了,我也正好要去北京,我帮你订机票吧。"

卓女士未置可否,她心里想对方不过是想和自己套近乎而已。飞机上,两个人天南地北地聊,但令卓女士意外的是,陈老板并未再提及要她上班的

事情。

然后，陈老板又偶然与她一起回来，但仍然没有提及让她上班的事。

又过了些天，陈老板邀请卓女士参观他刚刚开设的分公司，最后回到上海总公司，陈老板带着卓女士走到一间办公室前，室内布置得十分典雅，正是卓女士喜欢的类型。

陈老板诚恳地说："这是我们为您准备的未来办公的地方，不知道您满意吗？"

不久之后，卓女士成了陈老板公司的合伙人，这个新消息，令业界大跌眼镜。大家都以为卓女士的新东家，要么是在业界数一数二的大公司，要么就是舍得给她开出优厚待遇的公司，没想到她却选择了这家规模并不算太大的公司。阅人无数的卓女士相信一个公司有这样用心的老板经营，将来的发展机会一定会很大。

卓女士之所以最终决定加盟陈老板的公司，很大一个因素是由于陈老板善于通过制造巧合来拉近彼此的距离，让她看到了自己的真诚和对她的重视。比如，卓女士对陈老板故意制造与她搭同班飞机的巧合，虽然不置可否，心中肯定是温暖的。

如果有人愿意费尽心机制造与你相遇的各种巧合，你会怎么想，想必也会很感动吧。在爱情上，这一招也被很多人用到。因为在爱情上，人们总是迷信缘分，再加上一个巧合的因素，就会认定是上天注定让我们相爱，会为了在一起而尽力排除阻碍相爱的各种绊脚石。

梅菱绝对是一个标准的美人坯子，但她的老公却相貌一般，个头还不及她高。谈起他们的相识相爱到结婚生子，梅菱总是满脸的幸福。

从地铁站到公司只有一站地，梅菱都是走着过去。一次恰巧碰上下雨，梅菱没带伞，只好暂时躲在旁边一个屋檐下，无奈地望着哗哗的大雨，眼看就要迟到了。

一把雨伞撑在她头上，他说："赶着上班吧？公司在哪里？"

梅菱指了指不远处的大厦，小伙子说："一起走吧，我也在那上班。"

梅菱疑惑地望了望他，小伙子给了她一个肯定的眼神。

于是，两个人肩并肩走着，简单聊了几句，就这样认识了。

他们果然在同一个大厦上班，梅菱在8层，小伙子在10层。

就这样，他们第二天又在从地铁通往公司大厦的路上"巧遇"了，梅菱得知，他和她一样，也喜欢从地铁站走到公司大厦。

第四章 透过对方的话语，探视内心需求

之后的周一到周五，他们都会"巧遇"，一边聊一边走，然后梅菱在8层下电梯，小伙子在10层。

随着对彼此了解深入，两人渐渐形成了默契，谈起了恋爱。在后来浓情蜜意相处的日子里，梅菱才知道他根本就不与自己在同一个大厦上班，他上班的地方距离这里还有两站地呢。他们的巧遇，原来都是他自己一手策划故意为之，一切都只是为了追求爱情。每天，他都会陪着她走一站地，然后再陪着她坐电梯到8层，自己再从10层下楼，赶着去自己的公司上班。梅菱很是感动，这样的男人，嫁给他，错不了。

巧合，在人际交往中，体现了对方对你的尊重和重视。在爱情上，体现了对方对你的深深的爱意。都能在较短的时间内，让你接纳对方，认可对方。当然，这些有意为之的巧合都是善意的，在感动之余，我们也要防止那些心怀不轨之人制造的"巧合"。比如，一些骗子，砰打开一个易拉罐，一看："哟，我中奖了。"然后找出各种理由要低价卖掉这个奖项，引诱你掏出钱包，这个现在已经是人尽皆知的骗术了。现在流行一些手机、QQ等发来的中奖信息，以及一些诸如你的银行卡在某地消费多少，请把钱汇入某某账号等等，都是利用巧合来骗取钱财的，万不可轻易上当受骗。

提供"二选一"选项的人，是在下套让你钻

> **微表情关键词** 若问要茶还是要白开水时，没有人会要一碗饭。这是人的一种惯性思维，别有用心的人，就是利用人们这一心理，布置好圈套，等对方掉进去。所以，对待逼迫你"二选一"的人，最好的办法就是两个都不选。

在销售法则中有一个"二选一"法则，销售人员可以给顾客价格套系，适当地强迫顾客从1或2中作决定。例如，销售人员可对准顾客说："请问您是要那台两个门的还是一个门的冰箱呢？"或者说："请问是星期二还是星期三

送到您府上？"像这样"二选一"的问话技巧，只要准顾客选中一个，其实就是销售人员帮他拿主意，让他下决心购买了。

有一位老板在大街两边开办两家一模一样的粥店，每天前去就餐的顾客人数也相差不多。然而，左边一家粥店的收入总是比右边一家多出近百元，而且几乎天天如此。老板觉得很奇怪，就派人前去调查，了解两个店的经营、服务情况，以解营业额不同之"谜"。

被派去的人装扮成普通顾客，他首先走进右边的粥店。见客人来了，服务小姐满面春风，面带微笑地把他迎进去，给他盛好一碗热气腾腾的粥，接着又热情地问他："先生，加不加鸡蛋？"调查者发现，每进来一位顾客，服务员都要问同样的话："加不加鸡蛋？"顾客有说加的，也有说不加的，粗算起来加鸡蛋的人和不加鸡蛋的人各占一半。

之后，那位奉命调查的人又走进左边的粥店。服务小姐同样满面春风地把他迎进去，盛好一碗热粥放在饭桌上。然后和气地问他："先生，请问您需要加一个鸡蛋，还是加两个鸡蛋？"进来其他顾客，服务员又问同样的话。通常，爱吃鸡蛋的人要求加两个，不爱吃的人一般要求加一个，当然也有不加的，但这种情况比较少见。这样一天下来，左边小店要比右边那家多卖出很多鸡蛋。不同的问话，让两个粥店的营业额产生差异。

"加一个鸡蛋还是加两个鸡蛋"这样的问话方式，让顾客陷入提问者既定的前提之中，不由自主地给出选择。

其实，这是一种心理战术，对方事先为你设定好了答案，给你选择的权力，表面上看你有很大的自主权，事实上这不过是对方的一个"圈套"，因为无论你选哪一个答案都是对方想要的，就像孙悟空永远逃不开如来佛的掌心。

如果你遇到这种非常善于把握消费者心理的销售人员，一定保持足够的理智和清醒，防止被忽悠了。比如，你坐在沙发上，普通的销售人员会问："您需要沙发吗？"如果你买沙发的愿望不是很强烈，就会说："我随便看看。"或者"不是"。结果，你自然不会去购买不符合自己意愿的沙发。

而如果你遇到的是更高明的销售人员，他会问："你想要皮沙发还是布艺沙发？"你如果的确有购买沙发的意愿，就会在他的答案中做出一个选择。

有时候，销售者往往会通过问话来引导你去做他想要的答案。比如，对方问："您方便在12月1号还是12月8号交货？""您要红色的床单还是白色的床单？""您要交1000元定金还是1500元定金？"

对于这种"二选一"的销售模式，相信很多人都没有抵抗力。这种情况

第四章 透过对方的话语，探视内心需求

在心理学上称为"误前提暗示"，站在店员的立场，只要顾客购买自己就成功了。所以，推销员就假设了一个顾客购买的前提，把"买与不买"变为了"买红色还是紫色的"，顾客虽然是在误前提下做选题，却误以为买红色还是紫色是出于自己的意志，结果如推销者所愿买下其中的一件。

如果你是消费者，又确实没有成交这笔生意的念头，最好的方法就是两个答案都不选。你不选，也就最大程度地破坏了对方精心设下的陷阱。

对于这种推销方式，如果你对产品着实存在需求，只是在价格、颜色或者款式等上面拿不定主意，倒是可以参考推销员的意思，选择适合自己的。而如果你根本就不需要，只是随便看看，或者对哪一件都不够中意，那就不必受"二选一"推销模式的干扰，最好的办法是两个都不选。

嘴上说"欢迎提意见"，心里并不想听到你的批评意见

 想一想，生活中是不是常遇到这样的人呢？嘴上说"欢迎提意见"，等到你真的提出意见时，他又显得很不高兴。其实，这是人之常情，没有人真的愿意听批评，嘴上的谦虚也不代表真的谦虚。所以，当有人再说这样的话时，千万不要当真，否则会伤害他的自尊，惹他不高兴。

没有人喜欢被否定的感觉，但总有一些人会表现出很大度的样子说："欢迎大家提意见。"不要以为这样的人与众不同，喜欢听反对意见，其实越是表现出对别人的否定不在意的人越是在意，内心里更不希望听到你的批评意见。

朱峰大学毕业之后进入了一家私营制冷设备公司。老板对重点大学毕业的朱峰非常看重。第一年就让他做了销售主管，由于业绩突出，又直接提拔他为总经理助理。两人的私人关系非常好，经常在一起活动。在工作上，老板也非常倚重朱峰，和他商讨一些问题。渐渐地，朱峰觉得自己在公司中已经拥有了老板一样的地位。

有一回，公司召开会议商讨关于和美国一家大公司的合作案。在会议

上，老板将自己的计划和合作意向书拿了出来，让大家看一下。他大度地说："看看有什么意见，尽管提。"公司里的其他几名主管看了之后都没有说什么，唯独朱峰看出了问题。他认为照这个合作案进行合作，公司能够得到的利润非常小。于是坦率地对老板说："我觉得这个合作方案有问题。"

老板的脸色不太自然，但还是问他哪里有问题。于是，朱峰从头到尾把这个合作方案批了一通。朱峰当着这么多人的面把老板的工作全盘否定了，这让老板很不高兴。

于是老板淡淡地说："会议结束，这个问题以后再谈。"朱峰大声说："这个问题怎么能拖？要是按照这个合作方案……"

朱峰的话还没说完，老板就火了，大声呵斥道："我说了以后再说，我是老板，还是你是老板啊！"一句话让朱峰愣在了当场。

很多时候，别人说"欢迎大家提意见"不过是场面话，尤其是身份较高的人，一方面想要表现自己的大度，另一方面内心的自尊比常人更强。所以，他虽然嘴上说请大家多多指教，其实是想听到更多的鼓励和赞扬，而不是批评。

所以，如果在老总召开的会议上，如果他说："大家都别客气，有什么意见尽管提。"那可千万别傻乎乎地倒出一堆批评的话，尤其是当着大家的面，严重地伤害了他的自尊，以后不给你穿小鞋才怪。就算他足够的理智，当面还会面带笑容说："哦，非常感谢你的意见。"也只是碍于面子和公众场合，内心里也许已经火冒三丈，对你更不会有什么好印象。

不论是在任何场合，会议、酒会、宴席等，凡是摆出一副毫不在乎的神态说："大家有什么尽管说，别客气。"千万不要当真，说不在乎的人，才是最在乎的。

第四章　透过对方的话语，探视内心需求

不断抱怨第三者的人可能是在间接地抱怨你

 有个成语叫"指桑骂槐"，是说指着桑树骂槐树。生活中，这样的人也不少见。他们不愿意跟人发生正面冲突，还想把不满情绪发泄出来，因此，假装在你面前发别人的牢骚，实则是在埋怨你。这时，你可要认真检查一下是不是自己哪里得罪他了，及时改正。

对于抱怨指责这样容易得罪人的事，很多人通常不愿意直接告知，而会选择迂回的方式，比如通过抱怨第三者来暗示对你的不满。

马先生住在一所公寓里，最近他楼上搬来了一位邻居，是一位音乐爱好者。这位音乐爱好者每天都在弹奏钢琴，深夜里也不间断。马先生默默忍受着，但夜以继日的打扰让他忍耐度到了极限。

终于，马先生在楼梯口遇到了这位邻居，他说："隔着楼板还能听到您弹奏钢琴的声音，这说明楼板有问题，隔音效果做得太差，这幢楼的建造者要对此负责任，我们应该去找当初建楼的公司来做改善。"

这位音乐爱好者听了，知道自己每天弹钢琴打扰了邻居的生活，回去后就在钢琴底下垫了软垫来隔音，深夜也不再弹钢琴了。

这位马先生巧妙地将自己的意见转嫁到了楼的建造者身上，实则是对音乐爱好者暗示，你的钢琴声打扰我的生活。这位音乐爱好者也充分理解了马先生的意图，于是不再深夜弹钢琴。

这种说话方式，我们也常常会用到。而且这种隐晦的抱怨方式，有时候会避免正面的冲突。比如，邻居家的孩子老来邀请自己正在准备高考的儿子出去玩，这位母亲就对隔壁的太太说："你看我儿子经常找你儿子出去，一定打扰到了他读书，我感到很抱歉。"对方很快就会意识到自己儿子的行为不对，这位母亲是在抱怨自己对儿子管教不严。

如果这位母亲直接到隔壁邻居家兴师问罪："你们也不好好管教管教你儿

子，天天找我儿子出去玩，我儿子正准备高考呢……"如果对方也不甘示弱，反唇相讥，一场激战就在所难免了。

由于人们对当面和直接的抱怨都是非常反感的，所以，有一些就拐着弯儿来启发你。这类人比较聪明，不喜欢与人发生直接的冲突。此外，如果是上司喜欢采取这种方式来对待下属，说明他是个比较温和的人，相对于不留情面的上司，更能赢得下属的信赖和喜爱。

一位百货公司的总经理为了检查员工的工作，经常会去卖场视察。这一天，他又来到了卖场巡视。突然，他发现有一名顾客在一个柜台前等待，服务员小巧却在不远处与另一名服务员聊天，彼此又说又笑。

这个经理本想训斥一下小巧，但是转念一想，在大卖场里训斥员工影响不好。于是他走到柜台前，亲自为那名顾客服务。

小巧看到经理，很是尴尬地走过来，想着一顿批是少不了的。经理却只是淡淡地对她说："哦，刚才你有事不在，我恰巧路过这。以前的那个小赵就因为一次有事离开，遭到客户投诉，被扣了一个月的奖金。这样做确实不太好，既耽误了客户的时间，对自己影响也不好。你以后如果有事就给我打个招呼，我好安排其他人来服务。"

小巧听了说："下次一定不会了，经理。"果然，在接下来的很长时间里，经理再去卖场巡视的时候，都看到小巧认真地守在柜台后，即便没有顾客，她也从不离开自己的位置。

在人际交往中，有些人性格直爽，喜欢直来直去，心里有什么怨言就说说什么，不隐晦，虽然这些人比较爽直，但有时候容易得罪人。一些聪明人就选择了另外一种方式，有了怨言也不直说，表面上在你跟前假装发别人的牢骚，实则是暗示你，希望你能有所改善。

人与人之间的关系其实很微妙，有时候对方并不会直接表达自己的意思，而会选择拐个弯，迂回一下。如果你反应不够快，不理解对方话语背后的意思，可能就会被人认为你是个迟钝的人。所以，当有人在你面前抱怨的时候，你要小心了，暗暗检查下自己是不是哪里做错了，以及时改正。

第四章 透过对方的话语，探视内心需求

以忙为借口拒绝你的人可能只是需要你再三邀请

 大部分人都认为，人们对于容易得到的东西往往不会珍惜。所以，当别人有求于自己时，总会以忙为借口推脱。其实，他不是真的很忙，只是借此抬高自己的身价，你只要多邀请几次，一定能达成目的。

对于"太轻易"得到的东西，一旦到手人们往往不会"太珍惜"。相反，费尽周折才得到的，更容易被重视被珍惜。在人际交往中也一样，对于那些平常很容易就能见到的人，并不会太重视，而对那些再三邀请，对方却因为忙而一推再推的人会愈加重视。

三顾茅庐应该是最典型的案例，刘备得知诸葛亮是个奇才，决意请他帮助自己打天下。就同关羽、张飞一起去隆中请他出山。第一次，适逢诸葛亮不在家。刘备只好留下姓名，怏怏而回。

隔了几天，刘备打听到诸葛亮回来了，又带着关羽、张飞马不停蹄地冒着风雪前去拜访。谁知道，诸葛亮又恰好出去了，张飞气得直跳，关羽也满腹怨气。

直到刘备第三次去隆中，才终于见到了"繁忙"的诸葛亮。对方却又因刚出山回来，很累，而呼呼大睡，刘备就恭恭敬敬地候在门外。

终于坐下来交谈了，诸葛亮对天下形势做了非常精辟的分析，让刘备无比叹服。而刘备的诚意也打动了诸葛亮，答应出山相助。

这个故事一般我们都习惯说是刘备求贤若渴，尊重人才，而且他也因此而名垂青史。但另一方面，我们却忽略了诸葛亮的这一行为。第一次刘备已经留下了姓名，难道诸葛亮不知道？还有刘备站在门口恭候，心思细密的诸葛能察觉不到？恐怕未必。他不过是想借此考验刘备，或者说加大自己身份的筹码罢了。

在现代，忙似乎更成了一个人身份和地位的象征，你看那些高级官员哪

个不是忙得团团转，1月份的时候都已经把10月份的工作日程排得满满的了。这样的人，怎么会一邀请就答应呢？只有那些没钱没地位的人才会闲到随叫随到。

有些人你邀请不到的确是因为太忙，但有些时候，忙碌不过是他故意制造的假象，目的只是为了凸出自己的身份。

例如在演艺界，一个刚刚有点小名气的小牌演员忽然接到一部大戏，接到导演的电话，他绝对不会满口：" 好好好，我一定按时到。" 他通常会稳稳神，暗暗深吸气，或者还会整整衣服，慢慢地说：" 哦，这个我得先看看我的日程安排。" 接着他会翻翻旁边的小本子，或者和身边的助理小声对话，然后才说：" 好的，我把时间安排好了。"

并不是他不想得到这部戏，他内心里的渴望也许已经达到了极点，但他不能轻易表现出来，他担心那样会被对方看轻。有时候，稍微端端架子，制造一派忙碌的繁华景象，会让别人觉得这个人有实力，忙得很，我好不容易才请到呢，以提升被重视的力度。

对于你的请求，如果别人张口就答应，很难显示出他的身份，甚至会让你看轻他。这就像砍价的时候，你说个价，对方立即痛快地答应，你心里难免不会犯嘀咕，自己是不是买亏了，为什么他答应的这么爽快？

在商界，也有很多人运用这个技巧，你邀请一个重要客户。你说："张总，您看下周二您方便吗？方便的话，我再把修改好的计划书给您看下。"对方一般不忙着回答，而会思考一会，说："我看情况吧，到时候你提前跟我的秘书联系下。"也许，他下周二并没有那么忙，备忘录上的时间也标注的很清楚，但他还是想通过自己很忙不能立刻答应你的请求来显示自己的能干。

无论是什么人物，他也许不一定忙到连见你20分钟的时间都没有，但他一定要显示出自己连5分钟的空闲都没有。对此现象，他不过是为了让你知晓他答应和你见面，自己会推脱掉其他事宜，让你产生好不容易见一面，一定不敢怠慢的心理。

知道了对方的这个心理，在联系一些重要人物而遭到拒绝的时候，我们就有灵丹妙药了。当对方说自己很忙的时候，最好的方法就是再三邀请。邀请的时候，要表达自己足够的诚意，同时有意提起和加重对方忙碌的程度，以显示你知道他很忙，潜台词是你知道他的身份不一般。你可以说："陈总，我知道您最近特忙，打扰您真是不好意思，不知道您这个月末有时间没？"一次没邀请成功，千万不要灰心，就第二次、第三次，当对方觉得摆架子的

第四章 透过对方的话语,探视内心需求

火候差不多了,自然会答应你的。如果你的邀请非常重要,对方心里是有谱的。他绝不会为了摆架子,而白白浪费一个大好机会。当然也不排除对方确实不想答应你的情况,比如你的邀请对他完全没有吸引力,或者他确实腾不出时间。

托付你顺便去办的事可能才是他真正关心的事情

>  在人们的思维中,会把最重要的事放在前面说,不重要的事儿放在最后一笔带过。但有时候,别人让你顺便去办的事才是他真正关心的事情。可能因为要办的事不是那么光明正大,说起来不那么理直气壮,所以,只好找一件别的事做托词,然后让你把那件重要的事"顺便"办了。这时候,我们一定要认清他真实的目的,才不会白忙活一场。

我们总是以为顺便办的事都是不重要的,但有时候,别人会因为这件事办起来不那么光明正大,或者说起来不那么理直气壮。所以只好找一件别的事做托词,然后让你把那件重要的事顺便办了。

比如,部门经理让下属送一份文件,临走的时候,顺口说:"你顺便帮我看看张科长在办公室吗?"其实,送文件的事并不重要,顺便看看张科长在不在才是部门经理的本意。

当人们不好意思说出自己的本来目的或者不愿意别人发现自己的目的的时候,通常会利用这一策略。

最近,部门主管李莉发现一位员工的工作效率和质量每况愈下,但这是位老员工,资格比自己还要老,直接批评效果必定不会太好。因此,李莉并没有直接向经理"告状",指责那位员工工作没做好,也没有向其他同事说起,而是找到这位员工,跟他进行了坦诚的交谈。

李莉是这样说的:"王师傅,你是一位很棒的技工,在现在的这条生产线上工作也有好几年啦,你修出来的车子也都很让顾客满意。事实上,有很多

人都赞扬你的功夫很好，你真是一位杰出的技工。"

李莉稍微停顿了一下说："这个月公司准备对像您这样的，效率和质量都排在前几名的员工给予奖励，我就顺便来看看了解一下您的工作状况，看看有没有什么需要我帮助的。"

王师傅听出了部门主管李莉的话外音，她是来了解自己最近工作效率和质量比以前下滑的原因。于是，他坦率地向李莉说自己家里最近出了点状况，以致心情影响了工作，他保证以后会注意的。

李莉先把王师傅大大夸奖了一番，但这并不是她的本意，她的本意是想了解王师傅的工作状况，以及如何帮他改善。这种将批评的话隐藏在赞美背后来说的方法，实在是高明之至。它极大地维护了对方的自尊心，必会让对方感激不尽。

在销售上，一些人就巧妙地运用了这一方法，达到了自己的目的。

有两家电影院，为了争抢顾客竞相降价。A影院推出了门票八折优惠，B影院立即来了个五折大酬宾。A影院的老板甚为生气，一赌气来了个"跳楼大甩卖"——门票两折。原本五折的影票已经没有利润了，这两折不过是为了挤垮对手，再进行价格垄断。但没想到B影院的老板也不甘示弱，一下就推出了门票一折优惠，并且每人另送一包瓜子。

这下A影院的老板彻底服了，门票一折，还得送一包瓜子，这生意只有疯子才做，自动关门大吉。想要不了多久，B影院就得赔个底朝天。

但没想到B影院不但没倒闭，而且看起来还红红火火的。仅仅几个月后，老板就把那辆旧桑塔纳换成了崭新的奥迪A6，听说还买了两套新房。

A影院老板很是纳闷，就找人去打探。原来，B影院老板一折的门票的确赔钱，白送的瓜子也是赔钱，但秘密也正在这里。他送的瓜子是咸味瓜子，吃了必然口渴。于是，老板就顺便派人卖起饮料来。饮料也是经过精心挑选的甜型饮料，结果顾客们越喝越渴，越渴越买，饮料和矿泉水的销量大增。再加上由于如此优惠的价格，电影院场场爆满，B影院不仅从饮料中补齐了电影门票和瓜子的钱，还大大赚了一笔。

看起来是商家给你送的馅饼，但你却在不知不觉中跳进了他设好的陷阱，实现了他的本意。这就像很多超市、网站、饭店等做促销，送优惠券，目的当然不是白白送你，只不过是为了吸引你下次再来消费。而且商家一般还会规定，送你的优惠券要消费到某个金额才能用。所以，下次，你为了用掉这张优惠券，不得不挖空心思去购买物品来凑够那个金额，或者为了不浪

 第四章 透过对方的话语，探视内心需求

费这张优惠券而专门去那家店再吃一次饭。你的再次消费就是商家的原本目的，只不过借优惠券引诱你去实现它的愿望罢了。

这有点醉翁之意不在酒，声东击西，顾左右而言它的意味。所以，如果你在生活中听到类似"如果你方便的话……""顺便……"之类的话，说明对方对你有所求。比如"你最近进步不小，不过细节上还需要注意"。千万不要以为对方是在夸奖你，他是在用这种方式暗示你在细节上注意不够。再比如，你的邻居对你说："我看每天都是你去接孩子，真是一位尽职尽责的好爸爸。如果你方便的话，这个周末顺便帮我把儿子接回来怎么样，我约了客户……"他的目的是想求你帮忙接孩子。

有时候，看透一个人的真实想法并不容易，就像你并没有在意商家做促销背后的动机，总是容易相信商家推出的"凡在元旦三天假期内一次性购物满300元的返券50元，满500返100……"之类的优惠活动，就如他们所说是"为了回馈广大客户的厚爱"。

遇到此类销售手段，多想一想，会避免花冤枉钱。在人际交往中，对这种"顺便"的话多思考一下，能更好地掌控对方心理，了解对方意图。比如，领导交代你办一件事，然后让你顺便把另一件事也办了。你却没有领会到他的真意——那件顺便去办的事才是不能怠慢的，结果没认真去办他真正想让你去办的事，你说他能高兴吗？

第五章

洞察处世方式，揭示交往准绳

在日常生活中，人际交往是不可避免的，但世事复杂，人心难测。尤其是初出茅庐的年轻人，涉世不深，常常因为缺乏辨别他人意图的经验而导致失败。其实，读心识人并不难！只要你能够仔细挖掘对方的处世方式，你就能调整自己的交往方式，轻松处理复杂的人心！

第五章 洞察处世方式，揭示交往准绳

能实时抓住对方需求的人，办事有能力

> **微表情关键词** 怎样说才不会被人拒绝？怎样说才能让他动心？要看对方最需要什么，抓住对方真正的需求。当然，一般人们不会将这些说出来，不过只要你认真分析他的心理，就能了解他想要什么。专攻这一点，能达到事半功倍的效果。

所谓的办事有能力，指的是一个人在办事的过程中不拖泥带水，能够实时迅速抓住他人的需求，找到关键点，从而把事情办得圆满。打个比方说，在钓鱼的时候，并不是把钓竿放在那里就静等着鱼上钩，而是你能够根据当时的情况判断出鱼喜欢吃什么，在什么地方停留，只有这样，才能快速而有效地钓到鱼。

因此，能否实时抓住对方的需求，是办事成功与否的关键，也是一个人办事能力的体现。对于需求来说，有时候它并不仅仅表现在表面上，它还有更深层次的需求。就像有时候我们认为，一个人只需要一辆小汽车就够了，但是偏偏有些人喜欢买好几辆。在这些人的眼里，小汽车的作用不仅仅是代步，而是一种炫耀的资本，它所带给他们的不仅仅是物质需求上的满足，更重要的是一种精神的满足，所以，他们愿意去购买看似不需要的东西。在办事的时候道理是同样的，只有找到对方的真正需求，才能够把事情办好。

在一家汽车销售公司里，有一名汽车销售员，他是公司的销售明星，在任何情况下，他都能够完成自己的销售任务，甚至还超出很多，在他看来，销售并不是一件很困难的事情。

当他的同事们对一对普通的工薪阶层的夫妻丧失信心，不愿意进行销售的时候，他主动接洽，成功地将一辆汽车销售出去。这对夫妻在同事们的眼中，购买能力实在很低，购买一辆汽车要花费掉他们很多的储蓄，因而这对夫妻总是不能下定决心购买，购买的可能性可以说是微乎其微。

但这名销售员并不这样认为,他认为这对夫妻非常需要购买一辆汽车,正因为他们购买能力低,所以他们才更加谨慎地选择能最大限度地满足他们需求的汽车。他们不需要豪华汽车,因为他们不需要用汽车来装点门面、抬高身价,他们需要的仅仅是一辆能够带着他们上下班的汽车。这名销售员抓住了这一点,向这对夫妻推荐了一款耗油少的小排量汽车,这辆汽车能以最低的成本带着这对夫妻上下班,因此,他们爽快地买下了这辆汽车。

当同事们对一个拥有好几辆豪华汽车的富翁丧失了兴趣,认为他不可能再花钱购买一辆同样豪华的汽车的时候,他却成功地将一辆豪华汽车卖给了这个富翁。在他的同事看来,这名富翁已经有了好几辆豪华型的汽车,他不太可能再去买同一类型的汽车。而这名销售员认为这名富翁购买汽车的目的只是为了彰显自己的高贵身份,而并非是为了追求舒适的乘车环境,因而他再向富翁推荐汽车的时候并没有把过多的时间用在向富翁介绍汽车的性能上,而是着重阐述该汽车的尊贵身份。果然,这名富翁对这辆身份"高贵"的汽车产生了浓厚的兴趣,并最终购买了这辆车。

可见,这位销售员正是抓住了客户的需求,从而成功地将汽车销售了出去。

我们常说攻心有术,其实这里的术无非就是抓住对方的内心需求。爱吃肉的给肉,爱吃草的给草,自然会把对方打发得欢欢喜喜。

有人整天惴惴不安,惶惶半日,也猜不透老板叫他去谈话的用意;有的人一笔业务跟了大半年,不到合同签订的最后时刻不敢肯定合作者的诚意;有的人费尽口舌去求人,却琢磨不透对方的态度是帮还是不帮。这类人缺的就是洞悉对方需求并满足之的能力,善于抓住对方需求的人,通常比较细心,具有较强的办事能力。如果他们身为领导,能恰当地运用激励,激发下属的工作热忱。

有一家小型模具公司,它的工作环境狭小而零乱,但员工全都专心致志地做着手上的活,旁边并没有人看管。为什么他们竟会如此认真自觉?老板解释说:"最主要是有一条:各道工序详细的定额报酬制定得清清楚楚,每天干好干多,得多得少,非常简单,工人心里也清清楚楚。"该公司的老板由于找到了劳动效率和劳动收入的平衡点,所以提高了员工的能动性。

激励讲究的是给之所需,同样在现代企业管理中,调动员工的积极性,最重要的也是要分析员工的不同需要,为员工设置看得见的目标,让他们感到有奔头、有动力。这正是管理者能力的体现。

 第五章 洞察处世方式，揭示交往准绳

无论我们处在一个什么岗位或者是从事什么行业，那些能够实时抓住对方需求的人，在办事的时候才能够让人放心，办起事情来才能有效率，这样的人，必定能够成就一番作为。因此，更多的时候，我们要能够认清那些能够抓住他人内心需求的人，这样的员工或者合作伙伴都将为我们带来无穷的益处。而在这样的管理者手下，我们才能发挥自身最大的才能，因为这样的管理者能够为我们提供这样一个舞台。

生活中我们时时刻刻都在忙碌着，我们常常会为了某件事在大费周折而不能做成，但如果你能够遇到一位能够实时抓住对方需求的人，那么所有的问题将不再是问题。

谦逊的人周围自然会有很多人帮忙

> **微表情关键词** 一个受人欢迎的人，必定是一个谦逊的人。谦逊的人处处为别人考虑，懂得尊重他人的感受，因此，能够受到大家的喜爱和帮助。所以，看一个人是不是谦逊的，只需要看看他遇到困难时的人缘就知道了。

苏格拉底曾说"谦虚是藏于土中甜美的根，所有崇高的美德由此发芽生长"。谦虚是一种美德，是人类高尚的品质。生活中总有些人一旦做了点什么事取得了什么功劳，就四处炫耀，甚至把炫耀先人的业绩当作自己的光荣。资历深自然值得尊重，但老是挂在嘴唇上当歌唱，就会贬值了。更可悲的是，炫耀还会遭到周围人的嫉恨，最终成为孤家寡人一个。

那些真正有本事的人是不需要自己说出来的，谦逊有礼才能显示自己的教养和美德。谦虚的人往往也更受到欢迎。一个人如果只知道在他人面前抬高自己，那么无形中就贬低了别人，这是对别人的不尊重，会伤害别人的自尊心，难免要遭到否定、蔑视。相反，一个人在他人面前表示恭谦，则是对他人的尊重，心得到满足，他人就会以更高的评价来回报。所以说，谦虚的人，周遭自然会有很多人帮忙，因为他们能够把自己放在一个更低的位置，

不吝于向别人请教。

比尔·盖茨和他的团队带领微软公司创造了IT业界一个又一个神话,作为微软第一任华裔副总裁的李开复,除了景仰比尔·盖茨的商业成就之外,最景仰的是他谦逊的性格。而关于比尔·盖茨谦逊的性格,还有一个故事广为流传。

在微软专门帮助比尔·盖茨准备讲稿的一位职员说,每次演讲前,比尔都会自己仔细批注并认真地准备和练习。而且,比尔每次演讲完,都会下来和他交流,问他"我今天哪里讲得好,哪里讲得不好?"。他也并不是问问就算了,他还会拿个本子认真地记下来自己哪里做错了,以便下次更正和提高。

当一个人能够在事业上做得这么成功,但还能这么敬业,还是这么谦虚,还是这么愿意学习,这是非常难得的,因为很多人成功了就把自己变得很自大。但正所谓"枪打出头鸟",一个人如果过于锋芒毕露,必定会遭到他人的嫉恨,被众人所孤立,毕竟没有一个人愿意跟傲慢的人在一起。

一切真正的伟大的东西,都是淳朴而谦逊的。世上凡是有真才实学者,凡是真正的伟人俊杰,无一不是虚怀若谷、谦虚谨慎的人。而那些盛气凌人、傲慢自负、自我感觉良好者,也许某一方面高人一等、优人一招,但更多的时候是因为并无过人之处,只是借虚张声势、故弄玄虚,来掩饰自己的半瓢水的能力。

张帆大学毕业进入了一家国企办公室。虽然年轻稚嫩,但对于反应迟钝、对领导点头哈腰、唯唯喏喏的办公室主任老郭,张帆觉得自己在哪方面都有优势。尽管她是新人,但却没有一点尊敬老人的样子。

办公室工作难度最大的是写各类报告和发言稿,看着老郭整天冥思苦想的样子,她主动请战,把那些枯燥乏味的撰写报告任务接了下来。老郭如释重负,连声道谢。但是,张帆的主动请战,并不是为他人服务,而是有自己的想法。她认为老郭年事已高,在言谈举止等方面都无法与科班出身的她相比,因此她要让大家看到自己的能力和才干,以顶替老郭的位置。

一次,总经理需要完成一份学术论文,请她帮忙,张帆终于看到了机会。于是,仗着领导的重用,张帆反客为主,开始指派老郭以及安排办公室的一些日常事务。并且在办公室里,张帆总会动不动就把自己的专业知识搬出来卖弄,说老总如何如何器重自己,让别的同事颇有微词。但老郭依然如故,始终笑嘻嘻的,就算面对张帆的指手画脚,他依然保持着那份招牌式的笑容。学术论文张帆完成得非常漂亮,老总很满意。

第五章 洞察处世方式，揭示交往准绳

领导的赏识和态度让张帆暗自得意，让她极度自大起来，对办公室的工作安排和执行完全拿出领导的派头。此时老郭在工作上的权力，几乎已经被张帆所取代。张帆得意地认为，这个主任她已经当定了，就等领导在适当的机会宣布结果了。

但事情并不如张帆想得那么简单。两年一度领导换届的结果，老郭以遥遥领先的票数继续留任主任一职，而张帆获得的只是领导的口头表扬和鼓励。不服气的张帆要讨个说法，老板看着她道：做领导仅有能力是不够的，更需要经验和能够服众的品格，你还年轻，好好学着点，天外有人，要继续努力！老总的话让张帆想起了其他员工对"平庸"老郭的尊重和支持，她似乎明白了。

张帆的工作能力的确很强，可她却总是去炫耀，觉得自己非同一般，看不起主任，还总是拿领导对自己的看重来和同事对比。结果招致同事们的反感，没有获得一个好人缘，结果失去了大好机会，如果她能虚心地帮助老郭，善待自己的同事，虚心请教的话，也许不用几年，部门主任非她莫属。

人们对傲慢的人和谦虚的人的之所以有不同反应，那是因为人们在生活中形成了一种看法：凡是骄傲的人、喜欢自吹的人都是无知的、缺乏修养的人，而谦虚的人往往是有真才实学、有修养的人。

所以说，只有那些谦虚之人才会赢得他人的好感，获得他人的帮助。要知道，即使一个人能力的确不行，但他也不愿意看着别人压在他的头上，而那些懂得谦虚之人，能够处处把自己置于低处，所以他们必然能够获得大家的喜爱。因此，看一个人谦不谦虚，只要看看他对待周围人的态度和周围人对待他的态度就能够了解，谦虚的人周遭会围满了帮助他的人。

视为人效劳为己任的人，可以与之共存共荣

> **微表情关键词** 人的本性是自私的，所以人们一般都不会把为他人做事视为己任。其实，他们忽略了一个道理，就是，努力工作在为别人创造财富的同时，更提升了自身的价值。所以，如果有人视为人效劳为己任，说明此人上进心很强，值得我们与之共存共荣。

有时候我们要想看清一个人，那么我们可以安排他一项任务，看他对待这份任务的态度就能看出这个人的品行。那些视为人效劳为己任的人，才值得我们与之共存共荣。也就是说，那些能够把别人安排给自己的工作当作是自己的工作，一心一意去完成的人，才值得我们与之共存。

比如在工作中，很多人都把工作看成一种简单的雇佣关系，做多做少，做好做坏，对自己意义不大，总觉得这是在为老板工作。一个人如果存在着这种心态，那么无论他做什么工作都是一种应付，抱着这种心态工作，他永远不会成长和发展，亦将永无"出头之日"，更谈不上干一番事业！

曾经看到过这样一个故事：

有一位心理学家，无意中来到了一座正在建设中的教堂。他看到了三位工人，奇怪的是，他们在做着同样的一份工作，但每个人脸上的表情却不一样。于是他走上前去，询问三位正在砸石头的工人同样一个问题："你在为谁工作。"

第一位工人怨气冲天地说他正在用重得要命的铁锤去砸硬得要死的石头，是为工作而工作；第二位工人无可奈何地说正在为一家老小的温饱而砸石头，在为薪水而工作；最后一位工人心平气和地说他正在参与兴建一座雄伟的教堂，和建设一座现代化的都市，在为人生价值而工作。

同样的工作，三个人却有三种不同的看法，而这三种看法会导致三种不同的工作感受，也产生了三种不同的结果。这三个人当中，前两名工人的想

第五章 洞察处世方式，揭示交往准绳

法都是在应付自己的工作，只有第三个人，才真正地做到了视为人效劳为己任。

对于老板来说，相信他们喜欢的都是第三种员工，因为前两种员工只会不停地抱怨，只有第三种员工才是在真正为自己工作。对老板来说，老板支付给员工的工作报酬固然是金钱，但员工在工作中给予自己的报酬则是珍贵的经验、良好的训练、才能的表现和品格的历练。如果一个员工始终以换取老板手中的金钱为目标，那么他对工作的态度必然是消极的，这样的员工老板如何敢重用呢？

因此，那些能够放弃为老板打工的念头，把自己当作是公司的主人，老板的合伙人的员工，才是老板最需要的。这样的员工，也值得老板托付重任。

美国伯利恒钢铁公司的建立者齐瓦勃出生在美国乡村，只受过很短的学校教育。15岁那年，家中一贫如洗的他就到了一个山村做了马夫。

三年后，齐瓦勃来到钢铁大王卡内基所属的一个建筑工地打工。一踏进建筑工地，齐瓦勃就抱定了要做同事中最优秀的人的决心。当其他人在抱怨工作辛苦、薪水低而怠工的时候，齐瓦勃却默默地积累着工作经验，并自学建筑知识。

晚上休息时，别人都在闲聊，唯独齐瓦勃躲在角落里看书。经理看了看齐瓦勃手中的书，又翻开他的笔记本，什么也没说就走了。第二天，经理把齐瓦勃叫到办公室，问："你学那些东西干什么？"齐瓦勃说："我想我们公司并不缺少打工者，缺少的是既有工作经验又有专业知识的技术人员或管理者，对吗？"经理点了点头。不久，齐瓦勃就被升任为技师。

在一起的打工者中，很多人在讽刺挖苦齐瓦勃。但齐瓦勃却不为所动，他说："我只是在为自己工作，我为了自己的公司工作。"抱着这样的信念，齐瓦勃一步步升到了总工程师的职位上。25岁那年，齐瓦勃又做了这家建筑公司的总经理。

做了总经理的齐瓦勃也没有丝毫的放松，他对自己要求更加严格，在筹建公司最大的布拉德钢铁厂时，他每天都是最早来到建筑工地。工程师琼斯问他为什么总来这么早的时候，他回答说："只有这样，当有什么急事的时候，才不至于被耽搁。"当工厂建好后，琼斯推荐齐瓦勃做了自己的副手，主管全厂事务。

两年后，琼斯在一次事故中丧生，齐瓦勃便接任了厂长一职。因为齐瓦勃的天才管理艺术及工作态度，几年后，他又被卡内基任命为钢铁公司的董

事长。后来，齐瓦勃终于建立了大型的伯利恒钢铁公司，并创下非凡的业绩。凭着自己对成功的长久梦想和实践，齐瓦勃完成了从一个打工者到创业者的飞跃，而齐瓦勃的那些同事终老一生仍然在做着小工的工作，整日为生计奔忙。

像齐瓦勃这样的员工，有哪位老板不喜欢呢？！可见，同样是为人效劳，但不同的态度却会产生不同的观念。对于老板来说，企业对新员工都是一视同仁的，在刚进入公司的时候，他们的工作待遇、他们的工作水准差别都不会太大。之所以后来有了千差万别的前途，就是由他们对待工作的态度决定的！

那些把自己当作打工者，认为"公司就是老板"的员工必然不能融入到公司，也永远成不了优秀的员工。只有那些把自己当作公司的老板，像对待自己的家一样对待公司的员工，才在众多的竞争者中脱颖而出，被老板所赏识，成为公司真正的主人。

对于别人的事情，只有用心去干，把它当作是自己的事情来干的人，才值得我们与之合作共存。因此，在选择合作者的时候，你一定要看清楚，从他对待为人效劳的事情上，你完全可以评价出这个人对待工作的态度。

办事条理清晰的人，具有理解力和指导力

微表情关键词　工作中有两种人，一种人办事极有效率，而且条理清晰；另一种人看似忙忙碌碌，工作却总不能按时完成。原因在哪里呢？其实，就差在个人理解力上。一个有理解力的人，会把工作按照重要与否，做好先后安排，再一件一件去做。所以，做起事来不仅条理清晰，而且极有效率。

我们常说效率第一，没错，无论做什么事，效率都是最重要的。比如在工作中，谁能在第一时间完成任务，谁就是优秀工作者；学习上，谁能在最短的时间里掌握更多的知识，谁就能名列前茅。所以提高效率就成了所有人

 第五章 洞察处世方式，揭示交往准绳

追求的目标。

做事效率上体现了一个人的理解力和指导力，一个做事有条不紊条理清晰的人，那么他的理解能力和指导能力必然是非常强大的；反之，那些做事没有条理，不讲顺序，杂乱无章，不分轻重，即便表面看起来他是多么的努力，但是事实上并没有多大的效率。

美国的卡耐基在教授别人期间，有一位整日被无穷尽的工作弄得心烦意乱的公司经理来拜访他。当他看到卡耐基干净整洁的办公桌感到非常惊讶，他原本以为卡耐基的办公室里也会和他一样堆满了各种各样的文件，他问卡耐基说："卡耐基先生，你没处理的信件放在哪儿呢？"

卡耐基说："我所有的信件都处理完了。"

经理有点疑惑不解，接着问道："那你今天没干的事情又推给谁了呢？"

"我所有的事情都处理完了。"卡耐基微笑着回答。

卡耐基看着这位公司经理困惑的表情，解释说："原因很简单，我知道我所需要处理的事情很多，但我的精力有限，一次只能处理一件事情，于是我就按照所要处理的事情的重要性，列一个顺序表，然后就一件一件地处理。结果，完了。"

经理恍然大悟道："噢，我明白了，谢谢你，卡耐基先生。"几周以后，这位经理请卡耐基参观其宽敞的办公室，然后不无感激地对他说："卡耐基先生，感谢你教给了我处理事务的方法。过去，在我这宽大的办公室里，我要处理的文件、信件等，都是堆得和小山一样，一张桌子不够，就用三张桌子。自从用了你说的法子以后，情况好多了，瞧，再也没有没处理完的事情了。"

这位公司经理不仅从堆积如山的工作中解脱了出来，而且几年以后，他就成为了美国社会成功人士中的佼佼者。

事实证明，那些做事有条理讲顺序目标清晰的人，他的理解力和指导力非常高，因为他在面对事情的时候，能够迅速而有效地把事情分析清楚，然后按部就班一步一步地完成。无论是在生活中还在在工作中，这样的人都值得我们欣赏。

生活中一般有两种人：第一种是大忙人，性子比较急，不管你在什么时候碰见他，他都是一副忙碌不堪的样子。跟他谈话的时候，假如时间稍微长一些，他就会不时地拿出表一看再看，暗示他的时间很宝贵，甚至表现出极度的不耐烦。如果他是一位公司总裁，也许他的业务做得很大，但是效益却

不会尽如人意。究其原因，就是他的工作安排得乱七八糟，没有条理顺序。例如不管是重要的还是不重要的文件都堆积在办公桌上，这样导致他除了上班时间，剩下的很多时间也都是在办公室里度过的。

而另一种人与上述那种人恰恰相反。他从来不显出忙碌的样子，办事非常镇静，总是很平静祥和，好像他并没有多少事着急要做。别人跟他交谈的时候，他也总是表现出极大的耐心，让人觉得彬彬有礼。在他的办公室里，各类不同的资料都摆放得有条不紊。在他的公司里，员工们也是各司其职，各种事情都安排得恰到好处，公司业绩蒸蒸日上。

究其原因，这两种人的差别就在于一个做事有条理讲顺序，而另一个则相反。这样使得二者的差别也是很明显的，一个忙忙碌碌收获甚微，而另一个看似轻闲，却是事半功倍。这也是为什么有时候我们看到两个人在做同一件事情，有些人很快就顺利地完成了，有些人搞了老半天都不知在弄些什么。这就是两个人在使用方法、程序上的不同而造成的。

因此，从一个人做事条理上，我们完全可以看出这个人做事的水平。我们总在惊叹那些才能平平的人却比那些才能超群的人取得更大的成就，其实仔细分析一下不难发现，就是因为他们在做事的时候养成了有条不紊、条理清晰的习惯，能更好地利用有限的时间把事情做得十分出色。当然，这种能力并不是天生的，而是通过平时的培养，使他们促进了自己的理解力和指导力，无论是学习还是休息，都把事情安排得井井有条，做起事来，会更加容易、方便，达到事半功倍的效果，成功也是自然而然的事了。

一个在工作上没有条理、没有头绪的员工，他的理解能力和指导能力必然也是非常低的，这样的员工总是看起来不停地忙碌着，但却没有什么效率，拿不出什么成果来，这样的员工尽管努力，也不是老板所追求的。只有那些做起事情来条理清晰的员工，才能成为老板的厚爱，因为这样的员工在安排他们工作时能够快速地整理好工作的顺序，无论任何时候，他们都会有一个清晰而明确的条理，让老板放心。

有句谚语说得好："喜欢条理吧，它能保护你的时间和精力。"条理清晰的人，做起事情来才能有效率，有结果，值得托付。因此，我们一定要擦亮自己的眼睛。

第五章 洞察处世方式,揭示交往准绳

把他人放在第一位的人,可以放心与他交往

>  生活在社会中,每个人都需要与他人交往。这个过程中,把他人放在第一位的人,处处受欢迎。因为,跟这样的人在一起,不用担心会被他出卖,也不必担心利益受损,有困难时,他还会伸出援助之手。这样的人不多,但如果遇到了,一定要跟他做朋友。

如果一个人能够始终把他人放在第一位,处处为他人着想,那么这样的人我们可以放心地与他交往。和这样的人在一起,我们不用担心会受到欺骗和伤害,因为这样的人无论是在利益还是危险面前,他们首先想到的不是自己,而是他人。

"毫不利己,专门利人"是一种高尚的情操,但很多人难以做到。不可否认,生活中的确有一些人信奉"各人自扫门前雪,不管他人瓦上霜"的人生哲学,有的甚至一味追求个人利益,置道德、法纪于不顾,干出损人利己、伤天害理的勾当。在他们看来,自己的利益才是最重要的,和这样的人在一起,也许不知道什么时候,你就会成为他们的替罪羊。只有那些把他人放在第一位的人,才会最先想到的不是自己,而是他人。

曾经看过一档电视综艺节目,当时主持人正在向现场的嘉宾提问,问题是:"我们平时在坐电梯时,电梯里常常会有一面大镜子,请问,这面镜子是干什么用的呢?"

这时候台下的那些嘉宾们开始纷纷回答:

"那是用来检查一下自己的仪表的。"

"那是用来扩大视觉空间,增加透气感的。"

"那是让电梯看起来干净明亮的。"

……

嘉宾们说了很多种答案,但都不是正确答案。在一再启发而仍不能说出

正确答案时，主持人终于说出了非常简单的道理："这是为了让那些肢残人摇着轮椅走进电梯时，不必费神转身，就可以从镜子里看见楼层显示灯。"

答案一出口，嘉宾们都显得非常尴尬，其中一位抱怨说："我们怎么能够想到这一点呢？"

一个自私的人才会只考虑自己的利益，因为在他们的眼里只有自己，看不到别人。和这样的人交往，那么在危险到来的时候他会把你抛弃，在利益面前他会把你隔离，甚至陷害你。

生活中，当一个人在面对某一问题时，如果他仅仅只是从自己的利益得失出发去考虑，对别人则不管不顾，那么这样的人是不值得我们去结识交往的。有多少人一心只为自己活着，自私的人性使得他们不肯为别人提供哪怕一点的便利，更不肯为别人放弃自己的一点点利益，像这样的人，别人也一定不会愿意为他提供便利。

有一位父亲，让儿子递给他一支笔。儿子随手把笔递过去，结果不当心把笔头交在了父亲手里。

于是父亲就对儿子说："如果你递一样东西给人家，那么你就要先想着人家把东西接到了手里以后方便不方便，你把笔头递过去，人家还要它倒转来，倘若没有笔帽，那么说不定就会弄人家一手墨水。特别是刀剪一类物品，更是这样，绝不可以拿刀口刀尖对着人家。"

这就是叶圣陶先生教育子女多为他人着想而举的一个再普通不过的例子。

一个友善之人总能设身处地为他人着想，见到别人身在危难而生恻隐之心，同情他人，帮助他人，把别人放在第一位。这是人的一种高尚品质，而这样的人，也必然能够被众人所接受。北宋哲学家程颐曾说过一句话，大意是：遇事肯替他人着想，这是第一等的学问。这是一句很朴素的语言，不仅通俗地道出了深髓的哲理，而且点出了做人的第一要素。

常言道"前人栽树，后人乘凉"，这名言就告诉我们要为他人着想。人不能只想着自己，还要多为别人想一想。那些能够先去考虑别人的人，一定能够获得他人的赏识。

法国银行家莱菲斯特在没有发迹时，曾经因为找不到工作而赋闲在家。

有一次，他自己鼓起勇气到一家大银行找董事长求职，可是没想到一见面他便被那家银行的董事长拒绝了。莱菲斯特已经不是第一次遭受到这样的经历了，这已经是他第五十二次遭受到拒绝了。莱菲斯特沮丧地走出银行，结果不小心被地上的一只图钉扎伤了脚。

第五章 洞察处世方式，揭示交往准绳

"谁都跟我作对！"他愤愤地说道，想转身走掉。但他转而又想，不能再叫它扎伤别人了，于是就随手把图钉捡了起来。

谁想，莱菲斯特第二天竟收到了银行录用他的通知单。他在激动之余又有些迷惑：自己不是已经被拒绝了吗？原来是那一枚图钉"救"了他。就在他蹲下拾起图钉的瞬间，银行的董事长看在了眼里，董事长根据这件微不足道的小事认为他是个谨慎细致而且能为他人着想的人，于是便改变主意，雇用了他。

从此，莱菲斯特的事业就在这家银行起步，后来成了法国银行大王。

莱菲斯特的机遇尽管从表面上看只是因为拾起了一枚小小的图钉，看似偶然，但他能在自己落魄失意之时都保持良好的品行，能够为他人着想，说明他的品德情操十分高尚。而那位从细微处见精神的董事长更是一位识人高手，正是因为他发现了莱菲斯特这匹"千里马"。也可以说，莱菲斯特之所以能够成功，很大程度上得益于那位董事长识人的独到之处。

为他人着想，把他人放在第一位，是一种美德，被他人放在心上，得到他人的帮助是一种幸福。每个人的心中都有一杆秤：那些对他人冷漠、自私自利的人，最终也会被他人疏远；相反，一个人处处把别人放在第一位，为他人着想，那么必定受人欢迎。而这样的人，我们也能放心地与之交往。

可以从吃亏中收获的人，能与他建立长期关系

人们常说"吃亏是福"，但在现实中，没有人愿意总吃亏。肯吃亏的人比斤斤计较的人更适合做朋友，因为跟他们合作，我们不必担心受骗，可以将更多精力放在做事上。因此，如果要选择一个合作伙伴的话，首先看看他是否能吃亏。

在我们现实的人际交往过程中，建立长期关系并不是想象的那么单纯和简单。人们常说的"吃亏是福"其实它本身就是一个利益交换等式，不要以为

吃亏就是让自己白白受损失，有些亏是一定要吃的，而且要善于吃，因为吃亏吃得好就能换来"福气"。那些能够从吃亏中收获的人，能够用眼前利益的暂时损失去换取长远的利益，这样的人值得我们与他建立长期关系。

李嘉诚说："有时看似是一件很吃亏的事，往往会变成非常有利的事。"那些肯吃亏的人，他们把吃亏看作是一种投资，他们能够宽容地对待别人，凡事礼让为先，为他人着想，能不计较的不要计较，能成全的就要成全，能帮助的尽量帮助，所以，他们容易得到别人支持，在他们身边，围绕着很多的朋友。因为人们都愿意与他建立长期的关系。

有一位记者曾经这样问李嘉诚的儿子、有着"小巨人"之称的李泽楷一个问题："你父亲教了你一些怎样成功赚钱的秘诀？"李泽楷回答道："赚钱的方法其实父亲什么也没有教，只教了自己一些做人的道理。"李嘉诚曾经这样跟李泽楷说，他和别人合作，假如他拿七分合理，八分也可以，那拿六分就可以了。

我们可以这样理解李嘉诚的意思，也就是说他总是愿让别人多赚二分，无私地把一些本来可以自己占有的好处让给对方。所以每个人都知道，和李嘉诚合作会赚到便宜，因此更多的人愿意和他合作。你想想看，虽然他只拿了六分，但现在多了100个人，他现在多拿多少分？假如拿八分的话，100个人会变成5个人，结果是亏是赚相信每一个明白的人都会知道。

既然常说"吃亏是福"，那么就说明其具有一定的道理。在生活中，人们对处处抢先占小便宜的人一般没有什么好感，这样，他从做人上来说就吃了大亏。这样的人总喜欢处处抢先，从不肯吃亏，只看重为自己谋取眼前的一点微小的利益。这样的人周围的人绝对不会与他建立长期关系，而且还要处处对这样的人设防，因为和这样的人在一起永远无法获得长远的利益。

李嘉诚一生与很多人进行过或长期或短期的合作，分手的时候，他总是愿意让一步，自己少分一点钱。正是由于李嘉诚这种愿意吃亏的风度，才有人乐于与他合作，他也就越做越大。可以说，李嘉诚就是一位能够从吃亏中收获的人，所以无数的人都想和他建立长期的关系。

因此，只有那些会吃亏、肯吃亏的人，才是人们合作最先寻找的伙伴。有这样的合作伙伴，能够让人放心。

宋成睿是一名广东商人，他在陕西铜川开了一家机电设备公司。

有一次，他的一位老客户来买电器配件，但不巧的是，宋成睿找遍了公司的库存，就是没有这个配件。客户很着急，因为拿不到这个配件，他所在

 **第五章　洞察处世方式，揭示交往准绳**

的企业就面临停工，而停工一天的损失将达5万多元。

看到客户焦急的模样，宋成睿赶紧一边安慰，一边承诺一定在一天之内把货送到客户的手中。客户刚走，宋成睿便亲自出马打车直奔西安供货方。谁知，西安也没货了。没办法，他只好连夜乘飞机回杭州，然后再叫车赶往广东老家。

经过这一番折腾以后，已经是清晨四五点了。宋成睿不顾旅途的饥饿与疲劳，又在广东联系相关的生产厂家，终于在连续联系了十几个厂家后，让他找到了这个电器配件。拿到电器配件后，宋成睿火速打车直奔广东机场，连下车看望一下父母的时间都没有。

第二天，当他把货交到客户手中时，客户感动得无法言语。尽管这次生意对于宋成睿来说是完成了，但却是一桩"吃亏"的买卖。因为一个配件才300元，利润也就30元，但是，宋成睿却付出了4000多元的交通费。但宋成睿并没有什么怨言，因为他看中的并不是这些。

当然，从表面上来看，宋成睿亏了好几千元，但是，他却得到了客户的信任。果然，在客户拿到配件以后，客户所在的企业就敲锣打鼓地送来大匾，还带上媒体来采访宋成睿，宣传他这种一心想着客户的事迹。就这样，宋成睿肯"吃亏"待客户的消息在业内广泛流传，宋成睿的生意自然是越来越红火，得到的财富自然比区区几千元的损失要多得多。

世界上没有白吃的亏，有付出必然有回报，如果一个人能够在利益上礼让，那么他一定能换来其他方面的回报，相反，如果对于金钱过于斤斤计较，反而会因小失大，得不偿失。

看看那些肯吃亏的人，他们都能够从吃亏中得到收获，和这样的人一起合作，我们将不用去担心会受骗，因为他们肯吃亏，能够从吃亏中收获。因此，如果我们要选择一位合作伙伴的话，那么首先就要看看对方是不是一个能够从吃亏中收获的人。这样的人才值得我们与他建立长期的关系。

能把时间换算成金钱的人，是个计划周详的人

微表情关键词 很多人抱怨自己工作忙，挣的钱却很少。其实，他们没能将时间转化成金钱，是因为做事没有计划性，才会浪费时间，做一些无用功。一个真正有能力的人，做事前必定会计划好，争取用最短的时间，换到最多的金钱。这样的人，有事业心，能力出众，值得我们托付大事。

《礼记·中庸》说："凡事预则立，不预则废。"意思是说，不论做什么事，事先有准备，就能得到成功，不然就会失败，这里的准备就是计划。一个计划周详的人，能够把时间换算成金钱。同样，能够珍惜时间，把时间换算成金钱的人，也肯定是一个计划周详的人。

人们常说"时间就是金钱"，但总有些人在无休止地浪费着时间，他们从来没有一个计划，想起什么来就干什么，常常会因为一件小事而空耗掉很多时间，而耽误了其他的事情，但从他们自身来说，却常常在抱怨自己工作太忙，没有时间。其实这最主要的原因就是没有一个周详的计划。

有一位领导常常抱怨自己的工作太繁忙了，简直没有喘气的时间，为此他去向一个时间管理专家请教。专家问他："您今天上午做了什么，花了多少时间？"他说："起草报告花了三小时。"专家说："这三小时你全部都在起草报告吗？"

"哦，那倒不是，这期间我喝了两杯茶，抽了三支烟，还休息了一次，并且与同事聊了一会儿天，还接了几个电话。"这位领导边想边说。

专家接着问："那么你能算出这些事情，一共花费了你多少时间吗？"

这位领导想了一会儿答曰："大概有一个半小时。"

"现在你可以明白了，这三个小时，你起草报告实际上只花了一个半小时，如果你能把剩下的这一个半小时合理利用的话，那么你将会感到时间充裕得多。"

 第五章　洞察处世方式，揭示交往准绳

最后专家建议他每天把自己所做的事情，以及所花费的时间都记录下来，如此坚持半个月，就会知道自己的时间到底用在了哪里，有多少是有价值的，又有多少是被浪费掉的，然后对症下药，就能找到提高工作效率的途径。

这位领导听从了专家的建议，他每天坚持做时间纪录，结果他发现自己几乎把三分之一的时间都浪费在了和同事闲聊，接听一些无关紧要的电话，以及因为工作太多而发怒，等等。他才发现原来并不是自己的时间不够多，而是自己没有合理利用。

从这以后，在工作时间，他不再闲聊，把电话交给秘书去接，重要的再转给他。这样一天下来，他的工作都能很顺利做完，再没有时间不够用的感觉。

对于那些天天嘴里嚷嚷着自己忙的人，其实他们本身并没有那么多的事情，只是他们在一件事情上浪费掉了太多的时间，他们并非不懂得"一寸光阴一寸金"的道理，只是缺少了一个周详的计划，那么做任何事情都在浪费着时间。

我们一直在提倡要节约时间，珍惜时间，但有时候人们往往会进入一个误区，认为只要不浪费时间就能接近成功。事实并不是这样的，一个成功者，关键在于有一个可行的计划，并坚持执行下去。仔细看看，那些能把时间换算成金钱的人，他的计划必然是周详的，他从来不会无谓地浪费时间，而是按照着自己的计划，把时间换算成可观的金钱。

1968年的春天，罗伯·舒乐博士立志在加州用玻璃建筑一座水晶大教堂，他对著名的设计师菲力普·强生说了自己的梦想。他说："我要的不是一座普通的教堂，我要在人间建造一座伊甸园。"

但是罗伯·舒乐博士的梦想并不是那么容易实现的，因为教堂最终的预算为700万美元。700万美元对当时的舒乐博士来说，就是一个天文数字，远远超过了他的能力范围和理解范围。但是罗伯·舒乐博士并不觉得这是不可实现的，他为自己的这个目标列了一个详细的计划。

一、寻找1笔700万美元的捐款；

二、寻找7笔100万美元的捐款；

三、寻找14笔50万美元的捐款；

四、寻找28笔25万美元的捐款；

五、寻找70笔10万美元的捐款；

六、寻找 100 笔 7 万美元的捐款；

七、寻找 140 笔 5 万美元的捐款；

八、寻找 280 笔 2.5 万美元的捐款；

九、寻找 700 笔 1 万美元的捐款；

十、卖掉 1 万扇窗，每扇 700 美元。

事情就像他预想的那样，60 天后，舒乐博士用水晶大教堂奇特而美妙的模型打动富商约翰·可林捐出了第一笔 100 万美元。

第 65 天，一位倾听了舒乐博士演讲的农民夫妇，捐出了 1000 美元。

90 天时，一位陌生人被舒乐博士孜孜以求的精神所感动，他给舒乐博士寄来一张 100 万美元的银行支票。

第二年，舒乐博士以每扇 500 美元的价格请求美国人认购水晶大教堂的窗户，付款的办法为每月 50 美元，10 个月分期付清。6 个月内，1 万多扇窗全部售出。

1980 年 9 月，历时 12 年，可容纳 1 万多人的水晶大教堂竣工，成为世界建筑史上的奇迹与经典，也成为世界各地前往加州的人必去瞻仰的胜景。

一个详细可行的计划加上坚持不懈的行动是实现一个伟大梦想的最佳捷径，舒乐博士正是依照自己的计划，把时间换算成了金钱，最终实现了自己的宏愿。

因此，如果我们遇到一个珍惜时间，能够把时间换算成金钱的人，那么这个人做起事情来必然计划周详，这样的人绝对值得我们托付大事，因为在他们的眼里，时间就是金钱，他们能把时间换算成财富放在我们的面前。

第五章 洞察处世方式，揭示交往准绳

重视知识和技能的人，对自己的职业感到自豪

 重视知识和技能的人，总会挤时间为自己充电。因为他们有事业心，真心热爱自己的工作。这类人技能娴熟，知识过硬，为自己的职业感到自豪，也会将精力全部放在事业中。对企业来说，这样的员工不可多得。

我们常常讲，"知识就是力量"，因为有知识才有内涵，有知识才能正确地引导众人不断向前，一个成功的人必须是一个知识渊博的人。高尔基曾经说过："知识犹如人体血液一样宝贵，人缺少了血液，身体就要衰弱，人缺少了知识，头脑就会枯竭。"这段话深刻揭示了知识之于人的重要性。因此，那些重视知识和技能的人，对自己的职业都会感到自豪。

特别是在当今这个竞争激烈的社会，如果一个人口袋满满，脑子空空，胸无点墨，那么在这个社会上他将很难有作为。相反那些重视自己知识和技能的人，必定是这个社会的宠儿，因为他们有技能在手，专业知识够硬，无论在什么时候，他们都会为自己所从事的职业而自豪，因为这份职业让他们的知识和技能有了发挥的余地。

全国英雄人物许振超是青岛港一名普通的桥吊司机，尽管他只有初中文化，但他正是凭借着自己的专业知识和技能，成为了行业里的明星人物。

对于别人来说，桥吊的工作看起来并没有什么技术含量，但是许振超并不这样想。他通过自身的努力，经过刻苦钻研和练习，掌握了"无声响操作"，在将偌大的集装箱放入铁做的船上或车中时，能完全可以做到不出响声。这样，在装卸的时候就可以最大限度地降低集装箱、船舶的磨损，尤其是降低桥吊吊具的故障率，提高工作效率，给公司降低了成本。

有一次，青岛港老港区承运了一批经青岛港卸船，由新疆阿拉山口出境的化工剧毒危险品，此产品最怕的是磕碰，哪怕是很轻微的碰触都可能引发

不良事故。为防意外，码头、铁路专线都派了武警和消防员。当时，铁道部有关领导和船东、货主也都赶到了码头。没想到，许振超和他的队友们，只用了一个半小时，就将40个集装箱悄然无声地从船上卸下，又一声不响地装上了火车。这让所有在场的人都叹为观止，禁不住发出了欢呼声。

除此之外，许振超还掌握了"一钩准"，大家知道在集装箱上有四个锁孔，虽然锁孔不小，但是从几十米高的桥吊上看下去，却几乎难以分辨，更别说用空中摆荡的吊具对准锁孔，一下将集装箱抓牢了。但是，许振超和他的队友们做到了。他的一个徒弟说："我练了一年才练出来的。"

对此许振超却并没有露出丝毫的骄傲之色，他说："我当不了科学家，但可以有一身的'绝活儿'。这些'绝活'可以使我成为一名能工巧匠，这是时代和港口所需要的。"

随着时代的发展，许振超所在的企业也进行了改制，很多人都下岗了，其中有不少都是中专、大专学历，而只有初中学历的许振超却靠着自己的绝活不仅留了下来，还成了大型企业里的员工楷模，成为了企业中的"核心人物"，成为了全国英雄人物。

对于那些重视知识和技能的人来说，无论身在什么岗位，他们都能够为他们的职业而自豪。"清华的馒头神"张立勇之所以能够考到650分的托福成绩，就是因为他重视知识。如今，有很多人踏上工作单位以后就不再学习，每天忙于应酬，对自己的专业知识和技能不再重视，因此他们一旦干得不开心了就想跳槽。因为他们在属于自己的职业中已经找不到方向了，已经迷茫了，因此，他们势必被社会淘汰。

如果一个人总在抱怨自己的工作，对自己的工作产生了厌倦的心态，那么这个人的专业知识和技能必定是落伍的，跟不上时代潮流的，他们已经在行业内无法生存，所以他们才会厌倦。

孟凡宇是一家农业杂志的记者，由于主题的限制，他一年到头的工作就是唱"四季歌"，即春天来了写春耕，夏天来了写支农，秋天科技进大棚，冬天领导访工农。一年又一年，总是不停地重复写这些东西，他感到非常的厌倦。

后来一位朋友劝告他，闲暇时尽量少赴些饭局，多看看书，多写些各类体裁的文章，看到趣闻写点时评，有感而发写点散文，投给不同的杂志社，多头并进，就会觉得自己学有所限，"充电"还来不及，哪有时间去厌倦呢？孟凡宇深受启发，身体力行后果然干劲倍增。

第五章 洞察处世方式，揭示交往准绳

孟凡宇在最初的时候为什么会感到厌倦？其实就是因为他根本就不重视自己的知识和技能，忙于应酬，不主动去学习，所以才会感到厌倦。如果一个人的专业知识够硬，能力够强，技能娴熟，那么他是不会对自己的职业感到厌倦的。

所以说，那些重视知识和技能的人，对自己的职业感到自豪，因为他们的知识和技能能够让他们在自己所从事的行业内拨得头筹。对于企业的老板来说，这样的员工是不可多得的，企业一旦拥有了这样的员工，企业的竞争力将会突飞猛进。如果你是老板，遇到这样的员工千万不要放过。

拥有吸引同伴的光环，在事业上一定会成功

 当今社会，成功人士的基本点就是要具备吸引同伴的光环，也就是人格魅力。这是指，一个人的道德品格、性格、能力、气质等特征，具有很能吸引人的力量，容易受到别人的欢迎、容纳。这样的人，在事业上一定能成功。遇到他们，一定要紧随其身后，你同样也能获得成功。

在成功的道路上，很少有单枪匹马的英雄，在成功者的旁边，从来都不缺少合作者，就像史玉柱的"三个火枪手"，马云的"十八罗汉"，但这些合作者并不是凭空产生的，而是需要自身具有能够吸引同伴的光环，也就是说，必须具备足够的人格魅力。一个拥有着人格魅力的人，在事业上一定会成功。

那么什么是人格魅力呢？它是指一个人的所作所为作用于其他人内心的一种吸引力和感染力。在现实生活中，我们会发现，有些人似乎比别人都幸运，他们的成功常常来得更快一些。其实，这并不是因为他们比别人拥有更多的智慧，而是因为他们身上具有能够吸引同伴的光环。正是这种出色的人格魅力，使得更多的朋友愿意帮助他们，更多的客户愿意与他们合作。可以说，个人魅力是一种神奇的资源，它能让一个才能平平的人获得令人垂涎的

成功。

一个人可以没有出众的相貌，也可以没有丰厚的资产，但如果他能够拥有吸引同伴的光环，能够有无穷的人格魅力，那么他仍然会成为人们崇敬的对象。

在IT界，马云绝对是一个标志性的人物，他所带领的"十八罗汉"使阿里巴巴网站连续多年被《福布斯》评为世界最佳B2B网站。当今大红大紫的马云在对事业充满激情的同时，一直保持着一种罕见的理性，这不能不令人肃然起敬。在香港阳光卫视的一档访谈节目中，当主持人表示"有人说马云很聪明"以后，马云说："我觉得我真的不聪明。我从小读书、玩游戏都不如别的小朋友。别人把你当英雄，你可千万别把自己当英雄，那样可能麻烦就大了。英雄是别人说的，名气是别人给的……"

平心而论，马云绝对不是帅哥，甚至可以说很丑，《福布斯》杂志曾这样评价这位怪才："深凹的面颊，扭曲的头发，淘气的露齿笑，一个5英尺高、100磅重的顽童模样。"又说，"这个长相怪异的人有拿破仑一般的身材，同时也有拿破仑一样的伟大志向！"而用他自己的话说则是"一个男人的才华与其容貌往往是成反比的"。

上帝虽然没有给马云英俊的外貌，但是却给了他满腹的才华。阿里巴巴从最初的50万元投资起家，到现在资产规模不亚于任何一家门户网站。而他在阿里巴巴的股份也从"20万元"起步增长到"5亿"，仅仅用了5年的时间。

马云素有"怪才"之称，常常妙语连珠，他曾被拒绝了三次，而他在哈佛的一次演讲，却招来了几十个哈佛的优秀毕业生投身到他所创建的阿里巴巴公司中去。

马云还有很出众的人格魅力，在他刚开始创业的几年里，遇到了很多挫折和困难，但是他所有的朋友都是他坚强的后盾，给他最有力的支持和信任。他会经常接到朋友的电话，那边说："喂，马云，现在怎么样？没什么大不了的，有事我们给你扛着！"

马云不仅用才华为自己的事业征来了优秀的人才，为自己的人生积聚了无数友谊的财富，也为自己赢来了真挚的爱情。他与妻子张瑛是在大学一年级时认识的，毕业后，很快就领取了结婚证。张瑛在后来曾这样回忆道："马云不是个帅男人，我看中的是他能做很多帅男人做不了的事情：组建杭州第一个英语角，为外国游客担任导游赚外汇，四处接课做兼职，同时还能成为杭州十大杰出青年教师……"

第五章　洞察处世方式，揭示交往准绳

一个人的人格魅力同他的智力、受教育程度一样，是与他的前途息息相关的。拿破仑·希尔说："一个人能否成功与他的个人魅力有密切的关系，那些能够成功地创造财富的人往往拥有能招财进宝的个性。良好的个人魅力是一种神奇的天赋，就连最冷酷无情的人都能受到他的感染。"可以说，马云的成功，绝对离不开围绕在他头上的能够吸引同伴的光环，这是他用自身的人格魅力征服了十八罗汉，才造就了今天的阿里巴巴。

一个拥有着人格魅力的人，那么他的周围会围满了期待和他合作的人，尽管他可能一无所有，但依然有人相信他，愿意去帮助他。这种魅力不单指帅气的外表，也不仅是指才能过人，甚至不仅指品德高尚，而是由外表、才能、性格、情智、气质、品德、素养等多方面因素的有机交融的一种综合力量。

它可以是自信，自信心是促使一个人前进的内部动力，也是他取得成功而必备的、重要的心理素质。只有拥有了自信，才可能在艰难的事业中有必胜的信念，面对那些未知的困难，在他们的脸上依然会展现着一种从容，吸引着那些合作者死心塌地跟着他去闯荡。

它也可以是表里如一的优良品德。无论在什么场合，他们所展现的永远是自己最真实的一面，不会因为场合变化而改变自己的个性，不论是进行亲切的私人交谈，还是向公众发表演说，抑或参加求职面试，他们都是一以贯之，毫无矫揉造作之态，处处显露出真实的个性。他们用自己的全部身心与人交流，他们的音调与姿态也总能与口中的表白和谐一致，一切都显得那么亲切自然。

不管怎么说，那些头上拥有着吸引同伴的光环的人，在事业上必将有一番作为。因此，如果我们碰上了这样的人，那么千万不要迟疑，跟在他的身后，你同样也能获得成功。人们在记住了世界首富比尔·盖茨的同时，也记住了他身后的保罗·艾伦。

第六章

巧妙试探，实践出真知

　　人们常说的一句俗语："是骡子是马，拉出来遛遛。"意思是试验一下就知道谁才真正有本事，虚张声势以及自吹自擂都是没有用的，有没有真才实学一试便知，实践是检验真理的唯一标准。当然"路遥知马力，日久见人心"，也是一种实践的方法，但更可取的是主动设计情景安排试验的方法，这种方法在中国传统的识人术方面有着悠久的历史。

 第六章　巧妙试探，实践出真知

让他经手钱财，看他是否廉洁

> 微表情关键词　人心中的欲望是无穷大的，也是很难得到满足的。许多贪官落马，正是因为经不住利益的诱惑。要想看清一个人是否靠得住，就要让他经手钱财，如果能够经得住金钱的诱惑，那么这个人就是一个靠得住的人。

无论是在生活还是工作中，一旦沾惹上了金钱，我们就很难扯开关系，可以说，在金钱面前，人们内心的欲望将暴露无遗。因此，要想认清一个人，我们就可以通过以金钱利益为钓饵，看透他内心的善与恶。打个比方说，在职场上，如果我们是一个管理者，那么最令我们恼火的事情莫过于自己的员工欺骗企业，中饱私囊了。在"回扣"如此流行的今天，一旦员工贪图"回扣"而对企业进料的质量睁一只眼闭一只眼，那么一旦出现事故，将给企业带来无法弥补的损失，特别是那些重要部门的工作人员，如财务、采购等。

所以，在选拔这方面的人时，我们一定要把好关。因为并不是所有的人在金钱面前都站不住脚，我们可以把他放在有利可图的工作岗位上，给他一个可以得到财物的机会，让他经手钱财，就可以看出他是否廉洁公正。

赵刚是一家外贸公司的总经理，最近要招聘一位出纳，因为上一位出纳被赵刚发现居然把送给客户的礼物私自收了起来，这让赵刚大为恼火。所以，这次他一定要在招聘的时候看清这个人的品行。

不几天，聪明伶俐的刘芳就被赵刚看中了。刘芳很会察言观色，而且人也很漂亮，微笑起来让人打心眼里舒服。所以，刘芳被选中了，成为公司试用期的出纳和库管员。

当然，仅靠聪明和漂亮并不能保证她能够胜任这份工作，赵刚决定对刘芳进行一下测验。于是，赵刚把刘芳叫到了办公室，指着朋友刚刚送回来的一批红瓷杯说："小刘，把这些杯子收到仓库，这几天要送给客户。"

"好的，赵总，这一共多少个杯子呢？"刘芳问。

"我也没数，别人送的，你搬过去就可以了。"

刘芳没有再说什么，拿起杯子准备去仓库。这时候赵刚又说道："小刘，一会儿放完杯子你再到西八路的办公室用品批发地去买100个档案袋，就是我手上拿的这一种。"赵刚扬了扬手中的样品。

"没问题！"刘芳笑了笑，就去仓库了。赵刚看着刘芳，心里希望她能过去这一关。因为他已经提前去西八路考察过了，档案袋零售价都是0.5元，20个以上则只需要0.3元。

不久后，刘芳把档案袋买回来了，开的发票上是每只0.6元。赵刚没有说什么，几天后他让几个部门分别领杯子送给客户，刘芳说写个条子都是谁领走，领走了多少个。赵刚暗地里记下了每一位同事所领走的数量，到最后一核查，结果发现竟少了3个。

刘芳的考核自然没有过关，因为这样的人员对企业来说是一个毒瘤，如果不及时拔除，说不定就会造成难以承担的后果。

一个企业的生存与发展离不开财务的正确管理。如果企业的员工不能够承受住金钱的诱惑，那么企业很难会立足下去。要认清员工是否清廉，那么最好的方法就是在实践中观察他。让他经手一些钱财，看他在办理这些事情的过程中有没有贪污的倾向，即使没有，也要看他是否接受贿赂，因为钱财的问题可能会涉及多方的利益，所以在这个过程中也就很可能有人行贿。因为受贿后难免不会做出有违企业条款的事情，会去偏袒某一方，一定要小心提防。

一般来说，在金钱面前，人们会有三种表现：

第一种，就是在金钱面前，丝毫不掩饰自己的贪欲，在利益的引导下，好不遮拦、明目张胆地索取钱财，这种人一旦有势，必将产生严重的后果。

第二种，表面上看起来拒金钱于千里之外，但在背地里却恨不得能捞得更多，容易给人造成一种假象，这样的人要特别注意。

第三种，是能够在金钱面前守得住自己的道德底线，能够做到清正廉洁，无论是在明处还是在暗处，都能够坚持自己的原则，不贪不拿。但这样的人极其少，最适合在那些重要岗位上担当重任。

人性是复杂的，要想看清他们，你就要懂得利用金钱去试探。在利益面前，任何人都会脱去虚伪的外衣，暴露出内心最赤裸的想法。

第六章 巧妙试探，实践出真知

告知机密要事，看他能否保密

 电视剧里，常见可敬的共产党员将"守住秘密"作为原则，甚至不惜为此牺牲生命，这样的人是值得尊重和信任的。在现实生活中也是一样，看一个人是否值得信任，可以先告诉他一件事，如果其能够做到守口如瓶，才是真正值得托付的人。

一个人能否保守住秘密，是一个人的品德问题。当我们需要认清一个人能不能被信任的时候，我们可以故意把秘密坦率说给对方听，看他能否保守秘密。有时也可以供给假情报，只要泄露出来，马上知道他不能守口如瓶，这样的人是不值得合作，不能够被信任的。这种无法保守秘密的人，还是避开为妙。

特别是在竞争激烈的当今社会，如果口风不紧的人稍微不慎说漏了嘴，那么可能给企业带来无法弥补的损失。因此，管理者在选人用人的时候一定要注意到这一点。

刘静是一家咨询公司的前台，所以对于公司的机密了解得非常非常少。她能够接触到最多的信息，无非就是最近谁出差到什么地方了，今天哪个客户要来访问，需要订什么宾馆，等等。

这天，刘静被一个朋友拉出来吃饭，并给她引荐了另外一个朋友，是一家研究所的研究员。在吃饭过程中，那位研究员问起了刘静的工作情况，并顺带问了问刘静公司的情况。为了能够体现自己公司的实力，刘静在介绍自己公司的时候顺便举了几个客户作证。没有想到，言者无意，听者有心，那位研究员在听了刘静所说的客户后，立刻着手查找信息，搜集关系，将刘静所在公司马上就要签订的一个项目给搅黄了，并且取而代之。

煮熟的鸭子就这么飞了，经理自然非常生气。追查下来，发现是刘静的问题，考虑到她是无意的，公司没有辞退她，而是取消了她的年终奖和晋升的机会。自从这件事情之后,大家在公司里见了刘静就尽量避免谈话,生怕自己因不小心的谈话被连累,而公司也迅速与全体工作人员签订了保密协议,堵上了这个缺口。

尽管刘静的事情并不是很严重,但这种不经意的泄密,同样有可能会让公司遭受到重大的损失,甚至破产。这样的人尽管心地不坏,但有些秘密还是让他们少知道为好。常言道"谋成于密而败于泄",一件大事成功与否,与能否保守秘密关系重大,不要让那些口风不紧的人成为了导致大事失败的关键人物。

在人际交往中,许多人常常把自己的秘密毫无保留地透露出来。有时如果没把自己的心事完完全全地告诉问及的人,心中就会不安,认为自己没有以诚待人,感到对不起人家。但殊不知,如果他遇到的是那些口风不紧的人,那么无异于把自己的秘密公布于众。如果你们之间产生了利益冲突,那么难保对方不会拿秘密来要挟我们。用泄露别人秘密的方法伤害别人、娱乐自己,甚至把掌握的秘密当作要挟别人的把柄,当作自己晋升的阶梯,这种人在现实生活中大有人在。

王强是一家事业单位的员工,工作非常努力,赢得了领导的青睐,为了鼓励王强在近期能够更好地做好自己的工作,这位领导特意找到王强,把公司最近准备提拔他的意图悄悄告诉了他,目的是鼓励他能够表现得更好。

王强自然是非常开心,于是想到了在办公室的好哥们赵勇,下班一起小聚一下,为了自己的升迁。因为具体的文件还没有下来,所以王强让赵勇保守这个秘密,赵勇点了点头。

但令王强没有想到的是,赵勇对这个职位已经窥视已久了,所以在看到王强升迁以后自然愤怒异常,在第二天就立即找到了领导说:"王强已经在公开场合大肆吹嘘自己的成绩,说领导都已充分肯定他了,提拔非他莫属了。"

领导自然是大为愤怒,认为这样的人因为一点成绩就忘乎所以,需要继续考验。通过这件事,王强也认识到了赵勇真正的为人,但为时已晚。

王强为赵勇不守秘密而气愤,可他自己为什么要把秘密说出口呢?所以说,对于不能遵守秘密的人来说,我们不能轻易地把秘密告诉他。我们要用"明白显问,以观其德"的方法来试探一下对方,只有在完全知根知底的情况下,才值得让我们托付秘密。

 第六章　巧妙试探，实践出真知

　　能够保守秘密的人，在社会中必定能获得无数人的赏识，因为他们的口风严谨，做什么事情都值得让人放心。相反，那些不能保守秘密的人，永远不值得人们信任。认清他们的为人，才能防止我们受到迫害。

美色当前，看他举止是否轻佻

　　微表情关键词　常言道"英雄难过美人关"，很多英雄豪杰，比如吕布、唐玄宗等人，就是败在了美人手里。在美色面前不为所动的人，值得我们交往；在美色面前举止轻佻的人，必须尽量远离。

　　在我国古代的《诗经》中，就有"关关雎鸠，在河之州。窈窕淑女，君子好逑"的说法，爱美之心几乎可以说人皆有之，但"爱美"是一种发自内心的喜爱之情，如果在美色面前不能把持住自己而深陷"温柔乡"中，很可能造成极为不利的影响。

　　常言道"英雄难过美人关"，在人的一生中，会遇到很多的关卡，比如权力关、金钱关等，而美色也是其中重要的代表。能否过好这些关，就要看一个人的素质和品行是什么样的。品德高尚、素质较好的人，自然对这些关毫不在意，相反那些素质低、意志力又不强的人，则很难过去。

　　有些人表面上看起来道貌岸然，一本正经的样子，但在他们虚伪的外表下却隐藏着一颗卑劣的心。对于这样的人，我们要撕开他的外衣，窥见到他的本性。比如，让美女服侍在他身边，借此观察他是不是不为美色所动。那些道貌岸然的人，一碰到美女，往往前后就会判若两人，举止轻佻。而真正品德高尚的人，才会坐怀不乱，能够在女色面前保持住自己的威严和品行，这样的人才值得担当大任。

　　在南宋时期，当时的宋高宗已经年迈力衰，要知道"国不可一日无君"，如果宋高宗突然病逝，那么朝中上下必然会乱作一团，所以宋高宗决定趁着头脑还清醒，立下太子，防备不测。

但立谁为太子呢？经过一番考虑，在宋高宗的心里，有了两个人选。一个是赵璩，就是当时的恩平王；一个是赵昚，也就是后来的孝宗。他们两个的谋略手段不相上下，在硬件条件上都没有什么问题，而且各有各的长处，因此，让宋高宗一时难以定夺。

赵璩为人比较机智灵活，且工于心计，颇有城府，得到了宪圣皇后的喜欢。宪圣皇后非常器重他，对他关爱有加。

而赵昚则富有气魄，英明神武，性格非常刚直。宋高宗非常喜欢他，有心立他为太子。就在他为选谁当太子左右为难的时候，宪圣皇后和秦桧都建议立恩平王为太子，但是高宗并不以为意。

宋高宗没有倾听任何人的建议，毕竟现在这两个人还看不出到底谁能够成为一个开明的皇帝，哪个更有能力保住来之不易的大宋江山。所以他决定亲自考察一下他们的德行，谁的品德好就立谁为太子。他想来想去想出了一个试探的方法。

这天，宋高宗把赵璩和赵昚二人叫到了身边，然后对他们说道："最近我一直忙于国事，对你们照顾不够。前两天，我听说你们的宫女不够使唤，现在我赐给你们20名宫女，每人10名。这样你们也可以自己省省心，不用到民间征用了。"

赵璩和赵昚不明白父皇的意思，但依然谢恩，然后各自领着赏给自己的宫女回到了自己的宫中。

一个月之后，宋高宗突然又把赵璩和赵昚两个人召回来，说道："上次赏赐给你们的那些宫女，现在需要派到其他的地方，你们把她们都送回来吧，记住，一个也不能少！"

当宫女们被送回来后，宋高宗立即叫人去检验那20名宫女，结果赏赐给赵璩的10名都被赵璩糟蹋了，而赏赐给赵昚的那10名宫女却都完好无损。高宗听完汇报，大吃一惊，不由倒吸一口凉气，他没想到恩平王如此荒淫无道！如果他真坐上了皇上的宝座，那么岂不整天沉醉于温柔乡中？哪里还会有时间去考虑国家大事呢！

很多时候，一些人会为了达到目的，故意装出一副道貌岸然的样子来欺骗你，如果对这种虚伪的做作缺乏足够的警惕，那么就会陷于危险当中而不自知。所以利用人的本性试探人的品格，可以做到无往而不利，也可见洁身自好的重要。

自古以来，拜倒在石榴裙下的"英雄"不胜其数，尽管他们文才武略，

 第六章　巧妙试探，实践出真知

但在美色面前却不能把持住自己的品行，举止轻佻，结果，毁掉了自己的一生。而那些意志力坚强的人，才能够挑起重担。

《荷马史诗》里面曾经讲到，特洛伊战争结束后，希腊英雄奥德修斯在返乡途中要经受美色的致命考验：有三个人面鸟身的女妖住在一个神秘的小岛上，她们都是食人族，但她们的美貌和歌喉却极其诱惑，几乎没人能抵挡。

奥德修斯知道，即使自己有最坚定的意志也难以抵御海妖的诱惑，最终的结果难免会成为岛上的累累白骨。于是，他命令水手用蜂蜡堵住耳朵，并让人把自己捆绑在桅杆上，正因为如此，才驶过了那片危险之地。

一个人在美色面前的表现，是这个人最为真实的品行，举止轻佻的人，必然难成大器，只有那些能够对眼前的美色视而不见、不为所动的人，才能够让我们放心，认清他们的品行，对我们的人生有着莫大的好处。

以美酒招待他，看他酒醉后的行为

微表情关键词　中国酒文化历史悠久，如今，酒已经成为人们之间交往不可或缺的东西。我们跟一个人交朋友之前，可以先以美酒招待他，看看他酒醉后的行为，就能认清这个人的品行。

俗话说"酒后吐真言"，但也有人说"酒后乱性"，因此，在识人之道上，"醉之以酒以观其性"不失为一种好方法。中国自古以来就有灿烂的酒文化，酒已经成为了人与人之间不可或缺的一种交流方式。如果我们要结识一个人，那么以美酒招待他，看他酒醉后的行为，就能够认清这个人的品行。

很多人认为，在酒后爱发脾气的人，喜欢和别人吵架的人，那么他在不醉的时候肯定是好脾气，是好好先生。但事实上，这种说法是很荒谬的。历史上很多英雄人物都好酒，也有很多的昏君在花天酒地，然而昏君仍然是昏

君，英雄依然是英雄。其实，饮酒只不过是一种享受方式，酒并不颠倒人性，或者在人们心里制造本来并不存在的情感，它只是撤去理性的岗哨，从而逼使我们显出种种丑态。

所以我们会看到，几杯酒一下肚，人的各种性格——爱生气的、多情的、慷慨的、柔和的、贪婪的，就会格外清楚地表现出来。真正的大丈夫，在酒醉之后依然会慷慨激昂，比如岳飞的"怒发冲冠"，而那些戴着面具的小人，即使在不停地挖空心思掩饰自己的内心世界，那么也往往在酒醉之后将卑鄙无耻的灵魂暴露无遗。

郑塔是一家企业的老总，这天请新上任一个多月的企管部代经理刘飞吃饭，因为在刘飞做代经理的这一个多月里，对郑塔照顾得十分周到，特别是有好几次，郑塔迟到了刘飞都视而不见，所以郑塔觉得自己应该对刘飞做点什么。

酒过三巡，菜过五味，刘飞已经开始醉眼朦胧了。郑塔知道这是因为自己请他吃饭让他感到了荣幸和自豪。这时候，刘飞又举起了手里的酒杯：

"郑总，您是我一生中最佩服的人，有什么事您尽管吩咐，至于那些其余的董事们，在我眼里什么都不是。"刘飞的话让郑塔大吃一惊，因为相比刘飞平时的谨小慎微来说，这样的出言不逊和他平时太不一样了。在平时，他对那些董事们和其他中层领导都很和蔼，但郑塔总觉得在许多制度的执行方面有些不力，现在刘飞的话让郑塔明白了，因为刘飞负责这方面的工作，与他当然有一定的关系了。

郑塔拿起了酒杯："谢谢，来，再干一杯！"

刘飞按住了郑塔的手："郑总，在工作上您是领导，在生活上您是老兄，为了朋友，我姓刘的绝不含糊……"刘飞明显已经高了，开始向郑塔掏"心窝子"说话。终于，郑塔明白了，刘飞在过去任职的那两个企业为什么不景气。

可以看出，尽管刘飞在平常的时候掩饰得很好，但在酒醉之后却放纵了自己的行为，这样的人，在哪个企业里都会成为拖累。因为这样的人在表面上一个样，在私底下却是另一个样，说不定就会让企业走上末路。

很多那些在平时看起来坦荡的君子，在最后却表现出一种我们从没见过的行为，其实那才是他们真正的品行，更多的时候，他们不过是在戴着面具生活，我们千万不要被他们的假象而迷惑了。

我们可以通过以下酒醉后的个人态度来对照一下：

 第六章　巧妙试探，实践出真知

有的人在喝醉酒后喜欢唱歌，这样的人在生活起居上一般都比较具有规律性，是一个乐观进取之人，尽管会酒醉，但他的心不会醉。

有的人在喝醉酒后喜欢找人唠嗑，和别人争吵，甚至会动手打架，这样的人在平时就是一个情绪不稳定的人，可能是长期郁郁而不得志或者屡遭挫折，是典型的怀才不遇，可能目前的运势正处在低谷时期。

有的人在喝醉酒后就立即睡觉，这样的人属于理智型之人，在平常的时候懂得自我约束，而且在言行上也少有踰矩。

有的人在喝醉酒后总是自我吹嘘、信口开河，在酒桌上动不动就会开承诺支票，这样的人是怯懦型的代言人，虚荣心极大，并且具有一定的消极倾向。

有的人在喝醉酒后会抱头痛哭或者找人倾诉，这样的人个性消极，具有很深的自卑感，在日常生活中大都遭受过严重的鄙视或受到很多的委屈，在平常的时候经常会抱怨或发牢骚。

有的人在喝醉酒后喜欢划拳或者玩游戏，这是孤独寂寞型的人，自身经常会有情绪性的孤寂感，所以借由划拳酒令等肢体语言排遣寂寞感。这样的人往往也会通过忙碌的工作忘却自身的烦恼。

有的人在喝醉酒后特别爱笑，这样的人在生活中是个性乐观、随和、不拘小节，也是颇具幽默感之人。

当年赵匡胤正是借助了醉酒才演出了一场"杯酒释兵权"的好戏，为什么？因为在醉酒以后他就能说出自己的真实想法。所以，当我们要了解一个人，认识一个人的时候，不妨用美酒来招待他，那么他在酒醉后的行为你将会一览无遗。

匆忙之间与他约定，看他是否守约

微表情关键词 无论在东方还是在西方，遵守约定的故事数不胜数。遵守约定不仅是人际交往起码的礼节，并且，从一个人能否守约，可以判断出其为人。一个严格遵守约定的人，才是诚实的人，值得我们信任、交往。所以，不妨匆忙之间跟他约定，检验一下他的为人。

时间是一种不可再生的资源，如果我们的时间用完了，那么我们的生命也就不复存在了。但是许多人却不能真正认识到时间的重要性，以至于白白浪费了许多宝贵的时间。比如约会的时候迟到，上班的时候迟到，迟到已经成了家常便饭，而且每次都有各种各样的理由。

有些人也许会认为，我不就是晚了十分钟吗？有什么大不了的？可是，在约定的时间不到，让别人等你，这种等待是不公平的，是浪费别人的生命。这样的人从不尊重别人的时间，更不守信用，我们要认清他们的方法就是在匆忙之间与他约定，看看他能否按时守约。

美国铁路大亨范德比尔特认为，不能准时，简直是一种不可宽恕的罪恶。有一次，他约定一个青年人，于上午10时到他的办公室谈话。他准备在与其谈话后，领他去见一位铁路总办。因为当时铁路局正需要一个职员，范德比尔特准备介绍他担任这个职位，并且已经提前通知了他，那位青年非常高兴能得到这份工作。

遗憾的是，那个青年来迟了20分钟。他到的时候，范德比尔特已经离开办公室了，去参加另一个会议了。

过了几天，那个青年终于见到了范德比尔特。范德比尔特问他，为何上次不准时赴约。青年回答说："先生，我那天是在10时20分到的。"范德比尔特立刻提醒他："但我是约你10时到的！"

"是的，我知道。"青年支吾地回答，"但是20分钟的相差，应该没有什

第六章　巧妙试探，实践出真知

么大的关系吧！"

"不！"范德比尔特严肃地说，"能否准时，是大有关系的。就以此事而论，你不能准时，所以就失去了你想得到的位置。因为就在那天，铁路局已录用了一个职员。而且，我告诉你，年轻人，你没有权利可以这样看轻我那20分钟的时间价值，而让我在这段时间闲着等候你，在这段时间，我正要参加两个重要的会议呢！"

我们都喜欢和守信用的人打交道，信用就相当于一个人在银行的信誉度。要知道一个人的财产，只要看看他的银行记录就行。而要查看一个人的信用度，只需和他约个时间，看他是否能准时到达。一些人，对时间的概念不够强烈，比如和朋友的约会，觉得晚一会儿有什么关系呢。其实不然，别人正是从你的这个小小细节里，看出了你对他的不尊重、不重视，进而失去了对你的信任感。

时间则是最好的检验真理的标准，不守时间之信的人，就可以定性为信用度很低了。而那些能够按时守约的人，才能够赢得别人的信任。

有一次百事可乐的总裁卡尔·威勒欧普到科罗拉多大学演讲的时候，有一个名叫杰克的商人想约卡尔见面谈一谈。卡尔答应了，但只能在演讲完后而且只有15分钟的时间。

随后，卡尔就到礼堂里演讲了，而杰克就在大学礼堂的外面坐等。当卡尔兴致勃勃地讲着，讲他的创业史，讲商业成功之道，不知不觉中已超过了与杰克约定的见面时间，显然他已忘记了这个约定。正在这时，一个人从礼堂外推门而入，径直朝讲台上走来。那人放下一张名片后一言不发地转身离去。卡尔拿起名片一看，上面写着："您和杰克在下午两点半有约在先。"意识到了自己的失误，卡尔没有犹豫，他对大学生们说："谢谢大家来听我的讲演，本来我还想和大家继续探讨一些问题的，但我有一个约会，而且现在已经迟到了。我不能再失约，所以请大家原谅，并祝大家好运。"

在大家的掌声中，卡尔快步走出礼堂。他在外面找到了正在等他的杰克，向他致歉后，便告诉了杰克他所想要知道的一切。结果，原来定好的15分钟时间他们一直交谈了30分钟。

后来，杰克成了一名成功的商人。他把这一段经历告诉给他的朋友，他的朋友们都对百事可乐产生了信任并决定经销和宣传百事可乐。

在现实生活中，"信"往往是一个人很难做到的。有的人对自己的下属、同事、朋友许下诺言，但过一阵子就忘了。认清一个人，我们最先要认清的就是这个人是否有"信",是否值得我们去"信"。有时候,领导者让下属在比较短的时间内去完成一件工作,其实就是在考察下属能否做到"言必信,行必果",是否能够守约。

领导者可以采取"开放式"和"封闭式"两种方式来观察下属的信用。所谓的开放式,就是对下属提出任务以后,只要求他尽快完成,但并不规定具体的期限。在这种情况下,特别能看出一个人的负责精神和办事效率。工作责任心强的人,会把委任的每一项任务当作领导对自己的一种考验,会尽快完成;反之,责任心不强的人,则会拖拉;而所谓的封闭式,也就是在规定的时间内必须完成,有一个最后的期限,如果被委任的人不能在其承诺的期限内完成任务,就是言而无信。如果这样的事情在一个人身上连续发生,就可断定此人不可大用。

需要注意的是,一定掌握上述方法的关键:
(1)要清楚地告知对方准确的时间,不要用两点多,三四天的模糊概念;
(2)要问清对方是否能够如期赴约;
(3)所约事情要在对方能力许可范围内。

不过,切不可断章取义。如有失约情况,要弄清失约的原因,是客观造成的或是主观造成的,是可以谅解的或是不可谅解的。不管怎么说,"期之以事"总会给你带来其他考核很难采集到的知人信息。

突然查问他,看他的知识储备

微表情关键词 想检验一个人的知识储备到底如何,考试固然是一种方法。但是,如果突然盘问,他也能对答如流,那么不仅说明他知识丰富,而且说明此人反应灵敏,具备应对突发事件的能力,这样的人才是真正的人才。

要想了解一个人的能力和智慧,就需要与他保持适时沟通与交流。你可以采取"突然查问"的方式,看看这个人的知识储备怎么样。特别是领导想了

第六章 巧妙试探，实践出真知

解下属能力的时候。需要记住的是，这里所说的"突然查问"，我们不能简单地理解成用突然袭击的方法去考问下属，也可以理解为当工作中出现一些紧急情况或突发状况时，领导者需要了解某些情况并听取对问题的处理应对意见时，临时与人才之间进行的交流。应对突发事件已经成为人才必备的素质之一。

在"突然查问"的情况下，往往最能够反映出被"猝问"者的快速反应能力以及语言组织、表达能力等一些动态的素质。如果我们提前通知好下属，让下属准备好了材料再来做汇报性的工作，那么听到的情况虽然全面，但对其能力的考察或者日常工作的尽心则可能就比"突然查问"的方式要稍逊一筹了。

姚海是一家策划公司的总经理。教师节快到了，姚海的公司准备组织一次由当地数所高校师生集体参加的公益活动。此次活动开展关系到企业的声誉和能力问题，不容疏忽。于是姚海准备临时找一下此次活动的负责人公关部的赵思聪，了解一下具体的情况，顺便看看她是不是把事情放在了心上。

"小赵，你怎样才能保证请到教委主任来参加我们的活动呢？"赵思聪一进门，姚海便发问道。

"我去告诉教委主任，此次活动负责抓教育的李副市长也来参加，这样教委主任就不会拒绝了！"赵思聪自信地回答说。姚海点了点头，然后继续问道："那么，我们如何保证李副市长一定会来参加我们此次的活动呢？这毕竟只是一个公益活动。"

"到时候我会带一名学生代表和我一起去见李副市长，然后让学生代表向他表达数千名学生每天都在盼望着副市长亲临现场向他们讲话指导，这时候我再补充这次活动的意义和规模，尤其告之，所有的新闻媒体都非常关注这件事，省内12家主要媒体记者到时候都会亲临现场。"看来赵思聪的确在这上面下了工夫，回答的时候一点也不迟疑，如数家珍。

"那么，我们又如何让这些参加活动的各所高校能够保证以积极的态度来参与这次活动的同时，我们公司又不用出费用呢？"姚海又发问道。

赵思聪笑了笑，然后说："当然是照实说啦！我们可以告诉他们，教委领导希望所有参与的高校到时候都能够体现出自己学校的实力，而且，告诉他们到时候现场会有很多的新闻记者，要注意在被采访时怎么抓住机会为自己院校扬名！我想，到时候这些院校肯定会非常积极地参加的！"姚海满意地点了点头。

果不其然，在教师节那天，教委主任陪同着李副市长如期而至，而各个参与的高校也组织得有条不紊，并且都非常认真地带来了自己的特色：有的高校身着一色的校服，有的打着令人振奋的条幅，有的集体挥舞着手中的花环……活动获得了圆满的成功，在当地引起了巨大的轰动，而姚海的企业也在此次活动中受益匪浅。

当然，最主要的功臣赵思聪，也被擢升为名副其实的公关部经理。

当遇到领导询问时，在提前没有得到任何通知的情况下，依然能够有理有据地回答出各项事宜，这样的员工哪个企业不看重呢？用突然查问的方式，我们才能真正看出员工是否对企业尽心，是否对自己的工作尽心。同时，也体现了这个员工的知识储备水平。

对于任何企业来说，都需要拥有一批知识储备高、有计谋的人才。真正的计谋和那些小聪明有着本质的区别。真正有用的计谋是与企业管理的有关问题联结起来的巧妙掌握，它是保护企业的切身利益和赚取利益的护卫舰，在遇到突发状况时能够临危不惧。

因此，当我们在选拔人才的时候，一定要用"突然查问"的方式来查看一下他的知识储备量。掌握好此项考核的关键在于，要设置相应领域内的具体问题，问的问题不要太抽象。诸如，你对财务管理有什么看法？办公室人员的职责是什么？这样纵然是很有能力的人也很难表现出真正的出色。因为抽象的问题，也只能是抽象的答案。我们要根据选择哪个方面的人才来选择提问的问题。比如，选择财务方面的人才，那么我们就要问他如何合理避税或用什么办法最大限度地减少财务开支；而办公室人员，则要向他咨询如何才能严格考勤制度，让所有员工感觉到制度的威严并能严格遵守，等等。

在突然被查问的时候，最能够体现这个人的知识水平。掌握好此点，那么管理者必然能够在选拔人才上顺风顺水。

 第六章 巧妙试探,实践出真知

交给他一件难办的事,看他的能力高低

> 微表情关键词 都说文凭是块敲门砖,但拿着名牌大学的毕业证,就一定有高人一等的能力吗?恐怕并不一定。其实,要想检验一个人的能力很简单,只要给他一件难办的事情,看他能否在短时间内做好,结果就是最好的证明。

当我们要去了解一个人的能力的时候,那么最好的方法就是交给他一件难办的事情。比如说加大他的工作量,或者比较难完成的任务,安排他干那些重复的烦琐的工作,这样可以比较准确地检验出一个人的整体素质,那些有着特殊才能的人总是能够在相同的时间内完成一般人所不能完成的工作量。

当今社会,越来越多的人善于吹嘘自己的能力,一旦动起真格的,又成了缩头乌龟。一个人能否成功,并不在于他是不是名牌大学的高材生,也不在于他把自己夸得多么天花乱坠,而在于他是否有真本事。正所谓大浪淘沙,只有真金才能留下来。与人交往,听到的不一定是事实,是骡子是马,拉出去遛遛,立即见分晓。

在三国时期,蜀国丞相诸葛亮在六出祁山北伐中原时,曾令李严负责后勤粮草供应。但这在李严看来确是一种屈才的表现,于是在这一繁复艰难的工作中没有经受住考验,不仅粮草没有及时运到,使诸葛亮的北伐大军不得不退兵,而且还在后主刘禅面前散布谣言,最后诸葛亮及群臣不得不上书要求后主对其进行严办,撤职削爵。

相反,与李严的失败形成鲜明对比的是萧何却能在楚汉相争中帮助刘邦"镇国家,抚百姓,给饷馈,不绝粮道",最后赢得战争的胜利,也由此为汉高祖所认可,并被任命为当朝相国。

一个人有没有能力,别人说了不算,你自己说了也不算,你做事的结果

就是最好的证明。

马建东，山东潍坊人，27岁，高中毕业，现为一家在全国200多座城市建立了300余家汽车销售连锁店，销售总量10.7万辆，净资产过亿的汽车公司销售总监，年薪60万。

一个普通的高中生，凭什么登上总监宝座，成为"淘金皇帝"的呢？通过了解，马建东高考落榜后，到北京打工，找到一家汽车销售公司做前台接线员，后来被安排到办公室做文职工作。

一年后，该公司因代理的一个重要品牌出现质量问题被媒体曝光濒临倒闭。当时马建东偷偷去别的汽车销售公司应聘过，人家只说了一句"你连大学门槛都没迈进一步，凭什么来我们这里上班？"就把他打发了。也正是因为这句话，激发了马建东刻苦钻研汽车销售技巧、汽车产品知识的决心。通过几年的摸爬滚打，马建东在汽车销售上积累了丰富的经验，创下了五个月销售476辆车的记录，因此马建东被提升为主管。之后，被总经理送到北大MBA班培训学习，被派到德国学习汽车销售管理经验，后来，又登上了销售总监的宝座。

任何时候，真才实学才能折服人。有些人怀里揣着一张让人羡慕的文凭，有些人名片后排着诱人的头衔，但真正聪明的人，从来不会因此而断定一个人的能力。而是会在实践中，检验他的才学。也许过硬文凭背后是胸无点墨的"草皮囊"，也许名片上的头衔不过是自主夸大的虚衔罢了。

想必大家都还记得庄子的《庖丁解牛》那篇文章，庖丁解牛的技艺之高超，手法之娴熟，已经到了出神入化的境界。只见他手"触"、肩"倚"、足"履"、膝"踦"，手中的刀似有神助刷刷刷几下，一个庞然大物，便肉是肉、骨是骨、皮是皮地解剖得清清爽爽。更奇的是，庖丁的刀已经用了19年，解了数千头牛，却还像刚刚在磨石上磨过一样锋利。如果你想知道一个人是否真的具有他自己说的那种能力，或者他断定自己的能力真的达到了他说的程度，不妨交给他一项任务，看结果就明了了。

第六章 巧妙试探，实践出真知

以大是大非来问他，看他的判断能力

 识人最重要的是识其人品。一个人是否值得信任，值得委以大任，就要看他的人品、价值观，及对一些大是大非问题的判断。所以，结交朋友，或者提拔下属之前，不如先问他些大是大非的问题，从中分析出其人品、价值观等，再做决定也不迟。

知人，最为重要的是要知其人品。三国时期的诸葛亮，作为中国古代的头号智者，不仅谋略过人，在选人、用人方面也有独到的见解，在他的观人七法中，"志"是放在第一位的，要想认识一个人，我们首先就要了解他的志向、态度有何特点，也就是价值观。以大是大非的问题来问他，来看他的判断能力。

人的品行支配着行动，而行动反映这个人的人生观和价值观。一个人的志向是否坚定，意志能否被动摇，在大是大非面前的所作所为能否经得起考验，是一个人的人品核心，也是认识一个人的基本点。这是判断一个人是否值得重用最基本的一项要素。就像我们选择一名大将，那么忠诚爱国就是第一位的，如果为将者敌我不分，那后果是极其残忍的。

因此，如果你需要重用什么人，那么你首先就要了解他的志向，他的价值观，看看他的判断能力，这样，我们才能决定他值不值得重用。

方子恒是一家企业的总经理，最近，企业越做越大，他一个人已经忙得焦头烂额，所以他准备寻找一位能够独当一面的副总，这样就能够替自己分担一部分工作了。

但是寻找副总的事情并不简单，因为企业已经有些许规模，这位副总必须要有真才实学，而且能够死心塌地为公司着想。所以他必须是内部的人员，因为内部人员更熟悉公司。

方子恒仔细筛选了一遍公司里能够符合副总选拔条件的人，发现侯明和秦凯最为适合，两个人的能力都相对比较突出，在能力上必定没有什么问题。所以，方子恒决定用观人法中的"问之以是非而观其志"来识别一下他们。

"我有一位朋友，是一位老板，在他招聘员工的考试题上，有一题是：你将来想成为什么样的人？有一位应聘者的答案让他非常恼火。因为那位应聘者的答案是：我将来要当一位成功的老板。你们说可笑不可笑？！"方子恒以谈心的方式和随便聊的态度绕到这个问题上。

"这种人肯定不能够重用，太不可靠，居然妄图想当老板。"侯明说。

"不，我不这样认为，我的意见恰恰相反，我认为这样的人是值得重用的，因为只有想当老板的人或者说只有具备某些老板素质的人，才能替老板着想从而替老板分忧。"秦凯说出了自己的观点。

"好了，咱不争论这个问题了。"方子恒见好就收，随即又换了一个话题。

"最近我那位朋友不知道是什么原因，让我很失望，因为在过去的时候只要是我一打电话给他他都会亲自接，但是现在换成了秘书接，有好几次秘书都说老板不在。这明摆着是挡驾不见，你们说说，这事情窝不窝火！"

侯明的反应很快，张嘴就说道："这种一当老板就傲起来的人，朋友会变得越来越少的！"的确，他的话很在理。但是秦凯的话却让方子恒陷入了沉思，他说："当老板的，首先做事情就应该有条理，时间安排自然也不例外。更何况对朋友恰当地拒绝总比违心地去敷衍更有礼貌。"

没有什么悬念，秦凯成为了一个称职的副总，而侯明依然还是尽心尽力处事稳妥的办公室主任。

"问之以是非"，看其对是非曲直的判断，对某事物的看法，观察其志向。这就说明了管理者在人才管理上不能不考虑志向程度的考察。古往今来，任何一个事业成功者，无不是志向专一者，无不是信仰坚定者。

那些凡是在大是大非问题上含混不清、模棱两可的人，还有那些随风摆动、起伏不定的"墙头草"式的人，往往是善于察言观色、趋炎附势的人，他们没有明确的是非观念和内心道德的操守，只习惯于见风使舵，没有定性，这些人最容易在关键场合、关键时刻损害国家、民族的最高利益。相反，那些志向高远、立场坚定、胸怀宽广、志同道合的人，才会为了一个共同的理想和事业而奋力拼搏。这样的人才值得让我们去挖掘他。

一个人是否高尚，不是凭他是否有动听的语言来决定。因此，判定一个人的志向和价值观时，我们要学会用大是大非的问题来问他，从他的回答中

第六章　巧妙试探，实践出真知

看他的判断能力。

告诉他大祸临头，看他有无抗争的勇气

微表情关键词　日常生活中，人们的能力看起来都差不多。但是在关键时刻，特别是遇到灾难时，一些人会显露出来，跟困难抗争到底。这样的人，多半有责任心、有勇气、有胆识，是个可以放心托付的人。

一个人在面临大事的时候，才能真正体现出他的品行。因此，若要试探一个人的胆识、勇气，就得告诉他可能要面临的灾祸和困难，看他是否有抗争的勇气。一般人对困难的事情都会有不同程度的畏惧，没有足够的胆识和勇气是不会勇于承担责任的。所以，可以故意把困难的事情告诉他，如果他表现得为难或胆怯，则表明他不足以成大事。相反，如果他勇于承担而又确实有信心，则完全可以委以重任。

在南北朝时期，北齐的奠基人高欢想测试一下几个儿子的志向和胆识，于是给他们几个每人一把乱麻，看谁整理得最快最好。别人都在想方设法整理时，唯独他的二儿子高洋想也不想，抽出一把快刀将一把乱麻当场斩断，并说"乱者当斩"。成语"快刀斩乱麻"正是出自此处。高欢看了后很是欣赏这种做法。

随后，高欢又给他们每人配了几名士兵，让他们四面出走，随后派了一个部将带兵假装去攻击他们，其他的几个人都吓得不知所措，唯独高洋指挥着身边的士兵围攻这个部将，最后这个部将脱掉盔甲说明情况，但高洋还是把他捉住送给了高欢。因此，高欢对高洋很是赞赏，说道："高洋的见识和谋略都超过了我。"后来高洋果然继承了高欢的事业，成为北齐的第一位皇帝。

可见，在祸难面前临危不惧，敢于抗争的人才能够成就一番大事业。所以，在重用一个人前，人们都喜欢人为地创造一个逆境，来观察对方是否具备足够的勇气战而胜之。

在企业中，领导者识人同样也可以利用此法。如今在企业内部，有很多有谋略的人，更少不了有勇气的人。但有的人虽有深谋远虑，可缺乏面对困难和挫折的勇气。有勇有谋的员工固然是好的，但在现实中这样的人并不多。因此领导者要能够进行好人才组合，认准谁具有真正的勇气。

比如说当企业真的遭遇到挫折的时候，管理者要有意识地把不幸告诉给员工，看他们谁能够自告奋勇来帮助企业解决困难，这时候只有真正的人才才能担当起重任。

欧阳在郊区开了一家小的加工厂，但开业没多久，工厂就受到了外面一些闲杂人员的干扰，经常进来"光顾"，工厂已经丢了不少的货品。为了能够加强工厂的治安环境，他决定招聘一名保安负责人，这名负责人必须有胆有识。他决定从工厂现有的20多位男工人中挑选。

欧阳把人召集了起来，然后对他们说道："同志们，我们公司地处郊区，这一段时间公司出现了几起社会闲杂人员进厂偷东西的情况，公司决定加强保安队伍，决定从你们中间选一位保安队长，来维护工厂的安全。但前提是，这名人员一定要具有勇气与恶势力作斗争，保护公司财产和大家的人身安全。有谁愿意毛遂自荐吗？"

这时候，从人群中走出了一位高个子的小伙子。欧阳认识他，当初是他面试的这个小伙子，他是一名转业军人，而且还在部队上当过班长，在工厂里负责气焊工作。

小伙子说道："我愿意接受这份工作，但是我有个条件。"说着，他看向欧阳。

"请说！"

"工厂另外两名保安人员的奖惩和任免权要归我！"这是一个很简单的条件，并不苛刻，因为他当的就是保安队长。

"没问题。"欧阳回答道。

"那我保证一个月以后工厂的治安环境会大大改善！"小伙子向大家保证道。

果然，一个月后，工厂再也没有损失过什么东西，他获得了欧阳的信任，也获得了大家的信任。

有时候，很多人在平时的工作中表现的能力很突出，处理事务的时候也井井有条，有板有眼。但在关键时刻，特别是面临灾祸或者困难时期能力就"伸不出""展不开"，遇到突发性的事件或棘手的问题时，往往显得束手无

 第六章 巧妙试探，实践出真知

策，一筹莫展。反而有些人在平时工作中表现的能力平平，但在关键时刻却往往能够力挽狂澜，扭转乾坤。因此，管理者一定要对他们有一个全面而又细致的观察，才能得出一个比较准确的结论。

一个在灾难面前能够临危不惧，表现得铁骨铮铮的血性男人，他的身上必然具备着忠诚、勇敢、刚强与坚贞等优秀品质。一战时美军高级将领麦克阿瑟将军一生身经百战、出生入死，经常与死神捉迷藏。一次，德军的炮弹落在了他指挥所的近旁，他却镇定地对部下说："放心，整个德国也还造不出一颗能打死麦克阿瑟的炮弹。"只有这样的人，才能够值得我们去结识。那么平时充着好汉，在关键时刻却忍气吞声的人，就像那些"豆腐渣"工程一样，在平时看起来并没有什么，但在地震、洪水到来的时候不堪一击。

给他介绍地位不同的人，看他是否势利

> **微表情关键词** 想要看看一个人是否"势利眼"，就要多给他介绍几个不同的人。如果他对他们的态度明显有区别，说明此人很势利，你得意的时候巴结你，一旦你失利就会遭到他的抛弃。对待这样的人，要划清界限，远离他。如果他态度一致，说明此人为人正直，值得交往。

在生活中，很多人都具有"势利眼"，嫌贫爱富，嫌丑爱美，崇洋媚外等，同这样的人在一起，你最终很可能会被他们所抛弃，因为一旦你落魄，他们必将离你远去。因此，我们要注意身边这样的人，区别他们的方法很简单，那就是给他们介绍身份不同的朋友，看他们的态度有没有区别。

比如说当我们和朋友一起参加宴会或者派对的时候，你可能会给朋友引荐几个你的朋友，一般都会互相交换名片，如果你的朋友看了你介绍的朋友的名片而不屑一顾，那么恭喜你，你的这位朋友就是一位"势利眼"。

刘永有一次带着自己的朋友强宁去参加一个酒会，在酒会上，刘永看到了一位在工作中认识的一家知名企业的老总，于是过去喝了一杯酒，这时候

强宁也在他身边,于是他就把强宁介绍给了那位老总。没想到见了对方的名片后,强宁的表现让刘永大吃一惊,强宁脸上的笑容灿烂到可以溶化冰淇淋,而且居然用甜如蜜的声音娇滴滴地对那位老总说:"刘总,我这是哪辈子修来的福分,居然在这里能认识您这么有成就的人!"随后也不管人家同不同意就和那位老总开始东拉西扯。

机会可遇不可求,难得遇到这么有"身份"的人,强宁自然不能放过,要好好地攀攀关系。谁都能看出,强宁在尽其所能搜索话题,而且一边还在用心呼应着对方所说的话,努力营造着双方都很合得来的愉快气氛。

看强宁谈得这么兴奋,刘永以为强宁很喜欢结交朋友,于是便把另外一位朋友介绍给了她,没想到她瞟了一眼对方递过来的名片后,只是面无表情地淡淡说了声"你好",就转身去找食物吃了,一点都没有想结识对方的样子。

这时候,刘永才认识到,强宁是一个不折不扣的势利小人,对没有利用价值的人,连基本的礼貌寒暄都不肯说两句。所以从那以后,他渐渐和强宁撇开了关系。

有"势利眼"的人只会趋炎附势,对那些高高在上的人阿谀奉承,而对那些不如自己的人则从不正眼瞧一瞧。和这样的人在一起,你永远不能指望他会帮助你,他不来祈求你的帮助,你就应该感到万幸了。

"势利眼"的人有什么特点呢?

首先,"势利眼"过于注重表象。

很多时候,"势利眼"会根据一些表面现象而分清这个人该不该结交。譬如对方上班的公司是否为知名企业、头衔是否为高阶人士,还有对方全身上下的服装大概值多少钱,付账时拿的是金卡还是白金卡……假若你的"装备"不够高级,就算你很有钱,也可能会被列为"低等"的交往对象。

其次,"势利眼"对不同的人有不同的差别待遇。

在《士兵突击》中,刚进部队的成才就是一个典型的势利眼,他的口袋里装着两盒烟,给领导的时候就是好烟,而给自己身边的战友抽的时候就是孬烟。可以说,如果你想知道某人是不是势利眼,方法很简单,去问问基层人员对这个人的感觉如何,绝对能够得到真实答案。

在职场上,有很多员工对老板一个态度,对身边的同事又是一个态度,这种现象很是常见。很多势利眼之所以死命巴结老板,是因为他们认为老板才有权力给他们好处。话虽不错,但若基层员工对他们印象恶劣,久而久

 第六章　巧妙试探，实践出真知

之，老板也会听到风声，慢慢看清他的真面目。因此，要想当个耳清目明的老板，最重要的功课，就是要学会分辨谁是势利眼。

再次，"势利眼"会把朋友分等级。

在"势利眼"的字典里，绝不会出现"一视同仁"这句成语。他们不仅对人有差别待遇，还会把朋友分成不同等级。比如说有钱的、有权的、有名的算是普通等级，有钱又有权的属于中等，而那些有钱有权又有名的人，则是他们心目中的"重量级"人物。根据不同人物的身份，他们会选择不同的态度，毫无意外的是，他们的基本态度绝对是献媚，只是献媚的多和少而已。

最后，"势利眼"会评估对方能带给自己多少好处。

在"势利眼"看来，结交朋友的最重要的一点就是对方能不能给自己带来好处，对未来有没有帮助，如果没有，他们绝不会在你身上下工夫。而且，他们从来不做吃亏的事情，如果在你身上投资以后没有得到好处，那么他们一定会想办法把好处拿回来。

如果身边有一位"势利眼"的朋友，那么对我们的发展极其不利。因此，我们要认清身边的人的真面目，给他介绍身份不同的朋友，看他的态度有没有区别。一旦发现他是"势利眼"，那么要立即划清界限，规避三尺，别让他所利用。

第七章

用心观察，答案不言自明

通常来说，一个人的人品是品出来的，不是试探出来的。一个人平时的举止行为，就会证明他是什么样的人，因为一个人的人品不是装出来的，是本身的素质的体现。《论语》就记载了孔子名言："视其所以，观其所由，察其所安；人焉廋哉。人焉廋哉。"意思是，要观察他因何去做，再观察他如何去做，再观察他做此事时的心情如何，安或不安。如此观察，那人再向何处去藏匿呀？！

第七章 用心观察，答案不言自明

看他富裕时，结交什么样的朋友

 一个人在富裕之后会结交什么样的朋友，可以看出其品行。跟昔日穷兄弟断交，而去结交同样富裕的朋友，这样的人虚伪而卑微，日后也不会再有什么大成就。我们要及时远离他。

当一个人有了钱变得富有了以后，他会结交什么样的朋友呢？是不忘当初在一起打拼的"穷兄弟"还是那些酒肉朋友呢？每个人对此的态度都是不一样的。如今有很多人只能和你"同患难"，但一旦他富裕了，却未必能够与你"同富裕"，不能共享，这是人性的弱点，也是辨别识人的重要手段。一个人在富裕时结交什么样的朋友，将反映出这个人的品行。

当一个人富贵了以后，他的周边自然而然会出现很多同样富贵的朋友，这时候，他对待曾经的那些"穷兄弟"的态度就未必如当初了。很多人在富贵之后喜欢去巴结那些同样富贵有权势的人，与那些曾经一起共患难的"穷兄弟"一刀两断，因为他们会让他丢面子、掉身份。

司马迁在《史记》中，曾经记载了陈胜称王以后杀了他贫贱时的朋友的故事。

陈胜年轻的时候很穷，无田无地，曾经跟别人一起受雇佣给富人家种地。

有一天，他放下农活到田埂上休息，对秦王朝肆无忌惮地征调劳役、不断加重对老百姓的压迫和剥削的社会现实愤恨不平，就决心摆脱压迫和剥削，改变目前的社会地位，并对耕田的朋友们说："苟富贵，毋相忘。"意思是说：我日后富贵了，一定不忘大家。同伴们说："你不过是受雇给人家种地，怎么能发迹富贵呢？"

然而世事变化就是如此莫测，几年之后，陈胜在大泽乡揭竿起事，当了"张楚王"，真的富贵了。

这时候那些当年和他一起被雇佣耕田的伙伴们很高兴，他们自然找到了陈胜称王的陈地。陈胜看到这些昔日的伙伴，很是高兴，把他们带回宫里，着实炫耀了一番，好肉好酒地招待。

但渐渐地，这群伙伴们在宫里渐渐放肆起来，与陈胜不分上下，总是见人就讲起陈胜贫微时一些不风光的往事，陈胜左右的人提醒说，客人的言行有损您的威望。此时陈胜初为王，急于树立权威，于是就找个借口把过去的伙伴都杀了！

富贵者乍贫，必好言往事；贫贱者新贵，必忌言往事。这就是说如果一个人原本很富裕，突然贫困了，那么他肯定总会提起以前那些风光的事情；而一个原本贫穷的人突然变富裕以后，那他最大的忌讳就是谈起往事。尽管和伙伴们叙说当年贫贱的往事看起来是一种友谊，但对于他们来说，却是一种耻辱。更多的时候，他们对那些"穷兄弟"们唯恐避之不及。

所以说，富贵面前，最能认识一个人的品行，正所谓"狡兔死，走狗烹；敌国灭，谋臣亡"。在有困难的时候，人们总是愿意联合起来，这时候大家往往容易成为好朋友，成为好的合作伙伴。但当朋友不再具备与其"共患难"的能力时，人们通常会出卖朋友来保全自己。因此，在生活中，无论我们是选择朋友抑或是合作伙伴，还是挑选人才时，都需要非常小心。看一个人在富裕时和谁交朋友，对了解一个人很有帮助。

在贫穷的时候，大家都一样，没有什么区别，必然能够在一起"共患难"，但当富裕了以后就不一样了。在这个社会上，一夜之间暴富以后抛家弃子，与那些贫困的朋友断绝联系，这样的事情并不在少数，这样的人，我们要尽量远离。相反，那些在富贵时不计较自己那些贫困的朋友的人，才值得我们结识。

蒋天阳和彭武是一对好朋友，两个人一块在大城市里打工。有一次，蒋天阳好几天都没有找到新工作，生活都过不下去了，都是彭武在救济他，买来饭菜和他一起吃。蒋天阳感动地说："彭武，将来我发达了，一定要好好对待你！"

时来运转，过了几年时间，蒋天阳真的起来了，他做的房地产生意非常红火，这时候，很多人向他涌了过来，一时间，蒋天阳不是请客吃饭，就是节假日送礼，忙得团团转。而他多年的好朋友彭武这时候也没有来打扰他，不知是因为蒋天阳的应酬多了无暇顾及彭武，还是彭武觉得曾经一起闯荡的朋友发了，心中不是滋味。但蒋天阳并没有忘记自己放出的诺言。

当他听闻彭武在经济危机到来的时候下岗了，立即找到了彭武，送上了

第七章　用心观察，答案不言自明

一笔钱，然后对彭武说："在我落难的时候你拉了我一把，那么现在让我帮助你一回，千万不要推辞。"彭武非常感动，他没想到已经富裕了的蒋天阳还记得当初的承诺，还不忘自己这个贫穷的朋友，他庆幸自己当初真是帮对了这个朋友。

真正的朋友在富裕的时候从来不会把你抛弃，只有那些虚伪的人才会在富裕的时候把你扫地出门，去追求那些和他们地位相等或者同样富裕的朋友，这同时也说明了那些人的人格是多么卑微。因此，认识一个人，我们一定要看清他的内心，看看他富裕之后跟谁交朋友，再决定是否值得我们去结识。

看他有钱时，把钱花在什么地方

 钱，是社会中每个人都需要的东西。它不仅服务着人们的衣食住行，还有许多其他的用处。每个人花钱的方式也不尽相同，有些人将钱花在个人享受上，有些人则用来做慈善……其实，从人们花钱的方式，就大概能看清其真面目。

钱不是万能的，但没有钱是万万不能的。提到这句话，很多人都会有同感。但怎么去花钱，每个人都会有自己的方式。如果我们要认清一个人，那么看他有钱时，把钱花在什么地方也是一种很好的识人方法。

有的人在有钱之后会贪图个人享受，吃吃喝喝，玩玩乐乐，花天酒地，只管自己舒服；也有的人在有钱之后不忘救济那些贫困者，广散钱财，招贤纳士；挣了钱就投资，开商铺，建工厂，千方百计追求升值的，这也是一种人；钱多了捐出去，不给子孙留祸害的，这也是一种人；有钱存起来，不显山不露水，数钱的时间比花钱的时间还长的，这同样也是一种人……总之，每个人都会有自己支配财富的方式，这体现的就是人的一种品质。

余彭年，原名彭立珊，现为香港富得发展有限公司董事长，香港余氏慈善基金会主席。余彭年有钱，但他的钱都用在了社会公益事业上，他热衷于捐助教育和社会福利事业，是中国大陆第一个建立超10亿美金民间慈善基金会的慈善家。

在对待慈善事业上，余彭年有很多经典的名言，"儿子弱于我，留钱做什么？儿子强于我，留钱做什么？""行善就是养生之道，行善有天知。"可以说，做善事是余彭年一直的梦想，他认为做善事能够让自己很快乐。

余彭年也是从艰苦的日子里过来的，1958年，时年30岁的余彭年抛妻别子，经澳门至香港。从勤杂工做起，一步步做到老板，主要从事地产建筑、酒店业等。在港台奋斗50年，终成工商界巨富，拥有几十亿资产的企业家。他经营着酒店、写字楼、房地产并且资产遍布香港、台湾和海外。从勤杂工成为五星级酒店董事长和著名慈善家，此等成就得来不易。

他自1981年起，向老家湖南捐资2500多万元，兴建社会慈善福利事业项目20多个。1995年当选为深圳市人大代表。他投资18个亿在深圳市罗湖商业中心区建造了57层的五星级酒店——彭年大厦，并许下诺言：酒店收益的纯利润全部永久地捐献给社会福利和教育事业。他作为深圳市人大常委，已向市人大提出立法请求：百年之后，彭年大厦的产权不赠予、不继承，成立专门资产管理委员会负责经营管理，所得利润继续无偿永久捐献。

2003年，余彭年与中国工商银行深圳分行签署了一份慈善资产托管与监督合同，按照这份协议，银行将安全保管余彭年的慈善资产和监督慈善资产的使用。对此余彭年表示："我的钱来之不易，但自己的财产不会留给儿孙。"

2005年5月，余彭年委托工商银行公布了自己的财产数额估算，其中包括彭年酒店大楼及其在香港的房产，当时，总资产不超过30亿元。

2007年，余彭年被美国《时代》周刊评为全球14大慈善家之一，《2008胡润慈善榜》2008年4月2日在上海宣布，被称为"最年长的慈善家"的现年86岁的余彭年以捐赠30亿元人民币再次荣获"中国最慷慨的慈善家"称号。据悉，这是他第三次问鼎胡润慈善榜第一名。

余彭年也是实际"裸捐"的第一人，在2010年9月29日的慈善晚宴上，他在现场宣布将93亿港元委托香港汇丰银行托管，百年之后全部用作慈善。时值88岁高龄的余彭年是挂着手杖来参加"芭比"慈善晚宴的，他说："我的观点与盖茨、巴菲特的观点一致。所以非常高兴接受他们的邀请。"

而在平素的生活习惯上，余彭年从不奢侈，平时都在食堂吃饭，彭年酒店的职工食堂有余彭年的专门座位，一天三餐吃的是简单的素菜和汤。在食

第七章 用心观察，答案不言自明

堂的墙上，有他的亲笔字："反对浪费、宁可多盛一次。"

《福布斯》曾报道过，截至 2007 年，中国身价超过 10 亿美元的富豪达到了 66 名，已经成了世界上亿万富翁最多的国家之一，仅次于美国。可就是在这一年，《福布斯》取消了中国慈善榜，这也是福布斯为中国富豪排名八年来，取消的第一张榜单。取消的原因，除了中国慈善体制的不完善，导致富豪捐款不愿意张扬之外，最重要的原因就在于中国富豪们的慈善意识一点也不强，对待财富的观念仍然比较保守。慈善榜的取消，是中国富豪们的尴尬。

我们经常可以看到那些开着名车，泡着夜店，大笔挥霍钱财的人，很多有钱人总在竞相攀比谁最会花钱，最会享受，如果跟这样的人在一起，你最终会为钱所累。对于一个有钱人来说，能够支配自己的财富是一种实力的象征，但如何支配财富，则显出一个人的品格和趣味。因此，我们要对那些兼济天下的富者表示尊敬，要对那些用各种方式，直接间接地对社会有所贡献的富者表示欣赏。而对于那些独善其身的富者，我们只要认清他的真面目就可以了。

看他有地位时，待人接物是否知礼

微表情关键词　从待人接物上，能看出一个人的修养。有修养的人，无论对谁都会彬彬有礼，不卑不亢。小人只会对比自己地位高的奴颜婢膝，对比自己地位低的人颐指气使。所以，想看清楚一个人，只要看他有地位时跟平民相处的方式就可以了。

一个人身份的转变，常常能使得他待人接物的行为也发生变化。一些人平民的时候，与人温和，平易近人，甚至有点卑躬屈膝。忽然有一天地位变了，升了官，进了爵，连说话的强调都变了，居高临下，傲慢不逊的毛病全来了，一副典型的小人得志模样。

所以，不要看一个人在平时温文尔雅，就认定他必是知书达理之人。要看他有了地位的时候，是否还能保持原来的礼节。

有一位乡村老太太，第一次走出家门去看望自己的侄子，当她推着自己大大的行李箱走进候机大厅时，却发现，说好来接她的侄子并没有按时到来。老太太对外面一点也不熟，只好坐下来等候侄子。

因为在飞机上喝了不少水，所以这会老太太特别想上厕所，可是自己又带着这么大的一个行李箱，虽然里面东西不是很值钱，可是这确是自己为亲友们积攒的礼物，所以老太太只能忍耐着，焦急地东张西望，希望侄子能够早点出现。

这时候，一个坐在旁边的年轻人看出了老太太的焦急，于是微笑地问道："太太，需要帮忙吗？"

"哦，谢谢，暂时不需要。"老太太看了看年轻人。又在心里埋怨起了侄子："这个不守时的家伙，一会儿得好好教训教训他。"

此时，旁边的年轻人从口袋里掏出一本书，专心致志地阅读起来。又过了一会，侄子仍然没有来，老太太已经憋不住了，于是向正在看书的年轻人恳求道："实在不好意思，请帮我照看一下行李，我去一趟洗手间。可以吗？"

年轻人爽快地点了点头。

老太太很快就回来了，她感激地对年轻人道谢，并从口袋里掏出了一美元，递给年轻人，道："谢谢你，年轻人，这是你应得的报酬。"

看着老太太一脸认真的样子，年轻人接过了钱，并回了一声"谢谢"，然后把钱放进了口袋。

这时候，老太太的侄子匆忙赶到了，原来他在路上堵车了，所以迟到了。突然，他看到了老太太旁边的年轻人，惊喜地叫道："您好，盖茨先生。真是太难得了，没想到你会在这里候机！"

"哦，是的。因为我有点事情正好来到了这里。"年轻人收起书，登机的时间马上就要到了。

这时候老太太不解地问道："哪个盖茨？"

"就是我常常跟您说起的世界首富，微软公司的总裁比尔·盖茨先生啊！"

"啊，我刚才还给过他一美元的小费呢。"老太太满脸自豪地说。

"是真的吗？"侄子惊讶地张大了嘴巴。

"没错，我很高兴今天在候机的时候还有一美元的收入。"盖茨坦然地答道。

第七章 用心观察，答案不言自明

真正的大人物，不会因为自己身份的提高而改变自己的处世方式，比如变得趾高气扬、傲慢无礼。但现实生活中，一些为官者却非常喜欢摆官架子，说话咄咄逼人，想借此提高自己的身份，或者引起别人的重视，结果往往适得其反。无需多言，他的行为已经向大家说明了自己是一个什么样的人。事实证明，越是有涵养、稳重的成功人士，态度越谦虚温和，自然越能得到更多人的认可和喜欢。

林肯和大富翁道格拉斯曾为了争夺美国总统职位而展开竞争。富翁道格拉斯排场豪华，每到一处，必定鸣炮32响，乐队奏乐，气派不凡，声势之大，堪称史无前例。道格拉斯甚至以不屑一气的口吻大放厥词："我要让林肯这个乡下佬闻闻我的贵族气味。"

而林肯这边，依然心平气和，毫不在乎，他照样买票乘车，到全国各地演讲。他每到一站，就登上朋友们为他准备的耕田用的马拉车，发表竞选演说："有许多人写信问我有多少财产。其实我只有一个妻子和三个儿子，不过他们都是无价之宝。此外，我还租有一个办公室，室内有办公桌一张，椅子三把，墙角还有一个大书架，架上的书值得我们每个人一读。我自己既穷又瘦，脸也很长，又不会发福，我实在没什么可以依靠的，唯一可以信赖的就是你们了。"

最后选举结果是格道拉斯大败，林肯获胜。很显然，林肯谦虚的美德发生了巨大的作用。无论在面对朋友还是对手，谦虚始终可以为你在他人心中的形象加分。林肯之所以赢，相当一部分功劳应该记在他的谦逊上，而格道拉斯的张扬跋扈和过分的自我表现又更衬托出了林肯这种难能可贵的品质，所以，这个结果并不意外。

孔子曾经说过："君子做事不自大，居功不自傲。"所以我们在与一些有地位的人相处的时候，要想摸清对方的品质，很简单，只要看他与平民相处的方式就可以了。

看他身居要职时，推举什么样的人

> **微表情关键词** 想了解一个身居要职者，看看他推荐什么样的人才就明白了。真正无私、知人善任的人，会推举贤能者；虚伪自私的人，多数会推荐自己的亲信。这样的人品质有问题，跟随这样的领导，我们的才能也会被埋没，所以要慎重选择。

当一个人身居要职时，他所举荐、重用什么样的人才，至少能反映出他的胸怀和领导水平。如果他所提拔、推荐的都是自己的亲信，或者干脆是那些能够为他带来"实惠"的人，那么此人的品质也就不问可知了。

既然身居要职，那么就具备发现人才、重用人才的义务。正所谓领导者就要"知人善任"，如果一个领导者既不能知人，也不能善任，那么他的领导水平就要被打上一个大大的问号。而那些能够不为私利而举荐能人，不因为被举荐者的水平高于自己就打压的人，才是真正高明的领导者。一个领导者所举荐的人的才能，就代表着领导者自身的一种能力。

魏文侯决定挑选一位丞相，有两个候选人：魏成和翟璜。两个人的能力都不相上下，让文侯举棋不定，于是去咨询李克，李克说道："翟璜所举荐的吴起、西门豹、乐羊，后来都成了文侯的臣子；而魏成所举荐的卜子夏、田子方、段干木，都成了文侯的老师。能做文侯臣子的，只能算是干练的官吏，而能做文侯老师的，则一定是德才兼备的大臣，所以魏成要比翟璜高明。"

如今有很多领导者在举荐人才的时候，往往最先看的并不是这个人的能力，而是这个人是不是和自己一条心，因此而埋没了很多的人才。特别是那些和他们有过冲突，或者和自己站的不是同一条战线的人，他们不仅不会去推荐，反而会进行打压。如果和这样的人在一起，那么很难获得出头之日。

一个真正的领导者，从来不会因为自身的问题而埋没了人才，只要是人

 第七章 用心观察，答案不言自明

才，不管他的才能是不是都超出了自己，他们都会力荐，因为在他们心中想的是天下，想的不是自己的个人发展。跟这样的人在一起，我们才不会为自己的才能得不到发展而担忧。

"管鲍之交"直到如今依然为人们津津乐道，其中固然赞扬了管仲的治国才能和雄才大略，但更重要的则是赞扬了鲍叔牙的慧眼识才，不为小节所动。

管仲年少时常与鲍叔牙往来，那时候管仲因为家贫，所以经常去骗取鲍叔牙的财物，但鲍叔牙很了解管仲的才能，所以并不为此生气，而一直很好地对待管仲。后来鲍叔牙跟随齐国的公子小白，而管仲跟随了公子纠。齐国的君主信公死后，各公子相互争夺王位，到最后剩下了公子小白与公子纠争夺。管仲为了替公子纠争夺王位，还曾用箭射伤公子小白。帮助公子纠争夺王位的鲁国在与齐国交战中大败，只得求和。齐桓公要求鲁国处死公子纠，并交出管仲。

鲁国人都以为管仲必被折磨致死。然而，令人意外的是，桓公却任用管仲为宰相，这连管仲也没有想到，因为宰相具有治理全国的崇高地位。而管仲曾是桓公的对手，并且是曾想杀害桓公的对手。其实管仲之所以受到重用，是因为桓公的师父鲍叔牙的推荐。鲍叔牙和管仲自小就是密友。原本是在桓公继位后，鲍叔牙要出任宰相。但是鲍叔牙却对桓公说："如果主君只认为当上齐君就满足了，或许我可以胜任；如果想称霸天下，我的才能不够。只有任用管仲为相，才能达到目的。"后来，齐桓公能够首先在春秋战国时期称霸，九次会合天下诸侯，匡扶天下正道，都是用了管仲之谋。

在《史记·管晏列传》中管仲曾说："我当初不得志的时候，曾经与鲍叔牙合伙做买卖，分利润时，总给自己多分一些，鲍叔牙却不认为我是贪婪，而是知道我贫困。我曾经替鲍叔牙谋划事业，但是事业发展不顺利我也更加困窘，鲍叔牙却不认为我愚钝，而是知道我做事的外部条件不成熟。我曾经多次出仕做官又多次被国君驱逐，鲍叔牙却不认为我没有才能，而是知道我是没遇到好的君主。我曾经三次在打仗时不积极参战，鲍叔牙却不认为我胆怯，而是知道我家中有老母亲需要赡养。公子纠失败了，召忽为他而死，我却忍受囚禁受辱，鲍叔牙不认为我没有羞耻之心，而是知道我不以小节为羞，而以功名在天下不显赫感到羞辱。所以说，生我的人是父母，真正了解我的人是鲍叔牙。"

鲍叔牙推荐了管仲之后，尽管自己的官职在管仲之下，不以为然。后来鲍叔牙家人世世代代都在齐国享受俸禄，有封地的就达十几代，很多是有名

的大夫。而天下人也很少去赞美管仲的贤能却常常赞美鲍叔牙善于发现举荐人才！

一个人身居高位时，才能未必能够得到别人的夸赞，因为他位居该职就应该如此，但我们完全可以通过他推荐的人看出这个人是高明还是平庸。通过此法，我们就能够认识此人是一个什么样的人了。

看他穷困时，是否接受非分之财

> 微表情关键词 所谓君子爱财取之有道，是说，一个人喜爱钱财没错，但获得钱财的途径要正当，非分之财不可取。接受非分之财的人，其人品和为人也不会好到哪儿去，跟这样的人在一起，说不定什么时候就会受到他的蒙骗，我们最好选择远离。

"君子爱财，取之有道"，儒家理财观首先讲究的是道，讲究赚取钱财是否合乎礼义道德，是否合乎行为规范。孔子说："有钱有地位，这是人人都向往的，但如果不是用仁道的方式得来，君子是不接受的；贫穷低贱，这是人人都厌恶的，但如果不是用仁道的方式摆脱，君子是不摆脱的。"所以说，看一个人的品质，那么就看他贫困时，是否接受非分之财。

对于那些不义之财，即使是在贫困之中，也不苟得，这样的人才可以信任、可以托付。否则，拥有再多的钱财也只是"不义之财"。

曾子在鲁国的时候，生活过得非常贫困，经常穿着破衣烂衫在农田里耕作。这时候鲁国的国君听说了曾子的事情，便要封给曾子一个小城，没想到曾子坚决不肯接受。

有人不解，问曾子说："这样的好事，又不是您亲自主动向国君求来的，而是大王主动要送给您的，为什么你却要推辞掉呢？"

曾子说："如果一个人接受了别人的施舍，那么就会害怕别人，施舍给人的人也常常会觉得自己高人一等。即使国君不对我产生骄傲的情绪，我自己

 第七章 用心观察，答案不言自明

难道能不觉得害怕吗？"

常言道"人穷志不短"。尽管我们贫穷，但贫穷并不能让我们就没有了志气，不能无功而受禄，更不能用自己的尊严来换取财富。曾子的拒绝，体现的就是一种自强的品行，这样的人是可靠的，值得我们去结识。

有很多人耐不住贫穷，为了改变现状铤而走险，做出一些"人穷志短"的事情，对于那些"非分之财"而张开了手。比如说接受了别人的馈赠而在工作上给人走一下后门，开一下便车；在路上把捡到的物品占为己有；甚至有人去偷、去抢、去诈骗。这样的人，最后的结果只有一个，那就是为那些得来的"不义之财"而葬送了自己。这样的人是不可靠的，一旦他们面临巨大利益的时候，他们的人性往往会被"利益"所掩盖，从而做出一些非分之举。

曾经在某网站上看到这样一则消息：

有一位彩票店店主，在面对500万元的中奖彩票诱惑时，为非法占有这张彩票，该店主对彩民谎称没有中奖，欺骗了中奖彩民，而妄图把彩票占为己有，还让朋友夫妇去帮忙冒领巨奖。

殊不知，对于彩民来说，在买彩票时，不管这张彩票中没中奖，彩民都会记住自己的彩票号码，而且中奖信息还会在电视或者报纸等大众媒体上公布。结果该店主作茧自缚，他使用这种欺骗方法，骗取他人财物，数额特别巨大，因此其行为构成了诈骗罪，法院判其12年的牢狱，这完全是咎由自取。

而且，该店主除了自己自作自受以外，还连累了朋友，因为他们帮他冒领巨奖及窝藏赃款而犯掩饰、隐瞒犯罪所得罪，结果均被判罚。

由此可见，一个人的贪欲之心是非常可怕的，如果我们身边有这样的人，那么我们就会处在一种不安全的环境中。因此，通过他人贫困时的作为，我们要看清此人的品性如何，要对他有一个把握，这样我们才能更好地托付他。

有句俗话告诫人们："手莫伸，伸手必被捉！"在这个世界上财富有很多，我们只有通过诚实劳动去获得，不可能通过各种卑鄙无耻的手段都让它们成为自己的所有。尽管我们贫穷，但我们的精神不贫穷，对于那些不属于自己的东西坚决不要，即使一时得逞，那么到最后还是要交出去。而且这样的人，我们也不可能再对其产生信任感。

当我们在选择或者要托付一个人的时候，千万要看清这个人在贫困时的

作为，如果他贪图非分之财，那么这样的人必将会成为埋在我们身边的一颗"雷"，和这样的人在一起，我们就得时时提防，时时担心，说不定哪天他就会为那些"非分之财"而爆炸。

在贫穷的时候，每个人都期望自己能够获得金钱的资助，过上富裕的日子。但这样的想法并不能通过贪图"非分之财"来实现，毕竟，不属于自己的东西强求是强求不来的。有些人能够在贫困时仍对送上门来的钱财不屑一顾，对于不属于自己的东西而坚守住自己的品行。正如陶渊明所说，"不为五斗米而折腰"，一切只靠自己的努力进取去获得。这样的人，才能够真正地成就一番大事业，值得我们结识和交往。和这样的人在一起，无论在任何时候，他都值得我们托付。

看他地位卑下时，是否堂堂正正

> 微表情关键词　大部分成功人士，都是从地位卑下一步步爬上来的。当一个人地位卑下时，是否能堂堂正正做人，这在一定程度上说明其人品，并预示着他未来的前途。一个地位卑微，却能活得有尊严、有良心的人，在日后的发展上一定不会太差。同时，跟这样的君子交往，也会让我们受益匪浅。

这里所说的地位卑下，指的是一个人在处于困境时，他的表现。是坚守自己的道德底线，一如既往堂堂正正地做人。还是破罐子破摔，一蹶不振，甚至苟且偷生，放弃原则。每个人的不同表现反映了每个人不同的个性和品质。

孔子说："芝兰生于深林，不以无人而不芳；君子修道立德，不谓穷困而改节。"意思就是说：灵芝和兰花生在深山老林，不因为没人看到就不发出芳香；君子修养自己的道德，不因为穷困就改变志向。当身处顺境中时，一个人要坚守住自己的品行，堂堂正正并不艰难，但一个人如果能够在地位卑下时仍旧能够做到堂堂正正，那么就显得难能可贵了。这样的人体现的是一种

 第七章 用心观察，答案不言自明

超乎常人的坚韧品性，无论所处的环境地位再低下，也不会改变自己做人的原则，这样的人是值得重用的。

有一位非常有才的年轻人，琴棋书画可谓是样样精通，只可惜怀才不遇，屡试不中，没办法，到最后只得靠出卖自己的字画来维持生计。

他在自己的家门口摆了一个书画摊，以现场为客人写字作画来赚点柴米油盐，因为他的字和画都非常漂亮，因此吸引了很多人来围观。他规定，一副对联五文钱，一副匾额十文钱，一幅画一两银子。在没有生意的时候，他就在一边弹琴消遣。

有一次，一位官员被他的琴声所吸引，循声而来。这位官员听琴声还以为是哪一家的书香门第呢，但没有想到，走近才知道只是一个卖字画的穷小子。不过，这位穷小子的画委实不错，吸引住了官员的目光，这种飘逸洒脱的字画他以前从来没有看见过。

官员打算买下几幅字画拿到家里好好观摩，而且心中有惜才之心，于是买了几幅现成的字画，并给了年轻人五两银子，说不用找了。让他没想到的是年轻人并不领情，执意把多余的钱退还给了官员。这位官员心想，天底下还有这么傻的人，给他钱竟然不要。不会是在装模作样吧？这位官员决定试他一试，于是故意把自己的钱袋趁他不注意的时候落在年轻人的书画摊上，然后就离开了。

结果刚走几步，官员听见后面有人叫他，回头一看，正是卖他字画的那位穷小子，正在追赶他："这是你掉的钱袋。"

这位官员立即为他这种骨气所折服，而且才气还如此之高，于是决心助他一臂之力。回到家后，官员请来了很多社会名流一起鉴赏他买回来的字画。这些达官贵人都以为这些字画是这位官员所作，都赞不绝口。

当官员说出真相后，更是惊讶不已。于是在官员的大力宣传下，这位穷小子结识了更多的社会名流，名气越来越大，最终成为江南四大才子之首。他就是唐伯虎。

孟子说："富贵不能淫，贫贱不能移，威武不能屈，此之谓大丈夫。"对于大丈夫来说，无论是高官厚禄，还是贫穷困苦，亦是强暴武力，都不能改变他们做人的品行，任何时候，堂堂正正做人都是他们奉行的一贯标准。这样的人，无论在任何时候，处在何种地位，都能够得到人们的尊重。

老百姓常说一句话："堂堂真正做人，踏踏实实做事。"一个人就要活得不卑躬屈膝，不唯唯喏喏，挺起腰杆做人，一身傲骨，这样的人才值得我们去

结识交往。曾经听过一个打工仔的故事：

有一位年轻人自幼父母双亡，家庭的重担落在他的肩上，为了供弟弟上学，只身一个人在外闯荡。对一个一无所长又无高学历的人来说，现实是残酷的，工作并不好找，他只能流浪着打些零工，来养活自己和正在上学的弟弟。

在陌生的城市里，他最大的幸福就是到一家书店里去看书。每次看到书，他浑身就充满了力量，也打发了工作的疲惫。这天，他正在书店看书的时候，突然一阵吵闹声惊醒了他，他好奇地走出了书店，原来是书店门口发生了车祸。当纠纷平息后，他突然发现，书还在自己的手里，他赶紧准备把书放回原处。突然，书店的老板气势汹汹地跑了出来，不容分说就打了他一耳光，并骂道："让你看书就不错了，怎么你还想把书偷走啊？没教养的东西！"

年轻人被这一耳光打蒙了，好一会儿才急忙解释道："我不是小偷！我是想买这本书！"可话一说完他就后悔了，因为他现在身上一分钱也没有。

老板抓住了这个机会，冷笑着说道："那好啊！先交钱！"

"这……"年轻人嗫嚅道。

"掏啊！你不是要买吗？这样的人我见多了，没钱就偷书，上回我还抓了一个！"

年轻人不再辩解，只是把身上唯一的一块值钱的手表做了抵押，对老板说一周后带钱来买下这本书，只有这样才能证明他的清白。说完就离开了。

一周后，他没有出现，又过了一周，还是没有出现，不过年轻人的弟弟来了，他把书费还给了老板。买下了书，换回了手表。老板很纳闷，于是忍不住问了一句："那个年轻人怎么自己没有来？"

"他……死了，在工地上不小心被突然失事的起重机砸死了。在他的背包的书里我看到了这一张字条：'我欠某书店书费，我一定要还上，我不是小偷！'"

他把纸条递给老板，然后说道："我哥不是你想的那种人。"

尽管地位卑微，但尊严并不卑微，所谓"士可杀不可辱"，这样的人你可以要他的命，但不能侮辱他，伤害他的尊严！在生活中，在我们的身边，有很多这样的人，尽管他们没有一个显赫的地位，干着卑微的工作，但他们从来都是凭着良心做事，堂堂正正地做人，任何时候，这样的人都是我们值得交往的对象。

第七章　用心观察，答案不言自明

看他不得志时，做人的底线在哪里

 人人都有不得志的时候，但是人们的心态和做法却不尽相同。有的人会自暴自弃、破罐破摔，甚至放弃做人的底线。这样的人，多半不会成事，我们要远离。有的人会自我反思，坚守道德底线，这样的人，才是我们交往的对象。

一个人，在不得志的时候，做出什么样的事情就体现这个人什么样的道德基准。有的人做的事情，能够唤起人们由衷的尊重景仰，也有一些人和事招致鄙夷、怨恨或者嘲弄。在这些截然不同的反应背后有一条看不见的准绳，它就是做人的底线。

在事业一帆风顺的时候，几乎所有人做事的原则都很清晰，但是当郁郁不得志的时候，那么又有几个人能够坚守住自己做人的底线呢？在这个社会上，我们经常可以看到很多人在落魄的情况下做出一些有违社会道德、有违做人底线的事情。有些人在不得志的时候，会为了钱而出卖身边的朋友；有的人为了名利而对他人做一些具有危害性的事情，这种在不得志时无法坚守住自己做人的底线的人，是无法获得他人的信任的。

黛米·摩尔曾经主演过一部电影——《不道德的交易》，电影中讲述的就是一个因为金钱而突破底线的故事。

大卫和黛安娜新婚不久，他们非常恩爱，但他们在经济上却很拮据，而恰巧又碰上了经济大萧条，一直无法找到适合自己的工作。偶尔一次，在赌城里，他们邂逅了亿万富翁约翰·凯吉。在闲聊中，约翰说："金钱能买到一切。"但大卫和黛安娜并不认同这种观点，他们认为：金钱不能买到一切，比如说感情就买不到。

于是约翰就对他们说："我现在出100万，要黛安娜陪我过一夜，你们愿意吗？"100万，这是一个多么大的诱惑，导致两个人辗转反侧，彻夜难眠。

最终，他们都没抵挡住这个诱惑，黛安娜还是陪了约翰一夜。

尽管，在影片的结尾，约翰看出两个年轻人是真心相爱，便不忍继续棒打鸳鸯，他主动放弃了黛安娜，让她回到了大卫身边。但这也只是导演不想让观众太失望。毕竟，在现实当中，这样的事情并不多见。

无论是在工作上还是在事业上，不得志的情况时有发生，因为没有人的一生是一帆风顺的。但在面对不得志的情况时，每个人的表现却不同。有些人在工作不得志，得不到老板的赏识时，并不是在自己的身上找原因，而是归咎于他人身上，从而破罐子破摔，对工作不再努力上心，对老板安排的任务不理不睬，甚至会把公司的资料泄露给对手企业，无疑，这样的员工是让人可恨的。因为在他们身上，已经没有什么做人的底线，底线就像是"皇帝的新衣"，只是安慰自己的一种借口罢了。如果和这样的人在一起，那么你很有可能被传染，变得愤世骇俗，从而丧失了做人的底线。因此，我们要与这样的人划清界限。

汤姆斯·麦考莱说："在真相肯定无人知晓的情况下，一个人的所作所为，能显示他的品格。"也就是说，无论你处在一种什么样的境况下，你的所作所为都能体现出你的人品。比如说当你在自己的公司才能得不到发挥的时候，有对手公司找上门来，许诺给你高薪职位和发挥能力的舞台，但前提是你需要带上现在公司的技术资料，那么你会去吗？这是一个很难的决择，对于那些没有道德底线的人来说，他们当然会选择去，这时候道德并不能独挡他们，也不值得我们去挽留，只有剩下的那些能够坚守的人，才值得我们提拔和重用。

一个优秀的人，即便在事业不得志的时候，仍然能坚守做人的底线，做到问心无愧。因为优秀不是一种行为，而是一种习惯。世界上不存在优秀的行为，习惯优秀才是真正的优秀。一个人可以在事业上不优秀，但是做人不能没底线！

张国强是太行化纤材料厂的厂长，这是一家乡镇企业，专门生产一种工业纤维，由于设备陈旧，资金短缺，且欠有外债，工厂濒临破产。张国强为此苦恼之极，不知道未来的出路在哪里。

一天，张国强收到上海一家化纺公司来函，说他们愿意同太行化纤材料厂联营生产工业纤维，条件是由上海方面投资200万建立生产流水线，按太行厂现有的生产力进行利润分成。

有这等好事？！张国强自然喜出望外，但是他又犯了嘀咕，自己这几台

 第七章 用心观察，答案不言自明

破设备，每年也就生产一二百吨货，如此将来分成时自己不是就有点吃亏了？他左思右想，决定先设法把这笔巨款弄到手再说。

第二天，他给这家上海公司发了个函，吹嘘自己的厂有200多名工人，产值上千万，要求利润分成时要大头，并拥有经营权。回函发出不久，上海那边便有了回信，原则上同意太行厂的条件，但要派人前来考察洽谈。

张国强心生一计，忙给市里的运输队打了个电话，又让厂办主任到市机械厂借几台旧设备和几十名工人，如此一番布置。

没几天，上海化纺公司的工程师小王来到了太行厂，张国强见对方是位二十几岁的小伙子，不禁松了口气。

看见厂区干净整洁，厂房内机器轰鸣，卡车出出进进十分忙碌。张国强指着仓库前的两辆卡车说："这些都是外地的客户，有的都等了好几天了。"

小王羡慕地点点头，问道："那你们年产量有多少？"

"千把吨吧，但就是这样仍然供不应求，想扩大生产就是缺资金呀！"张国强叹了口气，摇摇头说，"如果贵公司能支持一下，前景会非常可观的！"

小王点点头："资金的事好商量，合作求的是双赢嘛！但你们提供的数字一定要准确。""那当然，既然合作，就应该信誉第一。"

二人说说笑笑，坐车朝厂部办公室驶去，忽然，小王对司机说："师傅，对不起，请停车，我去方便一下。"

张国强见是锅炉房旁边的一座小厕所，便不以为然地说："这厕所不卫生，还是去前边吧。""不必了，今天有点闹肚子，等不及了，就凑合一下吧，我又不是什么贵客。"小王说着推开车门跳了下去。

不一会儿，小王回到车上，二人来到厂部办公室，张国强取出一份报表递上说："这是上半年产量统计，照这样的速度，今年突破1200万吨应该不是问题。"

小王接过报表，又取出计算器按了几下，抬起头说："李厂长，不对吧，据我推测，你们厂顶多年产量200吨。"

张国强听了不禁愣住了，反问道："200吨，有根据吗？"

"当然有根据。"小王指着计算器认真地说，"刚才我去厕所时专门量了你们厂的烟筒，直径为1.5米，也就是说：它每天产生的热动力只能供40人操作。就按你们人均5吨的数字来说一年也就是200吨。"

张国强有点尴尬，没想到这个年轻的小伙子还真有两下子，正在他不知如何应付的时候，小王起身严肃地说："扶持乡镇企业是我们公司的责任，但

决不同弄虚作假的人合作，再见。"

小王说完推门走了出去，屋内只剩下呆若木鸡的张国强厂长，他追悔莫及！一个弄虚作假的人是不会赢得别人信赖的，这样的人到了商场上，即使能侥幸取得成功，最终也是搬石头砸自己的脚。

一个人在郁郁而不得志的时候，他所做的行动，良心会起审查和指令作用，在行动后，良心会对行动的后果进行评价和反省，或者满意或者自责，或者愉快或者惭愧。一个人在不得志的情况下坚守原则，才是一个人真正的道德底线，这样的人我们就应该重视。

看他远离领导和监督时，是否忠诚

> **微表情关键词** 领导们会很忙，不可能时刻盯着员工，督促他认真工作。那么，怎么认清一个人是不是值得培养呢？只要来个突然袭击，看看谁在领导不在的时候依然努力；或者，没有上司的监督，是否依然忠诚。如果是，这就是有追求的好员工，值得去培养。

在企业中，很多员工都会认为：老板不在的时候正是可以放松的时候。因为老板在身边的时候，就有一种被监督的感觉，而一旦老板出去参加什么会议了，或是出国考察、谈判项目去了，他们就把这当作了最好的偷懒时机。这样的员工工作起来还像小学生学习一样，非要老板在后面盯着管着才认真地去干，发现老板不在就偷懒。因此，如果我们要想认清一个人，那么就让他远离领导和监督，看他是否忠诚于自己。

在任何企业的老板眼中，忠诚甚至比才能还重要。许多老板宁要一个才能一般，但是忠诚度高、可以信赖的员工，也不愿意接受一个极富才华和能力，但却总在盘算自己的小利益的人。因为忠诚所体现的是一个人的高尚品格，也是一个员工的基本道德。一个员工对公司是否忠诚，在老板不在的时候最能体现出来。

 第七章 用心观察，答案不言自明

有一位销售部门的经理曾经讲过这样一件事情：

一天，他到一家销售公司去联系一款最新的打印设备的销售事宜，因为这是一款定位为大众化的新品，并且厂家即将开展大规模的广告宣传，为争取更大的市场份额，对经销商的让利幅度也非常大。所以他决定在媒体大量宣传报道之前同一些信誉与关系都比较好的经销商敲定首批的订单。

当他来到一家一直保持密切业务关系的公司时，恰巧老板不在。当他提起即将推出的新品时，负责接待他的员工冷冷地说："老板不在！这个我们可做不了主！"他把宣传资料拿出来，试图说明这是一款新产品，性能和质量都非常好，而且现在订货会有一定的优惠。但是，令他失望的是，对方那名员工根本不听他的解释，只用非常简单的一句话搪塞："老板不在！"

他没有任何办法，只好悻悻地走了出来。抱着试一试的态度，去了另外一家公司。没有预料到的是，这家公司的老板也不在，这让他有点失望。但既然进来了，那么不妨去试试。接待他的是一位新来不久的女员工，非常热情。当他说明了来意，她没有以老板不在为借口，而是主动要求第二天就为他们公司送货，其他具体事宜等老板回来以后再由老板定夺。

结果很清楚，第一家公司的员工因为老板不在而丧失了很好的商机，等再要求补货的时候，已经没有了优惠，利润自然大打折扣。当老板得知事情的经过后，毫不客气地就把那位员工辞掉了。而第二家公司则因为那位女员工在老板不在的时候，也一样对工作尽职尽责，以优惠的价格购进了销售人员推荐的产品，不到一个月就销售了近9000件，为老板净赚了9万多元。这位女员工自然得到了老板的赏识，刚进公司就被提升为主管。

在职场法则中，忠诚是一个不可缺少的法则。阿尔伯特·哈伯德在《把信送给加西亚》中有句话："严格来说，一丁点儿的忠诚抵得上一大堆的智慧。"他甚至建议，如果为一个人工作，那就以上帝的名义去为他工作。一个员工能否忠诚地去对待他手里的工作，体现了这个员工的人品。

一个忠诚于自己工作的员工，不管老板在不在，也不管别人有没有看到，一定让自己努力。而那些需要老板去检测和监督的员工，总是认为工作是为老板干的，经常趁着老板不在的时候推卸责任、偷懒，这样的员工在公司中价值低廉，很快就会在竞争中被淘汰掉。这样的员工永远不能得到我们的重用，因为他只是在应付工作，而不是忠诚于自己的工作。

在《把信送给加西亚》一书中，罗文中尉接到上司的命令，没有任何的抱怨、只有全力以赴去做。没有人监督他，也没有人跟着他，但他依旧出色地

完成了任务。100多年过去了，人们依然在缅怀罗文中尉，除了他根本不找任何借口去执行任务外，更重要的是他对工作的忠诚。

那些无论老板在与不在，都能够忠诚于自己工作的员工，这样的员工在哪一个企业都是备受重用的员工，因为他们忠诚于企业，不计较个人的利益，顾全大局，他们能够尽职尽责地完成自己的工作，一心一意地维护公司的利益。相反，那些投机取巧，总是趁机偷懒、谋私利的员工，最终面临的结果就是被淘汰。

如果你是老板，想要看清楚自己手下的员工，那么不妨离开一段时间，然后突然回来，那些在老板不在的时候能够干出比平时更突出的成绩来的员工，必然要受到信任和重用。相反，那些没有完成任务的员工，老板就要好好想一想了，因为他们的存在无疑就是在阻碍企业的前进，清除得越早，企业得益得越早。

看他闲暇时，追求什么

微表情关键词 闲暇之余，每个人都选择不同的放松方式。有的人喜欢文艺活动，有的人喜欢运动，还有的人喜欢休闲游戏，等等。从他选择的休闲方式，可以看出一个人的品性和为人处世的方式，这对我们了解一个人十分有用。

一个人的兴趣爱好就好比是一个人的性格镜子，生活中每个人的兴趣与爱好都各有差别。如果我们想要了解一个人，那么就看他闲暇的时候追求什么。有的人喜欢体育运动，有的人则喜欢户外活动譬如钓鱼什么的；有的人喜欢下棋，有的人则喜欢搞收藏，等等。一个人在闲暇时的兴趣爱好，能够反映出他的追求和心理状态。

因此，识别一个人的最好的方式就是从他的兴趣爱好入手，这样不仅能够近距离看清楚他的庐山真面目，也能够找到针对性解决问题的方法。一个

 第七章 用心观察，答案不言自明

人闲暇时的放松方式主要可以分为以下几个方面：

◎ **文体活动**

有的人在闲暇时喜欢通过听歌、跳舞来放松自己，缓解白天的工作压力，这些都属于文体活动，我们可以从他们喜欢听的音乐或者舞蹈上来了解这个人。

比如，喜欢交响乐的人，往往对自己信心十足，喜欢显露自我，踌躇满志，凡事只想积极的一面，所以能够迅速和他人打成一片。这样的人也有缺点，就是对别人的盲目相信往往会导致吃亏和受损失，且有不务实的缺点。

喜欢摇滚乐的人，害怕孤独，不能忍受寂寞，喜欢与一些和自己志同道合的人交往。喜动不喜静，爱好体育运动。他们大多对社会不满，愤世嫉俗，他们需要以摇滚的形式来宣泄自己心中的诸多情绪。这样的人非常喜欢到处张扬，能引人注目，但不会给人留下深刻的印象。这样的人会常常感到迷茫和不安，需要有一个人领导着逐渐找回已经或是正在丧失的自我。

喜欢流行音乐的人，属于平凡的随波逐流型。简单是流行音乐的主旨，这并不是说喜欢流行音乐的人都很简单，但至少他们在追求一种相对简单和自由自在的生活方式，力图通过听音乐保持轻松和自在。

喜欢古典音乐的人，一般是理性成分占多数的人，他们在很多时候要比一般人懂得如何进行自我反省、自我积累，能够用理智约束情感；从音乐中汲取相当多的人生感悟，结果常常形单影只，因为很少有人能够真正地走进他们的内心深处去了解和认识他们。

一个人跳舞的方式和喜爱的舞蹈，同样能透露出一个人的个性。比如喜欢跳芭蕾舞的人都具有很强的耐心，能够以最大限度的忍耐心把一件事情完成；而喜欢跳踢踏舞的人则多数精力充沛，表现欲望强烈，他们希望能够引起别人的注意；他们的时间观念比较强，从不轻易地浪费时间；喜欢华尔兹的人则十分沉着稳重，为人比较亲切、随和，有一定的社会经验和阅历的人，总在无形之中流露出一种成熟而又高贵的气质和魅力。

◎ **运动方式**

在闲暇的时候，相信很多人都会选择去运动一下，锻炼一下自己的身体。有人也把健身、减肥、娱乐、休闲等视为运动。人们不管对运动寄予了什么样的希望或想法，通过长期细致入微的观察，我们就会发现，当人们选

择了某种运动时，他都带有身心两方面的需求，这种需求又在不同的程度上展现出他不同方面的个性。

因此，如果我们要解释一位陌生人，想深入了解他的个性特征时，问他在闲暇的时候喜欢什么运动将为我们提供极大的帮助。

比如习惯打篮球的人一般都有较高的理想和远大的目标。他们经常充满信心，希望自己能够实现自己的远大抱负，希望自己能够比他人出色，总能先别人一步。为了完成自己的目标他们可以做出很大的牺牲和努力。而习惯踢足球的人，富有激情，对生活持有非常积极的态度，时刻充满着战斗的欲望，干劲十足。而对步行运动感兴趣的人能够对自己没有很大兴趣的事情保持着相对的沉着、稳重，做自己该做、能做的事情。他们相信自己有实力做好每一件事情，并且有很好的耐心。而对于自诩为"山之子"的登山爱好者，大部分则属于对自己也相当苛求的内向型之人。

◎ 娱乐游戏

时代在发展，一个人能不能跟上时代的进步，或者说能不能适应新的发展变化，与他接触新事物有很大的关系。所以，一个人对科技游戏的接触与态度，很大程度上反映着一个人的性格与能力。

如果一个人喜欢玩电脑，那么内向型的人则具有优势，因为他们喜欢井井有条的事物，而且，他们在数字与机构方面的能力很强。而外向型的人则因为性格方面的特点，即使使用电脑，也不会迷恋，他们充其量只能把电脑当成电子玩具，借此打发无聊的时间，而他们工作的时候，就尽一切可能不用电脑来完成任务。因此那些对电脑具有浓厚趣味的人，九成以上是属于内向型的人。

除此之外，还有很多的休闲方式，比如阅读、下棋、喝酒等，这些都是人们在闲暇时喜欢做的事情，如果我们能够挖掘出他人在闲暇时的休闲方式，我们就能够从他的休闲方式中窥见他的追求，这对我们了解一个人大有益处。

第八章

闻其声，辨其人，识其心

　　人的言辞是传递心声最简便而又最直接的一种方式，同时，不同的心理反应往往会通过不同的言辞与神情表现出来。一个人的语言与微表情是密切相关的，并且一个人的微语言，更是其内心世界的真实写照。因此我们可以通过一个人的声音，辨别其为人，再推测出他的想法。

第八章 闻其声，辨其人，识其心

从打招呼言语中能看出人的性格

 见面打招呼是人之常情，每个人也都有属于自己的打招呼方式和习惯用语。这和人的个性是紧密相连的。就是说，我们可以从一个人打招呼的方式，读出其个性，为接下来的交往铺路。

人的性格特点，在生活中点点滴滴的事情中可以看出来。打招呼是日常生活中最常见的事情，不同的打招呼方式，会透露出一个人怎么样的性格呢？我们一起来看看。

◎ **最平常的打招呼方式——你好！**

这是与人见面时，用的频率和场合最多的一个词。无论对陌生人，还是老朋友；无论在公共场合，还是在办公室，打招呼用"你好！"绝对最保险。通常，习惯这种方式的人头脑比较冷静，能很好地控制自己的感情，不喜欢大惊小怪。无论做什么时，都是勤勤恳恳，一丝不苟，深得同事和朋友的信赖。对待他人比较实在，有一说一有二说二，很少与人发生正面冲突，人缘很好。

◎ **最直率的打招呼方式——喂！**

跟人打招呼，用这种方式开头的人，为人比较坦率直白。他们精力充沛，活泼快乐，遇到事情比较乐观，看得开。同时，这类人思维敏捷，富有幽默感，为人活泛，能够接受反对意见。

◎ **最害羞的打招呼方式——嗨！**

这类人个性腼腆，多愁善感。做起事来，通常小心翼翼，害怕因出错受到轻视。所以，不敢去做具有创新性和开拓性的事情。人际交往上，他们平时少言寡语，也不愿意和朋友一起在外面玩耍，宁可陪同爱人待在家中。但是，面对熟悉的人，他们会表现出热情开朗的一面，故意讨人喜欢。

◎ 最热情的打招呼方式——看到你很高兴！

这类人性格开朗，待人热情、谦逊，喜欢参与各种各样的事情，很容易融入新团队中。他们乐于助人，不管自己能不能做，对待需要帮助的朋友，绝不会袖手旁观，因此能赢得好人缘。缺点是，爱幻想，不理智，容易被自己的情感所左右。

◎ 最直接的打招呼方式——过来呀！

这类人往往办事果断，好冒险，失败了也能吸取经验教训。并且，很乐意跟他人共享自己的感情和经历，喜欢表达自己。

◎ 最八卦的打招呼方式——有啥新鲜事儿？

这类人往往好奇心极强，凡事都爱刨根问底，弄个明白。更有甚者，总爱打探别人隐私，背后议论他人是非，不招人待见。同时，他们热衷于追求物质享受，并对此不遗余力。优点是，办事前能周密计划，做起事来有条不紊。

◎ 最言不由衷的打招呼方式——你怎么样？

当他们问"你怎么样？"时，并不是真的关心你，只是想引起你的注意而已。这类人喜欢出风头，对自己自信满满，但又会时常陷入深思。他们做事之前，喜欢经过反复考虑，才采取行动。并且，一旦开始做了，就全力以赴投入其中，有种不达目的誓不罢休的劲头。

我们所见的每个人，都有他自己习惯的打招呼用语。一开口，就暴露了自己的个性。换句话说，我们可以从一个人日常的打招呼用语中，判断其性格特质，以便很好地与之交往。

第八章 闻其声，辨其人，识其心

回答问题的习惯透露出性格秘密

 和人交谈的过程是一个互动的过程，总会有问有答。回答别人问题的方式，不经意间就能透露一个人的性格秘密。所以，从对方的回答中，探知其个性，及时调整说话方式，能促进沟通的有效性。

我们在和人交谈过程中，难免会问他人一些问题，或者回答别人的问题。从回答问题的习惯中，就能得知这个人的性格秘密。一般来说，根据回答情况，可分为以下几种性格：

◎ **回答问题时，华而不实者**

这种人口齿伶俐，能说会道。回答问题时，口若悬河，滔滔不绝。乍一听，给人留下知识丰富，又善于表达的印象。但是，如果仔细分辨，会发现他的回答听起来天花乱坠，实则没有说到点子上。这类人，往往处事老辣圆滑，虚伪而狡诈。跟他打交道时，一定注意不要被他好听的话蒙骗了。

◎ **回答问题时，貌似博学者**

这类人多少有一些才华，对各科知识也不能说完全不懂，只不过只知皮毛，泛泛而谈。个性方面，有一点小聪明，却自恃聪明，不肯用功。兴趣广泛，却因为没有恒心，没有毅力，不能够精而专地学习。在工作上，这样的人没什么责任感，不能胜任某样具体的工作，更做不了领导。

◎ **回答问题时，不懂装懂者**

这类人好面子，虚荣心很强，他们很怕因为无知受到别人的嘲笑，所以只好不懂装懂。而且，他们为人固执，不善于接纳别人的意见，遇到跟自己意见不合者，无论有没有理，一定会争个面红耳赤，直到对方认输。如果本来就是对方的错,更是得理不饶人。所以,这类人在群体中,大家一般都会敬而远之。

◎ 回答问题时,避实就虚者

这类人处事圆滑,趋利避害。一般来说,遇到不利于自己的情况,就想蒙混过关。并且爱使用一些旁门左道的方法,让别人干活,自己坐享其成。另外,他们个性懦弱,不敢承担责任,遇到事情喜欢推诿,唯恐出什么乱子牵扯到自己。不善于把握机会,即便机会很好,也只能在犹豫中眼睁睁看它溜走。

◎ 回答问题时,鹦鹉学舌者

这类人没有主见,没思想。碰到问题需要回答,只会套用别人的话语,没什么自己的见解。他们的虚荣心强,把别人的理论拿来宣扬,从来不说明出处。并且,这类人模仿能力也很棒,只要是他们听到或者见到过的,基本上都能复制出来。用人者,完全可以利用一点为吾所用。

◎ 回答问题时,滥竽充数者

这类人有一定生活经验,知道如何明智保身,维护个人利益。他们不会第一个发言,总会在最后,讲一些人家已经讲过的观点和见解,整理成自己的东西,让这些见解显得更精辟。个性上,这类人大多性格懦弱,也没有什么脾气,不喜欢与人争辩。喜欢一成不变,缺少改变的勇气。是个没有什么危险,但也没有大的能力之人。

总而言之,暗藏在大家心中的东西,当你越是想隐瞒它、掩盖它的时候,反而会让其暴露无遗。比如说个性,无论你是刻意斟酌才回答问题,还是不假思索就回答,都会在你开口回答的时候暴露无遗。

第八章 闻其声，辨其人，识其心

口头禅彰显着一个人的个性

 口头禅是指人们经常挂在口头的话，是一种逐渐形成的，表达自己内心感受和期望的语言习惯，往往带着鲜明的性格烙印。是一个人个性和内心最直接的展示。听懂他的口头禅，就能读懂他的人。

社交中，绝大多数人都有经常挂在嘴边的口头禅。这种口头禅是由于语言习惯逐渐形成的，具有鲜明的性格烙印。比如，周杰伦的口头禅是"diao"，有酷、棒、帅、好的意思，说明他渴望自己更有男人味、更强大，也表达自己做乖孩子的不安全感，他需要更拽、更有个性的力量证明；再比如，蔡依林的口头禅是"是哦"，可见她很小心，对世界带点妥协与顺应。

在现实生活中，人们爱说的口头禅一般分为这样几种：

◎ **说真的、老实说、的确、不骗你**

他们特意强调这些词，是担心对方误解、不信任自己。这种人性格有些急躁，内心常有不平，在意别人的看法，也希望别人能够信任自己。

◎ **可能、也许、大概**

这类人一般比较圆滑，自我防卫本能很强，不会将内心的想法完全暴露出来。在待人接物的时候沉着、冷静，人际关系一般都不错。许多政治人物都喜欢用这类口头禅。

◎ **听说、据说**

经常使用这类口头禅的人，是在给自己说话留有余地。这类人一般见多识广、处事比较圆滑。但往往没有决断力。

◎ 你应该、你必须、一定要

说这样话的人，一般自信心极强，往往比较专制，希望别人无条件顺从自己。在单位大多担任领导职务的人，易有此类口头语。

◎ 啊、呀、这个、嗯

常使用这些词的人，一般会有两种：一是反应比较迟钝，或者词汇少，说话时利用这些词做间歇，理清思路；二是做事谨慎、城府较深，比如领导，往往会在发言时说这些词停顿，既可以显示风范，又能防止自己说错话。

◎ 好啊、对呀、有道理、是这样的

这是一种顺从的表现。喜欢说这类话的人，一般为人老练圆滑，甚至有些阴险。他们表面表示同意你的意见，博取你的好感，或者鼓励你继续说下去。但你若损害了其利益，他一定会翻脸，并拿你说过的话当弱点攻击你。

◎ 但是、不过

这类人有些任性，虽然看似接受了别人的意见，提出一个"但是"作为转折，实则是在为自己辩解。同时，这也说明，他们为人温和，不会断然拒绝他人，说话的语气委婉，让人容易接受。通常，从事公共关系的人常用这类口头禅。

◎ 另外、还有

这类人思维比较敏捷，对周围的一切都充满了好奇心，喜欢参与各种各样的事情。但做事往往只有三分钟热度，不能坚持到底，更不能善始善终。这类人思想前卫，富有创新精神，常常会有一些别出心裁的创意，让人耳目一新。

◎ 其实、是这样的

这类人大多个性倔犟，并且多是有点自负，坚持自己的意见，不会轻易被说服。而且，他们往往有着强烈的自我表现欲望，说这些话，是希望能引起别人的注意。

第八章 闻其声，辨其人，识其心

通过了解，我们可能明白了，口头禅原来包含这么多的信息。所以，千万不要看它不起眼，它对你了解对方个性会有很大帮助。

说话声音变化可以反映出人的内心变化

> 微表情关键词　一般来说，人们说话时声音是不变的。但是，遇到特殊情况，内心发生细微变化时，声音也会随着改变。所以，从一个人的声音变化，不仅能够读懂其情绪变化，更能看出其内心活动。

春秋时期，郑国相国子产一次外出视察，看到一位妇女在坟上哭，子产下令拘捕这位妇女，随从们不解。子产解释说："她虽然哭的声音很大，但哭声中没有哀痛之情，反而有恐惧之意，其中一定有诈。"后来经过审问，果然证实这位妇女与人通奸，谋害了亲夫。

从一个人的声音中，不仅可以听出她的情绪，而且，从其声音的变化，也可以看出其内心的变化。

◎ 说话声音很大

这类人个性爽快、明朗，待人真诚，说话直来直去，不喜欢绕弯子，常常在无意中得罪人。虽然他们意识到了这点，但也绝对不会改变自己的说话方式。此外，这类人人品正直，做事光明磊落，令人敬佩。他们的组织能力也不错，又有责任心，能得到他人信赖。因此，比较适合做领导。

◎ 说话声音很小

这类人缺乏自信，也没有什么气度，常为一些微不足道的小事跟别人吵架。他们城府一般都很深，工于心计，善用谋略，不管什么事情他都要做成功，甚至为了追求成功会不择手段。同时，在待人方面，这类人比较势利眼，对他人也绝对不会流露真心。因此，尽管他们可能事业不错，但知心朋友却很少。

◎ 声音突然由低到高

一般来说，出现这种情况，有三种心理原因。

1. 情绪非常激动。当一个人受到刺激，就会情绪失控，说话声音会不自觉地提高。比如，突然中奖的人，一定会兴奋地大喊"我中奖了"，来分享自己的喜悦；又比如，和爱人吵架的时候，总是难以抑制愤怒，越说声音就越高。

2. 试图说服对方。比如在辩论赛上，说到激动处，选手几乎都是喊出来的。这么做，是为了让你接受他的意见。人们在着急的时候，会在潜意识里希望用声音来威慑对方，大声喊出来，会增加说话人的自信。

3. 想支配或者命令对方。常见于家长对孩子，老师对学生，上级对下级。提高声音，是为了增强自己的权威，让他人乖乖服从。

◎ 声音突然由高到低

出现这种情况，有两种原因。

一种是，理屈词穷，越说越没自信。当一个人自信满满的时候，说话底气也会很足。当他觉得自己没理的时候，声音也就会慢慢降下来。例如，孩子犯了错误，受到家长批评，虽然还在狡辩，但是随着家长的质问，孩子的声音会越来越小。

另一种是，内心恐惧不安。当一个人由自信到不安时，声音也会慢慢降下来。比如，员工汇报工作，老板一句话也不说，员工会担心自己是不是哪儿做的不好，惹上司生气啦，他说话的声音相应也会越来越小。

可见，声音变化与说话人当下的心理活动密不可分，大小、轻重、缓急、长短不一样，内心的活动也就不一样。所谓闻其声、辨其人，就是这个道理。

第八章 闻其声，辨其人，识其心

说话声调也能反映出一个人的个性

声音的确会表现性格，当你无法从一个人的脸部表情、动作、言语掌握其心态时，可以尝试从声调揣摩他的个性和情绪。

生活中，有些人说话轻缓柔和，有些人声音沉重威严，还有的人语气高亢清朗。俗话说，"听话听音，浇树浇根"，不同的音调表现出人们不同的个性。我们一定忘不了电视剧《还珠格格》里赵薇扮演的小燕子，无论何时何地，都能听到她很大的说话声。这刚好暗合了她不拘小节，大大咧咧的个性。

◎ 语气刚强而坚毅的人

这类人胸怀坦荡，是非善恶分明，办事光明磊落，坚持原则，有较强的组织纪律性。但是，这类人不懂变通，比较顽固，做事从来不给人商量的余地，所以会得罪一些人。不过，因为能够做到公正无私，实事求是，所以能得到大多数人的支持和拥护。

◎ 语气温和而沉稳的人

这类人往往具有长者风度。考虑问题时比较全面，做事慢条斯理，按部就班，并且有很强的耐力，一旦确定目标，就会踏踏实实坚持到底。这种类型的男性稍显固执，坚持己见，不会受他人意见影响，也不会讨好别人。开始不容易相处，但的确忠实可靠。这种类型的女人，具有同情心，能够体谅他人，肯为别人做出牺牲。

◎ 语气圆通和缓的人

这类人为人豁达，性情开朗，待人宽厚、仁慈、诚恳，具有同情心和包容心。在交际方面，能够八面玲珑，不容易受他人的责怪。另外，他们不太能接受新鲜事物，但是也不会反对，一般会持理解的态度。

◎ 说话声音高亢尖锐的人

这类人一般比较神经质，对环境敏感，富有创造力及幻想力，美感极佳。而且，他们具有攻击性，在与人交往中，一旦发现谁有不对的地方，总会毫不留情地指出来，而不顾是否会让对方难堪。因此，往往不被人喜欢。同时，他们的洞察力也很强，思想又很独特，看问题往往能够一针见血，指出其本质所在，如果能够充分发挥这样的个性，会比较容易成功。

◎ 说话声音轻柔的人

这类人通常性情温顺，淡泊名利，很少与人发生利益上的冲突，跟大家相处起来比较容易，关系也不错。但从另一个角度看，这类人胆小怕事，很害怕卷入各种是非中，所以采取回避的态度。如果有人指导鼓励他们，其实，他们也能加入到各种竞争中去，将自己的才华淋漓尽致地发挥出来，成为一个刚柔并济、能屈能伸的人，必定会有一番大作为。

◎ 说话声音娇滴滴的人

这类人说话嗲声嗲气，其实是希望得到大家的喜欢和爱护。但是，他们心浮气躁、常编造各种谎言，反而会招人厌恶。如果是男性，则多半是独子或者在百般呵护下长大的孩子。这种男性做事优柔寡断，判定事物时迷茫而不知所措。对待女性则非常含蓄，一对一跟女性谈话时，会非常紧张，也绝对不会主动发起攻势。

第八章 闻其声,辨其人,识其心

语速快慢不同,内心状况不同

微表情关键词 人的说话速度,一般每分钟在300～500字之间。不同的人,说话速度略有不同。是什么影响了语速呢?心理学家通过研究发现,语速的快慢,跟人的内心状况关系密切。从语速的变化,也能看到人们内心的变化。

人们说话,是在进行一种思想的交流,同时也是感情的流露。语速的快慢不同,说明其内心的状况不同。比如,某人平时能言善辩,突然结结巴巴说不出话来;或者某人平时木讷,突然滔滔不绝地说一大堆话,则一定事出有因,他的心理发生了颠覆性的变化。因此,仔细留意一个人说话时的语速及变化,就能掌握其心理状态。

◎ **说话速度快的人**

这种类型的人说话时就像连珠炮,不但语速快,而且一句接一句,根本容不得别人插嘴。一般来说,这样的人很聪明,思维比较快,应变能力较强,因此说话也快。同时,他们性格大多外向,口才也不错,见什么人说什么话,能说会道,在交际场合如鱼得水,深得他人欢心,也容易达成目的。缺点是,他们心里藏不住事情,有时会将不适合说的事讲给大家听。而且,他们脾气比较暴躁,一件小事可能就会让他们生气、发怒,做事比较武断,极有可能一意孤行。

◎ **说话速度慢的人**

这种类型的人大多属于慢性子,不仅是说话不紧不慢,即使遇到急事,他们也能镇定自若。这样的人心地善良,为人宽厚仁慈,富有同情心,能够关心体谅他人。若是女性,则会性格温柔。一般来说,这类人内心多平静,思维细致缜密，做事爱计划，而且能够听取他人的意见，但又不失自己独到的见解。而且，因为他们富有亲和力，说话委婉，人际关系很不错。缺点是，他们思想比较保守，基本不会接受任何新鲜事物，过于坚持原则，思维也稍显迟钝，做事总是犹犹豫豫，缺乏魄力。

◎ 说话速度极慢的人

这种类型的人说话非常慢，很多时候都是吞吞吐吐，不知所云。这类人个性过于软弱、内向，他们缺乏自信，为人木讷，做事迟钝。

◎ 语速突然加快

研究表示，一个人在紧张、愤怒、兴奋、急躁、恐惧的时候，会突然加快语速。他们希望借着快速的谈吐，使内心不平静的情绪得到解除。但是，因为没有冷静地思考，他们谈吐的内容会十分空洞。如果碰到慎重与精明的人，马上就能看到他们内心动摇的状况。

◎ 语速突然放缓

当一个人心情沉重的时候，比如，伤心时、困惑时，说话速度也会变得很慢。我们看新闻联播，每当报道灾难，或者某个重要人物去世，播音员会故意放慢语速，与这是同一个道理。

另外，如果对于某个人心怀不满，或者持有敌意的态度，人们说话的速度也会变得迟缓，甚至有些木讷的感觉。因为他们其实不想把不满或敌意表现出来，但越是掩饰别人看得就越清楚。

总之，语速是可以微妙地反映出一个人说话时的心理状况的。多留意他人的语速及语速的变化，其细微的内心活动，就不会逃脱出你的眼睛。

第八章 闻其声,辨其人,识其心

语言风格是个人修养的显示

> **微表情关键词** 语言是打开交际大门的钥匙,也是交际中最重要的沟通工具。我们判断一个人的修养,除了从外貌上看,其说话风格也是一个重要方面。俗话说"言如心声",一个人的语言风格是自身修养最好的证明书。

俗话说得好:好人出在嘴上,好马出在腿上。语言是打开人际交往大门的钥匙,也是生活中最重要的沟通工具。我们判断一个人不单单只看其外貌是否漂亮,举止是否得体,最重要的是和这个人的接触中,他的语言给我们带来的最直接的感觉。言如心声,一个人的语言风格是自身修养的最好证明书。

语言是一门艺术,在交往中我们往往重视别人的语言合不合自己的胃口。确定要不要和一个人交往下去的最主要动力,就是这个人的语言带给自己的最直接的感受。

在和一个人的交往中,我们往往过于重视对方说话能不能给我们带来愉快,而忽略了通过一个人的言语去观察其内心的活动和他的性格特点。只有深入了解一个人的性格和内心的需求,我们才能投其所好,才能在人际交往中占据主动。

◎ 说话文绉绉的人

这一类型的人,往往有着很好的教育背景,喜欢咬文嚼字,交谈中会涉及大量的无关信息。这一类型的人生活中有点附庸风雅的作风,表面上自信,内心是自卑的。而且喜欢显摆自己的知识和学识。俗话说一个人炫耀什么就说明他缺少什么。这类型的人表面上有着很好的修养,而其实内心是对自己比较没有把握的,所以喜欢在交谈中摆出自己的身份。是一个内心空虚的花架子。

◎ 油嘴滑舌的人

这种类型的人工于心计，精于算计。这一类人往往见过一点世面，内心充满了对自己利益的追求和考虑，往往对自己很大方，而对别人非常计较，甚至可以说是非常地小气。他们的性格不稳定，圆滑世故，深谙人际交往的法则。这种类型的人做人比较虚伪，善于隐藏内心的想法。可以与这类型的人交往，但是不可深交。

◎ 快人快语的人

这种类型的人往往性格豪爽，为人正直，内心也是非常坦荡。内心的想法和自己的言行是极其一致。这种人往往注重自己的感觉，有什么说什么，心里不藏事情。因为直接而豪爽的性格，所以对自己和别人的事情都不能保密。因而情绪变化快，做事情韧性较差。

◎ 沉默寡言的人

这种类型的人多数比较自卑或者是过于工于心计，内心的想法往往不想坦露出来。使别人都不能了解真实的他。自我保护意识较强，往往能够专注于自己的事业。做事情韧性很好，能够坚持，性格比较稳定，不会出现大的反差。

◎ 说话粗鲁的人

这一类人往往是学识修养比较欠缺，说话不讲方式，很容易得罪别人。这一种人对自己和别人没有一个很好的认识，不懂得说话的方式。性格豪爽而且直来直去。无论外表看起来成熟与否，其实际情况是没有多好的语言修养。做事情也是粗枝大叶，丢三落四的。这种人往往没有什么大的野心，追求小富即安的生活。

在和别人的交往中不要只注意别人话语给自己带来的心理感受，更多的是注意通过对方的语言风格去了解这个人的性格特点和内心世界，以便自己能够取得主动地位，占据优势。

第八章 闻其声，辨其人，识其心

谈事情场合的选择体现着处世方式

 人们的日常交际活动，需要一定的场所。比如饭店、酒吧、办公室、家里……谈事情时，选择什么样的场合，能够彰显一个人的处事方式。

与他人有事情要谈时，常常会有人在饭店请客吃饭，也有人选择在办公室谈事情，甚至还有人喜欢把地点约在酒吧里。你知道吗，选择不同的场合谈事情，能够彰显一个人的处世方式，他是圆滑还是古板，是诚实还是狡诈，都能从中略知一二。

◎ 喜欢在家里谈事情的人

之所以选择在家里，是因为对环境熟悉，不会担心意外的人或声响打扰他们的谈话情绪，这说明，这类人个性比较软弱，胆小怕事，对外界的适应能力很弱。在工作生活中，他们常会压抑自己，掩盖情绪，喜怒不行于色。因此，时常会感觉到压力，并且不知道如何发泄，而令自己越来越累。

◎ 喜欢在办公室谈事情的人

办公室是一个单一性质的场所，不会有他人打扰、影响谈话内容和氛围。选择在此地谈事情，说明此类人对人对事一般很有诚意，值得信赖。而且，他们对工作充满了自信，把工作当成生活重心，如果某一天忽然歇下来，会很烦躁，而且没有安全感。一般这样的人比较富有责任感，做事比较认真，尤其是朋友拜托的事情，他们一定会竭尽全力办好。所以，比较有人缘，能够得到朋友的尊重和信任。

◎ 喜欢在饭店里谈事情的人

这里属于公共场合，人多嘴杂。能选择在这里谈事情，首先说明这类人很有胆量，不担心自己的隐私被其他人窃取，其次，这类人很有气魄，他们非常自信，无论遇到什么样的事情，都会有十足的把握避免和解决问题。并且，他们智慧超群，能够想出各种各样的办法，应对紧急发生的困难。

◎ 喜欢在茶艺馆里谈事情的人

相对来说，茶艺馆有一定私密性，而且可以掩盖自己的庐山真面目，比如电视剧中的地下党多在茶艺馆碰头联络。应该说，这类人处世极为谨慎，做任何事情都会很小心，也不会轻易流露自己的目的，通常给对方一个轻松的假象，来套取他人的信息，或者获得他人的信任，属于极有城府的一类人。

◎ 喜欢在酒吧或俱乐部谈事情的人

之所以选择这样的场合，是因为这类场合能满足对方的很多欲望，而且可以名正言顺。同时，还能提高自己的身份，扩大影响力，有利于目标的实现。其实，这类人多是沽名钓誉之辈，做事高调爱显摆，他们也追求成功，但往往会因为自己某一方面的欲望功败垂成。

◎ 喜欢在宽阔之地谈事情的人

比如说广场、楼顶等地，这样就不用担心隔墙有耳，给自己带来什么麻烦。这类人处世心胸开阔，乐观直爽，但同时也有怯弱的一面。这类人以男人居多，他们志向远大，有长远的目标，做事沉稳。同时，他们善于掩饰自己的真情实感，一旦有人走进其内心，也会倍加珍惜。

了解了这些，如果再有人约你在某地谈事情，就可以事先了解他的为人和处世方式，做好应对他的准备了。

 第八章　闻其声，辨其人，识其心

从客套话中辨别对方的真意

> 微表情关键词　中国人善于讲客套话，这是一种礼节，也是我们惯用处世方式之一。客套话虽不能当真，但也要仔细听，辨别对方的真实用意，做事才能恰到好处。

郭冬临在小品《实诚人》里扮演了一个"实诚人"，因为分不清客套话，弄不明白主人的真实意图，让主人十分为难。其实，在现实生活中，这样的人也很常见。中国人比较爱面子，见面也善于讲客套话。比如，见面问"你吃了吗？"其实不是真的想请你吃饭，而是一种打招呼的客套用语。很多外国人搞不清这些，闹出了许多笑话。

所以，我们一定要善于从客套话中辨别对方的真实用意，做事才能得体大方。

一般来说，人们说客套话大致分为这样几类：

◎ 情形所迫型

某天，甲到乙家去做客，正赶上乙一家人在吃饭。于是，乙客气地邀请他："吃饭了吗？要是没吃一起吃点吧。"乙刚好没吃晚饭，于是就真的不客气了。但是，女主人却露出了为难的表情，因为做的面条根本不够再加一个人吃。

甲显然没听懂乙的真意，乙只是碍于面子，随口问候，并不是真的想请他吃饭。若是乙真的想要请他一起吃，就起身拿碗筷去了，不会只坐着动动嘴巴。所谓听其言、观其行，若是对方邀请你，一定要先看看他怎么做，不然就会出现尴尬了。

◎ 熟人之间说客套话

一般来说，当我们和一个人非常熟悉时，不会说太多的客套话，否则就显得疏远了。若是突然有一个很熟悉的人，对你客气起来，那可能是他对你产生不满，故意疏远你，这时候，就要反思一下自己的言行，或是哪里做的不妥当得罪了对方，要及时修复关系了。若是爱人之间，则很有可能对方做了对不起你的事情，心里过意不去，才会说很多客气话讨好你，我们就该注意，或是想办法弄清楚真相。

◎ 客套话说太多，可能有求于你

在与人交往的时候，一个人若对他人有所求，其言语里的客套话肯定少不了。

钱主任家来了一位"客人"——同公司的小金，还拿着不少贵重的礼物。钱主任问他啥事儿啊，小金回答："没啥事儿，这不是过节了嘛，过来看看领导也是应该的。领导平日里很忙，太辛苦了，公司里大大小小的事儿，操心的地方可真多啊。"钱主任当然不会那么傻，说："我不是什么大领导，没你说的那么忙。你是不是快要转正了？"被点破后，小金才不好意思地点点头，说想请钱主任帮个忙。

当别人的客气话说得太过火，给人一种假惺惺感觉时，就说明他一定有求于你。先不要急着表态，耐心等待他说入正题即可。

◎ 客套话还是要说

"人告知己有过则喜"，并不是每个人都有这样的肚量。现实生活中，有些人会一再强调不喜欢客套，愿意听真话。但如果你真的这么做了，他心里一定不太高兴。因为，人都喜欢听好听的话，不愿意接受批评。客套话都会很好听，即便说的有些夸张，听的人也会毫不在意，反而十分高兴。如果不说，别人会觉得你很难相处，会慢慢疏远你。

所以，保持良好的社交，一定要适度说些客套话。更要从他人的客套话中，分辨出其真实用意，投其所好，才能获得其好感。

第八章 闻其声，辨其人，识其心

言辞过恭者必怀戒心

 我国是个讲究礼仪的国家，适度的礼貌是维持良好人际关系的重要法宝。但是，过于恭敬，也会让人反感。

小欣应聘到一家连锁企业，被分配到某个店做收银员。第一天，她到店里报到。店长热情地接待了她，为了表示对店长的尊敬，小欣不断地朝店长鞠躬，而且无论店长说什么，她都附和"是的"、"好的"、"没问题"。结果，第二天上班，新同事都指指点点地笑："她就是拼命鞠躬的那个吧？以为自己是日本人呢。"而且，昨天还很热情的店长今天也对她爱答不理。小欣觉得受到了侮辱，上班第二天就借故走人了。

其实，跟小欣相似的人很多。这些人与人交往的时候，一般总是低声下气，始终用恭敬的语言、赞美的口气说话。初次交往，对方也许会感到不好意思，但可能不会对他们生厌。但是，随着日渐熟悉，对方会逐渐觉得"这个家伙原来是个口是心非，表面恭敬的人"，从而认为你对他的恭敬实则是羞辱，并因此气恼不已。这就不难解释，为什么店长前后态度不一致了。

其实，太多使用恭敬语的人，很可能因为小时候受到过于严厉的教育，尤其在礼节方面。因此，在一般人看来很正常的欲望，却不为他们的良心所许可，导致他们产生恐惧不安的心理，对人产生戒心。随着这种欲望和戒心越积越多，总有一天会形成强大的攻击力发泄出来。为了掩盖这一点，这类人只能启用反作用的心理防卫机制——对人越来越恭敬。从而形成恶性循环。

这就是说，言辞过于恭敬的人，其实不是在对你表示尊重。相反地，可能是对你有戒心，恭敬的言辞只是他的一种掩饰。比方说，一个女人对男人说话时，若过多使用敬语，一定是在暗示："我对你一点意思也没有。最好离我远点。"根本就是不愿意与其继续交往下去。

所以，如果熟人中有人突然用敬语对你说话，就一定要反思一下，你们之间是不是有什么误会或者障碍产生了？

言辞过于恭敬的人，人缘一般不怎么好。因为，这种恭敬，很容易让人感觉到你对他的戒心，并由此产生不悦。比如，同事帮忙带了份饭，有的人会觉得欠了多大人情，不停地说"谢谢"，而且还表示下次一定会帮他带。本来一件小事情，弄成了人情债，即便是无心的，别人也一定会想："他是不是不想和我交往啊？"继而产生不快，也不会再愿意继续跟你交往。

实际上，对无关紧要，或者特别熟悉的人，我们根本没必要使用敬语。敬语显示出人际关系的亲疏、身份、势力，一旦使用不当或错误，便扰乱了应有的彼此关系。还不如随和一点，更容易跟人打成一片。

第九章

千头万绪藏心间，一举一动露真相

　　身体语言是一个人下意识的举动，它最不具欺骗性，因此常常会出卖人们内心的真实想法。读懂身体语言，你就能轻松自如地破解那些意在言外的信息，从而读懂他人，领悟他人微妙的感情，你就能更清楚地理解对方的真实意思，从而使得沟通能够更顺利地进行，随心所欲地掌控局面。

 第九章 千头万绪藏心间，一举一动露真相

握手，能握出内心的秘密

> **微表情关键词** 无论是很久不见的老朋友，还是刚刚认识的陌生人，见面握手是必须要做的。因为，这不仅是一种基本的礼貌，而且，可以通过和对方握手，感知他的内心，推知其性格和行为倾向。

握手是人际交往中最常见的礼节之一。同时，握手也是一种交流方式，能传达出尊重、热情、鼓励，或者敷衍、逢迎、傲慢等情绪，握手时下意识的动作，就流露出一方内心不为人知的秘密。

◎ 习惯用双手握住对方的手

此类人待人热情，品性温厚，心地善良，对朋友能够推心置腹，喜怒形于色，而且爱憎分明。

◎ 握手时大力紧握

这种人握手就像掰手腕，令对方疼痛难忍。其实，他们是想传达真诚的情感，却往往因为做得太过，给人留下虚伪的印象。尤其是第一次见面，很多人都不习惯这样的握手方式。性格方面，这类人精力充沛，自信心很强，但是往往偏于专断专行，妄自尊大。另外，他们的组织领导能力都很突出。

◎ 握手时力度适中

他们和别人握手时力度适中、动作沉稳，双目自然注视对方。这类人个性坚毅坦率，富有责任感，为人可靠。他们往往思维缜密，擅长推理，经常能为人提出建设性意见。每当别人遇到困难时，他总会迅速地提出切实可行的应对方法，颇具大将风度，因而能得到他人信赖。这类人具有做领导的潜质，所以，不妨和他多走动，说不定以后他会成为你的贵人。

◎ 握手时轻轻碰触

这在社交礼仪中是大忌，只轻轻触碰，握不紧对方的手，会给人留下敷衍、不尊重人的印象。一般来说，这类人性格比较悲观，对什么事情都漠不关心，颇有游戏人间的洒脱精神。另一方面，他们为人比较豁达，谦虚而随和。

◎ 握手时上下摇动

他们会紧紧抓住对方的手，然后不停上下摇动。这类人属于极度乐天派，对未来充满希望，无论什么时候都神采奕奕，似乎没人见过他们发愁。而且，他们往往因为自己的积极热诚，成为受人爱戴倾慕的对象。

◎ 握手时抓住不放

他们常会抓住对方的手，直到把话说完。总体来说，此类人感情丰富，喜欢结交朋友。但是，如果是两位男士握手，则说明不放手的一方对另一方有所求，他希望对方认真听完他的话，并且做出回应。如果是两位女士握手，可能她是一个喜欢嚼舌头的人，爱在背后议论他人是非。如果是男士握住女士的手，说明男士对女士有好感，希望通过这种方式把好感传达出去。

◎ 握手时只用手指抓住对方

这类人个性敏感，情绪不稳，容易激动。跟这样的人接触，一定要小心，不要触碰他们的雷区，否则很可能让自己下不来台。除此之外，他们心地善良，富有同情心。

◎ 不愿与人握手

不会主动跟人握手，别人先伸出手时，他显得很不情愿。这类人大多内向羞怯，性格保守，但是对人却很真挚。

心理学家认为，最好的握手方法是：力度适中，直视对方的眼睛。这样，才能既显出你的自信，又能传达出你的真诚和对对方的情谊。通过握手，为彼此间搭建心灵沟通的桥梁。

第九章　千头万绪藏心间，一举一动露真相

行走姿势是个性的速写

 世界上没有两片相同的树叶，世界上也没有行走姿势一模一样的两个人。这不仅是身体上的差异，更重要的是个性上的差异造成的。不同的走路方式，折射出的是每个人与众不同的个性。

平时在路上，除了列队行走的军人，人们走路的样子是各式各样的，不可能完全一样。时间长了，你就会发现，一个人的走路姿势与他的性格、心理密切相关。一般来说，可以总结成下面几种类型：

◎ 标准步姿

腰板挺直，收腹收胸，步伐有弹力，手臂自然摆动，眼睛平视前方。这类人一般都乐观、自信，对人友善且有远见。

◎ 走路时，手插裤兜里

一只手插在裤兜里的人，走路显得很潇洒，比较重视自己的形象，很重感情，也很懂感情。两只手同时插在裤兜里，为人一般比较懒散，个性上有点多愁善感。

◎ 走路时两臂在身后摆动

这类人有点自高自大，老子什么都不买账，什么都不怕。性格比较蛮横，别人很难与其进行言语上的沟通。他们爱打抱不平，喜欢指挥别人，不愿意被别人指挥。虽然如此，这类人其实思维敏捷，做起事来有条不紊，有很强的组织能力，具有做领导的潜力。

◎ 走路时两臂在身前摆动

这类人往往胆小谨慎，唯唯诺诺，看上去没有精神，非常柔弱。他们承受不住一点精神上的打击，情绪很容易崩溃。但如果是故意装出这样的走路姿势，说明此人油里油气，别人很难看清他的真实为人和目的。

◎ 走路时上身微微前倾

这类人大多个性内向，为人谦虚而含蓄。他们与人相处时，表面沉默寡言，但极重情谊。他们表面看起来很平和，内心却十分积极或急躁。

◎ 走路速度很慢

走起路来气定神闲，比一般人慢半拍。这样的人能严格自律，为人谨慎，做事有条理，对任何人都十分宽容。为人精明而稳重，不轻信人言，重信义，守承诺。虽然看上去有点懦弱，实则十分有思想，有主见。

◎ 走路速度很快

这类人大多聪明能干，精力比较充沛，勇于面对生活中的各种挑战，有很强的适应能力。他们做事讲究效率，从不拖泥带水，只要是想办成的事情，就一定会朝着目标努力，严肃而认真，是个"言必信，行必果"之人。

◎ 小步快走

就像古代臣子见君主时的样子，用小碎步急急行走。这类人可能长期处于被管理、被领导的地位，养成了这样的行走习惯，或是本身就性情急躁，抑或心情急迫。

◎ 走路时大踏步

这类人一般都有强健的体格，自信心比较强，个性顽固且好胜，做事十分干练，讨厌别人拖拖拉拉。他们心地善良，别人有事相求一定会尽力帮忙。

◎ 走路时脚拖地

这类人走路不抬脚，鞋跟与地面摩擦严重。这类人常有疲劳、不快乐及苦闷的心情。做事没有积极性，喜好墨守成规，没有开拓性。也没有突出的

第九章 千头万绪藏心间,一举一动露真相

才能,常会在命运方面受阻或受挫。

总结起来,最好的走路方式是,抬头挺胸,眼向前看,步伐不紧不慢。这样,才能给人一种自信、积极向上的感觉,也容易获得他人的信任和好感。

站姿最能反映一个人秉性如何

> **微表情关键词** 俗话说"站有站相",但这并不容易做到。因为,人的站姿其实和个性有着密切关系,有什么样的性格就有什么样的站姿。所以,人的性格千差万别,站姿也就千差万别。

在我们的成长过程中,长辈们总是教导我们要"坐有坐相,站有站相"。尽管如此,人们的站相还是千姿百态,不尽一致。每个人都有自己习惯的站立姿势。美国夏威夷大学的心理学家指出,人们的"站姿"其实是由一个人的性格特征决定的。

◎ 站立时,双手叉腰

这类人多是领导,具有很强的自信心和权威性。如果他的双脚分开比肩宽,整个身躯微微向前倾,往往表示其存在着潜在的进攻性,你就要做好对方要发火的心理准备。

◎ 站立时,习惯将双手插入口袋

这类人一般城府较深,不会轻易向人表露心思,而是暗中策划行动。他们的性格偏于内向、保守型,凡事步步为营,警觉性很高,不会轻易相信别人。

◎ 站立时,习惯一只手插入口袋

这类人往往性格复杂多变。有时会亲切随和,与人推心置腹,极易相

处；有时则对人冷若冰霜，处处提防，将自己严严包裹起来。

◎ 站立时，习惯把双手置于臀部

这类人往往有主见，有自信。做事绝对认真，为人稳重不轻率，具有驾驭一切的魅力，比较有领导才能。他们最大的缺点就是，主观意识太浓，而且听不进劝告，所以有时候表现得很固执。

◎ 站立时，将双手置于背后

这类人性格保守，最大的特点就是尊重权威，遵守约定俗成的规则，而且极富责任感。不过，只要给一定的时间，他们也能够接受新思想和新观点。另外，这类人的情绪不是很稳定，因此，往往显得有些高深莫测。优点是富有耐性，做事不怕麻烦，无论遇到什么困难，都能够坚持到底。

◎ 站立时，双手交叉放于胸前

这类人大多个性坚强，在困难面前不屈不挠，轻易不会低头。同时，他们过分追求个人利益，且有很强的戒备心，与人交往时，常常摆出一副自我保护的防范姿态，拒人于千里之外，往往给人冷冰冰的感觉，令人难以接近。

◎ 单腿直立，另一腿弯曲或交叉在一侧

这是一种持保留态度，或者有轻微拒绝倾向的站立姿势。习惯这样站立方式的人，往往自信心不足，性格比较腼腆，到了一个陌生环境或者不熟悉的人中间，会觉得很约束。但是，他们待人很真诚，内心也比较火热，喜欢帮助人。

◎ 双脚并拢，双手交叉

这类人为人处世谨小慎微，而且凡事喜欢追求完美。从外表看起来，他们稍显懦弱，似乎缺乏积极的进取精神，实则，这类人性格中有很坚韧的一面，他们认准的事情，就会默默而顽强地去做，绝不轻言放弃。

◎ 习惯倚靠着物体站立

他们不是靠着墙，就是靠着桌子，没有任何物体的时候，还会靠着别人。这类人比较好的一面是，为人坦白爽直，也容易接纳他人。不好的方面

第九章 千头万绪藏心间，一举一动露真相

是，缺乏独立性，做事总喜欢走捷径。

身体语言往往比嘴巴更诚实，嘴巴经常有意识地撒谎，身体语言却是无意识地流露出真实状态。我们仔细观察一个人的站姿，就可以看出他是怎样一种人。

坐姿体现着一个人的内心状态

> 微表情关键词 坐在你对面的人，他在想什么？这可能是每个人都非常想了解的问题。其实很简单，要想知道他的内心状态，看看他放松时的坐姿就行了。坐姿不会说谎，它会告诉你当事人真实的心理状态。

你觉得怎样坐着最舒服？你的这个看似不经意的坐姿可能会"出卖"你，它会透露出你的性格特点和内心秘密等一些信息，下面让我们一起来看看。

◎ 正襟危坐的人

两腿并拢，整个脚掌着地。这类人为人真挚诚恳，襟怀坦荡，天生古道热肠。因此，虽然性格直爽，但不会激怒他人。他们的特点是，做事有条不紊，但比较容易较真儿，力求周密完美。并且，从不冒险行事，也缺乏足够的灵活性，难免给人留下拘泥于形式和呆板的印象。

◎ 翘着二郎腿的人

这种坐相显得很自然，说明此类人比较自信，懂得如何处理复杂的人际关系，也比较会享受生活。但是，如果一条腿勾着另一条腿，则说明此类人为人谨慎、矜持，没有足够的自信，做起事来经常犹豫不决，性格也显得比较复杂。不过，因为能掌握待人处事的分寸，也能得到他人的喜欢和好评。

◎ 脚尖并拢，脚跟分开

这类人做事太过认真，一丝不苟，常会显得犹豫不决。他们虽然知道这样做会耽误事，却往往不能改正。他们不太喜欢交际，总是独处，或跟最亲近的几个人交往。他们有很好的洞察力，能以最快的速度准确判断出陌生人的性格。但有时候，会过高评价自己的能力。

◎ 两脚并拢，脚尖抬起，脚跟着地

这类人谨慎小心，孤僻自闭，不敢融入人群，对人常持远观和防卫态度。这和他们天性异常敏感有关系，他们不能够承受一点点指责和议论。周围人能感觉到他们的这一特点，因此常会避免和他们谈论一些问题。这会让他们产生一种被隔离的孤独感，增加他们的心理防卫。

◎ 双脚向前伸，脚踝部交叉

男性出现这种坐姿时，常会双手握拳放在膝盖上，或者紧紧抓住椅子扶手；女性则双手自然放在膝盖上，或将双手交叠。这类人通常喜欢发号施令，还有强烈的嫉妒心，总是想在各方面争第一，支配和控制他人。所以，他们可能很难相处。另外，此类人做事有点犹豫不决，尤其是在个人生活上，经常会害怕做不好，出现紧张、恐惧心理。同时，他们会防御别人，避免受到他人的支配和攻击。

◎ 双腿分开而坐

这类人胸怀坦荡，可能具有主管一切的偏好，有指挥者的气质或支配他人的性格。他们一般都很外向，无所畏惧，甚至有些不知天高地厚。如果是女性，则说明其缺乏生活经验，有些自以为是。

◎ 坐着时，腿脚不停抖动

这类人很自私，凡事从自己的利益出发，极少考虑别人，对人很苛刻，对自己却很纵容。没有什么人缘。但他们善于思考，经常能提出一些别人想不到的问题。

可能我们很难猜出对方内心所想，但如果做个有心人，认真观察陌生人的坐姿，在三五分钟内，即使你们没说话，也能将对方的兴趣了解个大概。

第九章 千头万绪藏心间，一举一动露真相

这是一个很不错的公关策略。

手是表达信息的最好工具

 手，作为人体的重要组成部分，起着重要作用。举手投足之间，往往传递着一个人性格、情绪、心理等诸多的信息。想了解一个人，就必须多观察他的双手，通过细节，捕捉到他的心理信号。

在日常生活中，我们做很多事情都离不开自己的双手。不光是做一些事情，当我们有了情绪的时候，会本能地用手去表达。比如，翘起大拇指，表示夸奖或赞赏；招手表示喜欢或者再见；等等。另外，双手一些不自觉的习惯，也是人内在情感的自然流露，善于观察的人，就能从一些手的细节中，捕捉到他人的心理信号。

◎ 指尖轻敲桌面

当你对人说话的时候，他人做出这个动作，可能是他正陷入某种思维困境，或者在考虑解决问题的办法，抑或是还处于犹豫之中，不知道该不该做某个决定。这时候，你应该知趣地停下来，如果继续说下去，可能会引起对方的不耐烦，使事情变得糟糕。

◎ 抱紧双臂或双手叉腰

在交际场合中，突然用手抱住胳膊，身体向后仰，或者双手叉腰，身子前倾。这都表示对方对你的话持反对态度，甚至是你的话已经惹怒了他。前一种姿势，颇有点不以为然的意味，后一种姿势则代表攻击性，说明对方准备激烈地反驳你。

◎ 双手交叉放在脑后

这是一种很舒适的动作。行为人可能处于支配地位，以舒适的姿势来表现自己的从容、镇定及身份地位。比如，聚会时，部门头头可能会做出这样的动作，但是，当经理走进来后，他马上就会放下手，变得毕恭毕敬。

◎ 不停搓手

当一个人做出这样的动作时，说明他正处于一种紧张、焦虑、不安的状态。尤其是十指交叉，来回上下搓动，则说明他的焦虑到了极点，如果再找不到十分好的办法，可能将面临情绪的大爆发。

◎ 用手摸嘴、鼻子或耳朵

这是人在说谎时，一些下意识的动作。有可能是他们在故意撒谎，也有可能是不想告诉别人某件事情。不管是哪种情况，如果看到有人在做这种小动作，就不要轻易相信他所说的话。

◎ 将拇指插入口袋

跟人交谈时，只将拇指放入口袋，其他四根手指露在衣服外面。这表示他们正处在不安的状态，大多是因为不自信，或者缺乏安全感导致的。这会让对方产生一种你不值得信任的感觉，因此，应尽量克制不要去做这样的动作。

◎ 用手指对人指指点点

这样的人，往往处于一种支配别人的状态。此类人，自高自大，而且性格暴躁。如果他们正在做这个动作，则说明对某件事情，或者某个人不满。这时候，千万不要去反驳，否则可能引发他们的暴脾气，惹出争吵。

◎ 用手捂嘴

说明当事人意识到自己某句话说的不合适，赶紧用手捂嘴，做出遮掩之势。这时候，若给他一些宽慰的话，一定能让他对你感激不已。

我们常说"十指连心"，手能表达人的心声，是不容怀疑的事实。我们要想了解一个人的内心，多观察他的手势就可以了。

第九章　千头万绪藏心间，一举一动露真相

双臂交叉抱于胸前的人防卫心强

 在生活中，不少人会做出双臂交叉抱于胸前的动作。这是一种表示防御、拒绝、否定的动作，尤其是在谈话时，若对方做出这样的动作，很可能处于防卫心理，所以，我们要先想办法削弱他的防卫心，才能使谈话顺利进行下去。

当遇到危险时，你的第一个动作会是什么？可能，大多数人会选择用胳膊抱住自己的身体。其实，这是人的一种本能自我保护。

在生活中，我们也常见到一些人做出双臂交叉抱于胸前的动作。这个动作是人的心理防御的外在表现。当我们身处陌生环境，或者陌生人中，或者对某个观点持排斥态度，经常会下意识地做出双臂交叉抱于胸前的动作。

它是我们为自己建立起的一道身体防线，潜意识里，阻止别人不要越过这条防线，给人一种防御、拒绝、否定的感觉。经常做出这个动作，说明此人的防卫心很强！

有人曾做过这样一个实验：将随机选出、互相之间并不认识的陌生人分为两组，各自围坐在一起。第一组的人，身体自然放松，坐在椅子上。第二组的人，都将双臂交叉紧紧抱在胸前。

结果发现，第一组的人很快互相热聊起来，实验结束后，他们之间变得跟朋友一样熟悉。第二组的人，则表现沉闷，没有人愿意主动和人攀谈，实验结束后，他们还是陌生人。

这个研究结果证明，将双臂抱于胸前，将给人一种孤傲、难以接近的感觉，别人会不敢接近你。同时，也使自己失去了诸多可贵的交际机会。

双臂交叉抱于胸前的人，基本上属于防卫心较强的类型，对谁都不能信任，不愿敞开心扉，将别人拒之门外，自然不会有太多的朋友。

我们应该怎样做？

交谈过程中，如果对方双臂一直抱于胸前，则表明他听不进你说的任何话。

某公司召开一次研讨会，会上请著名的专家来发言。有不少人表示赞同他的观点，也有不少人提出反对意见。老板通过观察发现，提出发对意见的人，几乎在听的过程中做出同一个动作——双臂交叉抱于胸前。而表示支持的人，都将手臂自然地放在椅子上或自己的腿上，呈现一种接纳、开放的姿势。

所以，我们只要想办法让他放开紧抱着的双臂，就有可能降低他的防卫心理，让他接纳你的意见。

有几个比较简单的方法可以试一试：

第一，找一件小物品，比如一支笔、一张宣传彩页、一个记事本让他握着，他就不得不松开紧抱着的双臂了。

第二，找一把有扶手的椅子，这样他就可以把手放在扶手上。

第三，边说话，边用肢体语言配合。肢体语言有时候是可以传染的，这会让他不自觉地松开双臂，模仿你的动作。

第四，谈话过程中，可以偶尔看看他交叉在一起的胳膊。眼神儿会告诉他"我不喜欢你这个动作"，也会给他带来压力，自觉地把胳膊放下来。

双臂交叉抱于胸前，表示当事人防卫心很强，不会轻易让你走入他的内心世界。这时，不妨用几个小技巧，让他把胳膊放下来。只有先做出了身体开放的姿势，下一步他才会试着接纳你。

第九章 千头万绪藏心间，一举一动露真相

爱幻想的人总是双手托腮

 生活中压力无处不在，解压的方法之一就是幻想美好事物。人们在幻想时，喜欢做出双手托腮的动作，给自己一种精神和身体上的安慰。这个时候，千万不能打扰她，否则可能会让她不高兴。

相信大家一定都看过经典童话剧《白雪公主和七个小矮人》，剧中白雪公主经常双手托腮，入神地望着窗外，想象着自己的白马王子和一场浪漫的圣诞夜舞会。在动漫产业发达的日本，几乎在每部动画片中，在所有出现多愁善感、爱幻想的小女孩的场景中就会有双手托腮的可爱动作。这个动作出现频率之高，以至于已经成为设计的固定模式，双手托腮也已经成为爱幻想的妙龄少女的专属动作。

◎ 托腮幻想的样子

早上八点钟，英语早读时间，班主任王老师照例走进教室。环顾教室，一片朗朗的读书声，王老师露出满意的微笑。忽然她发现第一排最远处座位上小A同学的课本直立在桌子上，却看不到小A同学的脸。王老师轻轻走过去，拿掉小A同学的课本，轻轻地喊道："小A，小A…"却并不见小A同学的回答。只见小A同学双手托腮，面带微笑，沉醉于美好的想象中。

◎ 为什么爱幻想的人喜欢双手托腮

很多人都喜欢幻想，对于处于青春期的女孩来说，幻想的内容多半是未知的生活、美好的爱情，幻想成为电视剧里的女主角，和心爱的人在一起；对于即将或刚刚步入社会的青年来说，幻想成功的事业、和美的家庭。双手托腮，这一动作看似随意，实则是用自己的手代替了亲人、朋友或者是情人的手，来给予自己拥抱、呵护，弥补了自己当前无法体会到的感觉，给予自

己在幻想过程中的一种身体和精神上的安慰。

在工作忙碌、生活充实的人身上,双手托腮去幻想的动作并不多见,只有可供幻想的时间,心有所想时,才会托腮沉浸在自己的思绪中。若你眼前的人,正用手托腮听你说话时,那就表示她觉得话题很无趣,你的谈话内容无法吸引她,她另有所想。而如果你的情人出现这样的举动,也许她正厌倦于沉闷的聊天,希望你给她一份其他的惊喜!

◎ 经常托腮幻想会偏离实际

一方面来说,若平日就习惯以手托腮的话,表示此人富于想象力,有自己的内心生活情怀;也可能是经常心不在焉,对现实生活感到空虚,期待新鲜的事物,梦想着在某处找到幸福。想抓住幸福的话,不能只是用手托着腮幻想而什么都不做。守株待兔便是这类人最佳的写照。

从另一个方面来看,这种人因为觉得日常生活了无新意,而习惯于生活在自己编织的世界中,偏离了现实,脑中净是罗曼蒂克的构思,与之交谈,往往会有一些意想不到的有趣话题出现。这种人就像一个爱撒娇的孩子一样,随时需要呵护,但太过于溺爱也不是好事。拿捏好尺度,适度地满足她的需求才是上策。而经常做出托腮动作的人,除了要自我注意这种行为是否是因内心空虚产生的反射动作外,也应尽量充实自己,减少内心的不安,试着通过心态的调整,改善表现在外的肢体动作。

第九章 千头万绪藏心间，一举一动露真相

双手叉腰的人充满了敌意

人们在吵架或者搏斗的时候，总是将双手放在腰间，可以方便随时出击，这样的动作充满了敌意。在生活中，有人无意之间也会做出这样的动作，这会让对方感觉不舒服，要想跟他人交朋友，最好先将手放下来。

喜欢体育运动的朋友都知道，在某些重大的拳击比赛开始之前，举办方为给比赛造势，通常让拳手摆出一些具有挑衅性的姿势做宣传写真。于是我们经常会看到拳手双手叉腰，下巴微扬，一副目中无人、无所畏惧的样子。其实，如果我们留心观察的话，双手叉腰这种姿势不光在竞技场合中，在普通生活中也很多。名作《故乡》中，鲁迅先生笔下的杨二嫂"薄嘴唇……两手搭在腰间"，刻画出了一位性格"尖酸刻薄"的女人形象。可见，双手叉腰并不能给人表达一种友善可亲的形象。

两手叉腰的动作会被不同的人在不同的场合下展示出来。例如，小孩子向父母辩解时，运动员等待比赛开始时，等等。当男人的领地被其他男性闯入时，他们也会用这样的姿势向入侵者发起无声的挑战。

在周末的周工作总结会上，同事小张和小王因为工作职责和工作进度问题产生了分歧，但幸好有同事及领导在，两人的争吵没有发展到特别激烈。下班后，小张去抽烟区放松紧张的神经，突然看到小王也在那里，双手叉腰，嘴里叼着一支香烟，于是一股怒火充斥了内心。这个场景下小张感觉到的是小王对工作中争吵的不服气，以及不依不饶，于是开始了新的争吵。

也许小王并没有咄咄逼人的意思，但这个姿势却把不友好的态度传递给了他人，以至于造成误会。

据国外科学家研究，两手叉腰的姿势会给人一种微妙的视觉和情感上的刺激。双手叉腰时，我们能够占据更大的空间，往外凸出的手肘形状也像是

武器，给人一种震慑感觉，尤其是在双方已经有冲突意识的前提下，这种视觉上的刺激会更加明显，造成人心理上的防御情绪。

这个强势者的姿势通行于全世界，它给人的信号就是要随时准备发起攻击。于是在众多的美国西部牛仔电影中，这成为了牛仔们的一种经典姿势，决斗前的牛仔们必定是一手拿一把左轮手枪，一手叉腰。

这个姿势让人们感觉到的是来者不善，似乎当事人对已锁定目标志在必得。在某种情况下，即使双方之间的交谈是随意而友好的，但是，双手叉腰的姿势肯定无法营造出完全放松的谈话氛围，除非他们能够放下叉在腰部的手臂。

所以，当和别人交谈时，一定要不做出双手叉腰的动作，这会让人感到威胁。即使是正在发生争执，也不要做这个动作，而是想办法心平气和地解决，否则只会让事情越来越糟糕。

双腿交叉是自信舒适的象征

微表情关键词　陌生人之间谈话，常会有拘束和戒备，所以，交谈动作大多时候是正襟危坐。朋友之间则要放松很多，交谈时，总会摆出让自己舒服的姿势，比如两腿交叉在一起。所以，当看到谈话对象做出这样的动作时，说明他已经把你当成了朋友。

某跨国公司H公司高档会议室里，小李与公司商务总监王总和H公司的刘总在沟通H公司产品国内代理权事宜。会谈进行得十分顺利，双方都比较放松，刘总更是站起来，沏了一杯茶后，身体斜倚在会议桌上，左腿放在右腿之前，呷起了茶水。再经过详细事宜商谈之后，双方愉快地签订了合作合同。

事后，王总自信地说："其实会谈进行到一半我就能够预测到这个合同已经稳拿。"

第九章 千头万绪藏心间，一举一动露真相

小李很吃惊地说："为什么，难道王总能够神机妙算？"

王总哈哈一笑，回答道："小小的暗示就发生在你身边的每时每刻。你应该注意到了吧，H公司的刘总表现得是多么坦诚自然，没有特别多的客套拘束，说明他对我们的沟通也是相当满意的。"

小李："您是说他会谈中间还有心情沏茶？"

王总："这还不是主要的，你看他双腿交叉，一副悠然自得的样子，仿佛已经胜券在握，这已经说明问题了。"

小李："双腿交叉也能说明问题？"

在几百万年前，人类尚未产生语言的时期，由于相互之间无法快速有效沟通，腿和脚就成为最有效的工具，遇到危险情况可以逃跑以应对猛兽、灾害等。在此时期，两腿交叉只能在放松自在时才能做，因为它使人体不稳且不利于反应。所以，一旦这种姿势出现就证明交往双方感觉彼此舒适、值得信赖。

一般来说，在拘束感比较强的场合，开始时人们多采用正式的坐姿，正襟危坐，因为此时心理上有一种无形的约束力在约束自己的行为，使自己的表现显得更正式。商务交流初始，出于礼貌考虑双方之间会彼此稍稍点头示意，这是一种防御性的姿势，从心理学上分析，其实这时候人的心理并不平静，也缺乏自信。

经过一系列语言及肢体的沟通了解，对谈话对象有更多的认知之后，人们开始逐步融入这个群体，随之身体会逐渐从正式的姿势转变为双腿交叉的随意姿势，互相之间可以询问初始不便公开的话题。这种亲昵态度表明他们逐渐变成了好朋友。有趣的是，这些双腿交叉站着的人经常显现出一种心情放松的样子，谈话也显得相当随意。

由此可以看出，在谈话环节上整个姿势的变化过程，其实是人们的心理变化过程所带动出来的肢体表现。人的心情由紧张到放松，身体也做出了由正式到随意的变化。

研究显示，缺乏自信的人们经常会使用正式的坐姿。感觉自信舒服、游刃有余的人经常会使用双腿交叉的姿势。故此，在信息沟通交流过程中，要想获得更多的有效信息，必须要让你的沟通对象感觉舒服自在，不应有心理上的负担。

不自觉地抖脚是内心紧张的表现

微表情关键词 遇到压力或危险的时候，人们会感觉紧张，这是一种正常的心理反应。人在紧张的时候，往往会不自觉地抖动双脚，或者做其他小动作，这会妨碍其表达自己真实的想法。

每个人都会有感觉紧张的时候。尤其是身处陌生环境，处理没有把握的事情，产生对外界无法预知的担忧感和无法掌控感，因而在心理上会产生一种紧张的情绪。

通常为了稳定紧张的情绪，人们做出一些细微的小动作。比如握紧拳头，紧咬嘴唇，或者不自觉抖动双脚。只要认真观察，就很容易捕捉到。

小飞第一次和相亲对象约会。开始的时候，两人都没话说，显得稍微有点紧张。桌子下面，他们的脚都在不自觉地抖动着。

"你喝水吗？"为了打破僵局，小飞主动起身给女孩儿倒水，却不小心打翻了水杯。

"对不起，对不起……"

"没关系……"女孩儿也帮忙收拾桌子，气氛一下子活跃起来了。

随着两人聊得越来越多，他们的双腿都换了一个舒服的姿势，脚也不再使劲儿抖动了。

实际上在生活中，你只要仔细观察就会发现，人们都会或多或少地产生紧张感。比如，在会议上的发言者，考场中的学生，初入职场的毕业生，等等。

他们都有一个相同的动作——抖动双脚。

从神经解剖学的角度分析，如果我们产生紧张情绪，大脑皮层会通过中枢神经传送一些命令给肢体，肢体会无意识地做出抖动双脚的动作，来缓解神经上的紧张情绪。类似的动作还有握拳、咬嘴唇、吸烟等。

第九章　千头万绪藏心间，一举一动露真相

所以，如果与人交谈时，无论他的脸部是多么镇定从容，只要对方不停地抖动双脚，就说明他的神经紧张程度一定很高。那么，我们应该注意，是什么让他如此紧张。

如果对方不停抖动双脚，产生紧张情绪，那我们一定要注意了。这可能是被你问到了敏感话题，他不想回答；或者，对自己所说的话感到不自信；再或者，他根本就是在说谎！

如果是第一种情况，那你就要及时反思，是不是问题涉及到了人家的隐私？接下来要及时调整话题，不能继续纠缠下去，最好装作不在意的样子，换个话题聊。

如果你说的话占据引导地位，而且所说的是事实，对方听到之后，不自觉抖动双脚。这可能是他心虚的表现。要大胆推测一下，对方的紧张情绪从何而来？也有可能，他接下来会说谎，这时，要多追问几个问题，才能真正看清他的内心世界。

例如，小张和小李在聊天。小张："这个月的奖金可真不少啊。我拿到了整整2000元。你呢？"小李："啊？是吗？我……我也跟你一样。"同时，双脚不自然地出现了抖动。其实，小李拿了3000元，而且据他所知，同事们的奖金基本都是3000元。

原来，他怕打击小张，不敢说出实情。而善意的谎言，也让他很紧张，所以出现了抖脚。小张其实发现了他这个动作，但为了避免尴尬，巧妙地转移了话题。小李轻松了很多，脚部不再抖动。

总之，在与人相处中，要想更好地了解一个人，就要多一些认真和细致的观察，通过一个人的小动作，来看出其广阔的内心世界，通过其内心的想法才能真正了解一个人的性格特点，从而为我们自己的生活争取到更多的优势地位。

第十章

透视行为心理,掌控人生全局

人类就好像大自然中的树木,每一棵树都有各自的特点,但是,总存在一些共同之处。通过权威的行为心理知识分析人性的自我,不仅能够帮助你更加了解自己,而且能够让你掌握人性共同之处,从而易于了解他人,以便于站在他人的角度上,直视对方心底的秘密。

第十章 透视行为心理，掌控人生全局

发掘一个人行为背后所隐藏的意义

 观察身边的人，你可以发现他们一举手一投足之间，都有着自己独特的规律和含义，掌握了这些规律的判断方法，也就是行为心理学，你才能了解他人心中隐藏的真正想法。

行为哲学认为：人类的行为，源自于人类意识的指导，也就是说，行为与心理，其实有着极其密切的联系。基于这一点，美国的心理学家华生在20世纪初创立了行为心理学，它建立在心理学的基础上，但避免了普通心理学中专门研究意识的缺陷，专注于通过行为来研究人类的心理活动。也正是因为这种独特性，行为心理学成了如今最为权威而热门的心理学科。

从本质上来说，行为心理学是通过人类的动作行为，来发掘判断出他的心理活动，也就是发掘行为背后隐藏意义的最基础实用的方法。

为什么说行为心理学是最基础实用的方法呢？我们看了下面的事件，就可以清楚地了解了。

美国联邦调查局的密探捉住了一名潜伏多年的高级间谍，为了从他口中挖出更高层的间谍名单，探员们对他进行了高强度的审讯。

一开始，这名间谍还表现出了配合的态度，交代了很多无足轻重的情报，但是，一被问及间谍的高层领导，他就立刻三缄其口，避而不谈。

探员们用了很多办法，也没能撬开他的嘴巴。最终，一位经验丰富的老探员接手了这个案子，拿着可能是间谍高层领导的嫌疑人名单走进了审讯室。

"我知道你为什么不说。"老探员笑着在间谍面前坐了下来，"以你现在的情况，很有可能会被引渡回国，你一定在等着这一天吧？"

间谍抬起头来，看了他一眼，然后低下头去，无论老探员说什么，都没有任何反应。

老探员并没有气馁，反而微微地笑了："你口风很紧，这一点我很欣赏，不过，这样的做法在这里可不明智。因为我们已经有了确切的情报，下面的这些人，很快就会被请到这儿来跟你见面了。我相信你见过他们中的几位，让我来说说他们的名字吧。奎因·格林，尼克尔·卡尔林斯，史考克·汉克斯……"

每说一个名字，老探员都会略微停顿一秒，观察间谍的反应。虽然间谍的面色一直保持不变，但是，在听到"鲁尼·史密斯"这个名字时，他放在桌上的食指反射性地轻弹了一下。

这一微小的动作被老探员捕捉到了，他很快肯定：鲁尼·史密斯就是那名间谍的上线。果然，在对史密斯进行了一段时间的强化监控之后，联邦调查局找到了他的犯罪证据，依法逮捕了他。

与他人沟通时，我们可以通过语言、态度等来推断出他心中的想法，但是，如果谈话的对方根本不抱合作态度呢？他可能不回答你的问话，甚至连一丁点儿表情都不给你，这个时候，你是否就对判断他的心理束手无策了？

像这样的情况，我们需要用到的，就是行为心理学的知识。

人们在遭受到外界的刺激时，机体为了适应环境，会有着各种各样独特的反应，例如肌肉的收缩、腺体的分泌、肢体的运动等，这些独特的反应，就是我们口中所说的行为，也是行为心理学要研究的对象。基于心理学中的巴甫洛夫条件作用，外界环境的刺激与人体本身的无刺激是可以进行配对的，外界的刺激，能够引起原先无条件刺激时才能引发的机体反应，形成初级条件反应，而再次发生类似的刺激性事件，或者是被他人用言语的形式，起到相应的刺激作用时，机体就会产生相应的无意识的反应。

也就是说，人们所产生的无意识行为，都可以还原为一个个的条件反射，而这些反射，代表的就是人们心中真正的想法。只要能掌握行为心理，那么他人秘而不宣的小心思，也会被你尽收眼底。

老牛与老许是多年的生意合作伙伴，最近，有一单大生意找上了老牛，他的第一想法，就是和老许商量商量。

可是最近有许多风言风语传到了老牛的耳朵里，说老许已经找到了新的合作伙伴，投资方向转向了海外。

究竟该不该告诉老许这个项目呢？老牛左右为难，他借喝茶的名义将老许约了出来，打算探探他的口风。

闲聊间，老牛多次旁敲侧击地提及此事，但是老许浸淫商场多年，又怎么会如此轻易透露出自己的想法？磨了良久，老牛都没有收获。

第十章 透视行为心理，掌控人生全局

心中有些烦躁的老牛随手将自己的茶杯放在老许茶杯旁边，挨得非常近。在平时这种情况很常见，老许也并不以为忤，可是这次，老许却轻轻皱了皱眉头，不动声色地将自己的茶杯拿起来，端在唇边喝了一口。

这个细微的动作被老牛发现，他心里一个咯噔，本想要出口的话又吞了回去。

果然，经过老牛一段时间的观望，老许竟然真的转移了投资方向，逐渐偏离了二人合作的轨道。

作为商场上的老将，老许在言语上能做到滴水不漏，但是他的小动作，还是出卖了他内心对老牛的疏远感。而老牛如果不是对行为心理有点研究，发觉了老许这个动作背后的隐藏意义，恐怕还会像从前一样对待老许，那样他不仅是被多年的合作伙伴背叛，很有可能连那单大生意，都会遭受莫名的危机。

由此可见，在生活中发掘他人小动作背后的隐藏意义有多么的重要。我们平日里研读心理学书籍，多是为了判断对方的心理活动，好在"知己知彼"的情况下，做到"百战百胜"。而学习心理学的过程，就像是盖楼房一般，楼房建得多高，在于地基打得多好。诸如冷读术、攻心术大多讲的是技巧、方法，而行为心理学所讲述的，是判断的根源。如果无法很好地判断出对方的心理，那么技巧掌握得再多也事倍功半；如果可以正确掌控对方心理，那么所有的技巧使用起来，都会事半功倍。

发现潜藏在内心深处的未知的自己

微表情关键词　我们可以欺瞒自己的内心，但是我们的行为却是由心而生，无法完全遵循外在的意识。因此，通过行为心理学来认识自己，深入了解自己，比其他的办法更为有效，也更为直接。

俗话说：想要了解他人，就得先了解自己，一个人如果连自己都不了

解，那么空谈了解他人，也不过是纸上谈兵，虚有其表而已。

希腊有句名言是这么说的：这个世界上最困难的事情，就是认识自己。认识自己，不仅仅是知道自己的喜好、性格、脾气等，在我们每一个人的心里，都有一个潜藏的、未知的自己，我们平时说话做事，都受到这个潜在的自己的影响。有时候，明明是一个很开朗的人，却突然会避开社会，将自己关在屋子里几天不跟任何人说话；有时候，明明是一个很坚强的人，却会忽然忍不住流眼泪，甚至在众人面前号啕大哭；有时候，明明是一个很软弱的人，却在大难当头临危不惧，做出了英雄般的举动……

像上述的情况，我们普遍会认为是因为自己压力过大，"失态"所致，但实际上，一个人所做出的任何行为，都与自己内心深处有着紧密的关联。不信？让我们看一看下面的案例：

乔治是一家上市公司的股东兼经理，他自认为在所有股东里，自己算是最慷慨的一个，不论是分红还是奖励，他从不亏待自己的手下。

但是让乔治恼火的是：在最近的领导人影响力调查里，自己赫然登上了"最抠门领导"的榜首。

怒气冲冲的乔治回到办公室，跟秘书抱怨了一通，接着打发秘书去给自己买杯咖啡。在秘书出去之后，他随手拿起她桌上的巧克力拆开包装咬了一口。

然而，做出这个动作的乔治马上就后悔了，因为他看到了巧克力盒下面压着的一张纸条："亲爱的，这是我送你的情人节礼物……"

把别人的情人节礼物吃掉了，这可如何是好？乔治有些慌乱，但是很快冷静了下来，一会儿等秘书回来，跟她道个歉，赔她两盒巧克力就是了。

可这并不是几盒巧克力的问题，是她男朋友的一片心意啊！乔治的内心中，有一个名叫良知的声音在抗议着。

思来想去，乔治的心中忽然灵光一闪。他看了看仍然拿在自己手中的半截巧克力，再想一想自己从前的行为举止，似乎对自己为什么会当选"最抠门领导"产生了一丝明悟。

自己好像常常让秘书去买咖啡、红茶、口香糖等东西，但是却从来没有给她计算过这种"小钱"；而且，一般自己饿了，或是渴了，看见谁的办公桌上有吃的喝的，随手就会拿走。在以前的乔治看来，自己每年多给他们发十几万美元的奖金，这些小事应该没人在意，可现实的情况却表明……

或许真是应该改一改这毛病了。乔治如是想道。

 第十章　透视行为心理，掌控人生全局

出身于豪门的乔治从来都是衣来伸手、饭来张口，小时候，所有人都是拿着各种各样的好东西进献到他的面前，任他挑选。长大之后，他虽然成了成功的经理人，但是小时候所养成的"小皇帝"本质还深深印刻在他的行为中，如果没有意识到自己的这一点，那么乔治就算付出再多的努力，也无法得到手下真心的信服。

透过行为，我们可以发掘他人心中隐藏的秘密。同样，透过行为，我们也可以发掘出自己心中，连自己都无法察觉到另一个"自己"。

阿苏是一位在外企工作的白领，他年薪数十万，在同行之中也算是佼佼者，可是，阿苏有一个难以启齿的毛病，就是他总是屡屡控制不住自己去偷别人的钱包，哪怕是钱包里只装了十几块钱，他也会从偷窃的过程中产生一种快感。

这样的情况越来越严重，阿苏不得不求助于心理医生，希望能帮自己解决这个难题。

在心理医生的帮助下，阿苏努力地对小时候发生的相关事情加以回忆，终于回想起自己八岁那年曾发生过的一件事：

那时候正是过年，小孩子们都喜欢去买鞭炮来放，但是由于阿苏家里父亲刚刚破产，所以他只能眼巴巴地看着别人玩。可是，有一个邻居家的小孩拿着自己的鞭炮在阿苏面前炫耀，说他是"穷鬼"，不服气的阿苏偷偷跑回家去，拿了母亲的钱包，买了许多鞭炮，放得尽兴而归。

回到家里，母亲知道了这件事，并没有训斥阿苏，但是父亲回来了之后，二人大吵了一架。

过了没多久，父亲就和母亲离婚了，虽然在离婚这件事中，阿苏所犯的错误只有很小的影响，但是在儿时阿苏的潜意识里，他父母的离婚，正是由于他拿了母亲钱包而造成的。也就是因为这一点，阿苏才患上了强迫症，通过一次次偷别人的钱包，来弥补自己心中的遗憾。

明白了这一点之后，阿苏努力克服了心理障碍，戒掉了偷窃的恶习。

如果不是偷窃行为的发生，阿苏可能永远都不知道，在自己心里，还有如此弱小、无助、愧疚的另一个自己。而正是因为他认识到了这个"自己"，才能变得更成熟、更强大。

所以说，掌握行为心理学，第一步的目的不是要研究他人的心理，而是要认清自己，了解自己。拉丁美洲有位智者说得好：当你真正认清了自己，对自己诚实的时候，这个世界上再没有人能够欺骗得了你。

而行为心理学，无疑是了解自己的最好的途径。因为行为多数来源自潜意识，而潜意识所代表的，正是我们内心深处的那个未知的"自己"。

分析他人个性，预见其未来的行为

> **微表情关键词** 想要掌控他人，就要掌控他人的性格、个性，并且能够预见他未来的动作。我们无法做别人肚子里的蛔虫，但是运用行为心理学，想要达到以上的目标，还是非常容易的。

在华盛顿的一条金融街上，一位负责巡查的警探在一家银行的门口注意到了一名头戴围巾的妇女。

那名妇女看起来与普通人毫无二致，但是她先是站在银行门口，左顾右盼了一阵，接着放开了脚步，向银行边停着的运钞车走去。

警探一开始以为她是在等人，但在她走向运钞车时，他的警惕心立刻提了起来。这家银行在金融街每天的金额交易都十分巨大，经常会发生一些持枪抢劫的事情。

警探躲进了临街的一家商铺里，装作是观看商品的样子，近距离地观察那名妇女的行动。

近距离观察中，警探发现那名妇女没有普通妇女的温和柔弱，她紧绷的嘴角和蹙起的眉头，显示出一种极为冷冽的气质。并且，她也不像其他的路人那样急着赶路，而是慢吞吞地走着，眼神中不时流露出紧张和兴奋的情绪。

警探几乎完全可以肯定，这名妇女的目标，就在她面前没多远的运钞车上。他从店铺里出来，趁那名妇女不注意，悄悄接近她。就在这时，那名妇女戴上手套，从大衣里取出准备好的手枪……

一旁潜伏的警探一个猛子扑了上去，在一切还没有发生时，将这起抢劫案扼杀在了摇篮里。

这并不是电影里的情节，而是在美国真实发生的一起案件。那名妇女是

 第十章　透视行为心理，掌控人生全局

恐怖组织的一分子，专门从事抢劫银行运钞车的活动。试想一下，如果不是警探在她还没有开始行动前，就发觉了她的异样，掌控了她的心理动态，那么那名妇女的这一次抢劫行为，极有可能成功，或是造成惨重的人员伤亡。

我们平时运用心理学，多是为了判断出他人的心理活动，从而更好地掌控事件的进展，或是谈话的全局。而运用行为心理学，不仅可以起到相同的作用，更可以通过行为分析出对方的性格、习惯，对他未来的行为、判断做出推断，从而达到"未卜先知"的效果。

小聂是房产公司首屈一指的销售人员，再难缠的客户，落到他手里，也会变得服服帖帖，这让其他人非常羡慕，纷纷向他讨教"对付"客户的关键。

架不住众人的"糖衣炮弹"，小聂"招供"了自己搞定客户的办法："其实也很简单，当一位客户走进来，从他的动作、神态，就可以看出他是个什么样的人，他想买什么样的房子，然后再根据这一点，投其所好就可以了。"

"怎么可能这么容易？"同事们纷纷表示不信。这时候，正好有一位中年女性客户进门，小聂向众人示意，迎上前去。

"您好，有什么可以帮到您的吗？"小聂礼貌地打着招呼。

"我有一处房子想要卖。"那名中年妇女眉头紧皱，一副明显不信任小聂的样子。看见小聂请她坐下的动作，她从包里掏出纸巾擦了擦椅子，才斜坐了下来。

"那请问您的房子在什么地段，想要卖到什么价钱呢？"小聂露出最温和的微笑，和最专业的态度，可是这一招仍然没能让那名中年妇女放下心防。

经过了一段时间的交涉，那名中年妇女总算是舒展开了眉头，但临走时，却抱紧自己的手提包，斜着眼跟小聂说道："虽然登记了，但回头我还是会去别家看看的，你们别想坑我！"

"这点您可以放心。"小聂仍然彬彬有礼，"您在任何房产公司登记都是一样的，我们不会收取您任何费用，不过，我们公司有最多的客源，服务过程也完全透明化，无论您有什么样的问题，我都可以帮您解决。"

"哼，但愿吧。"中年妇女冷哼了一声，转身走了出去。

她一走，小聂的同事们就围了上来，七嘴八舌地讨论起来：

"这大妈也太难伺候了……"

"是啊，一看就知道不是诚心想卖房……"

"这种客户肯定没戏了！"

"错。"小聂摆摆手，否定了同事们的看法，"正好相反，她真的是想要卖

房,并且她过些时候,一定会再打电话来。"

"不可能吧?"同事们纷纷侧目,觉得不可思议。

"从她进门时就皱着眉头,还用纸巾擦椅子的动作就可以看出来,她平时是一个比较自闭,疑心很重,敏感并且还有洁癖的人。像这样的人,如果没什么事的话,不愿意与陌生人交流,而她今天之所以过来,一定是急着用钱,或是什么别的原因,所以在短时间内想要把房子出售出去。"

"另外,从她总是抱着自己的提包的动作也可以看出来,她对所有人都有着强烈的防备心理,但同时,又强烈期待着能够获取来自于他人的帮助。为她服务的人态度只要有一点差错,就会让她觉得受到蒙骗和伤害。这样的客户虽然不好对付,但在成交过程中只要做到干净利落,不拖泥带水,相对于那些真正难缠的客户,还是很好签单的。"

"原来是这样。"众同事们纷纷点头。果然,没过两个小时,那名客户的电话打了过来,催促小聂带人去看她的房子。

从皱眉头、擦椅子、抱紧提包这几个动作,小聂就分析出了那名中年女客户的心理活动和性格特征,能有这样的结果,与他平时钻研行为心理学分不开。如果换作普通的销售人员,从语言态度上分析那名中年妇女的表现,绝对会认为她不是诚心想要卖房,从而冷淡对待,不用说,那名性格敏感的客户会在第一时间内跑掉。

由此可见,从行为上分析他人的个性,才是最稳妥、最可靠的办法,当你了解了他人的性格之后,就能够推断出他未来可能的行为,从而可以为自己的应对增添一份筹码,让自己处事更加圆滑,无懈可击。

第十章　透视行为心理，掌控人生全局

心理学家教你做人际关系的大赢家

掌握行为心理学知识，你就会变成心理学家那样的"窥心者"，他人的一举手一投足所代表的意义，都逃不过你的眼睛。从此以后，所有人在你眼中，就是"透明人"，而你在人际圈中，也更能体会到如鱼得水的美妙感觉。

小娟是办公室里八面玲珑的"开心果"、"知心姐姐"，她似乎天生就有着看透别人心思的眼睛，哪一位同事遭到打击，哪一位领导心情不爽，甚至是身边有人接下来想要做什么，她都能先一步猜到，给予别人最适当的帮助，这让办公室的人都非常喜欢她。

新人小高刚来公司，总是做错事，会错意，因而对于小娟的这一点十分钦佩。找了个机会，小高诚心诚意地向小娟请教秘诀。

"其实也没什么秘诀。"小娟谦虚地笑笑，"我之所以能够取得大家的好感，完全是因为我能够从行为上判断大家的心思而已。"

"比如说，"小娟指了指刚从外面走进来的主任，悄悄地吐了吐舌头，"你看，王主任走得满头大汗，眉头紧皱着，嘴角还朝下撇，这代表着他心情很不好，可能是在外面受了客户的气，也有可能是因为堵车而耽误了重要的事。总之，现在如果有问题，千万不要去找他报告，不然只会碰一鼻子的灰。"

"原来如此。"小高心悦诚服地点着头，"娟姐，你观察真是细致。"

一旁埋头工作的小陈瞪着布满血丝的眼睛，紧盯着电脑屏幕，忽然又烦躁地抓了抓头发，打了个哈欠，站起身来向正在聊天的二人走来。

"娟姐……"

小陈还没说明来意，小娟就从桌子上拿起一袋咖啡递了过去："给你，下次别这么拼命加班了，总是熬夜对身体不好。"

"还是你了解我。"小陈嘿嘿一笑，转身拿起杯子去冲咖啡。

"娟姐，你太牛了。"看着这一幕，小高向着小娟竖起了大拇指。

小娟能够猜透他人的心思，除了靠观察细致之外，更重要的，就是她所掌握的行为心理学知识。如今社会，到处都是不可见的陷阱与骗局，每个人都将自己的心禁锢起来，从不轻易跟他人说真话，也正是因为如此，人与人之间的真心交流越来越少，绝大多数人都会有"知己难求"的感慨。

在这样的社会环境下，如果有人能够准确地判断出他人的心理，化解对方潜意识里的排斥与防备，那么绝对能够在短时间内取得对方的好感，甚至于赢得对方的信任。

试想一下，如果一个人能够做到这一点，那么他还会有人际关系上的难题吗？无论是难缠的客户，严厉的领导，还是疑神疑鬼、喋喋不休的爱人，都可以通过他们的行为，来判断出他们内心真正的想法，从而完美控制与他们之间的人际交往，做到无往而不利，"无人而不克"。

另外，掌握行为心理学，不仅可以通过行为分析出他人的情绪变化，从而从容面对，做出最好的决断，更能够让你在人脉圈中轻松享有"心理专家"的美誉。试问，一位能够随时为朋友出谋划策，解决难题的智囊军师，会有哪个人不欢迎呢？

美国著名的 FBI 探员纳瓦罗就是这样一个人。

从 FBI 退休之后，纳瓦罗成为许多大公司的心理顾问。有一次，他作为英国方的顾问，应邀去参加英法两国两家船舶公司的谈判。

英国的代表显然没有将这位大名鼎鼎的前 FBI 探员放在眼里，在见到纳瓦罗之后，他交代道："一会儿进入谈判室，我们会先听对方的陈述，然后我们再进行陈述，你可以在旁边看着……"

"你们雇我来，可不是让我在旁边看着的。"纳瓦罗摇了摇头，"我需要和你们一起商讨合同的细节问题。"

"不行，那样耗费的时间太长了。"还不信任他的英国代表立刻否定了他的话。

"如果你想让双方达成协议的话，那么我提的反对意见你最好重视。"纳瓦罗着重强调，"在会上，我会注意观察，看哪些条款是对方可以接受的，哪些是他们不愿意接受的。总之，我会尽量去解决那些可能出现的问题。"

会谈按照纳瓦罗希望的方式开始了，在双方研读合同内容的同时，纳瓦罗不断地向英方首席谈判代表递小纸条，说明哪些条款会有问题。对面的法

第十章 透视行为心理，掌控人生全局

方代表十分奇怪，为什么英国的代表总能抓住他们最在意的利益点不放呢？

会议之后，英国代表对纳瓦罗的印象大为改观，他好奇地问道："我也一直在钻研这些条款，但是为什么你就能看出来他们在乎哪些呢？"

"我只是一直在观察他们的动作罢了。"纳瓦罗微微一笑，"每当他们遇到特别在乎的条款时，嘴角都会不由自主地抿一下，这个小动作，恐怕连他们自己都没有意识到吧。"

就这样，纳瓦罗帮助英方拒绝了许多价格不菲的"修订提议"，节省了至少几百万美元；而英方的首席代表，从此也对纳瓦罗心悦诚服，成了他的"信徒"之一。

人们常说，君子之交淡如水，但又说，人情世故要勤于走动。这也就是说：淡如水的朋友固然是好，但那种能够时刻帮得上忙，让人觉得很牢靠的朋友，才是现代人最欢迎，也是最需要的。也正是因为如此，如果我们能够像纳瓦罗那样，通过行为举止猜透人心，辨析人性，那么不仅能够让自己在生活中一帆风顺，也能够让周围的朋友越来越依赖，越来越信服你，让你成为朋友圈中的聚光点。

由行为可以窥探出对方的心理真相

> **微表情关键词** 心理学家弗洛伊德曾说过："任何一个感官健全的人，最终都会相信没有人能守得住秘密。如果他的双唇紧闭，而他的指尖会说话，甚至他身上的每个毛孔都会背叛他。"我们的语言也许可以骗人，但是行为，却无法说谎。

小时候看福尔摩斯侦探集，对里面"料事如神"的福尔摩斯崇拜到了极点。而接触了行为心理学之后，我才恍然发现：很多时候，福尔摩斯经常通过观察他人的行为来判断其是否说谎，是否有所隐瞒，而他的这种判断，事实证明，往往都是正确的，而这种直觉的判断与行为心理学的理论研究是一

致的。

《沉默的羔羊》、《不死潜龙》、《勇闯夺命岛》、《特工佳丽》、《虎胆龙威》……这一个个熟悉的电影名字，将我们引入一场场正义与邪恶、激情澎湃的战斗中，与此同时，FBI这个沉甸甸的名字也进驻大多数国民的心里。

FBI的全称是Federal Bureau of Investigation，全名美国联邦调查局，是美国最重要的情报机构。每一个出身FBI的探员，都是美国警界首屈一指的拔尖者。经过层层的选拔，和为期三个月的全封闭式严酷训练，才能够真正取得做FBI探员的资格，而在FBI学员的训练过程中，最关键，也是最重要的一课，就是学习行为心理学。

为什么连FBI的探员们都要学习行为心理学呢？

天天与恐怖分子、高智商犯罪人群打交道，FBI探员们需要在第一时间内，判断出对方是否在对自己说谎，甚至是对方在想什么。但是，很多犯罪分子都是说谎的高手，单从语言上来判断，很有可能会与真相失之交臂，因此，FBI探员们，大都依靠判断行为，来掌控嫌疑人的心理活动。

在FBI工作20余年的资深探员纳瓦罗在一次追捕持枪逃犯的过程中，与同事一起来到逃犯的母亲家进行调查。

二人进入了这位老妇人的家里，在出示了证件之后，开始了例行询问。当纳瓦罗问到"您儿子在家吗"这个问题时，他注意到那位老妇人将手放在了颈窝上，然后才回答："不，他不在。"

又问了几个问题，纳瓦罗再次问道："那您儿子会不会趁您外出时偷偷潜入您的房子呢？"在回答这个问题时，老妇人又将手放在颈窝上，然后说："不，应该不会。"

纳瓦罗并不动声色，继续问着问题，直到将要离开时，才强调性地问道："那么，我可以总结我的记录了，您儿子确实不在这间屋子里是吗？"

这一次，那位老妇人仍然把手放在颈窝上，然后点了点头。

纳瓦罗几乎可以完全肯定，这个女人在说谎，而他的儿子就藏在她家里。果然，在申请了调查令之后，他们在一堆盒子下面的密室里找到了那个逃犯。

在这个真实的案件中，纳瓦罗所用到的，正是行为心理学的知识。人们在对他人所说或所做的事情产生消极反应时，比如说撒谎，就会不自觉地进行类似于抚摸颈部、鼻子这一类对自己的安慰行为，从而掩饰或是消除心里的不自在。那位老妇人，正是由于表现出这种行为，才被经验丰富的纳瓦罗

 第十章 透视行为心理，掌控人生全局

一眼看破。

浸染在这五光十色的社会中，说谎已经成了大多数人的家常便饭。单单想要从一个人的话语来判断出他是否在说真话，无疑是难之又难。特别是对于那些凶残又狡猾的罪犯来说，他们在说谎时可以面不改色，在狡辩时可以冷静自若，所以，从行为判断出他们内心的想法，是唯一能够让他们俯首认罪的途径。

坐在桌子那一头的嫌犯小心翼翼地回答着FBI探员的问题，他的言辞非常恳切，也有充分的证据证明自己在案发当时不在场。可是，FBI探员还是不依不饶地对他进行询问。

"假如让你去杀一个人，你会用枪吗？"

嫌犯耸了耸肩，摇摇头，一副很无奈的表情。

"那么，假如让你去杀一个人，你会用刀吗？"

嫌犯做出同样的动作，摇了摇头。

"假如你去杀一个人，会用铁锤吗？"

"不。"嫌犯依旧摇头。

"假如让你去杀一个人，你会用碎冰锥吗？"

在听到这个问题时，嫌犯稍稍露出了一点不一样的情绪，他的眼皮明显地耷拉了下来，似乎想要掩盖什么，但是这动作转瞬即逝。

可是，心细如发的FBI探员注意到了这一点，这个嫌犯因此成为了案件的第一嫌疑人。果然，在进一步的调查后，他就是杀了被害人的杀人凶手。

一次只需要0.2～0.4秒的眨眼，FBI探员就发现了那名嫌犯的破绽。在听到了自己曾用过的作案工具碎冰锥时，嫌犯所产生的异常的身体反应，正是FBI侦破这起案件的切入点。正是因为具备对动作行为的敏感性，FBI才能像普通人眼中的超人一般，一眼看破他人的心理变化。

可以说，行为心理学作为FBI辨人识人的终极秘技，是毫不夸张的。就连FBI的高级探员都说过："在实际办案过程中，可以从对方外在的身体语言中读懂他们的内心世界，这非常有益于我们破获疑难案件。因此，我们会把如何通过身体语言来破解内在信息作为FBI重点培训的教程。"

在经过了系统的行为心理学培训之后，FBI探员在面对嫌疑人时，会将他每一个细微的动作都"扫描"进大脑，精确地分析其内在的含义，也正是因为掌握了这一秘技，FBI才能够屡屡抓住细节，破获奇案，成为我们身边现实存在的"传奇"！

通过潜意识，帮助你了解他人心底秘密

> **微表情关键词** 著名作家海明威在他的作品《午后之死》中，把文学创作比作是冰山，而实际上，人们的意识也与冰山十分相似。所以说，通过行为心理学掌控他人95%的潜意识，比费尽心思掌控仅仅5%的显意识要有用得多。

看过《泰坦尼克号》的人，都对影片中游轮撞冰山的那一幕不陌生。当游轮紧急转向，只为了避过前面那尚不及游轮十分之一大小的冰山时，相信有不少人的心都提到了嗓子眼里。但是，有多少人想过这个问题呢？为什么看到那么小的冰山，船上的所有人都惊慌失措，爱德华船长命令紧急转弯，而又是为什么，那样体积的冰山，就可以让当时素有世界上最大、最先进的"永不沉没"的泰坦尼克号拦腰横断？

在影片中，有一个细节回答了这个问题。当轮船的船体在海水中前进时，一团巨大的黑影，与船身发生了剧烈的摩擦，撞破了船身隐没在海水下的部分，让汹涌的海水冲进了机动室。

那团巨大的黑影，就是那座冰山隐藏在海底的部分，同时，也引申出我们要讲的心理学理论——冰山效应。

冰山效应，又被称为是冰山理论，是著名的心理学家弗洛伊德提出的。他认为：人的人格，就像是漂浮在海面上的冰山一样，显露在海面外的，仅仅是冰山一角，即属于显意识的层面；而大部分没有表露的层面，属于潜意识，潜意识在某种程度上，决定着人们的发展和行为。

潜意识指的是埋藏在显意识下的一股神秘力量，又被称作是右脑意识或是宇宙意识，在平时的生活中，也被我们称之为"潜力"，是人体中存在却未被开发出的能力。

维也纳大学的康士坦丁博士曾在自己的报告中估算过：人类的脑神经细

 第十章 透视行为心理，掌控人生全局

胞大约有 1500 亿个，每一个脑细胞与其他的脑细胞相互联络，在大脑中组成神经元，开启"信息电路"。然而，人类至少有 95% 以上的神经元还处于未被开发状态，即使是爱因斯坦这样的科学巨匠，也只不过运用了他们潜意识部分的 2% 而已。

由此可见，潜意识对于人们的影响是多么的巨大。我们无法掌控自己的潜意识，但是我们的行为、动作、表情与态度却处处受它影响。因此，如果能够了解他人的潜意识，那么对于我们在不知不觉中接近他人，取得他人的信任，会有意义非凡的帮助。

通过语言、外在所表现出的，是人们能够掌控的显意识，而潜意识只能通过对无意识行为的观察揣摩得出。因此，能够最快速最稳妥地了解他人潜意识的方法，就是这本书要讲的行为心理学。

从国外名牌大学毕业的玫红，通过朋友介绍，去一家大公司应聘。

面试官是一位看起来十分精明干练的白领女性，从礼仪到言语，都十分具有大公司中层领导的专业风范。面试官客气地请玫红坐下，看过玫红的简历，向玫红提了一些专业性的问题，并询问了玫红对公司的看法。

两个人之间的对话进行得一板一眼，但是细心的玫红却发现：面试官总是有意无意地去看自己的手表，并且双脚也总是向大门的方向倾斜。

例行的询问进行完毕之后，接下来是玫红自我发挥的部分，可是这时候，早已经过了公司的下班时间。玫红看了看表，做出了一个让面试官诧异的决定："张经理，今天都已经这么晚了，要不我们边走边说如何？去停车场的这段时间，正好也够我做自我介绍的了。"

"呃……也好。"虽然有些惊奇，但张经理微微皱起的眉头却舒展了开来。

一路上，玫红言简意赅地做了自我介绍，由于时间的关系并不完善，但是张经理对她的态度，却由一开始的公事公办，变得十分和缓，甚至还体现出一丝亲热的意味。

果然，到了第二天一早，玫红就收到了面试通过的消息，去新公司走马上任了。

如果是一般的面试者，在进行自我发挥的部分时，都唯恐时间会不够用，会想尽办法在面试官面前表现出自己的长处。但为什么玫红这种"偷懒"的行为，反而能让面试官对她青睐有加呢？

细心的读者也许能看出来，玫红之所以会独辟蹊径地取得成功，完全是在于她对面试官的行为观察。

作为一名大公司的中层管理者,面试官必须要求自己随时随地体现出最专业的素质,因此,就算是有什么急事,心中火烧火燎,在面上,她也不能有丝毫的表现。只不过,她的行为却出卖了她,无论是无意识地看表,还是脚尖冲着门,都表现出她内心中急切的渴望——想要赶紧处理完手头的事情下班。

这样的动作可能连面试官自己都没有注意到,但是却被玫红注意到了。因此,她即使没有做到最好,也给面试官的潜意识里留下了好印象,再加上她原本的能力与资历,取得这份工作是理所应当的事。

所以说,通过行为来判断了解他人潜意识中的想法,比起仅仅是通过言语表情来猜测他人的显意识要实用得多。要知道,如果将人类的意识比喻成一座冰山,那么有95%的体积,都是隐藏在海面之下的潜意识部分。因此,与潜意识有着直接关系的行为,对我们来说才是最重要的信息。

通过周哈里窗,帮你打开心灵之窗

微表情关键词 每个人的心灵都有四格窗口,打开这四格窗口,才能真正看到一个人的内心,而行为心理学,正是打开他人心窗的钥匙。

我们常说,知己知彼百战不殆。可是真正的知己知彼,又有几个人可以做到呢?

每一个人都觉得自己了解自己,但是当我们遇到什么事,或是受到什么打击时,我们会做出十分反常的反应。这时候,我们往往会冒出这样的想法:其实自己并不了解自己是个什么样的人。

实际上,想要了解自己并不是难事,关键是要用对方法,掌握好技巧。

周哈里窗,就是用来审视自己,甚至是深入了解他人的终极技巧。

提出周哈里窗概念的,是心理学家鲁夫特和英格汉,他们在著作中提出"周哈里窗"模式,将人们的心分为一扇四格的窗口,这四格窗口分别是开放

 第十章 透视行为心理，掌控人生全局

我、盲目我、隐藏我和未知我。

这四格窗口，组成了我们心灵上的一扇窗户。左上角的那一格窗口，被称为"开放我"，又叫"公众我"。这格窗口所代表的，是我们内心中可以显露于外的部分，比如说相貌、性别、职业、能力、籍贯、爱好、成就等。这些能够公开的信息，组成了心灵的自由活动领域，是了解自我、评价自我的最基本的依据。

当然，每个人"开放我"的大小都不一样，与一个人自我心灵的开放程度、人际交往、个性张扬的力度和广度有关。像是当红的演员，他的"开放我"就比一个默默无闻的工人的"开放我"要大得多。

接下来，是我们心灵右上角的那一格窗口，被称为"盲目我"，又叫"背脊我"。之所以会得到这个名称，是因为它属于我们自我认知中的盲点区域。所谓的"当局者迷，旁观者清"，讲的就是"盲目我"。

"盲目我"所代表的是潜意识层面的行为特征，比如说一些突出的心理特征、一些不经意的动作或是习惯，等等。这些情绪流露自己往往体察不到，只有在他人告诉你时，你才会有所了解，但是一般会做出惊讶、辩解或是有所怀疑的态度，因为那根本不是你想象中应该出现的情况。

当闺蜜严肃地告诉小红，自己实在是受不了她言而无信的一面时，小红十分委屈。

"我哪里言而无信了？"小红辩解道，"我什么时候答应过你什么事没有做到？"

"上个星期你说陪我一起去买衣服，但是临时变卦；上个月你说会帮我介绍男朋友，可是这会儿恐怕忘得干干净净了吧？"闺蜜质问道。

小红被说得哑口无言，闺蜜不说，她几乎把这些事儿忘得干干净净，不过……用得着发这么大的火吗？小红嘀咕着，谁还没有点忘事儿的时候呢？

像小红这样的情况，就是看不清自己"盲目我"的表现，像是她这种轻易承诺，转瞬间又会忘得干干净净的特征，被别人揭露出之后，她反而是最觉得奇怪的一个。

盲目我，是自己看不见，别人看得见的心灵的一面。通常，习惯于自我反省，自我观察的人，盲目我会相应的小一些；而那些从来不自省的人，盲目我会非常之大。

像是西施捧心、东施效颦的故事，也有着类似的撷趣，西施在捧心时，并不知道自己有多美，但却被别人看在眼里，所以才出了东施效颦的趣闻。

第三格窗口，叫做"隐藏我"，又被称为"隐私我"，指的是我们心灵中隐私的一部分，这一部分通常是我们自己知道，但是别人不知道。个人秘密、缺点、往事、痛苦、欲望、疾病等，都有可能成为"隐藏我"的内容。

没有任何隐私的人是不存在的，因此，每个人都会有"隐藏我"。但是，"隐藏我"如果过多，那么"开放我"就会越少，这样的话，就好像在我们的心灵与外界之间筑起一道高墙，无法与外界进行正常的交流。

一般"隐藏我"过多的人，是自闭、隐忍、胆怯、虚荣或是自卑的人，这样的人通常会压抑着自己，同时也让周围的人感到压抑。所以说，我们应该努力面对"隐藏我"，探索自我，直面自己的实质。

最后一格窗口，就是"未知我"，又叫"潜在我"。"未知我"与我们讲到的潜意识，有着极其紧密的联系，甚至可以说："未知我"，就是我们平时所说的潜在的自己。

"未知我"对于一个人来说，属于未经开发的处女领域。一些潜在的能力或是特性，或是在特定环境里所能体现出的才干，都属于"未知我"的一部分。

对于"未知我"，我们要更努力地探索开发，只有更好地认识自我、激励自我，才能够发展自我、超越自我。在这个过程中，行为心理学所能起到的作用最大，因为人们的"未知我"，通常是由无意识的行为动作来表现，可以说，掌握好行为心理学，就能够掌握判断他人"未知我"的技巧。

周哈里窗的四格窗口在我们每一个人的心里开着，认清这四格窗口，对于我们自己来说，是能够认识自我、辨析自我、提升自我的最好方法。而结合行为心理学，认清他人的四格窗口，对于你理解他人、把握他人，有着非常重要且深远的意义。

第十章　透视行为心理，掌控人生全局

通过心智模式，为你辨析他人惯性思维

> `微表情关键词` 我们每个人都有心智模式，这种特定的心智模式，会根据我们的行为态度表现出来，形成一种特殊的可预见的习惯。因此，通过行为心理学深入辨析研究，我们可以拥有预见他人行动的"先知之眼"。

《列子》中有一则名叫《齐人失斧》的寓言，讲的是齐国有一个人丢失了斧子，怀疑是自己的邻居偷走了。自从产生了这个想法之后，他就觉得邻居的一举一动都很像小偷，不管是干活、吃饭、聊天，都是一副贼眉鼠眼的样子。

但是没过多久，斧子在他的后院里找到了。从这之后，这个人再看邻居，怎么也觉得他一身正气，丝毫没有小偷的感觉了。

这个寓言所蕴含的心理学道理，就是心智模式。心智模式是20世纪40年代，苏格兰的心理学家肯尼思·克雷克所创造出来的，又被称为心智模型。简单地说，心智模式指的就是深深植入在我们内心中的关于我们自己、别人、组织甚至是世界每一个层面角落的假设、形象和故事，也就是现在网络上的通用语"YY"，但是，这种"YY"并不是天马行空的想象，而是受我们的定势思维、习惯思维和已有知识的局限，是一种特定的思维模式。

这种思维模式是根深蒂固在我们心中的，对我们平时对待他人、采取行动，乃至于世界观、价值观都有着非常深远的影响，是我们认识任何事物的方法与习惯。当我们的心智模式与认知事物发展的情况相符合的时候，它可以让我们的行动倍加顺畅，有"事半功倍"的效果；反之，当我们的心智模式与认知事物发展的情况不相符时，我们原先的构想就无法实现，甚至会酿成严重的后果。

美国麻省理工学院的彼得·圣吉博士曾在自己的著作中阐述了这个道理：他研究的对象，是一批从业多年的电气工人。电气作为高危行业，习惯

性违章是最具有隐患性的危险，所以说，每一个上岗的电气工人，都会经过严格的培训和定期的考核，以取得从业的资格。

可是即便如此，操作事故仍然在这个行业里层出不穷。

圣吉博士深入了这批电气工人的内部，发现他们在应答试卷、阐述理论时十分专业，但是在实际操作中，唱票复颂逐项打勾等流程，就被他们视为"小儿科"，因为怕麻烦而不一一执行。

这些工人们比谁都清楚从业的危险性，他们在进行安规考试，甚至是现场监察时，都能够一板一眼地做到最好，但在操作时却经常粗心、侥幸、麻痹大意，有些人即使出了误操作，都不知道是怎么一回事。

这样的习惯性违章，究其根本，源于长期的不良的心智模式。要知道，习惯性的行为，往往不是人有意识的行为，而是下意识，也就是潜意识下的行为。在这种长期的不良的心智模式的影响下，拥护理论和实际操作的差距越来越明显，最终发展为下意识的行为，严重威胁着工人们的安全。

圣吉博士认为：心智模式，是人们脑海中"简化了的假设"。他认为人们在面对事物，或是需要采取行动时，脑海里浮现出的并不是完整的、全面的事物的图像影像，而是被概念化的假设、成见和印象。也就是说，人们经常会以经验来决定去怎样观察事物，采取怎样的行动。

这并不是说心智模式就是人们的成见，是贬义的，而是经验、习惯的总称。每个人都有心智模式，我们或许不曾察觉，但是，它确确实实地在影响我们的行为和决断。

因此，认识到自己的心智模式，还有通过行为认识到他人的心智模式，对于掌控他人心理，了解他人习惯，有着重要而深远的意义。

经过归纳总结，圣吉博士描述出心智模式的五个典型特征：

1. 普遍性

对于心智模式，人们早有觉察，但是一般人都认为这只是个人身上的特例。然而，心智模式是一种认识和行为上的普遍现象，每个人都存在心智模式，并且总是通过自己特有的心智模式来进行思考和行为。

2. 隐蔽性

心智模式是隐蔽的，不易察觉的，我们经常把习以为常认为是理所当然，这就是心智模式在作祟。可以说，每一个人都被自己的心智模式指挥着观察、思考、行动，但是自己往往没有察觉。

第十章 透视行为心理，掌控人生全局

3. 两重性

就像那些违规操作的电气工人，他们的心智模式表现在拥护理论和实际操作完全分离。这种分离，不是有意识地阳奉阴违，说一套做一套，而是人们肯定一种理论，但是在实际操作时却按照自身的习惯来动作。

4. 偏执性

人们总是透过自己的眼睛来看世界，换句话来说，人们总是依靠自己的心智模式去判断世界。通过观察、沉淀，人们脑海中留下的，通常是符合自己心智模式的东西，再加以记忆、转化，对于不符合自己心智模式的东西会自动排除掉。因此，心智模式具有一定的偏执性，会让我们将没证实的推论视为事实，致使人们做出具有偏见的决定，难以客观公正地看待事物。

5. 不断成熟性

心智模式的好处，在于人们可以通过一定的心智规划而省下不必要的行动。人们因为在社会中所处地位、背景、文化、价值观的不同，心智模式不可能是完善的。也正是由于这种不完善性，导致了人们的心智模式可以不断地修炼发展，向更高层次提升。

通过内在的小孩，带你看透他人的过去

> **微表情关键词** 不要小看"过去"这个词对人的影响，我们现在的种种行为所反映的，都是我们过去未曾被满足的意识。了解自己内在的小孩，我们可以了解自身，改正缺点；而了解他人内在的小孩，则更有利于深入人心，掌控他人。

一匹小马被拴在木桩上。它年龄还小，非常调皮，不是想去追逐翩翩飞舞的蝴蝶，就是想去啃两口路边的青草，但是以它的力气，却根本无法撼动拴着它的木桩。因此时间久了，当小马被拴在木桩上时，它就安安分分地不再挣脱。

渐渐地，小马长成了大马，它的力量成倍地增长，可以拖动几百斤的大车，也足以拔起那根小小的木桩，但是，每当大马被拴在木桩上时，它就会像小时候一样安分，丝毫没有去撼动木桩的念头。

习惯是一种恐怖的力量，特别是从小养成的、根深蒂固的习惯。而这种恐怖的习惯性，与我们要讲的"内在小孩"有着很大的关联。

新精神分析流派、现代客体关系心理学认为：大多数现代人都有一种内在的关系模式，这种模式决定了我们与其他人、社会、世界，甚至是自己的相处模式，这种模式多在人们六岁以前就已经确立了，在行为心理学中，被称为"内在的小孩"。

简单来说，内在的小孩就是父母在儿童幼年时，由于对待他们的方式、方法和行为上的问题，让孩子们在内心中形成一种固定的模式，在成年后，他们会不自觉地将这种模式套用在自己，甚至是他人的身上。基于这一点，我们可以反其道而行之，通过人们"内在的小孩"的外在表现，来轻易推断出他人的过去、性格，乃至于通过这一点，达到控制他人的目的。

阿桑是一位众人眼中的"女强人"，她做事刚烈果敢，进取心强，进公司短短不到两年的时间，就从一名普通的职员荣升为副总经理。

阿桑坐上副总位置的那一天，每一位和她交好的同事都十分喜悦，纷纷夸她"事业有成"，但反观阿桑自己，却仍然是一脸落寞的模样。

"难道坐上副总的位置，你还有什么不满吗？"十分看重阿桑的总经理问她。

"不是这样，杨总。"阿桑摇摇头，"能够升上这个职位，我当然十分高兴，可是，有时候我却在想一个问题：我总是在不停地追求成功，可是对我来说，成功究竟是什么呢？"

阿桑之所以会产生这样的迷惘，与她小时候的家庭环境分不开。她是家里的大女儿，还有一个妹妹，比她小两岁。

妹妹年纪小，头脑也十分聪慧，因此比阿桑更得父母喜爱。每次考试之后，父母总会拿着妹妹的试卷大加夸赞，给她口头或物质上的表扬。但是阿桑学习稍差一些，不得父母喜欢，因此就总是被冷落在一旁。

不甘如此的阿桑分外努力，成绩节节高升，可是，无论她如何用功，父母都对她所取得的成绩视而不见。慢慢地，阿桑觉得是自己取得的成功还不够大，还不够明显，因此，她要取得更大的成功来在父母面前证明自己。可是，努力了这么多年，阿桑却越来越迷惘，不知道自己这些年的努力，究竟

第十章 透视行为心理，掌控人生全局

是为了得到什么。

阿桑之所以会有这样的感觉，与她小时候养成的"内在的小孩"分不开。她内在的小孩是如此地需要成功，需要被关注。但是，在长大之后，她显然无法得到来自于父母当时那样的肯定，因此对自身产生了迷惘。这时候，如果有人能够给她类似的感觉，那么她必然会对那个人死心塌地。

阿桑也许还表现得不够明显，但我所认识的小斌，就是非常典型的这种人。

小斌和小徐是同组的同事，从能力上来说，小斌要比小徐强一大截，但是他却经常帮小徐做事，小徐也心安理得地指使着小斌去做这个做那个。

不少同事都不理解他们的这种关系，在他们看来，小斌完全不需要这么依赖小徐，以他的能力，就算是一个人单干，也能独当一面。

但对于小斌来说，却不是那么一回事。在他没有认识小徐之前，他每做一件事，总要瞻前顾后地考虑半天，生怕自己做不好，不如别人，更怕挨老板的骂。于是，交给他的任务，他总是想做到尽善尽美，但往往因为这一点而耽误了时间，让老板大发雷霆。

自从跟小徐"搭伴儿"之后，小徐每天要做的事情，就是鼓励小斌，恭维小斌，让他对自己做下的工作没有后顾之忧。

毫无疑问，小徐正式摸清了小斌"内在的小孩"，才能够依着他的脾气秉性，为自己创造利用的价值。

内在的小孩影响的意义是如此深远，它不会随着我们年龄的增长而自然生长，反而会在我们陷入痛苦或是困境的时候，强烈地爆发出来。这是一种拴住我们自己的力量，但同时，如果能够认识并突破它，对于我们的成长，会有着极大的推动作用。

通过认知失调，为你揭露他人心理原动力

> **微表情关键词**　互相冲突的认知是我们心理的一种原动力，人们为了降低认知之间的冲突，平衡心中的落差，强迫自己接受或是寻求新观念，像这样的过程，就被称为认知失调的自我平衡。

20世纪50年代，幽浮末日教派的领袖玛丽安·科奇预言：她的信徒将在12月20日的夜里，被一艘外星飞船接走，而就在此之后，世界末日将会来临。

许多信徒都听信了玛丽安的话，甚至为此而放弃工作，专门待在家里等候世界末日的来临。到了午夜时分，信徒们在指定的地点集合，等待飞船的降临。

零点整，飞船没有丝毫踪影，信徒们有一点点的紧张。到了两点，飞船仍旧没来，信徒们开始不安了。四点多之后，当信徒们开始恐慌时，玛丽安女士出现了，对信徒们说："由于你们的虔诚，世界已经被救赎了。"

也就是说，由于这些信徒的信任与等待，世界末日被推迟了。这无疑是一个很可笑的谎言，但是，等飞船的信徒们非但没有质疑玛丽安的话，反而十分兴奋地跑到大街上，兴奋地向他人传教，对大家说外星人被他们积极的努力和热情所感动，从而饶恕了地球。

当一个人被欺骗之后，第一反应是什么？

应该是愤怒。

可是为什么，这些幽浮末日的教徒在受到欺骗之后，反而会更加笃信他们的领袖呢？

想要弄清这一点，我们需要了解美国心理学家利昂·费斯廷格在他的著作《当预言失灵》里所提出的认知失调的概念。

认知失调，指的是人们因为做了某项与自己的态度不一致的行为，而引发出的不舒服的感觉，也就是个体认识到自己具有两种态度，这两种态度之

第十章 透视行为心理，掌控人生全局

间，或者是自己的态度与行为之间存在着矛盾。这种矛盾通常会引起心理紧张，为了克服这种紧张，人们会用许多方法来减轻自己的这种感觉。

老王是一个抽烟近十年的老烟鬼，但是最近，爱人与他大吵了一架，所以他下定了决心，一定要把烟戒掉。

可是，这决心下了没两天，一次同学聚会时，多年的哥们儿随手就递了一根烟过来。

抽，还是不抽呢？

眼看着周围的同学们吞云吐雾，老王的心里也痒痒的，但是他还是摇摇头拒绝了："不了，我戒了。"

"拉倒吧，我戒了饭，你小子也不能戒烟。"哥们儿二话不说，将烟塞到了老王手里。

拿着那根烫手的烟，老王思量再三，终于一狠心点着了它。

看来自己还是喜欢抽烟的，就算不是为了缓解压力，可生活中有那么多场合需要抽烟，只能说少抽点儿了。以后别人给烟，大不了能推就推，实在推不掉再抽好了。

老王这种心理变化，就是一个认知失调的过程。他原本想戒烟的想法，和哥们儿给他递烟，不得不抽的行为产生了认知失调。为了平衡这种落差，他为自己找了"自己还是喜欢抽烟"、"为了缓解压力"、还有"生活中有那么多场合需要抽烟"、"以后能推就推"这四个理由，从而说服自己心安理得地享用那支烟。

幽浮末日的教徒们也是一样，由于自身的笃信与后来的结果造成了他们"预期落空"的心理落差，为了平衡这种落差，他们只有说服自己相信玛丽安女士的话，从而造成了更加狂热信任的后果。

费斯廷格认为：每个人的认知结构，或是心理空间，都是由各种各样的认知元素构成。这些认知元素，是独立的，相对的，而一旦一个人心中的两个认知元素产生了冲突，那么就会造成认知失调。伴随着认知失调的增加，用来降低或是消除失调的心理压力就会越来越大。

与此同时，认知失调理论也认为认知与行为之间有着必然的联系，只有先有行为的改变，才会有认知的改变，而认知失调效应，只是作为中介而已。人们之所以要改变认知，平衡失调，追根究底是为了给行为一个理由，让自己的行为合理化。不管是抽烟的老王，还是狂热的教徒们，都逃不出这样的圈子。

所以说，我们平时如果看见某人言行不一，或是态度与行为上有着截然相反的差别，那么就可以细心观察他的行动，运用行为心理学进行分析，很容易就可以找出他认知失调的原因。

这样的例子在生活中很常见，如心中鄙视无能的上司，认为他们是依靠权势才坐上这个位置的下属，在面对上司时，仍然要表现出一副唯唯诺诺、卑躬屈膝的样子，这就是典型的认知失调现象。

那么，我们应该如何减少自己的认知失调呢？通常来说，有四种方法可以运用：

1. 改变认知

如果两个认知之间相互矛盾，那么我们必须改变其中的一个认知，让它与另一个认知相一致。比如说我们平时见到的都是白天鹅，就会想当然地认为天鹅都是白的，这时，如果我们看到了一只黑天鹅，那么就得改变我们原有的认知——天鹅也有黑色的。

2. 增加新的认知

当有两个不一致的认知导致认知失调时，我们可以增加新的认知，来协调我们失衡的认知感。老王为自己找的抽烟的借口，就明显属于这一类。

3. 改变认知的重要性

通过比较两个不一致的认知之间的重要性，以重要性为其中的一个认知加权，从而减少失调。

4. 改变行为

因为认知失调与行为之间有着必然的联系，所以改变行为，也可以减少心中的失调感。只是对于大多数的人来说，改变行为比改变自己的态度更加困难。

第十一章

辨明人格类型，摸清行为模式

  人格指的是人们所具有的与他人相区别的独特而稳定的思维方式和行事的风格。如果说一个人如同电脑的主机，那么人格就好比主机的运行程序，不同人格的人，为人处世的风格也大不相同。了解一个人的人格类型，对你判断出他是什么"型号"，应采取什么"程序"来沟通大有裨益。辨明对方的行为特征，透视他们的心理活动，对我们识人察人用人，有着意义重大而深远的帮助。

第十一章 辨明人格类型，摸清行为模式

双重人格：一具躯体里的"两个人"

> **微表情关键词** 我们每一个人都是多面的，但不是所有人都是双重人格。只有人格分裂到了一定的程度，一种人格不能被另一种人格所影响、所左右，才可以称得上是双重人格。

很多70后、80后想必都对鸟山明的《七龙珠》十分熟悉，如今的90后恐怕也不陌生。在《七龙珠》里，有一位叫兰奇的姑娘，是个一打喷嚏就会"变身"的怪人。

平日里，兰奇是一位头发湛蓝、心思单纯，以做家务和煮饭为长处的温柔女孩儿，但一旦她打了喷嚏，就会变成一头金发，脾气火爆，好斗耍狠，拿着冲锋枪、火箭炮到处抢劫的恐怖分子。

漫画里的人物是虚构的，诚然有些夸张，在现实生活中，我们也遇不到一打喷嚏就会变成另一个人的怪人。但在我们周围，确实有很多具备双重性格的人。在刚认识他们时，我们会认为他们是好好先生、芊芊淑女，但是稍微深入了解一些之后，就会发现他们并不像一开始见到那样，而是有着另一种与他们的表象完全不同的性格习惯，甚至，这两种习惯完全相悖，却又奇妙地融合于一个人身上。

在韩国的一家心理诊所里，一位打扮得体、妆容精美的中年妇人应邀走进了咨询师的诊疗室。

"文女士您好，"打过招呼之后，咨询师向她说起心理检查的结果，"根据您的检查结果，我们认为您具备基本的情商，能够保持一般性的人际关系……"

"嗯。"文女士不住地点头，表现出了良好的心态与修养。

"但是，您的抑郁症状况比较严重，对于自己的脾气不能很好调解，常常会因为压力过大而间歇发作……"

"是这样吗？"文女士仍旧点着头，但却反驳道，"我不是那样的，我不怎么发脾气。"

"好吧。可能对这个结果您比较排斥，但是请耐心地听我讲完……"

"一开始就不对，我根本没有抑郁症！"

"请您听我把话说完。"咨询师的脑门上已经开始冒汗，"检查结果认为：您不能很好地认识到自己的情感，因此在与他人的关系上，也出现了一定的问题……"

"这结果可信吗？"文女士仍然在点头，但话语中却尽是疑惑，"我觉得我很正常，没有那么奇怪吧？可为什么这检查结果总是在说我的坏话？"

"当自己的缺点被指出来时，人们总是会在第一时间内否认的。"

"是吗？可我不是那样的啊。"文女士在第一时间内反驳。

诊疗室里出现了瞬间的静默，很快，咨询师忍不住笑了起来，文女士似乎有些不好意思，默默地低下头去，脸红了。

这位文女士就是很典型的双重人格的人。一方面，她是养尊处优的中年贵妇，具备良好的修养品德，即便是他人说自己的不是时，也能够做到不发火、不气恼，而是以点头来表示自己在认真聆听；另一方面，她还拥有自以为是，不允许他人说自己一点不对的强横心态。这两种人格结合在一起，导致她产生了上述奇怪的举动。

人格即是人们所具有的与他人相区别的独特而稳定的思维方式和行事的风格，而双重人格，从字面意思上来理解，就是指一个人的大脑中，具有两种完全不同的思维方式和行事的风格。这两种人格的并存，导致双重人格的人比起普通人来说更具有易变性和复杂性。人们与具有双重人格的人交往，就好像坐过山车一般，时时能够体验到刺激和惊险的感觉。

美国电影《出租车司机》中的主角特拉维斯，就是一个典型的双重人格者。他是一位越战退伍的老兵，在回到纽约之后，以开夜班出租车为生。特拉维斯平时得过且过，还喜欢看情色电影，但同时，他又对罪恶与堕落感到深恶痛绝。一方面，他追求总统候选人的助选人员贝茜，另一方面，他又结识了纽约的雏妓艾瑞丝，想要帮她脱离罪恶源头的掌控，回家继续学业。

然而，现实总是令人扼腕的。最终，特拉维斯因为被贝茜抛弃，又对艾瑞丝的事无能为力，展开了一连串的疯狂行动。他买了四把手枪，刺杀另一位总统竞选人未果之后，又独自血拼控制艾瑞丝的一帮恶徒，带着她杀出了一条血路……

第十一章 辨明人格类型，摸清行为模式

很明显，在特拉维斯身上，就有着堕落者和英雄主义两种截然不同的人格。

双重人格不是偶尔的良心发现，也不是愤怒时的出格表现，而是从根本上，潜意识里，就带有另一种心理习惯与烙印，这种习惯不会随地位的升降而改变，也不会因为其中一种人格占主位，而另一种人格就有所收敛。这两种人格，时时刻刻渗透在双重人格者的生活中，无时无刻不散发出来，即使是对自己的生活造成了影响，也无法彻底改掉。甚至有一些严重的人，他们会因为外力的因素，而随时变成另一个人，就好像特拉维斯，因为外界环境的刺激，从无力的小市民，变成了悲剧式的"英雄"。

双重人格者普遍存在着与社会适应不良的情况。他们所具备的双重性格，也会让他们自身感到困惑，但更多的人却不会意识到这种困惑，而是将它延展为更主观、更自我的心态，也就是我们平时所说的自以为是。

基于这种心态，双重人格者拥有比普通人更难说服、更爱为自己辩解的特点，在遇到让自己尴尬的事时，他们也不会坦率承认错误，而是东拉西扯，找各种理由来狡辩。

生活中双重人格者很常见，一个平时安静羞涩的少女，在家里却总是絮絮叨叨、无缘无故地发脾气；一个无忧无虑的乐天派，有时候却"45度角仰望天空，流下寂寞的眼泪"；一个总是高声吆喝、粗声叫骂的工人，在对待女人时，却显露出比绅士还要周全的礼仪和照顾……这些，都是双重人格的表现。

如果要与双重人格者打交道，也不要过于紧张惊慌，一般来说，他们会以遇到你、认识你的人格为主，来与你进行交流。当然，对于他们总是有意无意所显露出的另一种人格，在不影响你的情况下，你可以视若无睹。如果影响到了你们之间的交流，那么你就要打起精神来，试着适应他的另一种人格，将两个人的谈话转变为三个人的谈话。一般来说，只要不是趋于病态的双重人格，与之交往都是非常安全的。

自恋型人格：傲慢自大的"自私鬼"

> **微表情关键词**　自恋型人格的人大多自大，降低自己的身份，只会让他们更看不起你，更随意地利用你。了解他们的心理，表现出比他们更加强大的内心，才能让他们对你不敢小觑。

看过《灌篮高手》的人，都很熟悉里面的主角樱木花道。他是一个单纯的高中生，同时也是篮球队的主力。与其他队员不同的是：樱木是一个非常自恋的家伙，他的每回出场，都伴随着夸张的笑声和"我是天才"的自我吹嘘。

自认为是天才的樱木，在篮球场外，除了教练和队长之外，不听任何人的指挥。"老对头"流川枫一对他流露出不屑的态度，他就觉得那是在嫉妒他，有时候，甚至会有大打出手的情况出现。

作为漫画里的人物，樱木的自恋和心理学中的自恋型人格还是有一定区别的。在自恋之外，樱木更多表现出的是单纯率直的性格，但在生活中，自恋的人往往就没有那么可爱了。

新去外贸公司上班的小陈去拜访一个以难缠著称的客户黎经理，毕恭毕敬地敲开黎经理办公室的大门走进去的小陈只是得到了对方的一个斜眼："你是谁？有什么事吗？"

"我是XX公司的销售代表……"

小陈话音未落，就被黎经理粗暴地打断，"只是个销售代表？谁叫你来的？"

"我们公司的杨总让我过来谈一下这次的业务……"

小陈还没说完，黎经理再一次打断了他："哼，只派了个销售代表来跟我谈业务，你们公司就没有更合适的人了吗？"

你这是什么意思！小陈隐忍着心中的怒气，解释道："因为这次的项目我一直跟进，所以杨总觉得派我过来是比较合适的……"

第十一章　辨明人格类型，摸清行为模式

"合适？"黎经理又斜了小陈一眼，"派一个小业务员来跟公司的经理谈生意，这合适吗？杨总这样看不起我，那么这个项目我也要有所更改了，你们公司的报价，必须比单子上列的低20%！"

这实在是有些强人所难，但只是低20%，公司的利益空间仍然很大，相信还是有促成的可能性的。考虑到这一点，小陈点点头说："好的，我回去计算一下，看看能不能给您满意的价格。"

"价格是你能确定的吗？"黎经理从鼻孔中冷哼出一声，"我不是问你的意思，我是问杨总的意思，你回去跑个腿报告一下就行了。"

岂有此理！小陈被气得一佛出窍，二佛升天，勉强压下心中的怒火，他拿出手机一边拨杨总的电话号码，一边说："既然您觉得跟我无法详谈，那您就直接跟杨总说好了。"

"你这是干什么……"看见小陈的动作，黎经理还来不及阻止，电话那边就传来杨总的声音，"喂……"

"哎，杨总啊，是我，小黎。"接过了电话的黎经理顿时没有了刚才的嚣张气焰，即便是电话对面的杨总看不见，他还是堆出了一副笑脸，"是这样的，刚才您公司的一个小业务员来我这儿报价，我觉得价钱稍微有些高了，所以想问问您能不能在价钱上让一些。"

"都合作这么多年了，这个好商量，有什么事你跟小陈说，让他回来告诉我。"杨总很爽快地答道，"我这儿有事，就先挂了，回头一起喝茶。"

"哎，好好，没问题。"

挂了电话，黎经理瞬间又变了张脸儿，冷冷地将手机丢给小陈，说："还在这愣着做什么？你任务已经完成了，回去报告吧。"

生意场上，像黎经理这样的人不在少数。他们狂妄自大，有了一点地位，就觉得自己不可一世，拒绝跟"比自己地位低"或是"没有利用价值"的人交流。而即便是有利用价值的人，只要地位不如自己，他们也会将别人看低一等，如果对方对他阿谀奉承、言听计从，那么还可能取得他们的认同，但只要对他们的命令稍有违抗，或是提出质疑，就会立刻遭到粗暴的对待，被认为是毫无价值的人。

每个人都会或多或少地有自恋倾向，但是，只有自恋倾向根深蒂固地存在于思想本源深处，并对人格造成强烈影响的，才能被称为自恋型人格。典型的自恋型人格，经常会有以下行为表现：

1.经常会花费很长时间沉溺于幻想，对于无上的权力、成功、才学美貌

以及完美的爱情十分憧憬，常因为幻想而陷入自我陶醉。

2. 对自身极度珍视，并拥有强烈的自信心，期待被他人当作是非凡的成功人士，并因此而夸大自己的才能与成就，希望借此而获得特殊的优待与礼遇。

3. 对比自己强的人阿谀奉承、曲意巴结，但实际上却会对别人的成就财产十分妒忌；而对比自己弱的人，则傲慢自大、不可一世，从行为态度上轻视他人。如果被人指责，第一时间不会反省自身的过失，而是认为是别人猜忌或嫉妒自己。

4. 强烈需要比一般人更多的赞美，希望所有人都崇拜尊敬自己，因此经常自封头衔，强调自己的特权，即使是犯了错，也认为自己与他人不同，有理由那么做。

5. 在人际关系上，会有爱占小便宜、利用他人的倾向，只要能达到自己的目的，可以不择手段。

6. 对除了自己之外的所有人都不会抱有同情心，不会也不愿意去想他人的感受与需求，只会考虑到他人的过失会对自己造成什么样的损失。

自恋型人格的人，通常是小时候就受到了来自于各方的不良影响，养成贪婪、自私、冷血的性格。这种人多数对权力非常热衷，善于利用他人，只有在他人"有用"时，才会想到对方，而"无用"的朋友，经常被他人视为累赘。

有一个自恋型人格的人，他拜托朋友为他找了个工作，但朋友在要陪他应聘那一天突然病倒，他没有想到朋友当时会如何难受，反而责怪他不能守约，以至于自己"心里没底"，这就是典型的自恋型人格所表现出的自私行为。

跟自恋型人格的人相处，是一件非常辛苦的事。他们可能会是精明强干的领导，事业有成的精英，却绝对不可能是能够关心、理解他人的挚友。所以，与自恋型人格的人交往时，千万不能忍辱负重，一味忍让，那只会让他压榨利用得更加心安理得。正确的做法应该是不卑不亢，心态平和，让他们觉得你是有修养，有内容的人，他们自然不会将你看得过于低下。

第十一章 辨明人格类型，摸清行为模式

强迫型人格：强迫倾向的"工作狂"

> **微表情关键词** 强迫型人格的人总是强迫自己去做这个，做那个。殊不知，这种强迫与忧虑的意识，反而正有可能是将事情办砸的原因。

朝鲜王朝时期，有一个著名的将领，名叫李舜臣。他出身于没落的士大夫家庭，幼时家境贫寒，但积极上进，擅诗书骑射，而立之年中了武举，在军旅生涯中奉献了一生。

李舜臣一生忧国忧民，性格刚直不阿，在带领朝鲜海军抵抗倭寇的战役中，立下了不可磨灭的功劳。

但是，这样一个朝鲜史书中都有记载的伟大人物，却有着一个既能称为缺点，又能被称之为优点的性格特征。

那就是李舜臣除了在战争时力求做到备战充分、计划周密之外，即使是不在战时，他也会时时刻刻准备着防御敌人，操练军队。任何事情，他都要制定严密的计划，只要他看不惯的行为或是意见，就忍不住强烈反对或是谴责，即便是打仗时，只要没有必胜的把握，也绝对不会开战。

李舜臣将军的上级觉得他过于严苛，同僚觉得他很难缠，下属们则对他的各种要求十分烦扰。但正是他的这种性格，成就了他在战时的伟业。

像李舜臣将军这样原则分明、要求严厉的人，在战争时期，无疑是国家的瑰宝。但如果放在现下的社会里，恐怕就会成为很多人头疼的"问题"了。他们所带有的强迫性倾向，不仅体现在对自身的约束上，对于他人，也会"爱屋及乌"，经常"关照"一下。

小罗的顶头上司马主任，是个不折不扣的工作狂。他在单位干了20多年，每天兢兢业业，做的事情比谁都多，比谁都好，甚至连周末也经常无偿加班，可即使是如此，他仍然是个小小的主任，快十年了也没有升官。

对于这一点，小罗很是奇怪，同时又对马主任十分同情。有一天，别人

都下班走了，他见马主任还在忙着，便走上前去关切地问道："马主任，已经这个时间了，您还不去吃饭吗？"

"一会儿就去，不把手头这些事情忙完，实在是不放心。"马主任回答道。

"那我帮您一起吧。"小罗好心地留了下来。

经过了一个多小时的忙碌，公务终于被处理完了，马主任拍拍小罗的肩膀说："年轻人，你很有干劲呢。走，一起吃饭去。"

能够得到领导的赏识，小罗十分高兴，可是很快，他的这种高兴劲儿就被后悔所代替了。饭桌上，马主任滔滔不绝，但所说的话题完全都是关于刚才的公务，一会儿担心这个没有做好，一会儿觉得那里还需要补充。最后，放下碗筷，马主任拍拍小罗的肩膀说："走，我们回去再把那个方案改一下。"

此刻已经华灯初上，小罗一心想要回家，却有苦难言，因为马主任刚才说的那个方案，有很大一部分是他帮忙做的，所以想要拒绝也不好意思。

就这样，干劲十足的马主任拖着不情不愿的小罗，在办公室里加了一晚上班。

遇到马主任这样的上司，想必每一个下属都会叫苦连天。他们狂热于工作，热衷在细节问题上追根究底，对自己、对别人都有一套极其严格的标准，对完美的苛求达到了病态的程度。

像马主任这样的人，就属于强迫型人格的人。

当然，强迫型人格并不只是在工作方面具有强迫性，在生活中的方方面面，强迫型人格都会有强迫性的行为发生，比如说有洁癖，反复查看门锁是否锁上，对报表上的数字演算再三依然无法放心等。总的来说，强迫型人格的人，经常会有以下行为表现：

1. 拥有强烈的道德伦理和价值观，责任感强，对自己认定的事情具备超常的专一性，总是要求自己做到完美无缺，毫无过错。对细节性的问题，比如说名单、顺序、报表、时间表等注入了太多的时间和精力，往往会因此而忽略掉工作的重点。

2. 过分克制自我，表现死板难以变通，情感总是处于紧张状态，换句话来说，就是没有安全感。总是一味地做准备，但又对自己所做的事情没有把握，只要别人一提出质疑，自己就会惴惴不安。

3. 基本没有爱好和业余生活，也少有朋友。不放心将事情交给别人去做，即使是交予了，也要强调自己的"清规戒律"，如果别人不遵从他的做事方

第十一章 辨明人格类型，摸清行为模式

式，就会更加不安和不放心。

4.强迫型人格的人大多吝啬而顽固，处理事情整洁有序，但对新事物的出现，则无法很好地接受。另外，这种人多喜欢保存儿时的旧物不舍得扔掉，哪怕那旧物只是一捆无用的废纸。

强迫型人格多形成于幼年时期，父母的管教如果过于严厉，孩子多会养成谨小慎微和拘谨的性格。因为怕做错事受罚，所以每做一件事前，都会再三考虑，从而形成经常性紧张和焦虑的情绪反应，久而久之，就形成了强迫型人格。另外，受到强烈的挫折或刺激，抑或是家人本就有强迫性生活习惯的孩子，也有可能会养成强迫型人格。

实际上，轻微的强迫型人格并不是一件坏事，像斯坦利·库布里克这样的知名导演，就具有强迫型人格，而正是这一点，才促使他把自己的电影拍得更加完美。就国内来说，"星爷"周星驰也有着这种倾向，与他合作的演员普遍都表示他的要求十分严格，并且严令他人按照自己的界定拍戏，稍有不对就会发火。但是，不可否认的是：在搞笑类型的中国近代电影史上，星爷确实是丰碑型的人物。

与强迫型人格的人交际是一件比较费力的事，但好在强迫型人格的人不比自恋型人格的人，还是会多少考虑到别人的感受，只是有时候碍于面子或是其他原因不能舒解心扉。因此，与这种人相处的时候，要多引导他，让他敞开心扉，或者是在他钻牛角尖的时候"当头棒喝"，让他明白自己的行为是有缺陷的。一般来说，只要能引起对方的共鸣，交往的过程就不会如想象中那么麻烦了。

回避型人格：过于羞涩的"老实人"

> **微表情关键词** 回避型人格的人不同于普通的冷淡、避世，他们甚至连自己的心都在回避。因此，回避型人格的人，总是带有盲目性、强迫性和非理智性的特点。

老周的女儿今年五岁，到了该去上幼儿园的年龄，但是无论家里怎么劝说，这个漂亮的小姑娘却始终待在家里，怎么也不肯去上学。

束手无策的家人们只好寻求心理医生的帮助，而张医生第一次见到小美时，也颇费了一番功夫，才让这个内向的小姑娘和自己讲话。

"和阿姨一起去买棒棒糖好不好？"张医生抛出了对小孩子来说无法抵挡的诱惑。

"不。"小美怯生生地摇了摇头，"我想待在家里。"

"为什么啊？"张医生问道，"小美，你不觉得外面的阳光很好吗？你不想去幼儿园里和小朋友们一起玩吗？"

"不想。"小美继续摇头，"我就想待在家里，外面的小朋友们不喜欢我。"

"怎么会呢？"张医生有些诧异，"难道你一个朋友也没有吗？"

"本来有小乐的，她长得可爱，又会唱歌，可是我不会跳皮筋，长得也难看，连她也不喜欢我了。"小美眼泪汪汪地说道。

"怎么会呢？你很好看啊。而且有谁会因为跳皮筋不好就讨厌别人呢？"

"可是她们都不喜欢我。"小美执拗地摇着头，"我不想去上学，就想在家里待着，我一个人也能学写字，学画画……"

像小美这样的孩子，即使是专业的心理医生也会感到棘手。他们明明外在条件不错，但却极为内向，总是觉得自己低人一头，心中存在着会被他人厌弃的被害意识，因此在与人交往时，也会处处小心看别人的脸色，一旦觉得他人对自己稍有不满或是鄙夷，就立刻像乌龟一样，缩进了自己的壳里。

第十一章 辨明人格类型，摸清行为模式

这种情况，不止是在小孩子中常见，成年人中，也可以遇到不少。

新进公司的小黄在同批进公司的同事中算是佼佼者，毕业于国内非常有名的一所大学。因此，他刚一入职，领导就对他给予了非常高的期望，对他的培养也不同于一般的职员。

这情况让其他同事很是眼红，但是没过多长时间，领导就转而器重另一个拔尖儿的职员，将小黄丢在了一边。

深究这其中的原因，看一看小黄是怎样完成领导吩咐下来的任务即可：

第一次给小黄分派任务时，领导就有意培养他，让他做整个项目组的小组长，但是这情况被小黄知道了，他却犹豫着对领导说："我只是个新来的，项目组里还有很多比我经验丰富的前辈，我怕我做不好……"

领导虽然失望，但也了解小黄说的是实情，于是斟酌了一下，放弃了。

在这之后，小黄的成绩倒也十分让领导满意，于是，他又萌生了培养小黄的念头。这一次，他专门挑了个简单些的项目，让小黄带着三个新职员去做。

小黄本想推脱，但是话刚出口，就看到领导沉下来的脸色，于是只好忐忑不安地答应了。

在其后的日子里，小黄十分勤恳努力，兢兢业业，但是老手都会犯错误，更何况是刚就业的小黄呢？没过多久，因为一个新手常见的错误，小黄被领导叫到办公室里训了一顿，恰逢领导心情不好，所以话就说重了一点。

到了收工的日子，领导原本以为能看见小黄"胜利归来"，却不料小黄给他带来的，却是一个一塌糊涂的项目，和三个满腹怨言的员工。

原来，自从被领导训斥之后，小黄的一腔热情就变成了缩手缩脚，瞻前顾后，原本很简单的事，他也会犹豫不决半天。在和手下的员工们吵了几次架之后，小黄甚至连他们都不愿搭理了，如此一来，项目不完败才怪。

了解了情况的领导给小黄安了个"心理素质差，无法担当重任"的帽子，把他丢进了随时裁员的名单里。

像小美和小黄这样的性格，在行为心理学中，有一个专业的术语来概括——"回避型人格"，又称"逃避型人格"。这种人格的人，十分缺乏自信，对自身的价值极端贬低，经常会敏感不安。美国《精神障碍的诊断与统计手册》里，曾系统地综合了回避型人格的行为特点，总的来说，有以下四点：

1. 除了亲人之外，几乎没有朋友，最多仅有一个知心朋友。
2. 敏感羞涩、内心自卑，害怕在他人面前出丑，在公众场合不爱说话，

就算是被提问，也害怕回答不出问题，惹人笑话，甚至会无端哭泣起来。

3.几乎从来不管他人的事，除非是确定这件事非自己不可，而且自己非常重要，会受人欢迎。很容易因为他人的批评或者是反对而受到伤害，哪怕是微不足道的小事，或是他人随口的拒绝，也会让他们情绪沮丧，一蹶不振。

4.行为退缩，对人群具有无理由的恐惧感，不是无条件接受他人意见，就是根本回避人际关系。对于需要人际交往的工作或活动会尽力逃避，难以同别人进行交流。如果遇到非做不可的事情，也会夸大障碍困难或是潜在的危险。

回避型人格的人不爱出风头，甚至不爱跟人说话，造成这种结果，多数源于他们的幼年时期。形成回避型人格的根本原因是自卑意识，而那些认为父母不喜欢自己、对负面情感感受度高的孩子，更容易形成这种人格。

心理学家认为：自卑感本源于幼年时期，由于某事的无能，而产生的痛苦和无法胜任的感觉，会让人牢牢地烙印在心底；另外，一个人如果有生理或是心理上的缺陷，那么挫折给心灵造成的影响、大大低估自己还有消极的自我暗示，就能形成一个无法挣脱的怪圈，将人们拉入回避型人格的泥潭。

在生活中，回避型人格的人虽然怕失败，没有自信，不愿结交新朋友，显得很怕生，但是真正交往下来，我们却会发现他们并没有其他人格类型的人那样可怕。与回避型人格的人交往时，需要注意的一点就是要缓慢而小心，尽量表达出自己对他们的喜爱，如果贸然急匆匆地冲过去，最有可能的结果，就是把他们吓跑了。另外，还有一点极为重要，就是批评指责他们时，一定要小心再小心，不然一个不小心，或许收到的就是一封绝交书了。

第十一章 辨明人格类型，摸清行为模式

依赖型人格：小鸟依人的"没头脑"

 说得可爱些，依赖型人格的人就好像小鸟依人的"没头脑"，可是说得恐怖些，依赖型人格的人，就好像一个索求无度的"无底洞"。如果不是很享受被依赖的感觉，还是不要轻易招惹这样的人为好。

一对夫妇老年得子，对于掌上明珠十分喜爱照顾，当真是捧在手里怕摔了，含在嘴里怕化了，事事都不让儿子操心动手。

就这么过了几年，儿子长大了。可是有一天，夫妇要出远门，不能带儿子去，又怕儿子饿死，母亲就想了个主意，烙了一圈儿大饼套在儿子的脖子上，这样一来，儿子饿的时候，一伸头就能吃到饼了。

夫妇俩放心地出门了，可是等他们回来的时候，儿子却已经咽了气。他胸前的大饼几乎被吃完了，脖子后面的大饼却还完好无损。这个傻儿子连转一转身后的饼都不知道，就这样活生生地被饿死了。

这个寓言故事在中国家喻户晓，当然，现实中也不可能有这么傻、这么懒的人，不过，这个故事中的"儿子"所表现出的依赖型人格，在我们生活中，倒是随处可见。

依赖型人格，从字面上来分析，就是完全依赖他人、毫无主见的意思，事实上，依赖型人格最主要的特点也正是这样。表现为依赖型人格的人，总是无节制地依靠身边亲近的人，无论是生活、情感、判断还是其他方面，甚至于为了这种依赖，他们连最基本的自尊、自信和感情都可以弃之不顾，似乎没有他人所依赖，对他们来说，就好像到了世界末日一样。

依赖型人格的人普遍都是乖孩子、好学生、贤妻良母，但正是因为对他人的过分依赖，他们所有的一切都受制于人，就连喜怒哀乐也取决于他人所做出的决定。而被依赖的人，通常也会感觉像是被狗皮膏药粘住了一样，想甩也甩不掉。

第一次见到小苗时，阿烈的眼睛一亮。小苗温婉可爱，看起来怯生生的，让阿烈的心中涌起一股强烈的保护欲望。

相亲的过程很顺利，阿烈高大的身材和不错的事业，也让小苗的父母对他极为满意。

但在交往的过程中，阿烈却发现小苗有一个问题：她实在是太过于"孝顺"了，就连自己约她出去吃饭，想抱抱她亲亲她，她也要向父母汇报，得到允许了才可以。沉浸在爱河中的阿烈把这当成是小苗家教严格、珍爱自身的缘故，对小苗更加呵护。

没过多久，二人就步入了婚姻的殿堂。

可谁想，看起来美满和睦的小两口，结婚没几个月，就开始闹矛盾。

"我工作了一天已经很累了，像是抹布放在哪儿，桌布要买什么颜色这样的问题，你就自己决定吧。"疲惫的阿烈耐着性子跟小苗说话。

"可是我没法决定啊。"小苗怯生生地睁着大眼睛，像一头受惊的小鹿。

……

"亲爱的，今天晚上我们吃什么？"迎着上班回来的阿烈，小苗问道。

"亲爱的，你不觉得我们也许可以在家里做点吃的吗？锅碗瓢盆都买了。"阿烈皱着眉头看着崭新的炉具和炊具。

"可是我不会做啊，我妈没教我怎么做菜。"

"那你去买菜，我回来做总可以了吧。"阿烈强压住心头的火气回答。

"可是我不知道我们要吃什么哎。"小苗的回答让阿烈无语了。

……

每天一回家，小苗总会有这样那样的一堆事要问阿烈，让阿烈帮忙处理。终于，不堪忍受的阿烈忍不住建议道："亲爱的，要不你出去找个工作吧。不管做什么，挣多少钱，也比待在家里好。"

从来没有工作过的小苗眼圈儿红了，但还是点点头说："那我去找什么样的工作呢？"

……

好容易让小苗去上班，但是阿烈的问题并没有因此而解决，回到家里小苗的问题更多了，怎样跟同事相处、怎么处理办公事宜，不管是阿烈知道的，还是不知道的，都一股脑儿抛给他处理。

而得知阿烈让自己的宝贝女儿去打工，小苗的父母也急了，冲到二人的小窝，声色俱厉地将阿烈训斥了一顿："我们的宝贝姑娘养到这么大，连盘子

 第十一章 辨明人格类型，摸清行为模式

都没让她洗一个，你又不是缺钱，为什么要让她出去打工……"

不堪重负的阿烈最终选择了离婚，而离婚之后，小苗立刻找到了另一个男人，据说那个男人很宠她。

像小苗这样的妻子，乍一看温柔又淑女，可是试问，有几个人能敌得住她的"依赖攻势"呢？依赖型人格的人就像没有成熟的小孩子一样，凡事都让别人替自己做决定，凡事都会征询他人的意见，殊不知，万事过犹不及，依赖过了头，迟早会让人厌烦恐惧。

依赖型的人格，也形成于人们的幼年时期。年幼时，我们会认为父母是万能的，我们依赖着父母来养育自己、保护自己。同理，如果父母在孩子长大之后，仍然过于溺爱，不让孩子自立，那么孩子就会养成缺乏自信、依靠他人、逃避责任的依赖型人格。

想要判断依赖型人格并不难，具有依赖型人格的人，具有以下行为特点：

1. 无法独立

依赖型人格的人总是感觉自己软弱无助，动不动就会生出"我真是好可怜啊"这样的想法，或是觉得自己没有能力，缺乏精力，总是爱将自己的需求依附在别人身上。由于对别人有所要求，他们会十分害怕被人抛弃，乃至于过分地顺从，就连生活、目标、未来也可以让别人安排。

2. 缺乏自主

依赖型人格的人只要找到一座他们认为稳妥的"靠山"，就万事 OK 了。为了稳定而持续的温情，他们会放弃自己的人生观、价值观、兴趣爱好等，这样导致的结果就是依赖型人格的人会越来越懒惰、脆弱，缺乏自主创造性。

3. 无法独处

依赖型人格的人只要一个人待一会儿，就会产生恐慌无助感，因此，他们会竭尽全力逃避单独的时间。并且，在对什么事做出决定前，他们需要从他人那里得到大量的建议和保证，正由于这一点，依赖型人格的人常常会上夸夸其谈的骗子的当。

4. 逃避现实

依赖型人格的人对归属感有强烈的渴求，这种渴求是非理性的，带有强迫性。因此，一旦他们感觉稳定的归属感将要被打破，就会将责任推给他人，自己闭上眼睛，不去看未来的状况。并且由于内心的恐惧感，依赖型人格的人也经常会觉得自己将要被人抛弃。

5. 委曲求全

依赖型人格的人倾向于以他人的看法来评价自己，总觉得他人比自己能干，比自己优秀，因而对于他人过分的举动也会一忍再忍，坚持着不发作，有时候，甚至为了讨好他人，做低下的、自己不愿意做的事情。由于这些原因，依赖型人格的人会产生越来越多的压抑感，使他们放弃自己的追求和价值。

被动攻击型人格：背后捅刀的"老油条"

<u>微表情关键词</u> 拥有被动攻击型人格的人通常都是弱者，但他们却每每能够让强者暴跳如雷，他们的攻击不像是直进直出的刀子，更像是藏在棉花里的一根针，因此，又经常被人说成是使用"隐形攻击"。

最近，杨医生被新来的一个患者弄得不厌其烦。

杨医生是出了名的好脾气，而新来的患者，看起来也不像是穷凶极恶的人。他刚来看病时，是犯了急性胃炎，但由于前面正为一个急性阑尾炎患者做手术，所以坚持了快半小时，杨医生才腾出空儿接待他。

这名患者看起来很有礼貌，对于杨医生的道歉也欣然接受，与杨医生闲谈时，他还聊起了自己的家庭，他先是抱怨社会，接着抱怨父母，抱怨妻子，似乎所有事都跟他有仇似的，接下来，他将杨医生大大地夸奖了一通，夸他医术精湛，用药准确，及时地抑制住了自己的急性胃炎。

这原本是个皆大欢喜的局面，但是这些天，杨医生却发现自己的诊室患者少了许多，有一次，他走出办公室去买咖啡，刚巧碰见那位患者穿着病号服，坐在休息椅上与来看病的人聊天。

"听说这个科室的杨医生很不错哦，经验老到，医术也好。"来看病的人说道。

"医术还好吧，只是这里的医护人员态度实在是太怠慢了，我来看急性胃炎，都被耽误了半个多小时呢。"

 第十一章　辨明人格类型，摸清行为模式

"不是吧？急性病也这样？"来看病的人惊讶地瞪大了眼睛，"这里医生的医德真不怎么样啊……"

"谁知道呢。"那位患者打着哈哈摆了摆手。

发现了这一点的杨医生非常生气。他扪心自问，自己在手术台上挥汗如雨，下来了之后连水都没来得及喝一口，就立刻去征询他的病情，可是他却在背后说自己的坏话。

忍不住气的杨医生去找那位患者理论，可对方却无辜地看着杨医生，辩解道："医生，您误会了，我不是在说您，我是说这里的护士，本来我就很不舒服了，可是她们对我的态度冷冰冰的，实在是让人生气。"

原来是这样。杨医生顿时有种错怪了好人的感觉，但是，当他回过头去责备科里的护士时，护士却委屈地说："那个患者对您还算是恭敬，对我们却是吆五喝六的，一个照顾不周就骂人。每天有那么多的患者，我们怎么可能只围着他一个人转？"

那个患者说的似乎也有道理，可是护士们也怨声载道。这一下，杨医生真的不知道该怎么办了，他只希望那位难缠的患者能够早日出院，免得他闲到坐在诊室里找苍蝇。

杨医生的遭遇让人同情，那位患者就好像是一个软绵绵的枕头，当杨医生对其抱以愤怒时，却发现根本无处着力，甚至还会有一种自己在欺负"枕头"的感觉。

这种感觉，你有没有遇到过？

生活中有那么一种人，当他们对你不满时，从不当着你的面表达出来，有时候，连他们自己都没意识到自己的不满是那样强烈。但是，他们会犯一些莫名其妙的错误，或者是以消极、拖拉的方式来让你恼羞成怒、暴跳如雷，然而当你想向他们倾泻怒火的时候，他们却总有合适的理由来辩解；或是睁着一双无辜的眼睛看着你，甚至严重的时候，你周围的人都会因为这种人，对你产生敌对的情绪，而那个人就站在一边笑着，就好像电影中用离间计分化众人的阴谋者。

这样的人实在是让人头痛，而他们在行为心理学中，也有一个专有的名词来代表：被动攻击型人格。

之所以是被动攻击型人格，而不是主动攻击型人格，在于这种人的攻击并不是主动、自发做出的，而是以消极、犯错的形式来表示。

这种人与他人交往时，通常处于弱势状态，但不管处于再弱的地位，当

他们产生怒气时，第一时间想到的同样是还击。只是，由于势力的严重失衡，他们无法表达出愤怒，甚至于无法拒绝强势方的要求，唯恐会因为这个而失去现在拥有的东西。

在这同时，他们潜意识中积存的愤怒，让他们无法秉持客观的态度，经常出现拖拖拉拉、不守信用，将简单的事情搞砸了的状况。这种态度虽然没有直接表达出愤怒，但是却跟主动攻击没有什么两样，同样能令强势方焦躁不安、怒气勃发。

珍妮在办公室里总是忙忙碌碌的，但是却不得任何人喜爱。新来的阿丹有些同情她，因此跟她走得近了些。

"报表的事情就拜托你了，我会把合同的事弄完。"在与珍妮合作一个项目时，阿丹向她嘱咐道。

"没问题，交给我就行了。"珍妮信誓旦旦。

然而，第二天一早，将要向经理报告时，珍妮却一拍脑袋说："不好，我把报表的事给忘了，实在是对不起，我现在马上去弄。"

原本将合同的事办得很成功，可是因为珍妮的关系，阿丹连带着挨了经理的一顿臭骂。

这样的事情一而再再而三地发生，慢慢地，阿丹看清了珍妮的"真面目"：她的"健忘"并不是一天两天，而同事们也正是因为这一点，才无时无刻不躲着珍妮。

对于被动攻击型人格的人来说，如果一件事有任何不满，最常见的办法就是拖拉、健忘和故意将事情办砸，直到让他们办事的人没了耐心，大发雷霆，最终，让他人对自己的要求越来越低。

另外，他们还会嫉妒、憎恨那些比自己幸运、比自己有权威的人，十分在意自己的不满情绪，常常争辩。在职场上，被动攻击型人格的人，会经常被动抵制上司的命令，总是表面服从背后抱怨，并拖拉不做，因此，在一个公司总是干不长。

遇到被动攻击型人格的人，最好不要对他们有太多的期待，因为他们多数都性格散漫缺乏信用。跟他们交涉时，一味地忍让会让你更加处于劣势，勃然大怒也不可取，因此，向他直接挑明，给他一个最后期限，是比较稳妥的办法。

第十一章　辨明人格类型，摸清行为模式

表演型人格：人生就好像戏剧一样精彩

> **微表情关键词**　表演型人格的人往往好幻想，喜欢把想象当成现实，并夸大自身的感受，因此总会给人一种装腔作势、无病呻吟的印象。

"下午好啊。"

社区的义工小南正坐在办公室里整理资料，门外忽然响起一道娇滴滴的声音，他抬眼一看，一个大约50多岁的大妈打扮得花枝招展地走了进来。

"你……你好。"说实在的，小南被吓了一跳。

"小伙子是新来的吧？"大妈眨了眨涂着宝蓝色眼影的眼睛，"人家以前从来没有见过你呢。"

"是的。"小南的冷汗冒了出来，"您有什么事儿吗？"

"哎，这次确实是有点头痛的事，只是我能跟你说吗？"大妈故作哀怨状。

"可……可以。"小南点点头。

"也是，你这个小伙子这样帅气，应该是可以信得过的。"

拜托……我帅气和信得过有什么关系？何况这只是社区吧？有什么事还需要信得过才能说？小南腹诽着。

"其实是这样的，我最近头有些疼，总是睡不着觉……"

"那您应该去社区医院，出了门往左拐，走200米就是。"小南巴不得将这尊瘟神送出去。

"人家不是因为身体不舒服啦。"一口台湾腔的大妈不依不饶地跺着脚。

"您说，您说。"小南举起双手做投降状。

"其实……是因为感情上的问题。"大妈接下来的话，让小南目瞪口呆，"我跟老公冷战了好几个月了，但我知道他还爱着我。可是最近，有一个男人他在追求我，我也不知道我到底爱不爱他，还是仍然爱着我的老公呢……"

但是，我老公听说了这件事，非常嫉妒，跟我大吵了一架，我真的不知道该怎么办了，所以来这里寻求帮助，像你这么帅的小伙子，应该会帮我调解的吧？"

眼看着大妈的眼神逐渐朦胧，小南哭笑不得："可是……可是我们这是社区，不是婚介所，也不是心理咨询中心啊……"

"如果那个男人像你一样帅气就好了，我会毫不犹豫地答应他的。"大妈似乎没有听见小南在说什么，而是深情地一把抓住小南的手，"小帅哥，虽然我已经上了点年纪，但是，无论什么年纪的女人，也需要爱情的滋润啊，你能理解的吧？"

"能，能……"小南一阵恶寒，拼命抽回自己的手。

"怎么，你讨厌我吗？"感受到小南的抗拒，大妈幽怨地盯着他。

"没有……"就算是讨厌，又怎么能当面说出来，小南快要哭了。

"那你为什么这样排斥我？"

大妈的质问让小南无言以对，眼看着自己的"小手"将要再一次落入"魔爪"之中，小南再也顾不得还在做义工，随便找了个借口，以飞一般的速度冲出了办公室。

小南的经历如果放在网上，绝对可以为那位大妈成就"本年度最恐怖大妈"的殊荣。生活中，我们碰到这样的人，要么是目瞪口呆，要么也会如小南一样，落荒而逃。

这种人总会给人以夸张、做作的感觉，但实际上，他们自身并不觉得这是一件奇怪的事情，反而，如果他们失去了他人的关注，就会感到非常不适应，因此，他们总是在时刻渴望成为所有人关注的中心。

行为心理学中，这种人被定义为"表演型人格的人"。

表演型人格如字义所显示，有这种人格的人的表现总是极为戏剧化，就像是剧本很差、情节夸张的电视剧里所演的那样。有这种人格的人通常穿着奇装异服，正常点的则会打扮得十分华丽，希望以此而得到他人关注。在行为上，他们也表现出挑逗、诱惑的性质，而这种表现并不是说他们希望挑逗或诱惑眼前的人，而是希望得到对方的许可、夸奖和保护。为了达到这个目的，即使是做出与年龄不相符的行为，他们也觉得很正常，还会将他人的奇怪眼光理解为在关注自己。

表演型人格的人是如此需要关注，以至于他们经常过分情绪化，一旦察觉到对方对其的关注度不够，他们就会夸张地表达出自己的情感，甚至于180

 第十一章　辨明人格类型，摸清行为模式

度地转变态度，动不动哭哭啼啼，十分惹人厌烦。

通过朋友的介绍，小江去和一个据说长得很帅的男子相亲。

在咖啡厅里见到他的第一眼，小江确实被他的外貌吸引住了。那名男子有着粗犷的外形、忧郁的眼神，就连端咖啡杯的动作，也显得那么高雅优美。

小江的外貌只属于中等，那名男子显然没有把她放在眼里，但依然很亲切地同她聊了起来。

通过谈话，小江得知他家中祖上曾是一方豪门，只是在近几代没落了。虽是如此，他也认识不少影视圈和政界的名流，自己也曾去美国留过学，现在在跨国公司做金领……

他的条件是如此优渥，乃至于小江都有些自惭形秽了。她原以为对方不会再见她第二次，没想到过了几天，他居然打电话将她再次约了出来。

谈话依旧是先前那些内容，但小江的心里却有了一丝疑虑。在约会完后，她联系了帮她介绍的朋友，问及那名男子的状况。

"他？没什么啊，家里情况一般，现在在一家加油站当加油员。"

朋友的话让小江十分费解，在第三次约会中，小江向他提出了心中的疑惑。

"原来你根本就不相信我。"男子的态度转变得让小江有些吃惊，他冲着小江大吼大叫："是，我最近被公司辞退了，在做加油员，但那又怎么样？难道成功的人就没有陷入低谷的时候吗？"

他眼眶发红地冲了出去，让小江在不安的同时又有些愧疚。可是，在问过朋友之后，她才知道：那名男子与她说过的所有吹嘘都是骗人的，他根本不曾出过国，也没有在跨国公司工作过，至于豪门，更是无稽之谈……

就像与小江相亲的那名男子一样，表演型人格的人通常都爱慕虚荣，肤浅、虚伪、情绪转变极快，当他人对自己胃口时，他们会表现得亲切有礼，而一旦被揭穿，他们会立即歇斯底里，拍案而去。

除了以上的特征，表演型人格的人通常还很容易受暗示影响。无论是外在的环境还是他人，都可以很容易影响到他们。对于人际关系，他们总是过高地估计自己与他人的亲密程度，过于相信他人，乍一看让人觉得性格随和，但实际交往时，就会暴露出他们的种种缺点。

另外，为了达到自己的目的，表演型人格的人可以使用多种花招，无论是说谎欺骗，还是殷勤谄媚，对他们来说，只是在表演，不会造成任何心理压力。与表演型人格的人交往，陪着他们"演戏"并不是最好的办法，只有辨

明他们的人格类型，包容但不纵容他们，才是最好的相处之道。

分裂型人格：人际交往困难的"自闭者"

> **微表情关键词** 分裂型人格的人常常被人认为是特立独行、孤独冷漠，造成这一点的原因，是他们本身就对亲密的关系怀有紧张和恐惧感，人际关系也会因此而一落千丈。

朋友阿惠在前些天找上了私家侦探，希望能帮她查一下自己老公阿明的行踪。

阿惠和阿明已经结婚两年多了，婚后的生活虽然算不上是如胶似漆，但也和和美美。然而，阿明有一个奇怪的癖好：他每个月都会从家里消失一段时间，少则一两天，多则一个星期。一开始，阿惠还以为他是出差，可是自从得知阿明的领导从来不让他出差之后，她就起了疑心。

在侦探看来，阿明是一个沉默，甚至可以说有些木讷的人，要说他会到外面找情人，包养小三，打死都不信。

但说归说，阿惠的嘱托，侦探还是要尽力去做的。

经过一段时间的探访，侦探发现了阿明的一个秘密：这个在研究所里做程序员的阿明，除了和阿惠拥有一套三室一厅的住宅之外，竟然在同一个城市里，还买了另外一套住宅。

这下，连侦探也有些怀疑阿明在外面包养女人了。

可是，经过了一个星期的暗中观察，侦探却发现阿明的小户型里并没有任何女人出入的痕迹，他依旧每天正常上下班，只是下班之后不回家，而是回到只有一个人的小居室里，静静地吃饭、看书、睡觉。

就这么过了七八天之后，阿明又回到了家里。阿惠向侦探询问探查的情况，得知了这样的结果时，她也是百思不得其解。

在我们的生活圈子里，像阿明这样的人，被看作是怪人。他们也许拥有

 第十一章 辨明人格类型，摸清行为模式

着正常的人际关系，但凡是与他们熟悉的人，都会觉得他们表情单一、冷漠无趣，就连对待自己的家人或是朋友时，也是一副什么都不感兴趣的模样。

很多人认为这种人只是内向，但实际上，他们的人格与正常人也有所不同。在行为心理学中，这种人被称为是分裂型人格的人。

分裂型人格并没有达到精神分裂的程度，只是因为严重或者是长期的精神创伤而引起的一种人格障碍。具有分裂型人格的人，大多是独行侠，他们不喜欢亲密的关系，连朋友也没有几个，对性、爱都没有兴趣。从外表上看，分裂型人格的人多孤独冷漠，从不轻易表露自己的感情，除非是谈到自己感兴趣的事情，才会表现得稍微有些不同，但仍无法与他人有精神上的交流。

分裂型人格的人多喜欢从事一些与世无争的工作，例如化学、天文学、数学等学科的研究。对他们来说，只要不是具有社会性的工作，他们就可以凭借自己的知识和毅力做得很好。像阿明，就是这样一个显著的例子。他之所以会离开家庭，是因为他对家人的亲近会产生恐惧心理。对于分裂型人格的人来说，不管是表露心境，还是与他人有亲密动作，都是极其危险的。在积累到一定的程度时，他就必须把自己关起来一段时间，只有躲在自己的世界里，他才能恢复到安心的状态。

典型的分裂型人格，并不只有上述这一种，还有另一种大相径庭的情况，也囊括在分裂型人格的范围内。

李巍在周围人的眼睛里，也算是怪人一个。他喜欢穿类似于古装的道袍，头发长度过腰，有时候拿发带束起来，有时候就干脆披散着，看起来狂乱不羁。

父母觉得李巍是看多了小说，"着了魔"，但对于同龄人来讲，李巍除了"造型"上夸张点，本身还是很有意思的。他经常会跟人讲述自己在玄学方面的研究，对于宇宙的产生、灵魂的存在或是真气的修炼有着自己独到的见解。一些涉世不深，或是知识面不够广阔的人，在听他侃侃而谈时，会从心底里佩服他的博学。

像李巍这样的情况，也属于分裂型人格的一种。当然，并不是说只要爱谈论神神鬼鬼的人就是分裂型人格，除了爱谈论魔幻思想之外，具有分裂型人格的人在行为上还有着其他的古怪表现。一般来说，在讲话时，他们的面部表情比较僵硬、语气独特，用词也与常人不同，经常会从正在做的一件事，而联想到另一件几乎毫不相干的事。这种偏执性的思维关联，也是判断

分裂型人格的标准之一。

除了过于强调自身特殊的知觉感受之外，此类分裂型人格的人，与前一类分裂型人格的人最大的不同点，就是他们愿意与他人交流，即使交流的过程也许不尽人意。他们的心中充满了非正常的情感状态，猜疑、偏执、焦虑是他们心情的主流，即使是与他人保持亲密的关系，也不能减少心中的紧张感，反而会因为难以保持良好的人际关系而更加痛苦。

造成这两种分裂型人格的原因，心理学家弗洛伊德认为与儿童期的创伤有着紧密的联系。幼年时期的不正确的教育，或是长期生活在矛盾之中，都会因为环境或是其他的刺激而产生分裂型人格。

与第一种分裂型人格的人相处，应该尽量理解他们，做到不歧视、不嘲笑，尽量与他们谈论一些他们擅长的领域；而与第二种分裂型人格的人相处，则不能被他们神秘的行为和话语所迷惑，从而崇拜，但也不能轻视他们，不拿他们开玩笑，虽然分裂型人格的人不太在乎别人的嘲笑，但是不知轻重的嘲笑会让他们很难受，有可能惹火他们，造成不必要的后果。

偏执型人格：总是猜疑的"倔脾气"

> **微表情关键词** 偏执型人格的人很难意识到自己的缺点，他们的自以为是、嫉妒、怀疑、猜忌、固执，将他们与周围人的关系弄得支离破碎，却仍不知悔改。

电视剧《渴望》，很多人都不陌生，在《渴望》里，要说最没人情味、最执拗桀骜的人，当推慧芳的大姑子，妙手医师王亚茹。

王亚茹是一个自负清高、傲慢无礼、孤僻多疑、冷漠无情的人，她虽然医术高明，但为人不善交际、不苟言笑，与小芳、月娟、刘大妈、慧芳等人十分不对路，即使是自己唯一的弟弟，也难以看见她的笑颜。对待曾经亏欠过自己的恋人罗冈，她更是达到了不近情理的程度，就连唯一一个跟她交好

 ## 第十一章 辨明人格类型,摸清行为模式

的老同学团莉,也受不了她刚硬古怪的脾气,几次差点跟她绝交。

王亚茹的行为模式,表现出了行为心理学中一种非常典型的人格特征,即偏执型人格。这类人最大的特点,就是处于不停的猜疑和埋怨中。他们通常我行我素,不考虑他人的感受和社会影响,说话办事完全看自己的喜好和意愿,即使是自己有错,也绝不承认,因而总是会伤害到别人,几乎达到了"人见人恨"的地步。

阿杜是一家跨国公司的新人,刚进公司的第一天,他就发现许多同事都对自己投以同情的眼光。

"这个新人真倒霉,被分到老鬼的手下,他可惨了。"

"是啊,还没人能在老鬼手下待过三个月呢,这个新人的转正成问题了……"

老鬼是阿杜顶头上司的外号。虽然上司有些严厉刻板,可是也没那么夸张吧,大不了小心些就是了。阿杜如是想到。

一开始,由于阿杜的小心翼翼、中规中矩,还没有出什么大问题。过了几天之后,阿杜也松懈下来,一不小心,就在交上去的计划书中犯了个小错误。

"你这是怎么回事?"老鬼将阿杜叫进他的办公室时,阿杜就知道自己要倒霉了。

"我……我不是故意的……"

"谁知道你是不是故意的!"老鬼打断了阿杜的解释,"这计划书是要直接拿给总裁看的,如果不是我预先看了一眼,这个错误就要呈在总裁面前了。你是新人,总裁不会说你什么,这次的责任会完全由我负责!"

"对不起,实在是对不起。"阿杜没想到会有这么坏的影响,也不解释了,赶忙道歉。

可是,老鬼接下来的话,却让他丈二和尚摸不着头脑:"你是不是嫌我对你太严厉了?所以才故意想害我出状况?"

"怎么会呢?您是我的上司啊……"

"就是因为上司才这样的吧?你什么时候把我当上司尊敬过?才进来几天,小子,你就想踩着我的脑袋爬到我头上去吗?"老鬼的质问让阿杜想辩解,却又不知该从何说起。

经过了一番暴风骤雨般的训斥,阿杜终于被放出了办公室。

这一次他学乖了,第二天一大早,阿杜早早地来到公司,抢着将办公区

域和老鬼的办公室打扫了一遍。

阿杜的举动让打扫卫生的阿姨十分高兴，她也看见了阿杜被训斥的惨状，于是便在老鬼面前替阿杜"美言"了几句："槐经理，这个新来的小伙子真不错，你看，他把你办公室打扫得多干净，比我扫的都干净呢。"

"哼。"老鬼冷哼一声，斜了阿杜一眼，"打扫？用得着吗？他以为我会因为那点事儿记恨他？我是那种人吗？他这么做，恐怕是为了演给别人看的吧？"

这一下，阿杜完全傻了。

阿杜的上司老鬼，心胸狭隘、阴险猜疑，无论阿杜怎么说、怎么做，他都能从中抓住把柄。在老鬼看来，阿杜虽然刚进公司，但早已盯上了他的位置，而阿杜之所以会犯那个错误，也是为了让自己在总裁面前失去信用，甚至，就算是在公司里的清洁工阿姨心里，阿杜都要建立起自己对上司恭恭敬敬的假象，实在是太过可恶。

当然，这一切都是老鬼自己的臆想，摊上这么一个偏执型人格的上司，阿杜可真是倒霉。

偏执型人格的人总是在怀疑别人，对他人给自己造成的伤害和侮辱耿耿于怀。他们时时刻刻都像是一只刺猬，不是与他人争吵，就是公开指责别人，或者是在背后说别人的风凉话。他们一旦认为对方是在难为自己，就完全看不到对方的优点，即使是对方诚心想要和解，也绝对得不到偏执型人格的人的信任。

《中国精神疾病分类方案与诊断标准》里曾经介绍过偏执型人格的人常见的行为特征：

1. 会将他人无意甚至是友好的行为理解为恶意，在没有足够根据的情况下，仍然会没来由地认为别人是在利用、欺骗或是想要伤害自己。

2. 十分自负、自命不凡，总认为自己是正确的、有能力的，如果有错，也会归咎到他人身上。哪怕确实是因为自己的问题，证据摆在面前，也不会承认。

3. 容易产生病态的嫉恨，绝不原谅他人对自己犯下的过错，即使过了很久也会记得，还会以小人之心度君子之腹，无论他人做什么，都会认为是在针对自己。

4. 会将周围环境中与自己毫不相干的事件与自己牵扯起来，总觉得什么都是冲着自己来的，甚至会将广播电视中的内容与自己对号入座，对外界的

第十一章 辨明人格类型，摸清行为模式

"阴谋"抱以十分强烈的警惕和敌意。

5. 如果是结了婚的偏执型人格的人，会反复地怀疑自己的伴侣对自己不忠，并认定只要有一丝一毫都不能容忍。

会形成偏执型人格的原因，普遍被认为是早年缺爱，或是后天受挫的缘故。幼年时的不被信任，和成年后无法承受的挫折、冤屈、失败，都有可能导致偏执型人格的产生。除此之外，对自我的苛求，也可能是形成偏执型人格的原因。比如说没有学历的人因此而自卑，于是更厌恶他人谈论学历；长相不佳的人，处处会觉得他人在针对自己的样貌。

与偏执型人格的人相处时，一定要宽容，不要因为他们的猜疑而引发自己的怒气。另外，坚持原则，与他们保持一定的距离也是非常必要的，对于偏执型人格的人无休止的怀疑，一定要适时地表示反抗。

边缘型人格：情绪不稳的"动荡源"

 对于边缘型人格的人来说，人生充满了动荡不安的因素，随便一件小事，都能让他们对一个人、一件事的印象发生翻天覆地的变化。因此，他们的反应行为，也是极不稳定的。

说起戴安娜王妃，我们脑海中会出现高贵、典雅、迷人等字眼，但实际上，你能想象吗？早在1995年，她在肯辛顿宫接受英国广播公司的记者采访时，就自曝被诊断出患有边缘性障碍的许多症状。

据戴安娜王妃的朋友和熟人说：她是一个让人捉摸不透的人，经常爱发脾气、哭泣抽搐、热衷于操纵他人，乃至于当面说谎，或者用锋利的物品伤害自己，直到他人完全屈从于自己，愿意服从自己的命令为止。

事实上，具有边缘型人格的人大多数都是俊男美女，具备忧郁或是楚楚可怜的引人气质，很容易让周围不熟悉的人生出保护欲望。但是，他们变化无常的性格，往往会对身边的人际关系造成致命的恶劣影响。

班里新来了一位转学生萌萌，听说她的家境很好，人也长得漂亮，因此很多同学都围上去希望跟她交个朋友，小丹也是其中的一个。

萌萌比大家想象中更冷漠一些，但是经过小丹几个月坚持不懈的努力，她终于对小丹展开了笑颜："小丹，你是同学中最善良、最乐意帮助人的人了，我很喜欢你。"

得到朋友的肯定，小丹十分高兴，但是很快，她的这种高兴就被头疼所取代了。

"小丹，周末有时间吗？我们一起去看《泰坦尼克号》。"电话那头，萌萌的声音兴高采烈。

"可是……可是我已经和阿兰她们几个约好去海洋馆了……"小丹有些为难。

"什么？"萌萌的声音冷了下来，"我是你的好朋友，还是阿兰她们是？"

"当然是你了。"小丹赶忙安抚她。

"既然是我重要，那为什么还要抛下我去跟阿兰她们一起？"

"可是那是生物课布置的作业，我们上个星期就已经说好了啊……"小丹为难地解释，可是刚说到一半，萌萌就挂了电话。

思忖再三，小丹还是推掉了跟阿兰她们的约会，大汗淋漓地赶到了萌萌家。

一看见小丹赶过来，萌萌顿时激动地哭了起来："我就知道，我对你来说是最好的朋友……"

这样的事情一而再、再而三地发生，就连小丹的好脾气也受不了了，可是，当她想要跟萌萌绝交时，萌萌竟然哭着在自己的手腕上划了一刀。

她真的把我看得比生命还重要啊！怀着这样的想法，小丹还是选择默默地忍受下去。

萌萌真的把小丹看得比自己的生命还重要吗？答案是否定的，她之所以会那样做，完全是因为她是边缘型人格的关系。

边缘型人格障碍，不是指那一类人处于人格崩溃的边缘，而是指他们的情绪总是很不稳定，对人处事都缺乏安全感和稳定性，就像是走在悬崖边缘一般。

这一类人最显著的特点就是对待他人的态度会随时产生强烈的反差，他们有时候像柔弱的小孩、需要被照顾的小猫小狗，有时候又像是歇斯底里的疯子、冷漠无情的报复者。他们前一刻还可能对你百般友好，后一刻就可能

第十一章 辨明人格类型，摸清行为模式

因为一丁点儿的小事大发雷霆，让与他们接触的人无所适从。

造成边缘型人格的原因，心理学家们认为可能是遗传、脑部异常或是环境因素所导致的。在这三点中，最被认同的是第三点环境因素。许多边缘型人格的人，都有着童年被虐待的经历。在童年时，他们遭受父母的影响，情绪极不稳定，导致人格部分分裂，无法对世界产生统一的观念，将好坏两极过于分化。因此，他们对世界缺乏安全感，对事物有着绝对的好和绝对的坏这两种期待，但是很显然，这两种期待都是不现实的。所以边缘型人格的人只好一直在这两极之间震荡，形成了极不稳定的人格特征。

一般来说，有以下几种行为表现中的大部分，就可以认为是边缘型人格了。

1.极度缺乏安全感，对于被抛弃有着强烈的恐惧，有时候甚至会因为假象中的抛弃感而陷入巨大的恐慌，采用过激的手段，比如说自残或杀人，来保护自己。

2.对自身具有认同障碍，比如说不知道自己是谁，不清楚自己的信仰等，同时对自己的定位也极不稳定，一会儿觉得自己无所不能，极为自信，过一会儿又会觉得自己一无是处，陷入自卑的状态。

3.人际关系极不稳定。面对一个人时，有时会觉得他是最温柔、最优秀的人，但有时会因为一点小事，态度180度大转弯，认为对方一无是处，是最可恶的人。对他人的评价，总是在这两种极端的过度理想化和全面否定之间转变。

4.长期感到空虚。

5.情绪在短时间内转换激烈，可以在极短的时间内由快乐转为悲伤愤怒，由平静转为暴躁焦虑，反之亦然。

6.经常会出现强烈的、非正常性的愤怒，经常会被人认为是狂躁症。

7.具有自残、自虐等难以控制的冲动性行为。

8.反复地出现自杀的行为。

9.在巨大的压力下，会出现短暂的偏执性观念，或是存在两种截然相反的人格的分离性症状。比如说在遭遇可能的抛弃时，边缘型人格的人可能会在前一刻极尽所能地做一切事情，万分热情地讨好巴结对方，而在后一刻，又会觉得自己已经被对方抛弃，冷漠无情地做出伤人或者自伤的冲动性行为。

与边缘型人格的人相处，往往会有被利用、被控制的感觉，因为他们是如此地没有安全感，总会以威胁、冷战、伤害等方式钳制对方，达到自己的目的。另外，由于他们总是在最好和最坏两种极端跳跃，所以和他们相处时，也是忽冷忽热，所有的变动都无法预测也不可理解，很难被正常人所适应。

但是，只要了解他们的所作所为并非恶意，只是源于心中本能的孤独和恐惧，那么边缘型人格的人，看起来也就不是那么令人深恶痛绝了。不过即使如此，对待边缘型人格的人，也需要极大的心志与强韧的耐性，并且要坚守自己的原则。一般来说，只要不是严重到发生自残自杀行为的地步，普通边缘型人格的人，还是可以与人相处的。

反社会人格：毫无责任心的"恐怖分子"

> **微表情关键词** 反社会型人格的人没有道德心，也没有责任感，不会为他们伤害别人而感到内疚、惭愧，因此，他们总是最冷酷无情，最让旁人避之不及的人。

反社会型人格，也称悖德型人格，或是无情型人格，是心理学家们最为重视的人格障碍之一。

我们通常接触的具有反社会型人格的人，多半是在电影电视剧中。像冷血无情的杀手、高智商的犯罪者、手段残忍的杀人犯这一类的人。但实际在生活中，大多具有反社会型人格的人完全不会嗜杀成性，他们大多只是没有责任心，藐视法律、道德规范，为人自私自利，丝毫不考虑他人的难处和后果。

老魏这些天替单位接待了一个港商，那名港商看起来相貌堂堂，一身名牌服饰，一副财大气粗的样子。

接待他的第一天，老魏安排几个下属相陪，去本市的一家三星级大酒店吃饭。

席间宾主尽欢，那名港商为人也颇为豪爽，连连同老魏和他的下属们干

 第十一章 辨明人格类型，摸清行为模式

杯，透露出迫切想与他们合作的意思。

眼看着任务已经有了眉目，老魏也高兴起来，多喝了两口。然而，宴席刚进行到一半，领导一个电话打来，说有紧急公务，将老魏急召回了单位。

喝的有点迷糊的老魏连忙赶回单位，匆忙中，也忘记给自己那几名下属留下结账的钱。

在单位忙了半天，老魏才想起来看电话，一看不得了，有十几个未接来电，都是自己前去陪酒的一名下属打来的。

老魏连忙将电话打过去，那名下属带着哭腔说道："魏科长，您赶紧过来结账吧，我们身上钱不够，酒店的人把我们几个都扣在这儿了。"

"什么？"老魏吃了一惊，"那佟先生呢？"

佟先生就是那名港商，听到他的名字，下属恨得咬牙切齿："佟先生他吃完之后，没等我们开口，就告诉服务员由我们结账，自己回您给他安排的酒店休息去了。"

虽然是客人，但是垫付点酒资又不是什么大不了的事，也没有多少钱，怎么能这样呢？老魏心中腹诽，急忙赶到酒店，将自己的一干手下"解救"了出来。

"魏科长，那位佟先生也太不仗义了。"手下小黄愤愤不平，"你走了之后，他还猛灌我们酒，一开始都觉得他是个豪爽的人，可是谁知道要结账的时候，他看你不在，又看我们几个神色尴尬，不等我们开口，就装醉溜掉了！"

小黄一通抱怨，老魏却在心里留了个心眼儿。一名资产千万的港商，又何必在这几个小钱上斤斤计较？回到单位之后，他立即联系自己在港的亲戚，帮忙查了下那个佟先生的来历。

不查不知道，一查吓一跳。根据老魏亲戚的调查，那个佟先生确实是香港人，只不过资产根本没有千万，反而欠了别人一屁股债，这次来内地装大款，纯粹是想"捞点油水"之后逃之夭夭。

掌握了证据，老魏立刻报了案，避免了单位的重大损失。

老魏所碰上的这个冒牌"港商"，正是典型的反社会型人格的人。基于这种人几乎从来不付账的习惯，他自己为自己"揭了老底"，漏了馅儿。

反社会型人格之所以会得到这个名称，与他们内心中与社会普遍准则相悖的行为准则分不开。一开始接触这种类型的人时，他们往往会表现得很热情，能将气氛制造得十分融洽。但是，只要接触深了，特别是到了承担责

任，或是付账的时候，他们总会笑着敷衍了事，或是干脆直接逃掉。在他们的心中，我们习以为常的礼仪和道德，不过是放在纸面上的笑话。

想要辨别反社会型人格的人，一点都不困难。心理学者克莱克在他的著作《正常的银面具》里，详细描述了反社会型人格的各种行为特征：

1. 相貌和智力没有任何问题，给人的第一印象通常也是好感，没有其他人格障碍的精神分裂或是焦虑的情况出现。

2. 缺乏必要的责任心和义务感，不顾及社会规范、道德与法律。少时就可能有撒谎、偷窃的行为，成年之后更是肆无忌惮，可能从事非法交易，甚至是参与到危险的犯罪活动中。

3. 极端以自我为中心，利用感召力和魅力操纵欺骗他人，并对此泰然自若，丝毫不认为自己会伤害到别人，并在满足一己私欲之后，不肯对他人有任何回报。

4. 知错也不会悔改，非常擅长为自己找借口，认为受害人是因为愚笨而上当，完全是自作自受，即使自己不这么做，他们也会遭到其他人的蒙骗，从不会反省自己。

5. 感情冷漠缺少变化，很少像正常人那样有因为感动而出现的喜怒哀乐的表情。从来不关注别人，却强烈地需要别人的关注与信赖。在于他人交往时也偏重于自我满足，从不向对方付出真心真情。

6. 做事冲动，没有计划，经常临时抱佛脚。即使是侵犯他人利益的行为，也多起于隐蔽性的冲动，而非有明确的动机和计划。

7. 性情急躁鲁莽，忍耐力很差，很容易被激怒产生攻击性行为，对自己和他人的安全毫不在意。不少人会有暴饮暴食、纹身穿环、超速驾驶、甚至吸毒自残的行为发生。另外在酒后，会表露出粗鄙丑陋的行为状态。

8. 生活无规律，大多数这种类型的人没有固定工作，即使有也不能胜任很长时间。他们会尽量地逃避干活，却想多拿钱。经常会负债累累，但却总是催着别人还钱。

这八类特征，基本涵盖了反社会型人格的人的行为表现。而在我们身边，反社会型人格的人也并不少，像一到结账就开溜的人，为了满足私欲做假账，丝毫不知悔改的人，或是对工作偷奸耍滑，堂而皇之地说出一些非正当理由的人，都有反社会型人格的影子。

人类之所以会形成反社会型人格的缘故，多数心理学家们认为少部分是因为遗传或大脑发育不良，大部分的原因，还是家庭和社会环境所造成。错

第十一章 辨明人格类型，摸清行为模式

误的教育方式、童年的精神创伤和不良的社会环境因素，都是可能造成反社会型人格的原因。

基于反社会型人格的人无羞耻感和无责任心的特征，在遇到这种类型的人时，我们最好还是敬而远之。因为一旦被他们缠上，就好像被蚂蟥叮住一样，在吸了你的血之后，他们还会嫌恶地皱皱眉头，嫌你的血液不够甘甜。

A型愤怒人格：总是紧张的"高压电"

> **微表情关键词** A型愤怒型人格的人就好像一桶随时会爆炸的火药，总是让周围的人小心翼翼，如履薄冰。在与他们相处时，将自己的心修炼成波澜不惊的大海，才是最有效的。

财务部经理老蒋，被公认为是公司最不好相处的人。他每次一跨进办公室大门，所有人就会立刻呈现出一副鸡飞狗跳的情形。

"什么？这都什么时候了，你的工作报表还没有弄完？你不打算要工资了吗？"老员工被老蒋训斥得唯唯诺诺。

"就算你是新来的，来了这么久了，难道连这个还要我教你做吗？"新员工被教训得欲哭无泪。

"昨天晚上让你放在我桌子上的文件呢？我怎么到处都找不到？你不知道这样会耽误我的时间吗？"秘书被老蒋指使得晕头转向。

"我早就让你做准备，你都做到哪儿去了？一天的时间，账目再弄不好，你自己跟总裁交代去吧！"财务被老蒋逼得走投无路。

"都大中午了，还在打扫地面，这不是早上应该做完的事情吗？大中午的在这打扫，不知道扬起来的灰尘会呛人么？"就连打扫卫生的阿姨，老蒋都不放过。

你的身边，有没有老蒋这样的人？

这样的人，就好像旷野中的高压电箱，身上写着"离我远点"的标识。一

旦谁离他近一些，一道高压电就立刻劈来，电得人魂不附体。

这样的人，在行为心理学中，被称为A型愤怒型人格者。

这种人格在一般的书上都很少见，它的名称，不是来源于A型血，而是代表着高压力人格的行为模式。

之所以被称为是高压力人格的行为模式，是因为A型愤怒型人格者具备强烈的进取心、自信心、成就感和侵略性，他们习惯于从事高压力、高强度的竞争性活动，总是希望能在最短的时间内做最多的事情。这种要求不仅仅体现在他们的自我鞭策上，对于身边的人，他们也会不自觉地进行控制。对于阻碍自己努力的人，他们会表现出强有力的攻击性。

在公交车站排队时，在银行窗口等待时，在火车站里等候买票时，我们经常可以看到A型愤怒型人格的人。无论他们有没有要紧的事，都会表现出一副急匆匆、很不耐烦的样子，不时地看一看手表，抬头望望窗口，嘴里骂骂咧咧地抱怨，从天气到堵车，到现在的社会制度，总是一刻不停地嘟囔着。而他们的这种行为，或多或少地也会影响到周围的人。通常有这种人在的地方，温度总是比正常要高上几度，所有人都会产生焦躁难安的情绪。

这就是A型愤怒型人格的"魅力"，他们总是紧张，不止是自己紧张，还要将紧张的情绪最大化地传递出去，带着身边的人一起紧张，一起战战兢兢，焦躁不安。

"今天是最后一天，必须要把任务赶出来，不然谁也不要想回家睡觉。"设计公司里，总监监督着一干手下，严肃地下了命令。

"这个任务有这么急吗？"已经连着加了四五天的班，自然会有人有怨言。

"怎么不急？"耳朵尖的总监听见了这句抱怨，勃然大怒，"这次的任务，同时还有三四家公司在抢，虽然我们公司占有优势，但是能不能在短时间内拿出最完美的方案，才是最重要的。如果这次不能拿下这个任务，我们以后的升迁都会受到影响。"

"恐怕只是你的升迁会受到影响吧。"又有人嘀咕了一句，不过这一次极为小声，没让总监听见。

整整加了一晚上的班，双眼通红的员工们才终于将方案赶了出来，实在是疲惫不堪的他们干脆就趴在桌子上呼呼大睡，只有责任心极强的总监，仍旧撑着精神，努力对方案做修改。

方案交上去一个星期之后，对方公司的回信才姗姗而来。他们在权衡了

第十一章　辨明人格类型，摸清行为模式

几家公司的策划之后，决定还是选另一家公司更全面、更完美的方案。

摊上了这种领导，是幸事，也是不幸。幸运在于：他们总是有热切的能突破一切的冲劲与信心，能够鼓舞你的志气，让你学到不少东西；不幸在于，不管你愿意不愿意，你都得跟着他们向前冲，一旦你因为疲惫而停下脚步，等着你的就是一鞭子。

A型愤怒型人格的人是如此紧张易怒，以至于他们的心理和生理上，负担都非常大。他们不会放松自己，总是把自己安排进忙忙碌碌的日程中，通过顽强的意志力驱使，过度超支自己的精神和身体，对于任何事都只能成功、不能失败，这样独特的行为模式，让他们内心中源源不断地产生紧张和压力。也正是因为如此，A型愤怒型人格的人，是最容易发生心血管疾病和心肌梗塞的族群。

当我们认清A型愤怒型人格的人的本性之后，就能够理解他们的所作所为了。他们不像反社会型人格那样没有责任感，也不像边缘型人格那样缺乏恒心，对他们来说，正因为责任感和恒心过于沉重，才引发他们更大的压力。

A型愤怒型人格的人，多数只重视事业上的成功，对他们来说，拥有显赫的头衔、赚很多钱、得到很高的职位，才是对他们的肯定，除此之外的其他事，他们都漠不关心。

虽然能够理解A型愤怒型人格的人，并同情他们，但是我们在生活中遇到这类人时，还是极为头疼的。如果有可能，当他们发火时，不要一味地顺从，否则会给他们更多能够操控你的感觉。掌握良好的心态，认清自己的目的，不被他们的"高压"所传染，才是根本的办法。

ADHD型人格：思维跳跃的"外星人"

> **微表情关键词** ADHD型人格的人注意力不够集中，因此，交际时一定要记得时时刻刻把他们拉回到主题上来。对于常人来说，这可是一件需要耐心和强大控制力的工作。

ADHD，在心理学中被称为注意力缺陷多动障碍，原本是在儿童期很常见的精神失调，也就是我们平时所说的少儿多动症。但是，随着对这种病症的认识增加，最近，心理学家们发现：这种症状在成年人身上也会出现，并会形成一种特定的人格，被称为ADHD型人格。

ADHD型人格的人，并不像患有多动症的小孩子那样，只是在行为上表现出好动、不肯安静、注意力缺乏的特征，作为成年人，他们的表现更加隐晦，也更加让人头疼。

司机师傅老张拉上了一个年轻的姑娘，姑娘上车后，他礼貌地问道："姑娘，你去哪儿？"

"嗯，先往前开吧，我还没有想好，大概去桥南那边。"姑娘回答道。

老张发动着车子，刚走没多远，冷不丁那姑娘又问道："师傅，桥南那边的房子很贵吧？"

"啊？"这个问题突如其来，让老张有些猝不及防，想了一想，他回答道，"还真是不便宜，我家也在那边住，这几年房价涨得很厉害……"

"那桥北那边的风景是不是好一点？"姑娘突然打断了他的话。

"桥北？"老张再次想了一下，回道，"那边大学比较多……"

"大学？上大学真的挺有意思的。"

姑娘的感慨让老张有些摸不着头脑，他试探着问道："我说姑娘，咱们是往桥南开，还是往桥北开啊？你是打算去看房子吗？"

"啊，不，我最近打算开个奶茶店。"姑娘摇摇头否认。

第十一章　辨明人格类型，摸清行为模式

"奶茶店？"老张快哭了，你要开奶茶店和我现在往哪儿开有什么关系啊？

"是啊，应该蛮赚钱的。"

"赚不赚钱先不要说，我们现在究竟要去哪里啊！"老张发飙了。

纵观可怜的老张与那位姑娘的对话过程，很多人会有点忍俊不禁的感觉吧？可是，那位姑娘并没有存心想要戏耍老张的意思，之所以会造成这样的效果，完全是因为她所具有的 ADHD 型人格的关系。

ADHD 型人格是由于注意力存在缺陷而形成的，造成这种缺陷的原因至今还没有确切的定论，心理学家们普遍认为是遗传、环境，或是神经及化学性因素影响所导致。具备 ADHD 型人格的人，从行为类型上来看，分为两类，一类特别外向、热情，很喜欢与他人搭话，还有一类则非常安静，喜欢发呆，如果不是自己很感兴趣的事就不会去关注。

而这两类人不论哪一类，都具有不能集中注意力的特征。他们常常粗心大意，分心走神，经常会忘记他人嘱咐的事情，而这些行为如果被他人指出的话，他们也是一副懵懂天真的样子，让人不忍苛责。

白医生最近碰上了一个让他非常头疼的患者。

那是一位年纪约莫 30 多岁的女性，进入白医生的诊疗室之后，她礼貌地打了招呼："医生您好。"

"您好。"白医生笑着向她示意，"请坐，你哪里不舒服？"

"最近有点胃疼。"患者回答道。

"胃疼？胃疼应该去看内科，可是我这是神经外科啊。"白医生有些惊讶。

"是这样的，我最近有点胃疼，可能是吃坏东西了。"在白医生的点头示意下，患者继续说道，"然后我吃了点胃药，就像这个瓶子，差不多吧。"

她拿起白医生桌子上的药瓶比划着："我大概吃了一瓶的样子，可是胃还是不舒服。"

"这是抗抑郁的药。"白医生还是不知道她想说什么。

"啊，您是说我得吃抗抑郁的药吗？我得了抑郁症吗？"

"没有，没有，我没说你得了抑郁症，我只是说我这瓶子里装的是抗抑郁的药。"白医生赶忙澄清。

"难道是我吃错药了？"患者开始拉扯自己的头发，"不会吧。我有一个朋友，就是因为吃错药进了医院，差点一命呜呼。"

"应该不至于吧。"白医生抹了把头上的冷汗，"你不是说你吃的是胃

药吗?"

"好吧,应该是胃药。可是内科的医生说我这是压力太大而引起的神经性疼痛,所以我就上您这儿来了。"患者再次拿起白医生桌上的纸镇,"有时候疼起来,就像是用这个东西在砸我的胃似的。"

"那您应该去精神科看一看。"白医生建议道,"神经性疼痛的话,那边比较专业。"

"什么?神经性疼痛不应该看神经外科吗?怎么看这两个都是最相关的吧?你该不会是想要把我推出去吧?"

这一下,白医生彻底不知道该怎么回答了。

跟这一位患者谈话,简直比同时应付三四个人还要费劲,她总是在不停地岔开话题,然后制造麻烦,却一点儿也不听白医生解释。最终,什么问题还没有解决,医生就已经累趴下了。

这就是ADHD型人格最显著的行为特征。一般来说,具有ADHD型人格的人,通常不会注意听别人讲话。也就是说,他们听人讲话时,通常是左耳朵进右耳朵出,自己认为听得很认真,但实际上根本不了解别人说了什么意思。

其次,他们总是会抢着说话,为的只是发表出自己心中的观点。因为他们的思绪是如此飘忽不定,乃至于他们如果不马上说出来,在下一刻就怕忘掉。也正是因为这一点,这一类人常常会被人认为是没有礼貌,实际上,他们自己根本意识不到这一点。

最后,ADHD型人格的人多有不安、自信心低的问题,性格比较散漫,用俗语来形容,就是有点"不着调"。他们的反应总是慢半拍,也经常不给他人以回馈。在进行一个动作,说一句话的同时,他们心里的想法可能已经从宇宙绕了一圈,因此,正常人很难理解他们,经常会认定他们是思绪恍惚,行为多变。

其实与ADHD型人格的人相处,只需要多一点宽容就可以了。他们本身并不是难相处的人,只是思维跳跃太快而已。但要注意的是:在交际时,千万不能被他们那跳跃的思绪牵着鼻子走,不然很可能商讨了半天,你连自己想要做什么都忘记了。那时候,你就会像案例中的白医生和老张一样,要么大发雷霆,要么彻底投降了。

第十二章

透过防御机制，洞穿心理弱点

  我们每个人都有自己独特的一套防御机制，又被称为置换机制。靠着它，才能保护我们在愤怒时不至于失去理智，在沮丧时不至于万念俱灰，在兴奋时不至于得意忘形，堪称是神奇的心灵"变压器"。通过行为了解他人的防御机制，能够帮助我们更快地了解一个人，看穿他的心性与弱点，从而加以防备或利用。

第十二章　透过防御机制，洞穿心理弱点

防御机制：情绪压力的"转换器"

 防御机制来源于人们的自我保护机制，避免自己的心灵由于受到冲击而过度焦虑、压抑。了解防御机制，对于判断他人的行为乃至于心理活动，有着极其重要的意义。

在《圣经·旧约》全书里，有这样一个传说：

为了考验先知亚伯拉罕对他的忠诚，上帝要他将自己的独生子以撒作为祭品，敬献给自己。当亚伯拉罕带着以撒到了祭坛，并拿刀要将自己的儿子杀掉时，上帝感召到了他的忠诚，便让天使拦住了他。就在这时，路边走过一只迷途的山羊，亚伯拉罕就将这只山羊牵来，代替以撒做了祭祀。

这个传说流传下来，被古犹太教所继承。在每年的祭祀时，古犹太教的大祭司都会牵来一只山羊，然后将手放在山羊的头上，以示将全民族的罪孽都托付到这只山羊的身上，然后将它赶进旷野中自生自灭，以此来清洗民族的罪恶。

说起这个典故来，多数人都会觉得很熟悉，这就是我们平时所说的"替罪羊"。在生活中，替罪羊往往是指可怜不幸的、代替他人受过的人，但实际上，在我们的大脑中，也同样有这么一套"替罪羊"机制。

这种机制，被称为防御机制，又称为置换机制。

人类在面对挫折、冲突或是其他的紧张情况时，会产生焦虑、烦恼等负面情绪。这些负面情绪也许可以被暂时压抑下去，但是在没有得到释放解脱之前，仍旧会给人类的潜意识带来不安。为了避开这种干扰，人们自觉或是不自觉地都具有恢复心理平衡稳定性的倾向。

而防御机制，也正是基于这种原理。为了避免焦虑不安的情绪积累过多，在潜意识和意识之间形成精神障碍，人们会将被压抑的焦虑情绪加以改装，置换成另一种形式，再将之反馈到现实生活中去。简而言之，防御机制

就是将焦虑不安置换成其他形式发泄出去，避免给自己造成心理问题的人体"防火墙"。

防御机制在我们的生活中随处可见。打个比方说：孩子在过年时打碎了昂贵的碗盘，父母很心疼，但是大过节的，也不好开口责骂，于是只好安慰自己说，"岁岁（碎碎）平安"。这就是一种典型的防御机制。

又比如说：媳妇看到婆婆弄脏了家里的新床单，但又无法当面直说，只好将气撒在老公身上，怪他进门的时候忘记换拖鞋。被责怪的老公怎么也不明白，平时偶尔也发生的事，为什么今天老婆就发那么大的火。

前些年在北京西单的某间大厦里，发生了令人目瞪口呆的一幕：一个穿着汗衫，打扮好像民工一样的中年男人将厚厚的一沓百元大钞甩在售货员身上，接着掏出一把大剪刀来，将一套名贵的阿玛尼西服剪成布条，然后不屑地扬长而去。

对于这件事，有媒体专门进行了跟踪报道。经过调查发现：那名男子来自于农村，还没成年，就跟着村里的包工队到大城市里"讨生活"，吃了很多苦头，也受尽了势利者的白眼。后来，他凭借着自己的技术和胆大心细，混到了"包工头"的位置。再后来，他搭上了大的建筑公司，开始贩卖建筑材料……就这么一步步地，几十年过去了，他已成为了身家千万的小老板，但是，小时候所受的冷遇与欺辱，却在他心中深深地扎下了根。

于是，他经常穿着寒酸的衣服，在豪华的商厦里东转转，西摸摸。那天，当他走到了阿玛尼专柜时，售货员尖刻地呵斥他："这是你能买得起的东西么？不要乱摸，摸脏了你赔得起啊？"

接下来，就发生了上述的一幕。

有人说这个男人专门炫富，也有人说他根本就是心理扭曲，但实际上，这只不过是防御机制里很常见的情况罢了。虽然成了有钱人，但是这个男人的心里却始终充斥着年少时的阴影，这样的阴影让他无法融入所谓的"上流社会"，于是，他便想到了上面的这种方法来赢取他人惊叹诧异的目光，来抒发自己的心结，取得瞬间的快感。

防御机制是人类保护自己的自然反应，因此，绝大多数的防御机制是无意识地被展现出来的，而在本书里，我们之所以要着重强调防御机制的原因也正在于此。我们通过交谈或是其他的途径所观察总结出的人们的心理活动，很有可能是经过他人精心粉饰，难以辨明真假，而防御机制所体现出的反应，却是人们无意识的举措，也就是说：通过防御机制来判断人类心理，

第十二章 透过防御机制，洞穿心理弱点

能够更容易命中内心的根源。

人与人的性格不同，习惯不同，因而，每个人的防御机制的表现方式都是不一样的。接下来的章节里，我们会详细讲述常见的十类防御机制，以便读者有更深刻的了解。

攻击机制：自我焦虑的暴力宣泄

攻击机制是排解焦虑最直接的方法，在未造成我们无法承担的后果时，用这种心理机制排解焦虑，并不是不可行的。这种心理机制本身并不可怕，可怕的是其最后造成的影响。

对于人类来说，快乐的最本质来源就是自我欲望的实现，当这种愿望无法实现的时候，就有了焦虑。当焦虑产生或者待产时，人们会对阻碍自己的人或物施加直接暴力、软暴力或冷暴力。这种以暴力的方式去解决自我焦虑的方式，就是攻击行为的本质。

退休的张大妈挽着菜篮去早市买菜，路过一个菜摊时，她被摊位上绿油油的黄瓜吸引，上去问价钱。

"什么！八块钱一斤？"听了菜贩的报价，张大妈几乎不敢相信自己的耳朵，"别人家才卖三块，你这是金黄瓜啊？能卖得出去才怪！"

"我这可是有机黄瓜，你买是不买？不买就走开，别在这耽误我生意。"被人这么说，摊主不乐意了。

"有鸡？还有鸭呢！"张大妈哪里懂得这些，只是看摊主态度不佳，也来了气，"现在的人，为了赚钱什么都能编的出来。人家都说鬼主意多的人不长个儿，还真是这样。"

个子矮本就是那摊主的一块心病，被张大妈这么一讽刺，摊主也反唇相讥："人家说心宽体胖，还真是这样。有些老头老太太，瘦的跟柴火棍儿似的，那心眼还没针鼻大……"

张大妈想要以一个合适的价钱买黄瓜，省钱这就是她的欲望诉求。但小贩的高额定价阻碍了她的诉求，于是她开始口出恶言，这就是她攻击行为的成因。

像这种情况，在我们的生活中，可以说是屡见不鲜。生活在这个节奏越来越快的社会，人们的脾气也越来越急躁，小到购买物品发生口角，大到因为受到侮辱而泄愤杀人。在各种各样的情况下，人们都可能因为一时的怒气与冲动而做出伤害他人的事情来，像这样攻击性的言论与行为，在行为心理学中，被称为攻击防御机制。

根据弗洛伊德的理论，任何人的心理活动都会有一个主导性的倾向，那就是人们的潜意识，会努力减弱或排除那些外在的突然性刺激，以保持心理的平衡。基于这种原理，攻击性防御机制，即是将人们因为不快而产生的焦虑、怒气采用暴力或其他破坏、对抗性行为表现出来，从而让自己的冲动得以发泄，心理上得到平衡，而攻击的对象，则是那些与他们产生矛盾，或是妨碍他们发泄的人或者物。

像上面提到的张大妈与菜贩，也正是基于这一点，才将买菜的矛盾上升到了对他人短处的人身攻击，从而引发一场大战。

张红丽是一名艺术系大学生，她主修钢琴。

她的导师龚教授今年40多岁，相貌堂堂，多才多艺，虽然已经结婚，但常常和早熟的女学生们发生不正当性关系。

而张红丽就是龚教授的新猎物，无论样貌身材气质，她都是这一届新生里最佳的一位。于是龚教授利用单独辅导的机会，几次三番地揩油。

张红丽一开始并不相信道貌岸然的龚教授会真的猥亵自己，但几次之后，龚教授的手段越来越明显，张红丽也就越来越害怕。

终于，有一次她忍无可忍，冲出了钢琴室，找到了学校的值班民警，并将龚教授的事情一五一十地反映了上去。但由于学校方面的压制，以及与张红丽达成的和解，警方并没有立案，这件事本可以这么过去。

但声名扫地的龚教授就有些挂不住，流言蜚语和已经无法挽回的名声让他越来越愤怒，终于，他再听到关于这件事的流言，就上前造谣：是张红丽勾引我的，她每次找我提出单独辅导的时候，都穿得很暴露，并且想坐在我腿上……

龚教授的攻击机制，并非来源于情欲的未满足，而是来源于"博取好名声"这个愿望的未满足。而作为这个愿望的阻碍者，张红丽成了他的攻击

第十二章　透过防御机制，洞穿心理弱点

对象。

攻击机制的对象大都既有针对性，又有随意性。而攻击的手段也多种多样，有些甚至是直接的暴力冲突。

孙先生和妻子结婚五年，妻子的娘家很富裕，而他则是乡下穷人出身，来到大城市后，倚靠妻子的家族势力，挣得了一份事业。

孙先生有了事业之后，开始变得花心。妻子能够感受到一部分，但出于对家庭的维护，还是睁一只眼闭一只眼。直到他把账户里的50万存款挪用，妻子才感到危机，经过调查，得知丈夫有了一个固定的情人，并准备给她买一套房子。

妻子知道，一旦丈夫真的把这笔钱花出去，那么自己就永远失去了这份共同财产。于是，她调查到了那位第三者现在的住处，并上门跟她斗上一斗。

却没想到，本应该在公司上班的丈夫竟然在这个时候来和情人幽会，三人撞在一起。妻子见两人衣衫不整，愤怒地对着二人咆哮。

孙先生一方面恐惧妻子的存在让自己的事业泡汤，另一方面又担心失去怀里的美人，这种复杂极端的心境下，最终对妻子大打出手。

妻子构成了丈夫实现快乐的阻碍，于是在极度焦虑下，孙先生对妻子施加了暴力。明明是他有绝对道德过失在前，他却能下狠手对妻子施加暴力。可见，在人们被攻击机制主宰后，超我层面的道德就不存在了，理性也不翼而飞。所以，一方面我们要警惕那些狗急跳墙的凶徒，另一方面又要想办法不被这种攻击机制控制。

攻击机制大概是最直接的焦虑宣泄方式，它可以把焦虑用直接的伤害，在直接的当事人身上表现出来。我们生活中应该见过所谓情绪化的人，遇见不顺心的事，不管谁招惹他他都会反唇相讥。

这种人就是典型的爱用攻击机制宣泄焦虑的人，对于这种人，我们应该在一定程度上持原谅态度。你要明白：攻击我们，并不是他们的本意，他们只是被焦虑阻塞了而已。

嫉妒机制：心怀愤恨者的恶性转移

> **微表情关键词** 不同于攻击机制，嫉妒机制的释放更加柔和，理性在其中的作用更加鲜明。所以嫉妒更容易被控制。作为一种有效的焦虑宣泄途径，当嫉妒被适当控制的时候，是可以被接受的。我们要小心的只是，失控的嫉妒产生的极端行为。

女教师刘某今年43岁，比他大四岁的丈夫在她眼中已经失去了魅力，她开始把"爱"转移到她的学生身上。

17岁的小华就是她的学生，小华学习成绩一般，但相貌出众。某日，刘某假意让小华课后留校，进行学习辅导。在空旷的教室里，刘某诱使小华与自己发生了性关系。这段关系保持了近三个月。

三个月后，班上转来一位转校生阿宾。阿宾是体育特长生，虽然比小华还小一岁，但身高一米八四，小小的年纪身上就已经看得见肌肉块。刘某很快开始迷恋阿宾，不久，用同样的手段俘获阿宾。

小华对此极为嫉妒，多次央求刘某放弃阿宾，只跟自己在一起，无果后转为威胁。女教师刘某自然不会被小孩子的威胁吓倒，继续保持与阿宾的关系，并且偶尔也和小华玩玩。

这令小华非常愤恨，终于，某天晚上他向刘老师求欢未果，却发现她和阿宾极为亲密之后，冲进教室，用一根铁钳捅死了阿宾，捅伤了刘某。

从警方侦破角度来说，这是一起典型的情杀案。但心理学上并没有这个词，在心理学界，小华的行为可以被看作心理防御机制的一种表现，那就是嫉妒。

"世界上最好的丈夫永远是隔壁琳娜的老公"，在德国某地区的中产阶级圈子里，这句话常常被引用，场合一般都是几个男人坐在一起，各自嘲笑自己家里的"母老虎"有多爱吃醋多爱抱怨。

第十二章 透过防御机制，洞穿心理弱点

嫉妒机制和攻击机制有相同的地方，那就是，表象特征都是通过破坏、伤害、征服等方式体现出来。但两者的区别也很明显。攻击机制的来源是自我实现欲望受阻而产生的暴力。但嫉妒的焦虑状态，往往是心理落差。

自己已经得到的东西，其他人不可以得到。其他人得到的东西自己一定要得到。这是嫉妒者的典型心境。

春秋时代，楚怀王熊槐有一位宠姬，名叫郑袖，她貌美如花，艳冠群芳，很是得楚王宠爱。

但是花无百日红，郑袖专宠后宫没多少日子，魏国向楚国进献了一位美人，这位美人的容貌尤胜于郑袖，楚王从此偏爱魏美人，冷落了郑袖。

虽然心中妒火中烧，但郑袖却是个聪明人。一方面，她多次向魏美人示好，将上好的布料首饰都送给她挑选，还经常陪着她一起散步；另一方面，她故作好心，告诉魏美人："王经常说很喜欢你，但是你的鼻子却是美中不足的一点。你见了王，便把鼻子掩上，这样王就会更长久地临幸你了。"

新来的魏美人哪里会想到是计，听从了郑袖，从此之后每次见到楚王，都把鼻子捂上。

时间久了，楚王也发现了这一点，感到十分奇怪，问郑袖是何原因。郑袖一开始欲言又止地说不知道，后来楚王硬要她说，她便回答道："新来的美人在私下里说王身上有恶臭，所以见了您都得掩着鼻子才行。"

听到这样的说法，楚王顿时勃然大怒，命令侍者将魏美人的鼻子割掉，赶出宫去。

郑袖的手段不可谓不狠毒，但究其根源，却只在于两个字：嫉妒。

古语有云，"木秀于林，风必摧之；堆出于岸，流必湍之；行高之人，众必非之"，反映了一个极为普遍的心理学原理：人们对于那些比自己成功，比自己突出，比自己更得宠爱的人，很容易就会引发出嫉妒之心，而这种嫉妒之心，通过怨恨、排挤、诋毁、中伤、诬陷、破坏、阴谋、暗害等方式爆发出来，能够变相地满足嫉妒在情感上的反应，让心理达到暂时的平衡状态。

嫉妒防御机制虽然有利于缓解心灵焦虑、恢复心理平衡，但是却容易造成严重的后果。因为嫉妒本身对心理所能产生的满足感非常有限，所以通过嫉妒防御机制仍无法恢复心理平衡的人，向外界爆发的破坏性冲动就会因为挫折感而反馈到自身，很有可能造成精神失常或是心理扭曲的境况。

有一个餐厅老板，因为嫉妒对门新开的餐厅抢走了自己的生意，日夜煎熬之后，终于下了狠心，趁深夜在"对头"的食材里下了老鼠药。

他原本的意图，只是想让食客们集体不适，以此抹黑对门餐厅的招牌，却不料因为没有掌控好鼠药的用量，一下子毒死了好几个人。最终，警察介入了这个案件，查出了是他所为，将他处以极刑。

反态机制：被理性束缚的双面人

> **微表情关键词** 由于反态机制的抒发对象并不是直接针对焦虑的产生源，所以，反态很多时候对焦虑的排放是不全面的。如果顺着这条路走下去，就会产生极致的、病态的、变态的反态行为。

刚考上驾照的小王开着新车带朋友们去兜风，但是在经过一个十字路口时，却被交警拦了下来。

"你违反了交通规则，请把驾驶证给我。"交警礼貌地向小王伸出手去。

"我这也是刚拿到驾照，您高抬贵手，千万别给我扣分。"小王陪着笑脸，没拿驾驶证，而是从钱包里抽出几百块钱递了过去。

"别说这些没用的，把驾驶证拿出来。"交警并不为他这一套所动。

"这年头像您这样奉公职守的警察真不多了。"见贿赂不管用，小王只好乖乖地掏出驾驶证，一边递一边奉承说："我这真不是故意的，还请您轻一点儿，回头我一定注意……"

接过交警手中的驾驶证，小王望着他远去的背影，狠狠地往地上吐了口痰："呸！什么东西……"

这样的情况对我们来说是司空见惯，像小王这样被交警拦住的驾驶者，为了不让事态更加恶化，虽然心中恼怒，但表面上却不得不装出一副恭顺认错的样子，待交警走了之后，再露出自己的"本来面目"。

违规者对交警，下属对找碴儿挑刺的上司，罪犯对于押送自己的警察，都会表面上顺从，内心却强烈不满。类似这种行为表现，在防御机制里，也有一个专有的名词概括，称为"反态"。

第十二章　透过防御机制，洞穿心理弱点

在清醒时，人们总是保持理性的，理性控制着自己的怒气，在遇到有威胁的情况下，不能骤然爆发，做出攻击或是其他的恶性行为。但是，被压抑的焦虑和怒气却"储藏"在我们的大脑中，因为强力的精神贯注，形成了反向作用，让我们表现出一种与内心想法截然相反的行动，反态防御机制就是这样形成的。

庞老太太有六个子女，辛苦把他们拉扯大以后，子女们都各自有了家庭，所以对庞老太开始疏于照顾。一开始只是不经常来看她，后来连生活费也给得越来越少，老太太那几年怨言很大。但又不敢和儿女们闹僵，因为她年老之后需要儿女们的赡养。

又过了几年，儿女们又有了自己的孩子，但也都忙于工作，于是就把孩子们交给老太太代养。老太太辛苦操劳了半辈子，本想晚年独享清静，但却无法拒绝儿女们的要求，于是也只能勉强开始带孙辈。

于是就有了这样的情景：当儿女们不在的时候，老太太对孙辈们虽然算不上漠不关心，但也算不上慈祥。她常常对孙辈们冷眼相待。

但当儿女们在身边的时候，庞老太对孙辈的态度立即有了180度的转弯。永远慈祥地笑眯眯地看着孩子们，时不时地嘘寒问暖，完美地扮演了一个慈祥老人的形象。

但孩子的心是最敏感的，他们长大后，并没有很深爱庞老太，即使庞老太曾带过他们好几年。

后来，庞老太渐渐年老体衰，无法自己生活，开始辗转于各个儿女的家里。儿女们都有自己的生活，虽然对庞老太也并不坏，但总不可能太过在意仔细。于是，庞老太对儿女的这种态度也有了一些怨言，却又不敢说出口。

但她却敢于在其他儿女面前说另外的儿女的不好，这就搞得所有的儿女都认为自己很孝顺而其他兄弟姐妹很不孝顺。久而久之，大家隔阂越来越大，有几次甚至大打出手。庞老太去世后，儿女们再没有走动过，一家人彻底成了陌路。

庞老太对儿女不满，但理性让她认为，如果和儿女闹僵，那么自己的晚景会很凄惨。所以理性给了她一个约束：即便再怎么想抱怨，也不能当着儿女的面。所以，当儿女们不在她眼前时，她对孙辈的孩子们就没有那么好了。甚至，会更不好，把她在儿女面前的卑微补偿回来。

20世纪40年代中国最优秀的演员，"话剧皇帝"石挥先生，在著名电影《我这一辈子》中，扮演了主角——一位在旧社会身份卑微的巡警。

而在片中,他最精彩的极端演出几乎都是"反态行为"的体现:在达官贵人前,夸张到虚假的笑脸,弓着腰,稍有不慎就要重重地扇自己耳光,权贵们走在地上的时候假么假事地为他们扫清地上的土。而当贵人们离开他的视线,巡警立即变了一副嘴脸:吐口水,谩骂讽刺,各种各样的贬低。

而石挥先生的这种人物刻画方式,被奉为经典。

这种当面一套背后一套的行为,是典型的反态行为。而在这个案例中,我们要关注的则是那位巡警在权贵面前的戏剧性夸张。

因为在反态防御机制中,理性强迫性地抑制了焦虑情绪,所以怀有反态防御机制的人往往会表现出明显的夸张与强迫性。他们会经常花言巧语,浮夸地再三表白自己的心迹,在做出笑脸时,也和自然的微笑不同,脸部肌肉会不自觉地僵硬、颤抖,伴随着眨眼、皱鼻子等动作。

所以说,有时候顺从并不代表着他人对你的心悦诚服,很有可能,他的顺从只是来源于他内心中的反态防御机制,而这种顺从,也是受心中愤怒和对抗的情绪驱使。总的来说:常常表现出反态防御机制的人,在平时的生活中,也容易出现说谎、抵赖、推卸责任的现象。我们平常所说的"当面一套、背后一套"的人,大抵指的就是这一种。

过失机制:当理性未能束缚你……

> **微表情关键词** 人们理性运用得力不从心,焦虑得不到压制或缓解,所以悄悄溜出理性防线,呈现出一种与理性相背的表意,就有了过失行为。过失行为容易对自己造成不好的影响,应当尽量避免。

央视著名足球解说员韩乔生先生,就是以"过失"出名的,我们来看看他曾经说过的那些令人啼笑皆非的解说语言。

"随着守门员一声哨响,比赛结束了。"

"各位观众,中秋节刚过,我给大家拜个晚年。"

 第十二章　透过防御机制，洞穿心理弱点

"队员在平时的训练中一定要加强体能和对抗性训练，这样才能适应比赛中的激烈程度，否则的话，就会像不倒翁一样一撞就倒。"

"国外的球员都非常敬业，比如马特乌斯，小孩出生3个月后就上场比赛了。"

"范志毅前几天还在发高烧，高烧36度8；守门员区楚良身高一米八二，体重28公斤。"

"在上周刚举行了一场别开婚面的生礼。"

"可能有的观众刚刚打开电梯，我们再把比分……"

"巴乔在前有追兵，后有堵截的情况下带球冲入禁区。"

"这球算进，进球无效。"

"已经有很多俱乐部表示要购买皮耶罗，拉齐奥出价3000万美元，曼联出价更高，2800万美元。"

"每一寸草皮都在进行激烈的争夺。"

"只见防守队员一个队员两条腿，两个队员四条腿，三个队员八条腿。"

"XX球员30公里外一脚远射！"

"以迅雷不及掩耳盗铃之势"

"球被守门员的后腿挡了一下。"

"巴西队的后防线是清一色的巴西队员。"

"守门员安琪参加了今年在墨西哥举办的世乒赛。"

韩乔生先生的"过失"解说已经成了一种风格，一种标签，而这种标签产生出来的幽默效果更是让人们对其乐此不疲。

除了欣赏韩先生的幽默感之外，我们不妨研究一下韩先生的"过失"成因。

人们由于客观处境导致自我失衡，于是产生了焦虑。这时，理性的运作会对这种焦虑进行抑制，当这种抑制成功的时候，便有了人前一套背后一套，这是反态。而当这种理性的抑制未能完全奏效，那么人们的行为就会产生过失。

在《祥刑古鉴》上，有一个名为"杨评事辨舟子奸"的小故事。湖州人赵三和周生是好朋友，二人约好了，一起去南京做生意。

第二天黎明，赵三起得早，先赶到河边，叫醒船主张潮登了船。由于天色尚早，他就在船舱里小寐，却不料张潮见他带了许多银两，起了贪念，趁他熟睡杀死了他，并将尸体沉于河中。

天亮了，周生赶到河边，左等右等不见赵三来，就叫张潮去赵三家里叫他。张潮来到赵三家门前，敲门喊道："赵三娘子，开开门。"

赵三娘子开了门，与张潮交谈几句，诧异地告诉他，自己的官人早已出门，现如今应该上船去了才对。张潮回去告诉周生，周生与赵三娘子等人四处寻找，也不见赵三的踪迹，便写了状子呈报给县府。

县府得知赵三夫妇曾有过口角，怀疑是赵三娘子谋杀亲夫，但又没有证据。案子被上报到刑部，大理寺姓杨的评事仔细阅读了案卷，断言道："张潮敲门叫的是赵三娘子，而不是赵三，就说明他肯定知道赵三已不在房中。"

仅凭着这一点，杨评事便断定张潮有重大嫌疑，随后，在审问中，张潮做贼心虚，低头认罪，供出了自己谋财害命的经过。

故事里的杨评事见微知著，善于观察，让人赞服，而张潮，因为"无心之失"被人看出了破绽，自尝苦果。

张潮所犯的真的是无心之失吗？确切地来说，应该称为"有心之失"才对。他杀了赵三，也明知道应该遮掩，不能被人发现，但是在他的潜意识中，赵三已死已成定局，从而才会在后面的表现中，毫无觉察地漏了馅儿。

像这种因为理性的"疏忽"，使焦虑、不安以理性始料不及的另一种形式表现出来，就称为过失防御机制。

评书《东北王张作霖》中有这么一段：

这一天，张作霖参加一个社会名流的聚会，在场有很多日本名流。这些人想要看张作霖出丑，得知张作霖没什么文化之后，就故意极为热情地请求张作霖写一幅字送给他们。

张作霖虽然知道这是日本人的阴谋，但他却也没什么办法。于是几步走到桌前，拿起毛笔，蘸着墨汁写下了一个大大的"虎"字，装模作样地审视了一番之后，落了落款，加了朱印。

正在他要得意洋洋的时候，随身秘书却发现了极大的纰漏：张作霖的落款，本应该写"张作霖手墨"，却被他笔误写成了"张作霖手黑"。几个日本人见状，也都丈二和尚摸不着头脑。

眼看着要丢人现眼的时候，张作霖已经发现了自己的过失，他不可能再上去补上三笔。于是竟成了骑虎难下之势。正在这时翻译赶忙低声提醒张作霖："大帅，落款的手墨写成了手黑，少个土！"

张作霖忽然灵机一动，用拳头砸了一下桌子，假意训斥翻译道："妈拉个巴子！老子还不知道墨下面有个土？但这幅字是日本人要求的东西，那就寸

第十二章 透过防御机制，洞穿心理弱点

土不让！"

一番话虽然粗俗，竟博得了在场中国人的满堂彩。

过失与反态在防御机制方面来讲，属于典型的反例。反态是由于积存的焦虑对抗理性而产生的反抗性防御机制，而过失，则是焦虑、不安或是不情愿的情绪与理性相对抗，趁着理性"不备"的情况下，偷偷溜出来的抒发形式。人们或许可以意识到自己的反态防御机制，但是，在过失防御机制未曾发生之前，却无法做出任何预防动作。

过失防御机制，常常以我们平时所说的口误或是其他失误形式表现出来。明明该说"开会"却说成了散会，明明没有做完的报表，却忘在了家里，都属于是过失防御机制的体现。

而经常发生过失防御机制的人，一般都有着注意力不集中的窘况。潜意识与显意识之间的相互冲突，会让他们比一般人更容易逃避现实，并习惯于为自己的行为辩解。另外，通过对过失行为的分析，我们可以很容易得出他内心的真实想法，大多数的时间，无心之失所代表的，往往是他真正想说的话。

退行机制：岁数越大，活得越小

微表情关键词 退行机制最大的缺点在于，它只能暂时避免你直面焦虑。焦虑源存在，你的焦虑会在之后不久返回到你身上。所以不要过分依赖这种机制，毕竟它无法给你带来益处。

网上流传着这样一个小笑话。一位年轻的幼儿教师在黑板上画了一个苹果，问下面坐着的孩子们："孩子们，你们看这是什么啊？"

"屁股。"天真的孩子们异口同声地回答道。

女教师被气哭了，跑到校长室里告状，说孩子们戏弄她。

"真是的，怎么可以这样呢！"校长见状，连忙赶到教室，"你们为什么

把老师气哭了？啊！这是谁干的？怎么还在黑板上画了个屁股！"

笑话仅仅是博人一笑，但是女教师的行为，在行为心理学中，却有着一个专门的名词概括，即退行防御机制。退行行为的一大特征是，在一定程度上是反理性的。这可以从两个方面来说，一是退行行为本身排斥理性，二是很难用理性思维判定退行行为人的行为原因。

医院里经常会出现这种现象：

已经被宣布痊愈的老人，似乎不愿意离开医院，宁可付出高额的住院费用，也要留在医院。

医生说，这样的病人格外"难搞"，一方面他们没有继续留院的必要，院方不愿意留他们，因为他们把本来就很紧张的床位变得更加紧张。另一方面，这些老人却莫名其妙地死活不愿意走，任凭院方和儿女怎样劝解，都要赖在医院。

医生对此大惑不解。

医生是生理医生，所以大惑不解，如果是心理医生或精神医生，他就会明白老人的心态：赖在医院，这是一种典型的退行行为。

老年人失去了壮年时的力量后，会显得格外无助，无力感让他们既想面对这个危险的世界，却又力不从心。这种巨大的心理落差导致了理性失衡：他们会本能地遵从儿时的习惯，躲进一个看似安全的场所。

而面对衰老和死亡这个最大的威胁时，他们更加无力，于是把医院看成一个巨大的安全处所，并对其报以巨大的信任。这就是这种退行行为的运作机制。

退行行为的产生，往往是因为焦虑感的"超标"，这种超标导致理性的暂时萎靡，人们本能地进行鸵鸟式回避。

很多武术训练的第一课，就是挨打，这一方面是练习抗击打能力，更重要一方面，就是抵制退行行为在搏击中的产生。

搏击中产生的暴力威胁，是迅雷不及掩耳的，并且这种威胁会令人产生极大的焦虑。而由于暴力威胁的迅速性，所以理性根本来不及压抑这种焦虑。于是人们会在迎面袭来一个拳头时，条件反射选闭眼。你我都知道，闭眼解决不了问题，这时候最好的办法是睁大眼睛，躲开攻击。但这只是你我在理性上知道，当拳头产生的焦虑压制住了理性的时候，我们根本就无眼去思考怎样躲开拳头。我们能做的，只是幼年时最本能，也是最毫无益处的动作：闭眼睛，偏过头，缩脖子。

第十二章　透过防御机制，洞穿心理弱点

所以，大多数武术训练，老师会令新学员互相击打对方的头部，当然不是真打，有时是带着护具，有时是点到即止。不少流派称之为"练胆"，日本剑道的第一课就是互相击打头部，称之为"勇气训练"。

随着年龄的增长，人们会趋向于越来越理性、越来越成熟，像是耍小孩子脾气、在地上打滚哭闹，遇到困难就闭上眼睛装看不见这种幼稚的行为，会越来越少见。但是，当人们在遭受挫折，或者是遇到某种应激状态时，潜意识里产生的焦虑感，就会被改装成一种放弃成熟，退回到早期某个生活阶段的行为方式表现出来。这种以反成熟的倒退现象来抵御焦虑的防御机制，就是退行防御机制。

已经六七岁的孩子，因为弟弟妹妹的诞生受到父母的冷落，会出现小时候才有的尿床、吃手指等习惯，这样的情况不会随着父母的责骂惩罚而有所改善，反而会因为被阻止而更加频繁，这并不是因为身体出现了什么毛病，而是因为退行防御机制在发生作用。

不止是孩子，成人身上，也会经常有退行防御机制产生的情况。一个身材壮实的大汉，在疼痛时也会忍不住失声痛呼"妈呀"；一个平日里精明强干的女强人，在受到委屈时，也会哭得像个孩子一样。甚至于一个到了"更年期"的妇女，由于害怕自己老去，会更加敏感多疑，并将自己打扮得花枝招展，做出十几二十岁才会做出的行为。

之所以会产生这种现象的原因，源自于人们在幼年时，相对成年来说，要求较少，内心中拥有更充足的安全感，又或者是拥有更多的幸福与满足感。因此，在遇到问题无法解决时，人们就会做出退行防御机制的行为，将内心中的焦虑、愤怒情绪，采用一种与年龄不相符的、退化的、不成熟的行为方式表达出来。

这种方式，绝大多数并不足以处理带来焦虑的困境，甚至会令你陷入更深的困境。确实，退行行为会令你的焦虑暂时得到缓解，但幼稚的行为无法为现实的不可抗力做出真正有意义的解决。所以这种紧张和焦虑的排除，必定是暂时的。而当退行行为的"劲儿"一过，排除焦虑宣告失败，你的心理会受到更大的打击。这甚至是很多心理变态的成因。

所以，奉劝大家，有意识地不依赖退行行为去缓解压力，把解决问题落在理性上，更有助于你的健康。

白日梦：欲求不满者的心灵庇护所

> **微表情关键词** 白日梦实际上是一种逃避，尽管对于焦虑来说，这种逃避是能够起到很大的缓解作用。但当这种缓解上瘾，那么人就容易陷入意淫不可自拔。

小华是一个安静而有些内向的孩子，最近，他家附近的弄堂里搬来了一群比他大几岁的不良少年，他们每天在弄堂口堵小华，从他那儿"弄点钱花花"。

懦弱的小华因为受到胁迫，不敢去告诉父母，也不敢告诉老师，他只有自己默默地承受着，只是在一个人偷偷哭泣时，幻想自己突然有一天得到了超能力，然后在那些少年欺负他时猛然爆发，把他们打得满地找牙……

就这样，虽然一直在受着欺负，但是小华却能够在幻想中找到"自我安慰"。

像小华这样的情况不算少见，人们遇到无法达成的事，或是被外界的压力压得喘不过气时，为了保持生理和心理上的某种平衡，那些强烈的受到抑制的本能欲望就会被以一种脱离现实、能够被意识掌控的方式发泄出来，就是我们平时所说的做白日梦。

每个人都做过白日梦，但是却很少有人了解：实际上做白日梦也是防御机制的一种，是将现实中的欲求不满，在幻想中寻求安慰，从而使心理趋于平衡的防御过程。

白日梦以幻想为基础，在一定程度上，与某些职业的需要也非常契合。著名的心理学家弗洛伊德有一个非常有意思的论断：所谓的艺术创作，实际上就是白日梦行为。普通人做了白日梦，过去就过去了，而艺术家与普通人不同的是：艺术家会将他做的白日梦写在稿纸上，画在画板上，让这些白日梦广为流传，与所有的读者共享。

 第十二章　透过防御机制，洞穿心理弱点

谈到这里，不得不提一下最近盛行的网络YY小说。网络YY小说虽然达不到艺术的范畴，但是就白日梦这一点来说，却比艺术体现得更明显。所谓的YY，取自于"意淫"的拼音首字母，而意淫从概念上来说，与白日梦一般无二。

只有中国如此吗？当然不是。

在美国，年轻人疯狂地迷恋超级英雄，最著名的两组超级英雄，就是拥有超人、蜘蛛侠、蝙蝠侠、闪电侠、绿灯侠的正义联盟，以及拥有美国队长、钢铁侠、绿巨人、鹰眼侠、黑寡妇、雷神索尔的复仇者联盟。

这两组超级英雄或拥有超能力，或拥有一项杰出特长并使之发挥到极致，他们的招数和技能不尽相同，性格也是千差万别，但相同的是，他们都是好人，做着合乎道德规范的好事。

而世界真正的动漫之国实际上是日本。日本的动漫风格更加独特，更加符合东方人审美，女性的美丽特质被夸张化地发挥到极致，比如绝大多数动漫美女都有一双占了面部1/4面积的大眼睛，和一个不带美瞳也很幽深的漂亮瞳孔。

再加上热血感人的情节，和鲜明的人物性格，在日本有一大群人陷入了漫画世界难以自拔。他们甚至认为现实世界才是假的，真爱只存在于"二次元"。所谓的二次元，就是他们对动漫世界的称呼。而这些人，则自称为御宅族。宅男宅女一词，就是这么诞生的。

因为缺乏对抗现实的力量，理性又无法对焦虑进行排解，于是人们为了解决焦虑，把自己放在一个虚幻的世界里，并就此沉迷。这就是意淫类文艺作品得以大行其道的原因。

平时偶尔做做白日梦，是无可厚非的，既有利于放松身心，又能够缓解来自于现实的压力，还可以扩展人们思维想象的能力。但是，由于幻想所能带给心理的满足程度非常有限，如果一个人过度寄托于白日梦防御机制，而无法将它转变为现实，那么极有可能因发生神经器官的病变，或是精神上扭曲变态。

清中期，曹雪芹写下《红楼梦》之后，由高鹗进行补完，最后由一位大书商进行出版，迅速红遍了大江南北。不少痴男怨女为之癫狂，据说，在江南富庶之地，红迷们分成了两派，一派喜欢林黛玉，另一派喜欢薛宝钗，两派经常聚众斗殴……

更有意思的轶事发生在北方，一位官宦人家的千金小姐从闺蜜那里弄来

一本《红楼梦》，翻开第一页，看下去，竟着了魔，从此唯一的嗜好就是发呆。别人的闺房里都是女红和胭脂，这位大小姐的闺房里满满的全是各个版本的《红楼梦》。据保守估计，已故的红学巨匠周汝昌先生的《红楼梦》版本种类，也赶不上这位大小姐一半。

转眼，在发呆和放空中，大小姐长到了20岁。"20岁的大小姐待字闺中"，这在古代是一句不折不扣的骂人话，因为那个年代的女性，第一次生育年龄在15岁和16岁之间。大小姐年方双十，没被男人碰过一下手，各种各样的流言蜚语起了不少。

但全家人都明白，大小姐只是沉迷于《红楼梦》了，全府上下为之焦急不已。大小姐的父亲用尽了各种办法，甚至连巫祝都请来了，还是没有用。他想清楚问题的症结后，决定用一剂"猛药"，把女儿救出来。

这一天他带着几个家丁，把女儿骗到前堂，搜出她闺房里的所有《红楼梦》，扔在院子里，一把火烧个精光。这么大动静自然惊扰了大小姐，她跑到院子里一看，自己的心肝宝贝竟要被烧光，登时要扑进火场。若不是家丁和丫鬟拦着，就是一出真人版的飞蛾扑火。

眼看着《红楼梦》们被焚烧殆尽，大小姐悲呼一声"奈何烧我宝玉"，就晕了过去。

随后几天，大小姐半睡半醒，茶不思饭不想，一天比一天清瘦。父母看在眼里急在心里，无奈情知是心病还需心药医，就尽力为女儿搜罗了几个版本的《石头记》，女儿看了之后，才逐渐蹙眉渐开，恢复了健康。

第十二章　透过防御机制，洞穿心理弱点

代偿机制：迁怒之人必有一颗伤不起的心

> **微表情关键词**　代偿有两面，一面是"我无法针对你，那么我针对其他人"；另一面是"我无法得到你，那么我的东西也不错"。这是一种较为合理的排解焦虑方式。

有一则笑话，讲的是一位父亲极其宠爱自己的儿子。有一天，小家伙顽皮捣蛋，把爷爷惹生气了，爷爷一怒之下将孙子好一顿胖揍，当父亲的看在眼里，疼在心里，但又不好去劝，于是便自个儿扇自个儿的耳光。老父心疼儿子，连忙问他为何要这样，儿子回答道："你打我的儿子，我只好打你儿子。"

这笑话想必很多人都不陌生，但是代偿防御机制这个名词，恐怕有些人就不那么清楚了。笑话里的这位父亲，正是因为看见自己的孩子遭到责打，心中苦闷不已，才用自我惩罚的方式来转移自身的情绪，顺便勾起老父的同情。

这样的事情在生活中很常见，网络上有另一则笑话，也有着异曲同工之妙：

公司经理一大早上与妻子吵架，出门又赶上堵车，眼看着快要到上班时间，他只能闯红灯，可是连老天都与他作对，他刚闯了一个红灯，就被交警拦下来开了罚单。

好容易到了办公室，经理一眼看见办公桌上放着昨天就让秘书处理好寄出去的文件，不由得火冒三丈，将秘书叫进来一顿痛骂。

昨晚上做过交代的秘书十分委屈，但看着愤怒的经理又不敢解释还嘴。被批完之后，她拿着文件到了前台，责怪前台昨天走得太早，没有帮她寄快递。

被骂得莫名其妙的前台小姐满肚子怒火无处发泄，正好看见公司里的清

洁工有垃圾没有及时清扫，于是便借题发挥，将清洁工声色俱厉地指责了一顿。

清洁工找不到比她职位更低的人了，只得憋着一肚子的气干活。待到晚上回家，她发现儿子没有做作业就看电视，不禁怒从胆边升，严厉地训了儿子一顿。

儿子实在是没人可发泄了，正巧看到门口趴着家里养的一只大黄狗，一脚踢了过去。

这一环环的欺负下来，最可怜的，却是一只连话都不会说的大黄狗。

人类似乎天生就会"欺软怕硬"，而这一习惯来源于我们与生俱来的代偿防御机制。所谓的代偿防御机制，即是人们将被理性抑制住的焦虑感，通过一条与最初极力避免的途径相类似的新途径表现出来，以恢复自身的心理平衡。比如说上面案例中的经理、秘书、前台小姐、清洁工还有清洁工的儿子，他们被训斥后的第一反应都是与训斥他们的人争吵，但是理性告诉他们不可以这样，会引发严重的后果，因此他们只得暂时隐忍下来，找到合适的机会和合适的人，再行发作。

我们提及的双面人"反态机制"，是理性在人们遇到焦虑时的一个完全否定：当着领导的面发脾气是不可以的，所以必须卑躬屈膝。理性完全否定和控制了人们"对领导发脾气"的冲动。而代偿行为则是不完全否定：不能对领导发脾气，总可以对家里的小孩撒气吧！由于理性对冲动的压制和否定并不完全，代偿者给人的感觉不那么"两面三刀"。可以说，这是一种相对安全的转移焦虑方式。

在情感生活中，代偿行为同样常见。

吴丽丽是大一新生，孙钢是她的同班同学，开学第一天，两人分在了同一桌，并且惊讶地发现彼此是老乡。因此，往来也就多了起来。一开始，孙钢经常去吴丽丽的宿舍陪她谈天，常常说一些从杂志上看来的看似充满哲理实际上是废话的话，这些话马上让孙钢俘获了吴丽丽的芳心。吴丽丽疯狂地爱上了孙钢，但碍于少女的羞涩却无法开口，可孙钢却对一切一无所知，反而是跟吴丽丽的友谊越来越深。

这表现在，他对吴丽丽越来越无话不说，甚至跟吴丽丽炫耀自己把xx系的系花骗上了床这类事情。吴丽丽对此苦不堪言，却又不肯割舍。直到孙钢把目光瞄向吴丽丽的室友，也是最好的朋友上。

吴丽丽想要阻止，却发现自己没有任何理由，作为两人的共同好友，她

 **第十二章 透过防御机制，洞穿心理弱点**

甚至应该积极撮合这件事……这种痛苦的状况让吴丽丽下定了决心，她把目光瞄向了她的另一位同班同学，一个各方面都比较平庸的男生。但吴丽丽却在这个男生身上找到了若干跟孙钢相同的地方：喜欢轮滑，爱玩桌游，中短发，双眼皮，喜欢单肩背书包，吐痰的时候喜欢低吼一声，两只手交叠在一起时食指会不自觉绕来绕去……

吴丽丽开始日日夜夜地说服自己，她爱上了这个男生，她把这个男生的名字刻在书桌上，涂在墙壁上，写在每一本教科书上。她身边的每一个人都说"丽丽爱得太深了"……

"我不愿做xx的替代品"，这是几年前所有感情类肥皂剧的必备桥段，但实际上，情场里在一起的男男女女，很难说谁不是谁的替代品。吴丽丽最后自己也会相信，她爱的是那个男生，只有她的潜意识，她的理性无法察觉的潜意识里保留着对孙钢的最原始的爱的冲动。

而这种"把x当做xx的替代品"行为，就是典型的代偿行为。

像是成语"指桑骂槐"，还有最近大城市里很流行的"发泄中心"，都是一样的道理。

从行为效果上来看，代偿防御机制虽然不能实现心中最初的想法，但是由于它所能体现的效果与最初的目的有一定的类似性，并能够快速缓解释放焦虑情绪，所以是人们经常会不自觉用到的防御机制之一。

说到代偿，就不得不说说代偿行为的一个变种——"甜柠檬机制"。

一只狐狸吃不到葡萄，只能吃到柠檬，于是就硬说葡萄是酸的，柠檬才是甜的。"吃不到葡萄说葡萄酸"，实际上就是典型的代偿行为的变种。

当人们在代偿行为机制中，找到了一个有效的代偿物，那么典型的代偿成立。但有时，并没有十分合适的代偿物出现，那么就需要另一种不那么典型的代偿行为来派遣自我焦虑，这种行为就是代偿行为的变种，甜柠檬机制。

找了个胖女友的男孩说"瘦有什么用，摸起来咯手"。

找了个穷男友的女孩说"有钱人不好，花心"。

买不起大房子的人说"大卧室空旷，不拢音"。

……这类千奇百怪的"吃不到葡萄说葡萄酸"，都可以归结为一种代偿行为。

投射机制：讽刺他人就是讽刺自己

> **微表情关键词** 习惯使用投射机制转移焦虑的人，即使算不上道德品质败坏，也可以说是不厚道。所以，想不成为投射机制的奴隶，认清自己的欲望是很重要的。

黄河边上的某村，住着两个寡妇，她们的丈夫都死于几年前的一场自然灾害。两寡妇年纪轻轻，又都长得有几分姿色，所以私生活也开始越来越不检点。

两位寡妇家住的不算近，所以虽然两人经常有相同的姘头，但彼此还算相安无事。

直到村里来了一位大学生，他毕业于名牌师范院校，来镇上唯一的中学当英语老师，由于村子离着镇子很近，英语老师又喜欢清静，所以竟搬到村里来住了。

老师身高一米八四，长得白净，身材也很棒。两个寡妇登时流了口水，纷纷对老师献殷勤、抛媚眼。最终，张寡妇成功地把老师拉上了自己的床。

李寡妇得知后很气愤，开始整日在村里念叨张寡妇的不是，说她克夫，说她不检点，每天晚上换三个男人……

后来，老师听到这些流言蜚语之后，也有些信以为真，便离开了张寡妇。张寡妇查明原因，也很愤怒，开始同样传李寡妇的绯闻。两人这样互相诋毁，名声都越来越差……

当人们因理性的管制而产生欲求不满时，就会生成这种防御姿态：将焦虑外化为刻意强调、指责、中伤等形式，投向一个与被自己理性禁止的行为类似的行为人身上。

投射防御机制的"罪魁祸首"，通常是潜意识里被压抑的生命冲动。打个比方说：一个人很希望能够讨得领导的欢心，但是由于自身道行不够，脸皮

 第十二章 透过防御机制，洞穿心理弱点

不厚，拍马屁拍到了马腿上。看见得到领导喜爱的其他同事，就会公然表示不屑，说别人是趋炎附势、阿谀奉承，丝毫不觉自己也干过同样的事情。

也就是说：投射防御机制是借批判他人行为来开脱自己，打破粘着在自己潜意识中，与理性和道德感相悖的焦虑不安。产生投射防御机制的人一般会将自己的隐私，也就是焦虑感所产生的根源巧妙地掩盖改装，从他人的角度呈现出来，公然加以批判或表现出不屑的态度，以满足自己潜意识里的道德感与正义感。

在清代学者俞樾所著的《俞园杂纂》里，有这么一则小品，说的是一位京官要被调到外地去上任，在临行前，专程去自己的老师府邸中拜别。

老师见了自己的得意门生，十分高兴，问他："这次出行，你有什么准备啊？"

京官回答："学生准备了一百顶高帽，如遇难事，逢人便送他一顶。"

老师听罢十分不悦，训斥道："吾辈乃正道中人，岂能做这些歪门邪道的事情？"

京官并不惊慌，回答道："老师说得对，不过当今这世上，有几个人像老师这样耿直呢？"

听学生这么说，老师转怒为喜："你说得也对，天底下哪有几个耿直的人呢。"

待京官从老师府中出来，对身边的人笑道："我原本准备的一百顶高帽，如今只剩下九十九顶了。"

明眼人一看，都能看出这小品中的老师，本就是个喜欢戴高帽、听好话的人，但是，身居高位，又为人师表，让他无法将自己的这些特征表现出来，因此，他便用了投射防御机制，表示自己十分看不惯那些歪门邪道的官员，殊不知自己终究难掩本性，露了马脚。

生活中亦是这样。经常说"维护女权"的男人，多半大男子主义；经常说"我最讨厌在别人背后说坏话的人"的人，偏偏最喜欢散播一些流言蜚语；经常说"最可恨的就是贪官污吏"的人，如果当了官，反而比他看不惯的贪官污吏贪得更狠。而这些人的行为，往往都是投射防御机制在作祟。

虽然并不是所有的投射行为都是看起来这么卑鄙无耻，但至少在大多数时候，投射行为是不磊落的，在公共道德体系里，甚至是邪恶的。

二战时，德国为了维持庞大的三线战争，实现希特勒统治世界的个人妄想，征用了一切可征用的资源。所以，那个时候虽然纳粹德国是世界上可控

资源最多的国家,但人民依然因为战争食不果腹衣不蔽体。

为了增强团结,征用更多的资源,希特勒和戈培尔提出了臭名昭著的"要坦克不要面包",于是无数德国人开始挨饿干活,生产武器。

而纳粹党全党上下也开始作表率,整天报道中高层响应元首号召,如何如何节俭。不少官员本人也现身说法,痛斥那些"为富不仁的不知节俭的人"。

但实际上,这些义正辞严的纳粹高官们,有相当一部分只是在作秀,实际上他们每年至少有一半时间是在法国塞纳河畔的别墅里度假,坐拥几个美女,喝着珍贵的红酒,听着沦为亡国奴的法国音乐家们演奏英雄交响曲……

补偿机制:努力的汗水源于自卑

> **微表情关键词** 补偿机制对人是有益无害的。因为人们的心理焦虑不但会因为补偿机制而得到有效缓解,还会因为补偿努力而成就一些有益事务,这种心理机制反映出的行为,大多是无害的。

古希腊的大演说家狄摩西尼,在少时是一个肺活量小,发音困难的人,并且还有口吃的毛病,但是,他却立志成为一个成功的演说家。他在嘴里含着鹅卵石来让自己说话更流利,面对着镜子练习,以便于自己随时可以发现面部肌肉的扭曲;每天清晨,他都会以小跑的速度去爬山,以锻炼自己的肺活量;每天傍晚,他都会去海边,对着波涛汹涌的大海大声演讲,使自己的声音响亮具有穿透性。最终,他的这些努力得到了收获,狄摩西尼被誉为名副其实的"演说家之王"。

乍一看,这只是一个励志性的故事,但其中,却包含了一种名为补偿防御机制的行为心理学原理。

所谓的补偿防御机制,从根本上来说,来源于人类心理中的自卑感。当一个人发现自身所存在的缺陷时,多会因为这种缺陷而对自己产生一种不能

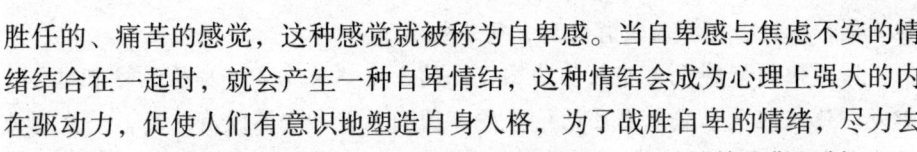
第十二章　透过防御机制，洞穿心理弱点

胜任的、痛苦的感觉，这种感觉就被称为自卑感。当自卑感与焦虑不安的情绪结合在一起时，就会产生一种自卑情结，这种情结会成为心理上强大的内在驱动力，促使人们有意识地塑造自身人格，为了战胜自卑的情绪，尽力去弥补补偿，从而得以发愤图强。像这样的防御机制，就是补偿防御机制。

补偿防御机制在我们周围随处可见，像澳大利亚年度青年力克·胡哲，他从小患有海豹肢症，没有双腿和双手，但是，胡哲却依靠着他非凡的勇气和毅力，做到了许多正常人都做不到的事情。骑马、打球、游泳对胡哲来说是小儿科，他还拥有两个大学学位，是一家企业的总监。

胡哲之所以会有如此的成就，与他的努力和勇气分不开，但是，即使是这样一个坚韧不拔的人，在十岁之前，也曾有过三次自杀行为。毫无疑问，在胡哲的内心之中，是有一定的自卑情结存在的，而正是这种自卑情结，促使他更加发奋努力，做到了许多健康的人都无法企及的事。

每个人都有一个内在的"理性典范"，这是个不常见的心理学名词，我们可以把它暂且理解为：我们所认为的自己，我们所期待的自己。

很多时候，由于我们的生理或心理缺陷，我们在通向这个我们所期待的自己的时候，障碍重重。这种障碍在常人面前是无法完成的。但当我们达成自我实现的欲望，诱使我们的理性做出更令人叹服的选择——迎难而上时，补偿行为就产生了。

而最后，无论你的补偿机制是否让你在客观上做成了你想做的，但在主观上，你会发现，尽力之后的自己会轻松许多。焦虑感也会得到有效疏解。

升华机制：成功之人的辛酸往事回忆录

> **微表情关键词**　升华机制不但会给自己带来益处，还会给整个社会甚至整个人类带来益处。想要成为更好的人，升华吧！

有这样一则寓言故事，说的是一个人一生气就会绕着自家的房屋和土地跑三圈，经过一番汗流浃背之后，气儿就消了。

因为他的好脾气与非凡的头脑，他的土地越来越多，房屋也越来越大，但是，他生起气来绕着自己的地产跑三圈的习惯却仍然没有改变，一直到他耄耋之年。

他的孙子十分不解，问他："爷爷，你一不高兴了就绕着房子和地跑，这里面有什么秘密吗？"

"有啊。"老翁回答道，"年轻时和人吵架、动怒，我会绕着自己的房子跑，跑着跑着就会想，我的土地还那么少，房子又那么小，我哪儿有时间跟人生气去啊，有力气跟人生气，还不如把它用在工作和学习上。"

"那为什么您这么富有了，还绕着土地跑呢？"孙子大惑不解。

老翁笑了："即使是人老了，也难免有火气。我跑着跑着，就会想：我都拥有这么大片的土地，还有这么多的房子了，又何必跟其他人斤斤计较呢？想到这里，我的气儿就消了。"

这个人心里的焦虑情绪显而易见，是与他人产生矛盾后的怒气，而他将这种怒气转化为一种对成功、对财富的追求，并以之为动力达成了他人难以企及的目标，正是升华防御机制的体现。

有许多知名的作家、作曲家，所流传于世的不朽作品，都是倚靠升华防御机制而完成的。奥地利作曲家舒伯特，一生失恋数次，情感上的挫折让他心灰意冷，但同时也促进了他的创造力与想象力。在其15年的创作生涯中，舒伯特写出了1000多首曲子，而他自己也说过这样的话："我越是在最深的痛苦中所写的作品，越是受世人赏识。"

同样遭受失恋折磨的，还有法国的知名作家罗曼·罗兰，他为了从失恋的痛苦中解脱出来，立下"不创作，毋宁死"的誓言，用10年时间写出了长篇巨作《约翰·克里斯多夫》。

创伤对于这些作曲家、文豪来说，不是沉陷的泥沼，而是促使他们前进的动力。有了升华防御机制，每一个创伤，似乎都成了前进与成功的标杆和脚印。

真正幸福的人，不会产生升华防御机制，只有那些本能欲望得不到满足的人，因为没有得到满足的生命冲动，产生强有力的内在动力，得到让他人瞩目的升华成果。

有一句话叫愤怒出诗人，但我更觉得是苦难出诗人。

屈原热爱楚国，奈何楚国昏君奸人当道，在这种痛苦之下，名震千古的

 第十二章 透过防御机制，洞穿心理弱点

《离骚》《九歌》，以及中国人的第一次终极拷问《天问》，才得以诞生。

李白一生致力于从政，却一直被玄宗当成宠臣，看似风光实际上很不得志。后来更是颠沛流离，险些下狱。而这种痛苦，使他成了盛唐诗歌史上最为闪亮的音符。

比李白小十岁的杜甫更是一生居无定所，这也才有了控诉式的三吏三别。

南唐后主李煜在坐拥江南和大小周后的时候，虽然也是才情出众，但所作之词大都难以打动人。直到后来被赵光义俘虏，妻子也被赵光义整日凌辱，强烈的痛苦使他写出了那句"问君能有几多愁，恰似一江春水向东流"。

外国诗人同样如此。

艾略特难以回避自我质疑，一生都把自己抛进了这个无底洞，所以他说"我们都是空心人"。

威廉·巴特勒·叶芝的一生挚爱只把他当作朋友，于是他委屈地说：别人爱你迷人的风姿，妙龄的容颜，或真心，或假意。只有一人爱你那朝圣者般的灵魂。

迪兰·托马斯在父亲弥留之际，把悲痛怒吼出来：不要安静地走入那温柔的长夜，老人弥留之时也要有耀眼的炽热，怒吼，怒吼，即使生命之火即将熄灭！

美国垮掉一代的纲领性长诗的第一句是：我看见这一代最杰出的头脑毁于疯狂，挨着饿歇斯底里浑身赤裸，拖着自己走过黎明时分的黑人街巷寻找狠命的一剂。写下这句诗的诗人是艾伦·金斯伯格，他坦言没有什么垮掉的一代，只有一群想要吃饱饭和出版自己作品的年轻人。

升华机制的背后，其实是一次抛弃：当自己的欲望被压抑而无法得到满足和释放，焦虑产生。这时，强烈的痛苦会让人们抛弃这种焦虑，转而寻求更高层次的追求，这种追求往往符合普世价值观，这就是升华。

升化可以帮助陷入焦虑的人摆脱困境，并对社会有极大的积极意义。说得邪乎一点，人类的历史就是由一群陷入抛弃了自我焦虑达成个人升华的人推动的。

第十三章

看穿操纵模式，谁也别想操纵我

  活在现下的社会里，免不了的，就是操纵他人和被人操纵。即使我们不想去操纵别人，但活在被别人操纵的世界里，总是一件"憋屈"的事儿。所以，在人际交往中，我们需要学习如何通过对方的行为、动作、表现来看穿他的心理，洞穿他的图谋，了解他所采用的操控手法，才能冲破被操纵的窘境。

第十三章 看穿操纵模式，谁也别想操纵我

正向强化：利人利己的肯定模式

> **微表情关键词** 聪明的父母和高明的领导者都懂得如何运用正向强化，来用最少的资源，换取孩子或下属最多的忠心和动力。这种愉快的经历并不会造成被操纵者的反感，这也正是正向强化最突出的魅力。

　　心理学家曾做过这样一个实验，他们将一只实验用的小白鼠放进一个特制的笼子里。那个笼子分为两个隔间，一个是白色的，一个是黑色的，在两个隔间相邻的地方，有一扇白色的门。

　　小白鼠被放进了黑色隔间里，而在白色隔间中，被放进了一大块优质的奶酪。也许是闻见了奶酪的香味，也许是看见了黑色隔间墙壁上那扇白色的小门，小白鼠试着推开那扇门，移动到了白色隔间，吃到了那块奶酪。

　　在接下来的时间里，心理学家们将小白鼠重新放进黑色隔间里，同时在白色隔间里又放进一块奶酪。这一次，小白鼠从黑色隔间移进白色隔间的时间要少得多，它似乎"聪明"了一点儿。

　　同样的实验被连续做了几次，每一次，小白鼠从黑色隔间移到白色隔间的时间都比上一次要少。最后，心理学家们不在白色隔间放奶酪，小白鼠也会在很短的时间里从黑色隔间跑向白色隔间，似乎那已经成为了它的一种习惯。

　　关于这个实验，心理学家们想要证明的，就是正向强化。实验过程中，小白鼠在完成了从黑色隔间跑向白色隔间的实验任务之后，它很快地得到了奖励，在它的脑海里，白色隔间已经和美味的奶酪划上了等号。

　　人类操纵小白鼠的这种方式被称为正向强化，正向强化基于人们普遍都有着讨人欢心的心态和习惯，并对他人的赞许始终抱有渴望态度的心理。如果你现在所做的事情被人所肯定、奖励，并且对方表现出希望你继续这么做的意图，那么他的肯定与奖励，就是正向强化的操纵方式。这种操纵不会让

被操纵者产生厌恶、烦腻的感觉，而是会带来愉快的经历，这也正是正向强化之所以会奏效的原因。

在生活中，我们也经常可以见到正向强化。当我们在工作中取得一定的成绩时，老板会对我们嘉奖，或者是以升职作为奖励；当我们考试取得好成绩时，父母老师会对我们予以赞许和表扬；甚至是一个微笑、一句认可，都可以成为我们继续努力、继续前进的动力。这样的强化方式为我们带来的是愉快的经历，会给予我们满足的心理。因而，正向强化，在操纵关系中，是最常见，也是最让人喜闻乐见的一种。

换一句话来说，正向强化方式与其说是操纵，更像是一种相互影响的过程。对于我们所爱、所依赖还有尊敬的人来说，我们会不自觉地关注他的一举一动，通过各种形式来"赞许"他的行为，同时，他也会因为我们所反馈的信息，而不自觉地强化自己的某些行为。这种互动的关系，在正向强化中尤其常见。

有一位朋友，舍弃了大企业年薪数十万的丰厚待遇，跑去了一家民营企业做CEO。我曾经非常怀疑过他是否被人蛊惑，但他却这么说："这年头找个好工作不容易，但是要想找个好老板就更难了。"

士为知己者死，这句话说得一点都不错。经过一段时间的观察，我发现他的老板并不是以金钱或是丰厚的待遇打动他，而是以时时刻刻的夸奖与赞许，让他心甘情愿地为自己效命。

每当朋友做成了一个项目，或是谈好了一个单子之后，他的老板总是不失时机地对他施以赞许，对他的能力表示肯定，并与他"拓展现在，展望未来"。如此一来，朋友的斗志更为高昂，对老板也更是忠心。相比之下，他原先在大企业时，虽然薪资高出几倍，但因为周围人才济济的关系，始终得不到重视和表扬，总是一副郁郁寡欢的样子，提不起一点干劲。

这真是一位聪明的老板。他以极少的资本，加以正向强化，就换回了一个有能力的手下，并且让手下为自己甘心效命。赞美、鼓励、体贴、微笑、关注、认可，不要小看这些不需要花任何资本的小事，真正高明的操纵者，懂得如何利用这些最细枝末节的事情，以正向强化来满足对方潜意识里的虚荣心、自信心或是急于被人肯定的心理，从而让对方心甘情愿地听命于自己，认为自己是"知音"、"伯乐"，听从他们的命令做事。

当然，更高明的操纵者，除了这些口头上的表扬之外，还会根据被操纵者的愿望来设定一些奖励。这些奖励比起一般的鼓励来说，会更让人感觉到

第十三章 看穿操纵模式，谁也别想操纵我

渴望和快乐，因此，被操纵者就会更乐于重复自己先前被肯定的行为，并更加用心。

在操纵过程中，正向强化是最不惹人排斥的一种。因此，如果陷入了被正向强化的操纵中，也不用太过担忧，你所需要注意的，只是操纵者是否会兑现他的诺言。不管怎么说，持续的正向强化关系，总是会令双方都很高兴的。

负向强化：向邪恶妥协的心理惯性

 与正向强化相比，负向强化带给人的是恐惧、恼怒、不快的感觉，但是，由于害怕想象中的坏结果发生，负向强化中的被操纵者，总是会向操纵者妥协。殊不知，这样的行为会更助长对方负向强化的做法。

在做了黑白隔阂的实验之后，心理学家们紧接着，又对另一只小白鼠做了另一个实验：

他们将另一只小白鼠放进了黑色隔间，并且在黑色隔间里布上了电线。电线密布在整个黑色隔间内，只要有轻微的触发，小白鼠就会有电击疼痛感产生。

数秒钟内，可怜的小白鼠不停地躲避蹦跳，在高压下甚至产生了颤抖和撒尿的反应。很快，它在四处躲藏的时候，碰到了白门，进入了安全的地带——没有电线的白色隔间。

在白色隔间里待了一段时间之后，可怜的小白鼠再次被移到黑色隔间，这一次，它花了很短的时间，就从黑色隔间跑进了白色隔间。

在后面的几次实验里，小白鼠从黑色隔间跑进白色隔间的时间越来越短，甚至在最后，当心理学家们撤掉了黑色隔间的电线之后，小白鼠也会在第一时间内下意识地飞奔进白色隔间，在它的意识里，黑色隔间已经和电击的疼痛感联系到一块儿了。

在这整个实验中，还有一个令人惊奇的现象：就是这一只小白鼠从黑色隔间跑到白色隔间的时间，比受到正向强化的小白鼠短上许多。

为什么没有奶酪的奖励，小白鼠的动作反而会更快呢？在行为心理学领域，这种现象被称为负向强化。小白鼠因为完成了科学家们所期待它做的事情——从黑色隔间跑进白色隔间，因此免除了疼痛、电击这些让它感到恐惧、不快的感受，而在这之后，当它再次被放进黑色隔间时，电击的危险也立刻印入了它的脑海中，所以，即使是黑色隔间已经被撤掉了电线，小白鼠也会飞快地跑向自己认为的安全地带。

所以说，负向强化又被称为"厌恶制约法"。当受害者向操纵自己的人表示妥协之后，得到的回报并不是让人快乐的赞扬、奖赏，而是停止或避开一些让他不快的负面的事情。可以说，操纵者正是利用被害者对负面事情的恐惧、厌恶感，而让其落入自己的掌控，对自己言听计从。

刚进公司时，小华的上司方主管对她很是看重，经常夸小华聪敏机智，办事稳妥。得到了上司这样的青睐，小华觉得自己顺利转正应该是没有任何问题了。

可是，离实习期结束越来越近了，方主管虽然总是表扬小华，却一点儿也没表露出小华一定会留用的消息。不仅如此，他还总是指使小华去干这个干那个，一些本来需要他做的任务，也扔给小华去加班。

总处于被压榨的位置，却得不到一个准信儿，小华有些不安了。一天，趁着方主管心情好，她试探着问了声："方主管，您看，我都到这儿来工作快两个月了，转正的事您看能行吗？"

"转正是很简单的，只要你努力工作，没什么难的。"方主管依旧是打着哈哈，没给小华确切答案。

"那……我想请两天假可以吗？最近加班实在是太辛苦，有很多东西都不熟悉，实在是累坏了。"小华嗫嚅着说出了自己的请求。

正赶上一个非常重要的任务要交，小华这时候请假，自己不就得加班了？听小华这么说，方主管的脸拉了下来："小华啊，我也能理解你的辛苦，不过刚进公司的新人不都是这样吗？正因为懂得少，所以才要付出加倍的努力去钻研。专业技术不扎实，怎么可能给你转正呢？"

"这……"身心上的疲惫与转正相比，还是工作更重要些。小华硬着头皮，无奈地点了点头："放心吧方主管，您今天交给我的报表，我明天一定能完成。"

 第十三章　看穿操纵模式，谁也别想操纵我

"嗯，这还差不多。"方主管满意地点了点头。

小华与方主管之间，就是典型的负向强化的控制过程。操纵者方主管通过被操纵者小华对"丢工作"的恐惧心理，牢牢地掌控住她的行为，让她心甘情愿地为自己效命。

负向强化的本质，是操纵者通过某些行为，例如恫吓、冷战、威胁、喊叫等，让被操纵者产生恐惧、自卑、内疚等负面的情绪，为了制止住这种痛苦不安的感觉，被操纵者只有对操纵者的无理要求顺从、默许、让步，以换取暂时的平安和稳定。

虽然能够让被操纵者服从操纵者的心理意愿，但是由于负向强化带给人的负面感受，被操纵者往往会产生烦躁、恼怒、怨恨的心理情绪，这种情绪积压过多，很有可能让被操纵者积累抑郁心理，自暴自弃，甚至产生恶性循环，让他们以同样的手法去对待别人。

不仅仅是强硬性的威吓，有些操纵者会做出痛苦、可怜、受伤的表情，抑或是唠唠叨叨地责备对方，让对方觉得羞愧、对其产生内疚感，从而心甘情愿地听命于操纵者，这同样也是负向强化的一种。

与正向强化相比，负向强化无疑是令人不快的。人们总是会想"如果我不这么做，他就会再也不理我"，"如果我不加班，老板可能会炒我鱿鱼"，"如果我告发了这件事，他说不定会赖在我头上"，正是这种种的"如果"，让被操纵者觉得只有屈从于对方，才不会产生坏的结果，而正是这种心理惯性，才让操纵者屡屡"得逞"。

间歇强化：不可自拔的"赌局"式操纵

> **微表情关键词** 这个世界上最恐怖的事情，不是神魔，也不是鬼怪，而是未知。间歇强化正是基于这一点，利用未知的事情，来操纵被操纵者的心理，让他们永远无法确定下一次事件会在何时发生，总是牵挂、焦虑、不安着，让操纵者牵着鼻子走。

无论是正向强化，还是负向强化，说起来，都是一味的"好"或者"坏"，但在现实生活中，没有任何一个人会一直对另一个人好，或是一直对其坏，有时候，操纵者往往会将两种操纵方式结合起来，这样，会收到更显著的效果。

关于这一点，心理学家们做实验时，没有再次选择小白鼠，而是选择了两只鸽子：

鸽子A被放进笼子里，整整一天没有喂食，出于饥饿感的驱使，鸽子A在笼子里到处啄，当它啄到笼子里专门放置的那根杠杆时，心理学家们就会往饲料槽里添加一点食物，很快，鸽子A就把食物吃完了。

第二次啄杠杆，也许仍然是出于偶然，但是不久之后，鸽子A就发现：当自己每啄一次杠杆，饲料槽里就会出现一些美味的食物。很快，鸽子A就养成了习惯，只要一感觉到饿，就会去啄杠杆。

接下来，心理学家们将目标对准了被放进笼子里的鸽子B。

鸽子B一开始的境遇与鸽子A一样，心理学家们对其进行了10次啄杠杆的培养，当鸽子B刚养成了啄杠杆的习惯，心理学家们就改变了对它的奖励策略。鸽子B的每次啄杠杆行为不会都得到奖励，奖励时有时无，变得没有规律。有时候，鸽子B啄2次杠杆，就可以得到奖励，但有时候，它啄了十几次之后，才会得到奖励。

在两只鸽子都养成了习惯之后，心理学家们停止了对这两只鸽子的奖

# 第十三章　看穿操纵模式，谁也别想操纵我

励，也就是说：无论它们怎样啄杠杆，都不可能再得到食物了。

心理学家们拿出秒表，记录了两只鸽子坚持的时间。鸽子A只坚持了很短的一段时间，在啄了几下之后，它的频率明显放慢了，很快，它就觉察到啄杠杆的奖励被完全撤销了，因此，没过几分钟，它就放弃了这种无意义的行为。

但是，反观鸽子B，却在一直啄杠杆，直到自己体力不支为止。

在整个过程中，鸽子A得到的食物明显比鸽子B要多，可是为什么它坚持的时间反而比鸽子B要短呢？

这种情况，在行为心理学中，被称为间歇强化，又称为局部强化。这种强化过程不同于持续的正向或是负向强化过程，而是将两种强化过程间歇、无规律地进行。而这种间歇性，会让被操纵者产生成瘾的感觉，就像实验中的鸽子B，由于它一开始的奖励就是时有时无，毫无规律的，因此它根本无法判断它的行为是否有奖励出现。于是，即使是在奖励没有出现的时候，它也对可能会来的奖励心存幻想，更依赖于那根杠杆；而始终得到正向强化的鸽子A，因为发现没有了奖励，很快就果断放弃了杠杆。

间歇强化不仅仅对鸟类有用，对人来说，也能产生一样的效果。我们平时在电视里看到的赌徒，虽然明知道"十赌九输"，但仍然光着膀子站在赌具前，将自己的积蓄一次次地押上去。他们的行为，就像是那只心存幻想的鸽子B，偶尔有一次赢了，即得到了奖励，就会更沉迷于赌局而不能自拔。

持续的正向强化，一旦断开了连接，或是强化的奖励已经不足以让被操纵者满足，那么很可能就会失效；而持续的负向强化，则会让被操纵者产生怨恨愤懑等负面情绪，累积得多了，极有可能产生让操纵者意想不到的后果。但是，间歇强化却能够加深被操纵者的成瘾性行为，因为其中所包含的不确定性，让被操纵者忐忑不安。在间歇强化的过程中，被操纵者的心始终悬在半空，他无法确定操纵者在下一次会给自己奖励，还是再也不理他，因此在屈从的过程中，会更战战兢兢，诚惶诚恐。

阿爱不可自拔地爱上了一个男人。

那个男人英俊成熟，有着一定的事业。一开始，阿爱是被他的翩翩风度和温柔体贴所征服的，这种感觉，她在与她同龄的小男生身上从来没有感受到。

然而，当阿爱完全爱上那个男人，甚至愿意为他洗衣做饭操持家务时，那个男人却对她冷了下来。她的全心全意，往往只换来他皱一皱眉头，甚至

有时候会冷眼相向。阿爱有些不明所以，她继续倾尽全力对他好，但是，却换来了他本就是有妇之夫的消息。

这个消息让阿爱痛不欲生，她好不容易下定决心想要分手，可是这时候，那个男人却信誓旦旦地告诉她：他非常爱她，而先前对她的冷遇，完全是因为觉得自己配不上她……

男人的愧疚唤起了阿爱善良的母性，她又重新跟他在一起。然而，男人的脾性却让她觉得捉摸不透了，有时候，他会对自己呵护备至，嘘寒问暖，对自己为他所做的事情而感动不已，但是有时候，他会恢复成那种冷漠的态度，对自己的所作所为不闻不问。

这样的情况让阿爱十分疲惫，但是每当那个男人对自己说他是多么爱她的时候，她心中的满足感就会打败好不容易建立起来的理智。整整三年，三年的时间，阿爱都陷入了那个男人若即若离的"爱"中，无法脱身。

阿爱的遭遇，无疑就是间歇强化的操纵过程。作为操纵者的那个男人，利用忽冷忽热，若即若离的态度，让阿爱始终存有幻想与疑虑，从而无法干脆地放手。

间歇强化的强大，即在于这种类似"赌局"的操纵。那种无法肯定，却又有着希望的感觉，会冲淡被操纵者对本身利益的关注，因而养成一种冲动的、有违自身利益的行为，那或许存在或许不存在的奖励，让被操纵者无法死心，沉迷于这种"赌博"中不能自拔。

擅长于间歇强化的操纵者，他们会让被操纵者时时刻刻感觉到焦躁不安，如履薄冰，却又不想放弃希望，由此而影响被操纵者对操纵者的看法，以及他们接下来要做出的反应。

第十三章 看穿操纵模式,谁也别想操纵我

惩罚:规定是一座难以逾越的大山

> **微表情关键词** 惩罚操纵手法的本质,是利用人们对负面经历的恐惧感,通过这种恐惧感,来操纵他人听从自己的命令。可以说,他人的威胁、单位的规定,甚至是法律法规,都是以惩罚的方式表现出来的。

小白刚进公司,看着办公室墙上镶着的一眼望不到头的条条框框,脑袋胀得一个比两个大。

早就听说自己部门的CEO很难伺候,没想到连部门的规定,都比公司规定要多出那么多条。

"早,你是刚来的新人吧?我就是你的上司迈克·陈,你可以叫我迈克。"看起来精明干练的上司冷着脸向小白伸出了手,小白连忙伸手,与他握了一握。

"虽然是新人,但是公司的规定,也是必须要遵守的。"话锋一转,迈克给了小白一个"下马威","另外,在我们部门,我不希望看见手下犯一些幼稚型的错误,因此,我们部门的规定,要比其他部门的多上一些。很多需要注意的事项,我已经在规定里标明了,所以,你最好把这些规定记熟了。"

"好的,好的。"小白忙不迭地答应着,心里却有些不以为然。

似乎看出了小白的想法,迈克眼中的光芒凌厉起来:"我给你三天的时间,这三天,不用做别的事情,把墙上的规定背下来就行了。三天之后,到我办公室来考核。"

自己这是摊上个什么样的上司啊?小白暗暗叫苦,但又不敢违抗。

三天的时间很快就过去了,墙上的规定,也被小白背得滚瓜烂熟。在这之后,他步入了工作的正规,但是,连他自己也没有察觉到的是:这三天的背诵,并不是如他所想的,一点作用也没有。每当他想要偷个懒,或者是想要在策划中敷衍了事时,他的脑海中就会浮现出规定中相应的条款。

这样做也许会省一点事，但是如果被迈克发现了，以他的性格，一定会秉公处理吧？那样的话，自己可就麻烦了。

有了这样的想法，小白在工作上再也不敢随便偷懒了。

迈克那一墙面的"规定"，看来繁琐，但对于他的管理来说，却能起到很大的作用。正是由于那一墙规定的威慑，像小白这样的手下，在偷懒之前，都会掂量掂量，也正是由于这样，迈克的部门在公司中总是名列前茅，因为在他部门中的每一个人，都是打起200%的精神在工作。

迈克的操纵手法，在行为心理学中，被称为"惩罚"。与它所表现出的字面意思一样，惩罚，是表示如果被操纵者产生了操纵者不允许的行为时，那么作为惩罚，他将直接承受一些负面的经历。一般来说，被操纵者会意识到自身的行为与负面经历之间的联系，因为害怕受到惩罚，所以就会停止自身将要做出的行为，并试着去做能够取悦操纵者的事情，来降低自身对惩罚的担心程度。

这样看来，惩罚与负向强化有着非常多的共同点，它们都是利用被操纵者对负面事件的厌恶和恐惧感来迫使其就范，但是，二者之间唯一不同的一点在于：进行负向强化的操纵时，被操纵者没有遵循操纵者的意愿做事，负面经历就产生了，由于负面经历的压力，被操纵者才被迫向操纵者妥协，而负面经历是否中止，取决于被操纵者是否愿意顺从操纵者的意愿。

而在惩罚操纵方式里，做不被允许的事情，和导致负面经历是直接相连的。操纵者定出了规矩，"如果你做了让我不高兴的事，那么就要接受这样的惩罚"，也就是说：负面经历并没有产生，可已经让被操纵者产生了危机感，从而避免他做出可能让操纵者生气的行为。

负面经历产生的先后性，正是惩罚与负向强化之间最明显的区别。

惩罚通常被当成纪律，或是规定条款而广泛应用。除了明面上规定的条条框框之外，生活中也有许多常见的"惩罚"现象：

小金和小楠是一家电器行的销售人员，二人每天的工作，就是看好自家电器行的店铺，在顾客光临时推销产品。

两个人原本是平等的同事关系，但是，由于小金资历比较老，对于售后和报表方面十分熟悉，所以总是时不时地"欺负"一下新来的小楠。

"我要吃街角那家的炒饭。"一到中午，小金总是指使小楠去给她买午饭，大多数的时候，还以没零钱的借口不给她钱。

已经忍无可忍的小楠忍不住反驳："为什么每次都是我去买？难道你不会

第十三章　看穿操纵模式，谁也别想操纵我

自己去吗？"

"自己去？"小楠的反抗让小金愣住了，呆了半晌，她冷笑了一声，"好啊，那我以后都自己去吧。不过，中午没有时间好好休息，下午来了难缠的客户，我恐怕没有那么多精力去应付。以后你销售出去的单子，就自己负责吧。"

"等……等一下。"一想起那些气势汹汹的客户，小楠的气势顿时弱了下来。因为不熟悉业务的关系，每次她都被客户训得晕头转向，不知道该如何应对。这些天，小金确实帮她解决了不少难题。

如果不去给小金买饭，那么下次遇到那样的情况，她一定不会管自己了吧？这样的想法让小楠有些恐慌，她赶忙三步并作两步赶上去拉住小金，陪着笑脸说道："小金姐，我刚才是不太舒服，所以口气才有点冲，你别跟我计较。你要吃炒饭是吗？我去买，再给你加两个蛋好不好？"

看着小楠离去的背影，小金得意地笑了。

小金和小楠之间，无疑是十分明显的操纵关系。在操纵过程中，小金是操纵者，而小楠则充当着被操纵者的角色。操纵者小金通过"如果不听我的使唤就不给你业务上的协助"这样的惩罚，来控制着小楠听从自己的命令。

如果单纯就控制被操纵者的行为而言，惩罚也许没有正向强化或是负向强化有用，但是，惩罚的关键，在于一种"威吓"性的作用，在这种作用之下，被操纵者会自动自发地做出取悦于操纵者的行为，对于大面积的、广泛的操纵非常有效。而为了达到更好的效果，通常，惩罚是与其他几种操纵方式联合使用的。

创伤：一朝被蛇咬，十年怕井绳

> **微表情关键词** 操纵者通常会通过一些失控的行为，来吓唬和威胁被操纵者。俗话说，有了第一次，就有第二次，在第一次创伤性的一次性学习奏效之后，被操纵者最为恐惧的"第二次、第三次"，迟早都会降临在自己头上。

中国有一句俗语：一朝被蛇咬，十年怕井绳。讲的是如果一个人被蛇咬过，那么很长的一段时间之内，都会保持着惧怕心理，哪怕是看见与蛇形态相似的物品，也会没来由地心惊肉跳。

这种特征，与我们下面讲的操纵手法极为相似。

操纵者在控制被操纵者时，经常采用的第五种手法，名叫创伤性的一次性学习。

阿华刚认识张力时，觉得他是个好好先生，待人处事都彬彬有礼，于是，在接触了没几个月之后，条件相仿的两个人就商量起了结婚的事宜。

一切都如阿华预想一般进行着，直到有一天，二人相约去买婚床。

在这之前，家里的一切大小事宜都由阿华来做决定，虽然繁重的事务让她有些疲惫，但是在新婚当前的喜悦下，还是可以承受的。

走进家具城之后，阿华看中了一款款式新颖的圆床，标价1.8万。虽然价钱有些高了，但样子和颜色她十分喜欢，于是，阿华习惯性地问也没有问张力的意见，便掏出银行卡来想要付账。

"等一下。"张力隐含着怒气的声音在阿华身后响起，"你非要买这张床不可吗？"

"怎么了？"一向是自己做主，张力从来不多一句嘴，阿华已经成了习惯，所以这种情况，让她颇为诧异。

"我不喜欢圆床。"张力梗着脖子哼了一声。

第十三章 看穿操纵模式，谁也别想操纵我

"可是你不觉得那边的床样子太单调了吗？而且圆床最近也很流行啊。"阿华并没有发现张力的异样，以为他在简单地闹脾气，还想说服他。

"我说不行就是不行！"

张力接下来的表现，让阿华大惊失色。她从来没有看见过张力如此愤怒的样子。即使是在家具城里，他也没有抑制自己的怒气，圆睁着双眼瞪着阿华，粗鲁地一把拉过她的胳膊："买那张！"

"可是那张好难看……"

阿华辩解的话还没有说完，就淹没在张力狂风暴雨般的咆哮中："我说买那张就买那张，不然就不要结婚！从头到尾，所有的事都得听你的，所有的东西都得买你喜欢的，我的意见在哪？我是一家之主，你把我的位置放在哪里了……"

这一顿歇斯底里的怒吼吓得阿华呆若木鸡，她一边掉着眼泪，一边将张力指的那张床买了下来，就连家具城里的工作人员，也被这对情侣独特的购买方式惊呆了。

从那之后，阿华与张力的位置硬生生扭了过来，家里的一切事务，都变成了张力做主。每次阿华一想提点自己的意见，张力只需要一瞪眼，她就会想起那天在家具城里发生的状况，于是便再也不敢多一句嘴了。

阿华与张力之间的关系，与其说是快要结婚的情侣，还不如说是被操纵者与操纵者的关系。操纵者张力，通过创伤性的一次性学习，威慑住阿华的情绪，将她牢牢地掌控在自己手中，不敢反抗，也不敢违逆。

我们每个人，都曾有过创伤性的经历。小时候被狗咬，长大些被父母揍，被同年级强壮的同学欺负，这些埋藏在我们心底的最深的伤痛，并不会随着时间的推移而慢慢淡去，大部分都会给我们带来严重的后遗症，在行为心理学中，被称为创伤后压力心理障碍。

创伤性的一次性学习，即是基于创伤后压力心理障碍产生的，这种障碍是人们在经历了极度恐怖的事情，比如说目睹他人死亡，或是自己濒临死亡或受了重伤等情况之后，所表现出的衰弱症状。受害者不仅在事件发生的当时会感觉到绝望和恐惧，如果在日后发生了类似的事情，他那可怕的回忆就会被再一次激发起来，于是恐惧就再一次光临受害者的心灵。

在创伤性的一次性学习的操控过程中，操纵者会以口头或身体上的攻击对被操纵者进行强有力的打击，在巨大的威胁下，被操纵者会失去对自己行为的控制能力。并且，在以后的日子里，当操纵者露出相类似的表情或是动

作时,被操纵者的情绪就会立刻紧张起来,极力想要避免恐怖事件的再一次发生。

名牌大学毕业的艾丽在公司里算是新的生力军,她为人勤勉,聪慧机灵,很是得上司的喜爱。

但是,在最近的一次任务中,艾丽由于过于疲惫,忘记打一个很重要的电话。当对方的负责人打电话过来之后,项目经理把艾丽叫进办公室里,狠狠地骂了一顿。

也许正赶上心情不好,经理教训艾丽时,言语十分刻薄辛辣,还时不时地指着艾丽的鼻子,拍着桌子表示愤怒。这一场辱骂将艾丽吓得魂不附体,最终,她是哭着跑出经理办公室的。

从那天之后,艾丽一看见经理,脑海中就会浮现他发火的样子。为了避免再度遭受他的怒气,她在他面前表现得小心翼翼,无论他说什么,都会立刻去照办。

但是人不可能一点错误都不犯,不久之后,艾丽再一次遭到了经理的训斥。这一次,经理的火气并没有上次那么大,但是艾丽心中的恐惧已经升到了顶点,她看着经理开合的嘴巴,耳朵里充斥着嗡嗡的响声,甚至听不清他在说什么。

自此之后,艾丽对经理可以说是言听计从,不管经理提出多过分的要求,她都不敢反抗,在她心里,经理的存在,就好像洪水猛兽一样可怕。

艾丽的情况,就属于典型的创伤性的一次性学习。经理通过口头的恐吓,让艾丽心神巨震,从而达到了他的目的,操纵住了艾丽所有的情绪和行为。

不仅仅在情场上、职场上,在家庭中,我们也随处可见创伤性的一次性学习。那些殴打妻子、对孩子施暴的丈夫,就是最明显的例子。可悲的是:被施暴者大多数不会预见到自己被操纵的情况,只是默默地承受着,直到无法忍受时,才爆发出失控的情绪。

想要避免创伤性的一次性学习,需要清楚地认清形势,摆正自己与他人之间的位置,克服自己的恐惧心理。要知道,被操纵者的妥协,对于操纵者来说,正是鼓励他这么做下去的动力。

第十三章 看穿操纵模式，谁也别想操纵我

互惠原理：你对我好，我就对你好

> 微表情关键词 人心都是肉长的。互惠原理就是说，别人对我们好，我们也会对别人好，尽量以相同的方式报答别人给我们的恩惠，否则就会产生负债感。施恩与受惠都是一种责任，偿还或者报答更是一种责任，不容推卸。

"怎么搞的，检查组明天就来，事先怎么没人告诉我？"局长接了部里的电话，气冲冲地闯进办公室主任的工作间。

"我，我，我把通知……"办公室主任本想解释，可局长的表情不容分说。

"你看，这事怎么处理？什么准备都没做！"

"对不起，局长，是我粗心大意，我马上去准备。"

……

其实，责任还真不在办公室主任那里。办公室主任一接到上级的检查通知，就马上把通知送往局长办公室。当时，局长正在打电话，见他手拿通知进去，就用眼睛示意他把通知放在桌上。

"可能我一走，局长就把这件事给忘了。"办公室主任心想，但他没有吭声。

他只是快速跑去局长办公室，找出那份通知，按照通知要求，连夜加班加点，打电话、催数字……最后，终于在检查组到来之前，把所需要的材料全部准备好了。

检查顺利通过。

办公室主任松了一口气，局长也松了一口气，他决定好好培养办公室主任。

局长为什么决定好好培养办公室主任，是因为办公室主任有责任心，敢担当吗？

确实如此，不过，更重要的原因并不在此，而在于他对办公室主任产生了一种"互惠心理"。

下属替自己承担了罪名，还当众挨了自己的批评。虽然局长维护了权威，保住了面子，但他的心理失衡了，他觉得自己欠了下属的人情，要找个机会回报才行。

从心理上来讲，一般人都有一种互惠心理，就是说，得到别人的好处后，就想要回报对方。比如一个人帮了我们的忙，我们也会帮他的忙，或者送他礼品、请他吃饭以示回报。

有位汽车营业员在卖车时，突然拿出一条纯白色的手帕，铺在顾客那台本来就想换的破旧车辆前，然后客气地说："请让我为您的车检查一下。"旋即钻到车底下。过了一会儿，他边拍着沾满泥土的手帕边说："一切都好。"当顾客看到那条被弄得肮脏不堪的手帕时，心里不禁十分感动，同时也为这位营业员的细心体贴而感激不已。本来他不想马上换车的，但看到这位营业员有如此好的服务精神和付出态度，想来向他买车绝对不会错，于是当下就决定换一辆新车。那名营业员就是常常运用这种技巧，靠一条因为顾客而弄脏了的手帕来感动对方进而从事推销，从而大大提高了个人的销售业绩。

一位心理学教授曾做过这样一个实验：在一群素不相识的人中随机抽样，给挑选出来的人寄去了圣诞卡片。结果，大部分收到卡片的人都给他回寄了一张。那些给他回赠卡片的人，根本就没有想到过打听一下这个陌生的教授到底是谁。他们回赠卡片的原因就是：不管怎样，自己不能欠别人的情，哪怕这个"别人"是自己的敌人。

在第一次世界大战中，某些德国特种兵的任务是，深入敌后去抓俘虏回来审讯。

有一个德军特种兵曾多次成功地完成这样的任务，这次他又熟练地穿过两军之间的地域，出现在敌军战壕中。

一个落单的士兵正在吃东西，毫无戒备，一下子就被缴了械。他手中还举着刚才正在吃的面包，这时，他本能地把一些面包递给对面的德国兵。

面对这个突如其来的举动，德国兵很震惊。结果，他没有俘虏这个敌军士兵，而是自己一个人回去了，虽然他知道回去后长官会大发雷霆。

德国兵为什么会这么做？

那是因为对方递送面包的举动唤起了他的互惠心理，让他产生了一种自己得到了对方的恩惠，应该回报对方的想法。而那一刻，不把对方当作俘虏

第十三章 看穿操纵模式，谁也别想操纵我

抓回去是他所能给予对方的唯一回报，于是，他就这么做了。

想想看，在你死我活的战场上，一块小小的面包就能打动敌人，由此保存性命。在职场，我们是不是可以用一点小小的恩惠感动我们的上司、同事或下属，以此拥有良好的人际关系呢？答案是肯定的。

互惠原理认为，我们应该尽量以相同的方式报答他人为我们所做的一切。如果有人送生日礼物给我们，那我们就要在对方生日时给他买上一件礼品。由于互惠原理的影响，我们会觉得在将来某个时间回报我们曾经受到的恩惠是一种责任，所以"理应回报"成了表达谢意的代名词。

某机场，一名旅客正在休息，一个募捐者悄悄地走到他面前，突然将一朵玫瑰塞给了他。旅客本能地接过了玫瑰，但他马上反应过来，要将玫瑰还回去。可是募捐者拒绝收回玫瑰，并向他提出募捐的请求。旅客再次还玫瑰，但募捐者再一次回绝了他，这时旅客的脸上露出了矛盾的表情。其实，他完全可以把玫瑰拿走，然后不掏一分钱就走开。但是他却在稍微转身之时又被一种力量拉回来，犹豫不决。一秒钟之后，旅客再次转身，可是，他还是没有走开。最后，他不得不捐了两元钱。之后，旅客如释重负，但他并没有保留他的礼物，而是把它扔进了垃圾桶。

就这样，很多人内心拒绝玫瑰，却又不得不接受玫瑰，最后又把它扔掉。因此，垃圾桶的玫瑰就多起来，但是我们不用担心这些玫瑰会有悲惨的命运，因为最初的送礼者还会收集这些被扔掉的"垃圾"，加以重复利用，直到它们不能再用为止。这就是互惠原理的本质：尽管某种礼物让人生厌到一有机会就把它扔掉的程度，但它仍然可以在互惠过程中继续发挥作用。

互惠原理的威力在于，即使是一个陌生人，无论是一个让人生厌还是不受欢迎的人，如果他先给我们一点小小的好处然后再提出他的请求，我们答应对方请求的可能性就会增加。某些人不请自来地帮我们一个忙，就能使我们产生负债感。

认真思考一下，互惠原理只是说我们应该回报他人对你的关照，但并没有说我们主动要求了这个关照就有回报的义务。例如，某伤残军人组织报告曾证明，在募捐信中放上礼物（例如背面涂了胶的、个性化的地址标签），收到募捐款的比率是35%，而没有放上小礼物，收到募捐款的比率是18%。当然，如果我们主动向他人要求某种好处，那么回报的责任就会更大，即使这个好处是不请自来的，这种负债的感觉依然十分强烈。

那么，人们为什么会产生这种心理呢？我们需要从互惠原理的社会意义上寻找其根源。其实，互惠原理的确立，就是为了促进互惠关系的发展，使人们在主动开始这种关系时不必担心有任何损失。如果达到了这个目的，不请自来的好处一定会让接受者产生负债感。人们的心中普遍有这样一种想法：给予是一种责任，接受也是一种责任，偿还更是一种责任。

在生活中，偿还的责任不仅减弱了我们选择施恩者的权力，还把这种权力交到了其他人的手中。在这个过程中，因为双方力量悬殊，真正的选择权被施恩者牢牢地掌握在手中。施恩者决定了最初给予恩惠的形式，也选择了回报恩惠的形式。因此，即使是一个不请自来的好处，一旦被接受，也会让我们产生一种负债感。

事实上，即使是没人想要的礼物，也会造成人们的负债感。因为强大的互惠压力使我们必须回报送我们礼物的人，即使这些礼物并不是我们真正想要的。但是，对于我们并不真正需要的商品，我们并没有任何压力要去购买。

喜好原理：为什么人们会爱屋及乌

微表情关键词 喜好原理，这是个简单而有用的原理，人们总是比较愿意答应自己认识和喜欢的人提出的要求，因此有时也称为自己人效应。其应用的关键就在于如何获得他人的好感，及建立友谊。为此，你可以通过提高外表的吸引力、寻找并增强与对方的相似性、与对方多接触等途径来实现。

王乐是某外企销售部门的一名干将，也是部门最有人缘的人。

她非常善于与客户打交道，无论对方年老还是年少，是男还是女，她都能在很短的时间内赢得对方的好感。因此，她的销售业绩提升很快，工作不到两年，就被提升为销售首席代表的助理。

后来，销售首席代表移民加拿大，便把自己大部分的业务交给她做。工作到第三年，她的业绩已经远远超过了部门的其他人，成为部门的销售冠军。

像她这样优秀的人，在公司里遭到同事的妒忌与排斥不足为怪，但王乐

第十三章　看穿操纵模式，谁也别想操纵我

却成功地避免了这些，与同事们的关系相当好。无论她遇到什么事情，大家都乐意帮忙。

有一次，一位朋友向她抱怨人际关系复杂、人情淡漠，并问她："你怎么会得到那么多人的喜欢与帮助？"

"因为我喜欢他们。"王乐说。

"我不相信所有与你打交道的人你都喜欢。"朋友仍旧不解。

"但我会表现出喜欢对方的样子，这就够了。"

曾经红极一时的魔术师哈瓦德·萨史顿有句名言："我由衷地喜爱我的观众们！"这句话深刻包含了值得我们学习的心理技巧，就是"喜爱引起喜爱"。

人有一种强烈的倾向，就是喜欢那些喜欢自己的人，即使他们的价值观、人生观与自己都不同。

美国社会心理学家阿伦森曾向他的朋友们做过一个调查："为什么我们对一些伙伴比对另一些人更喜爱？"得到的回答是各种各样的，"因为那些人反过来也喜爱自己"是最典型的回答之一。

想想看，在这个世界上，你最爱的人是谁？恐怕大部分人都会回答"自己"。这就说明，人的本性是以自我为中心的，或多或少都有些自恋。于是，喜欢自己的人，也就成了自己喜欢的人。他不一定很漂亮、很聪明或者很有社会地位，仅仅是因为他很喜欢自己，自己也就很喜欢他。这就是心理学上所谓的"相互吸引定律"。

为什么自己会喜欢那些喜欢自己的人呢？

从心理学的角度来看，原因有以下几点：

一是对方的喜欢让自己体验到了愉快的情绪。一想起对方，自己就会想起与之交往时所拥有的快乐，一看到他们，自然就有了好心情。

二是对方的喜欢满足了自己对尊重的需要。人与人交往，都希望获得他人的尊重。对方喜欢自己，通常会在言行中表示他们的尊重，这会令自己感到欣慰。

三是对方的喜欢带给自己自信。在实际生活中，严格地讲，没有人是完全自信的，大多数人都是通过评价自己的成就和吸引力来判断自己的价值，调整自己的目标。因此，大多数人都特别需要别人的肯定。对方的喜欢就是对自己的肯定，有谁会不喜欢这种肯定呢？

四是对方的喜欢让自己有志同道合的感觉。我们总会这样想，对方喜欢自己，就意味着对方认可自己的某些行为特征，意味着对方在某些方面与自己相似。我们喜欢与自己相似的人，这完全在情理之中。

因为上述四种原因的存在，所以在社交场合，我们经常表现出对别人的喜欢，就很容易赢得对方的好感。

在日常生活和工作中，为了更轻松更快地赢得他人的好感，我们不妨表现出喜欢对方的样子。

如果你是一名推销员，面对从未谋面的目标客户，不妨表现出喜欢对方的样子，这会让对方也喜欢你，从而喜欢你推销的产品。

如果你是一名职场新人，初到一家公司，与性情各异的同事接触时，不妨表现出喜欢对方的样子，这会让他们在最短的时间内接纳你。

当然，这种方式也不是绝对有效的。有时人们也会遇到这样的情况：自己喜欢某个人，但这个人并不喜欢自己；相反，自己不喜欢某个人，但这个人却很喜欢自己。

遇到这种情况，不妨对自己喜欢而不喜欢自己的那个人继续示以好感，对自己不喜欢而喜欢自己的人报以感激。这样一来，你就会发现，原先喜欢你的人更加喜欢你，原先不喜欢你的人也慢慢对你产生了好感。

在人际交往中，表现出喜欢对方的样子，假以时日，你的朋友会越来越多，你办事也会越来越顺利。

人们总是答应自己认识和喜爱的人提出的要求，没有谁会对这种现象表示奇怪。可是，你知道吗？这也反映了喜好原理。只是这条原理一度被一些陌生人以各种方式利用了，从而让我们答应他们提出的要求。

生活中，那些善于利用人心的人总是能够与我们建立共同的目标，并共同努力，以给人留下我们是为了双方的共同目标而"齐心协力"、我们是同一个战壕中的战友的感觉。这也反映了一个心理学原理：接触和合作。

2001年5月，在加纳首都阿克拉举行的一场足球比赛中，当非洲冠军橡树队以2∶1战胜科托科队后，科托科队的支持者被激怒了，他们毁坏了看台上的座椅，并与橡树队的球迷发生了冲突。

当警方发现事态的持续发展将会造成不可挽回的损失时，他们向球迷们投掷了催泪弹。这让观众产生了恐慌心理，人们开始四处逃窜，之后便发生了挤压踩踏事件。最终导致150人死亡，将近20人受伤。

在激烈的体育比赛中，运动员有些激动是可以理解的，但体育爱好者们如此冲动，却有些让人不可思议了。

第十三章　看穿操纵模式，谁也别想操纵我

不用说，体育活动的确具有神奇的、势不可当的力量，它与观众之间的关系完全是一种个人化的东西。但由于受喜好原理的影响，观众们的形象会与他所喜爱的运动队或运动员联系在一起。如果他所喜爱的运动队失败了，那么他自己也就失败了，因此产生激动、沮丧情绪便可以理解了。

一场比赛并不是以固有的表现或艺术性来供我们消遣的，而是让我们以自身为赌注来为一场比赛的输赢打赌的。正是出于这个原因，观众们才会对自己国家的胜利如此热爱和感激，同样，他们才会对导致比赛失败的运动员、教练员或官员们心生厌恶，甚至用残忍的行为对待他们。

由此，我们可以得出一个结论：我们总是希望与自己有关的运动队赢得比赛，以此来证明自己的优越。那么，我们想向谁证明这点呢？是我们自己，也是其他人。根据喜好原理，如果我们能够成功，我们在公众面前的威望就会大大提高。

从以上的事例中，我们可以看出，我们总是有目的地操纵着自身与胜利者及失败者之间的关系，并且这种关系呼之欲出，为的就是让自己在那些能看到这种关系的人面前显得更具威望。通过彰显正面的联系、掩盖负面的联系，我们试图让旁观者对我们有更高的评价，并对我们产生更大的好感。

在国外，最有趣的一个现象就是，为了获取罪犯的口供，警察在审讯过程中运用了心理学的方法，他们使用最多的恐怕就是"好警察"和"坏警察"的方法了。

例如，一个嫌疑犯因为抢劫而被带到警察局里，在录口供之前，他被告知他有权保持沉默。当这个嫌疑犯刚坐到椅子上时，那个所谓的"坏警察"就开始大声地叫骂，接下来，这个"坏警察"一直在不停地对嫌疑犯进行辱骂，有时，他甚至会去踢嫌疑犯的椅子。他的眼神中满是轻蔑，如果嫌疑犯拒绝回答任何问题，他就会火冒三丈，他会愤怒地说自己会让这个嫌疑犯把牢底坐穿。他还会说如果有可能，他会请人让检察官对这个案子提出最严厉的控诉。

那么，在这个过程中，"好警察"会听任"坏警察"为所欲为吗？不会，刚开始，"好警察"一言不发，慢慢地，他会加入其中。最初，他只是劝说"坏警察"不要发那么大的脾气，劝说其冷静。但"坏警察"不会听他的，他会大声表达自己对嫌疑犯的不满之情。

就这样，一会儿工夫，"好警察"就当场帮助嫌疑犯说好话了，但"坏警察"还是不为所动，并且脾气会越来越坏。

此时,"好警察"开始直接对嫌疑犯说话了。他会叫出对方的名字,会向对方指出在这个案子中任何一个对嫌疑犯有利的细节。如果此时,嫌疑犯还是坚称自己不合作,那么"坏警察"就会继续对嫌疑犯进行谩骂和威胁。但这时,"好警察"会阻拦他,并掏出一些钱,让他去买点咖啡或者其他饮料。

当"坏警察"离开后,"好警察"就会开始真正的表演。他会对嫌疑犯说:"你看,不知是什么原因,我的同事就是不喜欢你。他一定会想方设法抓住你的把柄,而他的确也有这种能力,因为我们已经掌握了足够的证据。另外,检察官也会严惩那些不合作的嫌疑犯,这样一来,你有可能就要坐五年的牢了。

"我真的感到很遗憾,我真的不希望这种事情会降临落在你的头上。如果你现在承认你抢了东西,在他回来之前,我会把案件接过来,我保证会在检察官面前替你说好话。如果你愿意合作,刑期会从五年减到两年,甚至一年都有可能。现在就看你自己了。告诉我事情的经过吧,我们一起想办法,相信可以渡过难关。"

此时,通常嫌疑犯会招供自己的所有罪行。这样,一个"红脸"和"黑脸"相结合的策略已经完全取得了成功。

其实,这也是一种有效的谈判策略。仔细研究之后,我们就会发现,原来在这一切的背后所起作用的是喜好原理,让嫌疑犯建立了对"好警察"的好感之后,就能服从"好警察"的吩咐。

这个方法能奏效的原因不外乎以下几点:第一,"坏警察"的威胁让嫌疑犯产生了对坐牢的恐惧,相比之下,"好警察"的言行就特别通情达理;第二,由于"好警察"为嫌疑犯说话,甚至自己花钱为其买咖啡,互惠原理让嫌疑犯产生了心理压力,觉得有必要还"好警察"一个人情;第三,"好警察"总是设身处地为嫌疑犯着想,把他的利益放在心上,即使在正常情况下,这样的人也会给人留下好印象,何况是一个需要帮助的嫌疑犯呢?这样的救星,无疑值得信赖,那么向救星吐露真情就是顺理成章的事了。

只要面对两个人,我们总是可以创造出喜欢一个人而讨厌另一个人的情形。这样,被喜欢的那个人就得到了机会。这不仅仅是喜好原理的作用,对比原理也有着一定的作用。

第十三章　看穿操纵模式，谁也别想操纵我

从众原理：被人孤立的滋味不好受

>  从众心理又称趋众心理，是一种为适应团体或者群体的要求而改变自己的行为和信念的心理。很多人看到别人做什么，自己也去做什么；别人怎么说，自己也随声附和，总是想随大流，这就是从众心理。

有个人走进一家医院的候诊室，他向四周一看，感到非常惊讶：所有的人都只穿着内衣裤坐着等候。他们有的穿着内衣裤喝咖啡，有的穿着内衣裤抽香烟，有的穿着内衣裤阅读报章杂志，有的穿着内衣裤聊天。

这个人起初非常惊奇，后来判断这群人一定知道一些他所不知道的内情。于是20秒之后，这个人也脱下外衣，仅穿内衣裤，坐着等候医生。

上述情景取材于美国作家艾伦·芬特20世纪60年代创作的电视剧本《小照相机》。

这件事可笑吗？

你肯定认为可笑。不过，在我们的日常生活中，还真存在不少此类令人捧腹大笑的事情。

某街角，一个人忽见一长队绵延，以为有什么难得的好机会，赶紧跑过去排队，唯恐错过。结果排队的人越来越多，最后队伍都排到了大街上。等到队伍拐过墙角，他才发现大家排队原来是上厕所，不禁哑然失笑。

生活中，大多数人都有这样一种心理动向：看到有人排队就希望排过去，看到有人扎堆儿就希望靠上去。

在心理学上，这种心理动向被称为从众心理。从众心理也叫趋众心理，是一种为适应团体或群体的要求而改变自己的行为和信念的心理。

从众心理可以表现为在临时的特定情境中对占优势的行为方式的采纳，也可以表现为长期对占优势的观念与行为方式的接受。

从众心理，几乎人人都有。

一个小青年，看到满大街都是穿大喇叭裤的人，自己也去买了一条大喇叭裤穿上，尽管自己身材瘦小。

一位职业女性，看见同办公室的人都烫了卷发，自己也想去烫一个，尽管自己的头发又多又硬。

一个上小学的孩子，看到别的孩子都有史努比模样的玩具，也想买，尽管自己的玩具多得都没地方摆放。

想想我们自己，也不例外。如果去某商业区买东西，里面一家家的小店卖的东西可能大同小异，但有的小店人满为患，有的小店却冷冷清清。这时，你多半会选择进什么样的店里购物？那些人流涌动的店，对吧？

我们在每天的电视节目里，总能听到不断的配音笑声，无论是在娱乐晚会上，还是在真人秀节目、相声或小品里，甚至电视剧、电影里。

其实不只是电视，广播也同样如此。如果你喜欢听广播，那么一些讲笑话趣事的节目，你也应该听过，无论是主持人还是讲述者在讲完一个笑话，或者说完一个有趣的段子的时候，都会有一阵笑声或者掌声传出。如果你仔细听，你就会发现这些笑声或者掌声每次都一样。其实这些都是配音笑声。你也许会问，有必要这样吗？是的，存在即合理，这些都是必要的，必要到甚至顶着一些人的声讨，他们也不肯放弃。

人类有一个天性，即喜欢真诚地与人交往，喜欢看到事物的真相。实际上，幽默也是如此，人们喜欢发自内心的、真诚的笑声，所以那些使用配音笑声的小品和情景喜剧受到了不少人的排斥。这些人认为配音笑声是愚蠢、虚假而且肤浅的。

既然观众不喜欢配音笑声，那么为什么制片人仍然热衷于此呢？这是因为少部分人不喜欢，并不代表大部分人也不喜欢，他们懂得迎合公众的需要，而且他们对一些科学研究的结果有所了解。研究表明，配音笑声能使观众在观看幽默题材的节目时笑得更加频繁而持久，而且这会让他们觉得节目内容非常有趣。此外，配音笑声更能让那些蹩脚的玩笑，甚至不可笑的节目变得更受观众欢迎。

因此，给喜剧节目配上配音笑声以后，节目的幽默性和观众的反应大大增强。当节目不具观赏性时也是如此，那些内容低俗、毫无艺术性的节目就更需要配音笑声了。所以，制片人要按照自己的逻辑和利益行事。如果他们按照观众或你我的逻辑和利益行事，那才叫奇怪呢！他们并没有欺骗我们，因为大家都能分辨出录制的笑声，那种吵闹的笑声和真实的笑声有着本质的

 第十三章 看穿操纵模式,谁也别想操纵我

不同。但是,我们还是会受到它的影响以致做出错误的判断。

其实,这反映了一个心理学原理——从众原理。即我们进行是非判断时,通常先看别人是怎么想的,尤其是当我们要决定什么是正确的行为的时候。如果我们看到其他人在某个地方做某件事情,我们就会断定这样做是对的,周围人的做法或看法都影响着我们的行为方式。

这个结论不无道理。大多数人是怎么看的,我们就会认为这是正确的。因为按照众人的经验去做某件事可以使我们少犯很多错误,这是社会认同原理的优点。它为我们的思考和行动提供了一条捷径,同时也让我们更易受到投机商的"青睐"。

当我们不自觉地对得到社会认同的事物做出反应时,就会被一些不完全或虚假的认同所蒙骗,这时问题马上就会出现。

我们的错误不在于用其他人的笑声来帮助我们判断什么是真正的幽默,什么时候应该发出笑声。我们的错误在于我们根据虚假的笑声做出了错误的判断,虽然这个配音笑声并非幽默特征的因素,却像真正的幽默一样对我们产生了影响。

作为普通观众,我们已经习惯于将他人的反应当做判断节目是否幽默的依据,因此我们也能够被一种声音而不是事实所蒙蔽。观众真实开心的笑声也能让我们跟着大笑,电视公司制片人正是利用了我们对虚假认同也会自动做出反应的倾向。

当然,最善于利用人们的这一心理来为自己谋利的应该是大大小小的商家。

20世纪70年代末,日本索尼公司生产出一种能边走边听的"随身听"录放机。为了打通销路,索尼公司决定采取一种更新颖、更有效的营销方式。

当时在日本的学校内兴起了学英语的热潮,学校要求每位学生必须有一台录放机。索尼公司知道这一情况后,立即派出10名年轻的员工,携带"随身听"在学校的大门口来回走动,并且故意放大音量,做陶醉欣赏状。

学生们看到这一现象,便纷纷打听是从何处买的"随身听"。几天后,索尼的"随身听"遍及日本各大、中、小学校。

索尼的广告宣传真可谓一本万利,他们并没有向大众推荐他们的产品,而是锁定了一部分中小学生群体,利用他们的从众心理,让他们纷纷跟随潮流,加入了抢购"随身听"的行列中。

当然,这一心理战术的运用并非某些人的专利,只要你活学活用,也会

有所收获的。

如果你想自主创业，开家小店，不妨在开张时，邀请你的各家亲戚或者各色朋友围在店里店外，或进进出出假装消费。这样，你就无须担心门庭冷落，那些亲戚朋友自会给你引来大批的顾客。

如果你想举行一次座谈会，又担心冷场，不妨事先安排几个人，让他们准备好问题，在会场上积极提问，以带动其他人提问。只要气氛足够活跃，那些原本不爱提问的人，看到大家都在提问，也可能跃跃欲试。

如果你负责主持公司会议，讨论某项棘手的改革方案，你知道改革的阻力很大，很可能大多数的参会者将在会上保持沉默，拒绝表态，你不妨在会议召开之前，私下找几个人交流意见，安排他们在会议上带头发言，迫使其他的人也跟着表态。

权威原理：为什么人们会盲从他人

> **微表情关键词** 社会等级制度形成的强大心理压力，使一直在服从权威的人已经习惯了被命令，天性已经被抑制，即使让他们去杀人他们也会毫不眨眼地去做。在生活中，如果我们盲目听从权威，就可能导致错误的发生。

1961年，美国康乃狄克州纽黑文市的报纸上有一天出现了这样一则广告："耶鲁大学寻求志愿者进行记忆力和学习方法的研究。任何非大中学在校生中20～55岁身体健康的成年男性都可报名申请，参加者可获每小时4美元报酬。"

耶鲁大学！每小时4美元！没听错吧！于是，很快就有15名工人、16名售货员、9名在校专家怀着各自的目的，成为了应征者。

然而，这40名应征者却不知道，他们将要成为时年27岁的耶鲁大学心理学助理教授斯坦利·米尔格兰姆精心设计的心理学实验的被试者。这个招聘广告是一个骗局，是依靠耶鲁大学的威名和高额报酬施展的小小阴谋。之

第十三章　看穿操纵模式，谁也别想操纵我

所以说它是个阴谋，是因为米尔格兰姆的实验惊世骇俗，英国《焦点》月刊2005年将它列为震撼世界的十大实验之一。

这项实验引发了巨大的争议，为此，美国1975年颁布了针对人类心理学实验的严格准则，并在几十年间将所有企图重复这项实验的心理学家拒之门外。为什么会出现这样的现象呢？还是让我们从这项实验本身说起。

这项实验的初衷是研究普通人会不会执行有违道德准则的指令。米尔格兰姆除了招聘40名被试者，还专门聘请了两位合格的"演员"，其中一位扮演表情严肃、一丝不苟的权威人士，负责在实验中对被试者下达实验的各种命令；另一位负责扮演一名被要求进行联想记忆的学生，同时也是电击的"承受者"。

实验过程中，那名一丝不苟的"权威角色"向实验参加者发出指令——要求他们电击那名扮演"承受者"的学生，并且告诉他们，这边的电击强度越大，对面的受虐者越痛苦。于是，他们开始了电击，随之就传来了受虐者的惨叫声，当然这不是真的，叫声也是模拟的。

受虐者开始发出一些抗议，要求终止这项实验。施虐者这时询问那名"权威角色"，接下来还要进行吗？"权威角色"回答道，是的，继续。通过这40位实验参加者的表现，米尔格兰姆惊奇地发现，有2/3的人一直在奉命行事，毫不理会对面的惨叫，而最可怕的是：当受虐者不再发出任何声音时，有些人还在执行"权威角色"发出的"荒唐"指令。

你可能会觉得这个心理实验有些残酷，但米尔格兰姆的服从权威实验却向我们展现了一个更加残酷的事实，说出来都有些可怕，因为你会对人性有更加深刻的理解。也许，你未曾想过一个心智正常的人会去听从某个所谓权威人士的命令而对一个无辜的人施以重刑！

之所以产生这种心理现象是由于施虐者把责任推到了权威身上。就像那些在第二次世界大战的集中营和大屠杀惨案中对无辜平民施以暴行的士兵在军事法庭上所说的那样："我们对那些平民的死亡不应当负任何责任，因为我们只是在简单地执行上级命令。"

当然，除了责任分散还有一个原因，那就是身处"权威梯度"（authority gradient）底层的人，会在心理和道德上形成一种抑制效应。也就是说，社会等级制度形成的强大心理压力，使一直在服从权威的人已经习惯了被命令，天性已经被抑制，即使让他们去杀人他们也会毫不眨眼地去做。

据一份来自航空部门的统计，在20%的坠机空难中，副驾驶不愿挺身指出机长的错误判断是导致灾难发生的主要因素之一。这些副驾驶宁愿牺牲自己、乘客和其他同事的性命，也不愿去挑战机长的权威。这是一个令人吃惊的发现！

1993年12月1日，一架西北航空飞往美国明尼苏达州希宾市的班机发生了重大事故，机上所有人员无一幸免。事后，通过机舱录音显示，副驾驶警觉到飞机降落时飞行高度偏高，但他没有立刻指出机长的错误，仅仅是小心翼翼地试图提醒机长："机长，您是不是要一直维持在这个高度啊？"最后，这架飞机由于下降角度过大，致使飞机完全偏离了跑道。而就在飞机坠毁的前一刻，副驾驶还在毕恭毕敬地回答着机长的问题。真是一个悲剧啊！

何谓权威？权威就是指在某种范围内最有地位的人或事物。权威相对而言只是指它的地位，并不能证明它就绝对正确，权威和正确是两个概念。如果盲目相信听从权威，就可能导致错误的发生。认识到盲目服从权威心理现象的危害性，我们就要理智地看待每一个所谓的权威人士。不能盲目地去服从他们的指令，我们要有自己的思想，千万不能唯命是从！每当遇到权威的时候，请先问自己一句：我为什么要对你言听计从？

承诺原理：为什么人们会信守承诺

> **微表情关键词** 每个人都倾向于信守承诺。因为，言行前后不一的人，会被看成是头脑混乱、表里不一，甚至精神有毛病的人。另一方面，言行高度一致大多跟个性坚强、智力出众挂钩，表现出一个人的逻辑性、稳定性和诚实性。

两位加拿大心理学家完成的一项研究提示了赛马场上人们的奇妙心理：只要是赌马者一旦下了赌注，他们立刻对自己所买的那匹马的信心大增。其实这匹马获胜的概率一点也没有改变，马还是原来那匹马，赛道还是原来那条赛道，赛场还是原来那个赛场……

 第十三章　看穿操纵模式，谁也别想操纵我

一旦我们做出了某个决定，或选择了某种立场，就会面对来自个人和外部的压力迫使我们的言行与它保持一致。这被称为承诺一致原则。

千万不要低估承诺的力量，绝大多数人，只要做出了某种声明，就会一直按照这声明做下去。这是外部压力和内部压力的共同作用使然：外界的舆论让人不想做一个背信弃义者，而来自人内心"自我"和"超我"的约束则令人对承诺极为重视。

在我们的文化里，一个人高度的言行一致是备受称道的——也理应如此。大多数时候，要是我们在做事时始终如一地坚持不懈，肯定会做得很好。没有了一致性，我们的生活会困难重重，散乱不堪。

得知了承诺一致原则的效果，我们不妨思索一下，是否能把这种心理动态应用于生活。

我记得我小时候住的是类似大杂院的地方，几个院子的孩子都在一块玩。

十岁那年，爸爸给我买了个足球。这个稀罕物自然让我成了孩子们的新中心，甚至远处院子的孩子都来找我玩。

其实，我更喜欢远处的那几个院子，因为那里的漂亮女孩比较多，而我们这几个院子里都是男孩。

我的背叛行为自然引起了大家的不满。有一次，恰巧远处院子的几个孩子都不在，我拿着球不能自己踢，于是就去找附近院子的玩伴，结果竟遭到了拒绝。他们统一表示："我们不跟你玩了，除非你以后不再背叛我们。"

不再背叛的意思自然是只和他们玩。我其实是不愿意的，但当时没有其他人陪我踢球，所以只能糊里糊涂地答应了他们。

事后，每次我准备找其他院子的孩子的时候，我们院子的玩伴们必定拿起这件事来敲打我。我碍于面子，也只能打消了"背叛"的念头。

慢慢地，我竟然自动自觉地就疏远其他的孩子了。甚至后来上学，我和班里的同学们不亲，反而和这些幼时玩伴关系很要好。

我想，这其实就是承诺一致原则的应用：威逼也好利诱也好，总之先让对方把自己的条件答应下来，然后慢慢地他会自动自觉地遵守这个条件。

承诺一致原则在零售方面，其实也很有优势。我见过的成熟的电脑装机员，都很会把握说话的节奏和顺序。他们不会盲目地向你推荐那些能让他赚大钱的机型，而是会先详细地问你要买电脑干什么。表现得就像他们真的很关心你买电脑的目的一样。

接下来，他们会给你介绍一种配置，在他们的语境下，你会发现他的介

绍让你认为这机器简直是为你而生的。

在你产生这种感觉的时候,他会忽然问一句:"怎么样,这机器很合适吧。"

这时候你无论如何都无法不点头,而当你点头回答"是"的时候,你就中计了。你会发现你自己的脑海里都产生了这样的想法:这还真是一台很配我的机器啊。

而在之后,装机员无论说出多少款这机器的缺点,你可能都会帮这台机器辩护。

所以,聪明的你必须明白,装机就像赌马,不要轻易下注。

"死脑筋地保持一致愚不可及。"这是拉尔夫·沃尔多·爱默生的一句名言。他的意思是说,尽管保持一致一般而言是好的,甚至十分关键,但我们也必须避免愚蠢地死脑筋。我们必须警惕不假思索自动保持一致的反应,因为有些耍花招的人正想利用它谋利呢!

所以,当我们不假思索地保持一致时,我们要问问自己,这个保持一致真的是理智的吗,是否还有其他更合适的选择。

当然,当想要别人做某件事时,我们可以利用一致性原理:如果我们能叫对方做出承诺,我们就帮对方铺垫好了舞台,促使对方不假思索地自动照着先前的承诺去做。

书面承诺就更加好了,是预防对方撕毁合同的一种重要心理机制。它能有效地真正改变人,原因之一在于它很容易公之于众。公开承诺往往具有持久的效力。只要让人们把承诺写在纸上,就会出现神奇的事情:他们当真会照着写的去做。

第十三章 看穿操纵模式,谁也别想操纵我

稀缺原理:资源越是稀缺,人们争夺得越激烈

 每个人都有竞争意识。俗话说,"手快有,手慢无"。人们害怕输给竞争对手,不甘心错过降临的机会,也不愿放弃争取一下就可能得到的东西。精明的商家往往会利用竞争意识设置心理陷阱,一不小心,你就会陷进去。

在日常生活中,商家经常会开展一些让顾客限时抢购的活动,这种活动往往一开展,就能让商家赚得盆满钵满。

这究竟是什么原因呢?

第一,每个人都有竞争意识。广告商经常利用我们的这种心理倾向赚钱,他们会在广告中展示他们的商品是如何受欢迎,我们必须"赶快去买",否则就买不到了。与此同时,在电视画面上我们能够看到,商店还没有营业,人们就已经将商店门口围得里三层外三层了。我们还能看到,很多手迅速伸向货架,货架上的东西被一抢而光。

这种情景传达的信息是,这种商品非常畅销,有很多人想得到这种商品,而且他们也在与我们直接争夺这种商品。

与人争夺稀缺资源的感觉具有很强的刺激性。冷漠的恋人会因为竞争对手的出现而变得热情奔放,因此恋爱中的男女常用的一个策略就是有意或无意地透露自己有了追求者。推销员也会使用这种手法。例如,一个售楼员在把房子推销给一个态度模糊的顾客时,他会告诉这位顾客有很多人想要这个房子,有的人已经看过房子或将要来看房子。这个策略通常会取得很好的效果,由于怕输给竞争对手,这位顾客马上会变得积极起来。

第二,希望拥有被争夺的事物的愿望,几乎是人的本能。在大规模的停业抛售或大降价中去抢购的顾客,几乎都是不由自主地被卷了进去。他们被疯狂的人群所感染,奋不顾身地挤入人群,加入到抢夺的行列,甚至连平时

不屑一顾的商品都被装进了自己的购物袋。这与荒野中的动物群胡乱抢食没有太大的差别。

捕鱼人就善于利用这种心理。他们先将鱼饵投入水中，引诱鱼群一窝蜂地拥上来。待整个水域被张大嘴巴争食的鱼儿覆盖之后，他们将没有放饵的鱼钩抛入水中，此时的鱼儿近乎疯狂，生怕自己的食物被其他的鱼儿吞掉，所以就连没有鱼饵的金属鱼钩也会咬。就这样，捕鱼人轻松地钓到了大量的鱼。

商家为了引人上钩而制造出疯狂争抢的手法，与捕鱼人捕鱼有异曲同工之妙。大甩卖的商家也会大肆宣传，声称自己是挥泪大甩卖、亏本大跳楼、鳄鱼大放血等。不论是哪一种形式的"鱼饵"，一旦起了作用，便会形成一个争抢鱼饵的人群。在你争我夺的过程中，受现场气氛的影响，顾客会变得焦躁不安、心急如焚，完全失去自控力。他们忘记了自己到底需要什么，只是盲目地争夺任何被争夺的东西，甚至疯狂到争抢别人手中的东西。最后，那些背着大包小包回到家的顾客，都会在内心之中困惑：我这是怎么了？

某种东西变得短缺时不仅会让我们更想得到它，而且当我们必须通过竞争才有可能得到它时，我们想得到它的愿望就变得更加强烈了。所以一个理性的人，应该判断自己究竟需要什么，然后才决定购买。而非理性的人，就有可能被广告攻势或者其他的信息所左右，去消费那些本可以不去消费的东西。

竞争有可能是商家给你设置的心理陷阱，反过来，你可以通过给对方制造竞争的假象来打压或者要挟对方。

比如在一个新建的小区里，只有一家理发店，理发店的老板就可能因为"独门冲"心理，抬高理发的价格以获利更多，而不是通过提高服务质量来吸引更多顾客。在这种情况下，即使小区居民多次反映价格太贵，估计这家理发店也不会降价，因为他吃定了你——只此一家，你别无选择。

如果某一天，小区里又新开了一家理发店，第一家理发店就有了竞争对手。如果对手的服务价格比自己低，或服务质量比自己好，那自己的顾客肯定会流失。在这种情况下，为了防止自己的顾客被第二家理发店抢去，第一家理发店就会主动提高服务质量，或者降低服务价格。

可见，让与你利益相对立的一方让步，最好的办法就是让他认为，他不是你唯一的选择。

在现实生活中，这种方法应用很广泛：

第十三章　看穿操纵模式，谁也别想操纵我

一个年轻男子去追求一个年轻女子，女子清高内向，男的好不容易走近了女的，但女的总是若即若离。一天，男的告诉女的，有人给他介绍了一个女孩，各方面条件都很好，家里人非逼着他去见面，他不知道怎么办。结果，女的一听，立马改变了态度，两人的关系急速升温。

一位项目经理，开发了某个项目，为公司创造了很大的利润。他期盼老板主动给他涨工资，结果却没有一点儿动静。于是，他对老板说，有一家更大的公司准备招揽他，职位比目前高，薪水比目前多，他打算年后就去上班。老板一听就急了，忙给他加薪，并承诺一旦机会成熟，就给他升职。

一个企业的谈判代表，在与对方谈判陷入僵局时，他的秘书敲门进来，说是有紧急电话需要马上去接。这时谈判代表显得很慌乱，手中的"机密材料"也忘记在谈判桌上。对方偷偷翻阅了这些材料，原来是其他竞争者的"报价单"。等他重返谈判桌时，对方的态度发生了180度的大转弯，做出了很大程度的让步。结果，谈判双方很快就达成了协议。其实，那些"机密材料"不过是谈判代表精心伪造的。

第十四章

展开心理博弈,把握致胜关键

生活中,总是有些人能够先一步洞悉他人的想法,步步抢占先机;甚至有些人无论何时都能说服他人,将对方与对手玩弄于股掌之间。也许你会说,这些能力都是天生的,这些人注定会被光环围绕,但是我要告诉你:你没有他们受欢迎,没有他们成功,并不是因为你运气不好,或是能力太差,而是你还没有掌握社交过程中的心理博弈术。

第十四章 展开心理博弈，把握致胜关键

囚徒困境：进可逼人就范，退可唬人套话

 囚徒困境心理至少有两个用法：利用对方个体之间的信息不对等，逼迫他们中的单个个体甚至全部个体与你合作；让对方某一个体认为同伴已经"招供"，来从对方处哄骗到有用的信息。而且，利用囚徒困境心理时，不必拘泥于身份高低。不仅可以以上对下，也可以以下对上，成功实现"弑主"。

一对盗贼被捕，但警察并没有足够的证据证明两人有罪，于是将两人分开囚禁不让两人见面，并给两人以相同的谈判条件：如果一方招供而另一方不招供，那么招供的一方判一年，不招供的一方判十年；如果两人同时招供指认对方，那么各判五年。

在这样的谈判条件下，大多数盗贼选择招供，因为自己和同伴被分开，无法得知对方的想法，一旦对方为了尽早出狱而招认，那么自己将被判刑十年。在这种情况下，只能选择不信任和背叛对方，于是两人纷纷招认，警察得到了最大的胜利。

当人们有能力依靠对对方造成伤害来令自己谋利，并且对方也有相同能力时，那么人们会选择尽早伤害对方以避免自己受伤害。这种心理动态轨迹，被称为囚徒困境。囚徒困境最早作为一个经济学博弈论概念提出，但其在国际关系学、谈判法、刑侦学以及心理学方面也有一定的意义。

想要真正意义上了解心理学范畴内的囚徒困境，就必须明白，其产生必须有两个前提：

第一个前提是，"囚徒"之间无法沟通，抑或无法建立有效信任，形成困境。

试想，如果把两个囚徒关在一起，或者没有有效阻碍他们之间的联系，那么他们一定会想办法取得对方的信任，最终使警方毫无收获。或者，两名

罪犯是情人，甚至父子或母子，那么两人之间身后的羁绊一定也会建立强大的信任，使警察的"阴谋"被挫败。

所以，有效地建立囚徒困境，第一步要做的，就是隔离各个"囚徒"之间的信息传递和信任。

第二个前提是，囚徒困境只会产生在两个囚徒之间博弈的最后一个环节。

为什么火车站之类流动性强的地方，小贩卖东西很不注重质量，矿泉水和饼干常常过期，卖茶叶蛋的原料蛋经常是养鸡场的残次品。但为街坊邻居开的小超市却很怕商品过期给人造成伤害，熟食店的东西也相对新鲜。这就是因为，火车站发生的商事活动往往都是"一锤子买卖"，很难产生回头客，属于小贩与顾客之间的最后一次博弈。于是，小贩为了利益最大化，自然不惜以次充好以降低成本。但邻里之间的买卖，几乎都是做的"回头客"生意，每一笔买卖都不是最后一次博弈，为了下一次交易可以进行，商家为了自己的利益也会选择提高商品质量，以便让邻居们变成自己的常客，使自己的利益实现最大化。

因此，囚徒困境心理只会在最后一次博弈中产生。

当经济学界提出囚徒困境之后，立即得到了执法者们的呼应，他们从古往今来的无数案例中，找到了囚徒困境的影子。

晚唐名相李德裕任浙西观察使时，曾接手一件著名的案子：甘露寺的和尚控告上一任主事僧私自挪用寺里财产为自己谋利。他们给出的证据是账本：历届主事僧在离任时，都会清楚地记载着寺内剩余黄金的数目，但这位被告主事僧离任之时的账本上并没有黄金，库房里也确实没有黄金。寺内的高层和尚都一致指认黄金被被告主事僧挥霍掉了。

虽然被告认罪，但这么大一笔钱具体用于何处，供文中却没有交代，李德裕认为此事必有蹊跷，就反复询问被告，最后主事老僧无奈交代：甘露寺的历届主事僧早就有亏空寺内资金的传统，和尚们也都好吃懒做不识佛理。那个账本上虽然一直记载着库房里有一块黄金，但早就被僧人们浪费掉了，那个记载了黄金的账本只是个空账本。而自己为了尽到一个主事的责任，并不打算与众僧同流合污，所以才重新编排了账本，没想到此举被众僧记恨，反而把他诬告到朝堂……

李德裕对于主事僧已经信了一半，但毕竟甘露寺里有太多僧人指证主事僧，所以他必须想个法子证明主事僧的话为真。于是，他命令手下将甘露寺里所有在供词里声称见过金子的僧人叫到一起，给每个人安排一个轿子，轿

 **第十四章　展开心理博弈，把握致胜关键**

子的门面正对着一面墙，这样就隔绝了他们与外界的联系。然后他命令手下人准备几块与僧人们声称的黄金块大小相近的黄泥，给每一位隔绝起来的僧人一块，命他们捏出他们所说的黄金的形象。

这下所有作伪证的僧人都傻了眼，因为本来就没有黄金，他们虽然之前在黄金重量大小上串供，但不可能连形状都串供，无奈之下，众僧只得承认自己的伪证行为。

李德裕那个年代肯定没有"囚徒困境"的说法，但他已经自发地领会到囚徒困境的精髓：隔绝双方使之无法进行有效的信息传递。要知道，作为社会性最强的群居动物，人类是很依赖同伴的，当人们无法确认同伴的行为时，内心会变得很薄弱，惶恐心理和背叛心理也会随之产生。

在现代也有许多人能够熟练地利用人们的囚徒困境心理。

杜克大学化工学院有一对朋友，两人关系很要好，且成绩十分优秀，一个学期下来，论文都是B+以上，几次小考成绩也十分优异。所以，在期末考试前一天，两人去城里的酒吧玩了一个通宵——他们相信，即使这样，他们也能应对简单的期末考试。

但事与愿违的是，两人第二天睡过了头，睁开眼睛的时候已经到了考试开始的时间，等两人驱车赶回学校时，考试已经结束，一对难兄难弟只得商量着去找教授求情，希望教授能安排他们再考一次，并串供说"晚上从城里赶回学校的时候，车胎爆了，这才耽误了考试"。

教授想了想就同意了。第二天，两人来教室接受教授新安排的补考，教授给每人都派发两张卷子，第一张卷子是一些本科目的学术测试，分值40分，聪明的两人用了半个小时就答完了这20分。第二张卷子只有一道题，独占60分：请问你昨天从城里驱车归校时，破的是哪个轮胎。两人面面相觑，又看了看坐在讲台上"监考"的教授，只能乖乖认错。

教授的考卷和李德裕的黄泥给了我们这样的启示：在利用囚徒困境时，应该注意实际，你要尽可能地阻止你讯问的双方之间有所联系，但如果双方已经提前串供，那么你就要找到他们串供的"盲点"，一般来说，这类盲点都是细节问题，比如甘露寺里黄金的形状，比如爆掉的轮胎。

从心理学角度而言，囚徒困境是一种心境，也就是说，你可以不必在客观上营造出囚徒困境的状况，只需要给对方主观上的囚徒困境心理就好。这并不难，比如你可以向对方伪造出另一方已经"招供"。

张冰是一家物流公司的中层管理者，最近，公司在西南地区的物流网铺设失败，70%的流动资金打了水漂，这次挫折很可能导致公司的全面崩盘。为了安定人心，整个公司只有老板和几个高层知晓此事，对中下层员工严防死守，以防此消息流出。张冰是通过他在其他物流公司的高层朋友，才隐约得知此事的大概。虽然他能理解，领导们是担心人心涣散，但他必须为自己的将来考虑，他必须明白此事真伪，好为下一步早做打算。

他想到了一个办法——亲自向老板求证。

第二天，他拿着一张报销单据，进了老板办公室。

老板与张冰之间隔了一级管理层，但他认识张冰，有几次业务处理张冰做得十分冷静老练，所以虽然交谈不多，但他对张冰有着较深的印象。遂问道："张冰啊，来找我有什么事吗？"

张冰拿着手里的报销单据说道："孙总，这是我上次出差的费用，麻烦您给我签一个章。"

老板孙总奇怪地问道："按照我们的规定，出差报销单只要有宋经理的签章就可以了，为什么找到我。"

宋经理就是张冰的直接上司，是公司的老臣，以宋经理的级别和资历，如果公司上层有什么秘密的话，他一定会知道。张冰也正是利用的这一点，于是说道："孙总，我去找过宋经理，但他说公司最近流动资金紧张，要实行银根紧缩政策，以后所有的报销都要得到您的亲自签章才行。"

老板心里泛起了嘀咕，银根紧缩政策确实是他布置的，但同时他也宣布了各部门高层要把此事当成商业机密来处理。宋经理怎么这么冒失，他这么一搞，岂不是公司所有员工都知道现在资金周转不灵了？

想到此，他先没有理会张冰的要求，而是反问道："你们经理是向你们所有人宣布的？"

张冰说道："不，他没有特意宣布，只是我去找他签单的时候随口告诉我的。"

老板闻言暗暗松了一口气，然后说道："好的，你的单子我会盖章，你先去工作吧，顺便帮我把你们经理叫来……不用了，我现在给他打电话。"

张冰点了点头就走了出去，第二天就开始去各类招聘网站上找工作，没几天就找到了新工作，离开了现在的公司。

他离开不久后，公司流动资金不足的各种迹象开始显示出来，所谓兵败如山倒，没多久就宣告了破产。

这就是囚徒困境的另一个用法：向一方给出一个"你的同伴已经招供"的

第十四章　展开心理博弈，把握致胜关键

信息，这时候即使对方不会乖乖就范与你合作，也会露出一些马脚，让你得到可用的消息。

脏脸效应：共同知识和潜规则的运作

　根据古斯塔夫·勒庞在他的著作《乌合之众》中的观点，群体心理是盲目的，难以进行复杂的理性思考。所以，一个群体——他们有着某种共同知识，而此时一个不具备这种共同知识的个体妄图闯入其中时，只有两种结果：一是个体被群体同化，同样地掌握了这种共同知识；二是个体坚持拒绝这种共同知识，最终被群体孤立疏远。

逻辑学家里维斯曾经讲过这样一个故事：

一个房间中有三个人，三个人的脸都很脏，房间里没有镜子。这时，一位美女走进了屋子，看到三个人的脸，无奈地说一句：你们之中有人的脸是脏的。

三人各自看了看其他两人，发现另外两人的脸都是脏的，心里稍安，认为自己的脸应该是干净的，便都松了一口气。

但当他们第二次抬起头，发现所有人都松了一口气，就马上明白状况，于是三人一起脸红。

三人为什么一起脸红？原因很简单，因为共同知识的作用。

一开始，他们并不知道自己的脸是否是脏的，但他们能看到其他人的脏脸。所以侥幸认为自己的脸是干净的。美女已经明确告知他们：有人的脸是脏的——所有人就都知道了这个信息，并且知道其他人也知道了这个信息。而此时他们第二次互相审视，发现每个人都露出跟自己一样的侥幸神色，那么只能说明，三人的脸都是不干净的。

一个共同知识，令场面发生了变化，里维斯称这种变化为脏脸效应。而脏脸效应的核心，就是共同知识。

相声大师刘宝瑞先生曾经讲过这样一个段子：

清朝末年，江南有一个大茶商，很懂得做生意，经营了不到十年，就成了大商人，取得了垄断地位。但在封建社会，无论商人做得多成功，都不会取得太大的社会地位，所以，此人决定捐个官。

就这样，从没读过圣贤书的大商人花钱买了一个实缺县官，立即走马上任。县官做了两年，他就听闻，如果走好上官的后门，自己似乎还有继续升迁的空间。于是他命人偷偷给巡抚送了一大笔银子，并得到了一次拜见机会。

几天后，县官来到了巡抚府上，拜见了巡抚。行礼之后，落座上茶。

在清代官场，下官拜见上官时，虽然上官也会赐一杯茶，但下官决不能喝，这杯茶也不是用来喝的。它的用途是，当上官端起茶时，就表示这次会谈的完毕，不管谈话进行到哪里，也都必须立即打住，起身行礼告辞。

但县官并不懂这一套规矩，作为一个斗大的字不识一筐的愣头青，他对茶倒是很有研究。从下人手中接过茶之后，马上迫不及待地尝了尝巡抚的茶是个什么水平。

这种突兀的动作让在场的所有人都惊愕不语，端茶的小厮、门口的侍卫、坐在主位的巡抚大人，都目瞪口呆：要知道，刚进学的秀才都知道上官的茶不能喝，这人已经做到了县令怎么连这点常识都没有。

县官也发现周围的人都看着自己，于是也有些发觉自己似乎哪里做得失礼。便客气地对巡抚大人说道："巡抚大人，我卖茶十多年都没喝过这么好的茶，您也喝啊，别闲着。"

巡抚大人只能抚额长叹，心道：要不是你银子给得足，早就把你轰出去了……

县官的事件中，"上官的茶不能喝"、"端茶送客"就是这样两条共同认知，进入官场或者准备进入官场的人，都有这样的认知，并且都认为其他的官场之人应该也有这样的认知。这就是"官场"这群人的共同效应，学者吴思称之为"潜规则"。

不明白一个群体的共同认知，就贸然进入这个群体，那么必然要付出更多的成本。这是群体认知心理的一个特点。比如那个县令，他的"不晓事"就令巡抚大人感到厌恶，如果这个故事有后续的话，那么一定是县令付出了更多的银子才得到晋升。

事实上，这种共同认知甚至成了一种可以买卖的商品，在清代官场，"师爷"这种职业就是依靠贩卖共同知识而安身立命的职业。中国幅员辽阔，虽然

第十四章 展开心理博弈，把握致胜关键

也有一套通用官场规则，但在各地又略有不同，新官到任，如果想要顺利上任不惹麻烦，就要熟知这些地方特色，但这类东西并没有成文的书籍杂志可以依据，师爷们恰恰对这类事物了如指掌，所以也就成了新官们的好帮手。但千万不要以为师爷们提供的"共同知识"服务很廉价，也不要以为这些没有功名在身的幕僚身份低微。事实上，几乎所有的师爷都是主官的心腹。而那些素有盛名的师爷，比如绍兴师爷，在打了几年工之后，得到的钱可以让自己摇身一变成为大地主。很多官员甚至借钱也要请到一位好的师爷。

为什么师爷没有功名但却收到如此优厚的待遇？就是因为，官员们都知道共同认知的重要性。群体心理学奠基人库斯塔夫·勒庞曾给群体下过这样的定义：当一群人拥有共同的思维模式、感情时，他们就是一个群体。共同认知其实也是这么一回事，通俗地说，共同认知就是一群人都对某件事物有共同的知识，并且各自知道其他人都有这种知识。

换句话说，如果人们准备进入一个拥有共同知识的群体，但却没有拥有这种共同知识，那么必然会被群体排斥——这就是脏脸效应的力量。也就是说，当你准备进入一个群体的时候，你必须清楚这个群体的共同知识，这样你才能成为这个群体的一部分。

智猪效应：多劳未必多得，不作为未必是偷懒

> **微表情关键词**　智猪效应的心理成因，并非是因为惰性，虽然惰性导致的不作为，和智猪效应导致的不作为看起来并无二致，但是其心理成因有很大不同。前者是人们无法克服自主的惰性，但理性上，当事人自己也应该很明白这种不作为对自己是有害，至少是无益的。而后者则是当事人在经过客观考量之后，得出了不作为比作为对自己更有益处的结论。

诺贝尔经济学奖得主约翰·纳什曾描绘过这样一个命题：
猪圈里有两头猪，都有很高的智商，一头大猪，食量很大；一头小猪，

食量一般。

猪圈的一头是食物槽，另一头是控制食物槽的按钮。每按一下按钮，在猪圈另一头的食物槽里就会落下10斤饲料。由于食物槽和按钮之间距离很远，所以猪从食物槽处跑到按钮处，损耗的体能需要1斤饲料补充。

如果小猪去按按钮，大猪在食物槽旁边等待，大、小猪进食比例为9∶1。减去小猪来回奔跑的损耗之后，实际所得为9∶0。

如果大猪去按按钮，小猪在食物槽旁边等待，那么大、小猪进食比例为6∶4，减去大猪损耗所得为5∶4。

由于两只猪都很聪明，所以会选择最适合自己的策略。这样的话，小猪不会选择主动按按钮，因为这样的话，如果大猪以逸待劳，那么小猪自己的食物只能抵偿消耗，过不了多久就会被饿死。

如果小猪不行动，那么大猪就必须行动，否则没有食物吃，自己也会饿死。因此，最终的分配就变成了，小猪等在食物槽旁边，大猪不停地按按钮。最后小猪得到的食物比大猪少一些。

待着的收益大于行动，纳什教授称之为智猪效应。智猪效应从客观上解释了群体心理的这样一种现象：人们认为，有些能力的个体应该承担更多的责任，付出更多的劳动，也就是所谓的能力越大责任越大。

近两百年的国际关系演变其实从另一个角度说明了群体心理中的智猪效应：工业革命之后，英法率先崛起，他们在国际事务运作中制定规则，攫取利益，同时也责无旁贷地承担了一些调停责任。

到了19世纪，俾斯麦领导的德国与梅特涅领导的奥地利结成了新的强大同盟，他们更积极参与到与英法老霸权的海外殖民地的争夺中，并且确立了新的欧洲秩序。

20世纪至今，美国人则一厢情愿地认为美国价值即世界价值，历史上没有人比他们更热衷于推销自己的价值观了……

在我国明代，作为东亚地区的最强国，也负起了这样的责任：永乐年的郑和下西洋，把国库里无数的财富以赠与的方式赐给了周边小国，使这些国家成了明朝的一部分。到明朝中后期，日本诸侯丰臣秀吉入侵朝鲜，明政府更是责无旁贷地出兵相助，史称关白之乱。

小猪不作为而得益，在很大程度上取决于另一方的"大猪认知"。这种认知让大猪心甘情愿地付出更多的成本，因为在客观上，如果大猪也像小猪那样偷懒，自己也会被饿死。智猪效应是一种双方共有的认知，在拼合到一起

 第十四章 展开心理博弈，把握致胜关键

之后，产生的共同心理效应。

在生活中，如果你是大猪，那么你要有意识地减少智猪效应，最大程度地减弱小猪的自我"小猪"认知，能够蒙蔽小猪们自我觉醒就不让它们自我觉醒。就算小猪发现即使自己不工作也可获利，局势所迫之下你必须付出更多的劳动或其他成本，但你也要做一种人情补救：让对方尽量觉得欠了你一个人情。最简单的方法是装作这件事很难办，或者装疲劳装可怜。

当然，有些时候，智猪效应给大猪造成的成本负担会超出大猪的承受范围，这时，大猪就必须想办法跳出这种智猪效应的格局。我曾经和五个人一起租了一间大房子住。其他人并没有经常做饭的习惯，但我每天有两顿都要自己做着吃，这样的话，我是最依赖燃气灶的。我的邻居们虽然并不经常自己做饭，但他们也不是全然不用，这样下来，每个月燃气费一共有50元左右。一开始，燃气费均摊，慢慢地他们发现我做饭比较多，就觉得不公平，找我商量换一种分配方式。我想了想，人家说的有道理，就说以后煤气费我一个人承担，但电费我就不交了。

这样算下来，应该比较公平。但我低估了邻居们的头脑，在我同意全揽燃气费之后，他们竟然开始很放肆地使用起燃气来，第二个月燃气费就翻了一倍不止，达到了惊人的100多元。我忍受了三个月之后，向他们提出改变分配方式，没想到他们竟然一致拒绝：他们很明白我对燃气的依赖很严重，他们可以忍受欠费停气，但我不能。

每个月都要多拿出六七十元，这样下去不是办法。于是第三个月，我也不去缴纳燃气费了，欠费停气之后——我欣欣然拿出只花了几十块钱买的二手电磁炉做饭。

电磁炉很费电，按照之前的协议，我又不用缴纳电费。没几天，邻居们就主动找我商量改变燃气费和电费的分摊问题。

积极改变自己的大猪处境，是大猪们的必修课。小猪则与大猪不同，小猪的箴言是"大树底下好乘凉"。要知道，即使你不去工作，也有大猪帮你做。小猪要做的只是把自己绑在大猪的战车上，并且让大猪明白当前的状态：我不干活没有影响，你不干活大家饿死，而你休想甩掉我。

而猪圈的饲养员，也就是管理者、规则的制定者，则有必要尽量避免智猪效应心态的产生。毕竟一个可能给人"搭便车"的规则会令小猪以外的所有人都感到苦恼，所以在规则制定上，要尽量多劳多得，才有可能激励大猪小猪们拼命工作。

斗鸡效应：绥靖与妥协——武之心，志在止戈

> **微表情关键词** 通过妥协避免伤害，这种心理倾向深藏于每一个人的心中，源于人们趋利避害的共同性格。在生活中，我们有必要认清自己和他人的斗鸡效应，看清哪些是可以避免的争斗，哪些是无法避免的争斗。对前者要摸清它们的本性，对后者则要想办法应对。

两个实力相当的人狭路相逢，必须有一个人让路，另一个人才能过去，这时，会有几种发展情况呢？

两个人可能都不打算退却，这样的话，两人大打出手，最后都遍体鳞伤，却还没有分出胜负。

一方不退，而另一方退却，那么退却的一方会稍微损失些面子，不退的一方赢得胜利。或者两人关系对调。

在这几种可能性中，对于一方来说最有利的结局莫过于对方退，但如果对现状判断失误，就会导致最不好的结局：双方不退导致两败俱伤。因此，比较可行的方案是，在该退的时候退。

置换到现实中，可以认为懦夫的性格才可能达成利益最大化，因此美国人称这种现象为：chicken game，意味懦夫的游戏。Chicken 在美国俚语中有懦夫的意思，我国译者引入这个概念后，误取了这个词中"鸡"的意思，于是翻译为"斗鸡效应"。

斗鸡效应实际上是指明人们的绥靖心理在客观博弈上的优势：当与某一方出现利益冲突时，对抗到底导致的结果往往是两败俱伤，而比较可行的方案是：见好就收。民谚有云：退一步海阔天空。

华盛顿领导未曾经过训练的美国民兵们击败了装备精良的英国殖民者，并巧妙地利用了法国与英国之间的矛盾，完成了13块殖民地的独立。但他知道，这只是因为英国人没有真正地在乎美国，当日不落帝国解决了与法国的

 第十四章 展开心理博弈，把握致胜关键

外交冲突之后，把一切战争资源动员起来，投入到美洲大陆的时候，绝不是自己带领的民兵们可以战胜的。因此，在英国人还不能抽身的时候，华盛顿派遣最得力的副手约翰·杰伊秘密潜入英国，与英国人签订了著名的《杰伊密约》，这是个典型的不平等条约，它承认了英国在北美地区仍然享有强势的贸易特权，限制了美国产品的出口，并给美国海军舰队的建设画上了吨位上限。

也就是说，好不容易取得了独立地位的美国人民，仍然要在对外贸易上不平等，受制于英国，甚至变相地承认英国宗主国的地位。这些条款是刚刚依靠战争取得了独立地位的美国人眼中很难接受的。但事实上，大多数谙熟国际事务运作的议员和知识阶层，都明白当时对于美国来说最好的办法就是暂时性地与英国妥协。而历史也证明了，正是华盛顿的这种妥协，令美国避免了过早陷入战争泥潭，得到了100多年的和平发展契机，这一个世纪的和平为他们之后在两场世界大战中的崛起奠定了最坚实的基础。

虽然在表面上经常会声称自己决不妥协，但实际上，人类趋利避害的本能使我们会本能地选择更加能够避免伤害的道路，那就是与敌人的妥协和绥靖。斗鸡效应其实就是阐明，在看似不可妥协的外表下，人们对于妥协实际上有多大的容忍。

我从进校门那一天开始，父母就叮嘱我一定要注意谦让，不要惹是生非。后来发现其他的孩子似乎也是被这么教育的。和谐地度过了小学和中学之后，在大学里，打架斗殴的事件逐渐增多。我们大学宿舍窗户前就是一个小广场，而围起来这个广场的其他两幢公寓楼也都是男生宿舍。因此，这个小广场就成为男生约架的专用场所。经常甲和乙约架后又遇到和甲结仇的丙或者甲的室友丁，就这样，人越聚越多，一场由"你欠了我五元八毛钱没还"而引发的单挑，很快成为了群殴。

正当大家以为要看戏的时候，这场二三十人参与的大闹剧必定会戛然而止，因为甲的室友X，可能是乙的同学Y的远房亲戚或老乡。两方阵营里出现了互相认识的人，这场仗就打不起来。最后事情也不了了之，甲乙化敌为友也说不定。而事实上，所有这类约架，一开始的肇事人甲乙，其实都是故意拖延时间。大家都知道，人越来越多，架就打不起来。

其实没有人愿意打架：宁做太平狗，不做乱世人。这就可以看出人们对于战争的憎恶，因为争斗的结果往往是双方不讨好。在生活中，斗鸡效应被人们演绎得出神入化，如果你注意观察的话，就会发现，所有的意气之争几

乎都是一个"给个台阶"的问题。一旦有了这个台阶，双方必定各退一步，大家不但不伤面子，更不伤和气。

当然，这种害怕伤害，偏向妥协以避免伤害的心理效应，有时候也会令人错估局势。比如"二战"初期，丘吉尔的前任首相张伯伦，就低估了希特勒的野心，在战争初期对德国处处绥靖，最终导致纳粹德国在闪击了半个欧洲之后准备把矛头转向法国，法国几乎没有丝毫的抵抗能力，几个月就被德国占领全境。

这就是斗鸡效应导致的错误。当然，斗鸡效应也不是不可克服，实际上，客观看待事物就是克服斗鸡效应不利影响的办法。"二战"时期，一直主张抗击纳粹的丘吉尔首相就克服了这种懦夫心理，看出了希特勒的野心。

所以，在处理自己可能出现的对手或敌人时，一定要通过客观分析，看清哪些是可以和解的哪些是无法和解的。

前世界首富比尔·盖茨就避免了斗鸡效应对于自己的错误影响，在无数对手中，他能分得清哪些是可以合作的，哪些是不能合作的。

一些掌握了关键技术但资本并不雄厚也没有什么市场和名气的小公司，盖茨往往会直接收购。而当微软的某些行为伤害到小公司利益时，盖茨首先想到的就是和解而不是诉诸公堂。

而那些财力雄厚，和微软形成竞争关系的对手，盖茨一方面争夺市场份额，但另一方面也会与对方合作。苹果就是这样一个例子，苹果电脑不用微软开发的windows系统这是人所共知的。可以说，家用电脑几乎被微软统治，唯一的例外就是苹果。按说两者应该是仇敌。但2000年微软同样为苹果量身定做了office办公系统。

不要被情绪左右，是克服斗鸡效应不利影响的关键，客观上发现对方的容纳底线，才能让自己的利益达成最优。

第十四章　展开心理博弈，把握致胜关键

承诺威胁效应：没出手的刀子永远最锋利

> **微表情关键词**　人们害怕受伤害，所以人们害怕威胁。但当你的威胁无法成真的时候，威胁也就失去了效力。想要让自己平时避免伤害，就必须浇灭侥幸之火。所以，承诺威胁有两个组件：一是让对方明白你有伤害他的能力；二是如果越过雷池，自己就一定会受到伤害。

陆象先是唐中前期宰相，早年做同州刺史的时候，他的仆人在街上碰到了同州参军，却没有下马请安。仆人见官员不下马，这有违当时的公序良俗，于是参军大怒，命令随行侍从鞭打陆象先的仆人。

参军明知道这是上官陆象先的仆人，还要鞭打他，其实就是给陆象先下马威，让这个新上任的新官明白地头蛇的厉害。打完仆人之后，参军亲自到陆象先府上，说是来请罪，但语气非常霸道，对陆象先说："下官冒犯了大人您，请大人免去下官的官职。"

这番话看似是请罪，实际上是示威。陆象先手中拿着一本书，看都不看参军一眼，悠然说道："身为仆人，见到官员不下马，打也可以，不打也可以。官员打了上官的仆人，罢官也可以，不罢官也可以。"

说完就不理会参军，开始认真地看书。

参军尴尬地坐了两刻，越发摸不准这位主官大人的脾气，又不知如何回答，只好拱手告辞。从此以后，收敛了很多。

如何做好一个领导，如何做好一个上级，甚至，如何做好一个人？很多人喜欢用温柔可亲的外表包装自己，认为随和、和善就会赢得其他人的爱戴，这并不正确。马基雅维利在《君主论》中说过这样一段话：人们爱戴君主，是基于他们自己的意志，而感到畏惧则是基于君主的意志，因此，一位明智的君主应该立足于自己的意志之上，而不是立足在他人的意志之上。马基雅维利说这样的话不无道理，因为在人们心里，对于可能威胁到自己的事

物或人，存在着更重的敬畏心理。所以上帝能够降下洪水和火焰，宙斯的神器是闪电。

这就是承诺威胁效应：人们更加敬畏那些能够拥有加害能力的人，而不是总是和善慈祥的人，或穷兵黩武的人。陆象先事件里，参军的倚仗是自己是地头蛇，社会关系多，同州衙门离开自己就无法运作。所以他认为陆象先不敢把自己怎么样。而陆象先的话点名"我"可以处置你，正如你"可以"处置我的仆人，这个决定权在我不在你。民间有一句谚语是"会咬人的狗不叫"，阐明的就是这个道理。

我有一位美国朋友，我经常跟他谈中美两国的区别。有一次，话题聊到了两国之间的育子策略。我说，在大多数人眼里，中国家长都很严厉，而美国的管教方式简直是自由到了放养的地步。

我的朋友马上反驳我：不不不，至少我不是这样。在小时候，如果我玩耍时间过长，那么就会受到小惩罚。总之，犯了大错大罚，犯了小错小罚，绝不姑息。

我撇了撇嘴：即便在中国，大多数家长也不会这么严厉了。你受到的最严重的惩罚是什么？

我的朋友想了想说：不给饭吃。有一次，一个舅舅来我们家住一段时间，我当时很不喜欢他——事实上现在也不喜欢——于是就在一家人吃晚饭的时候，偷偷把一张保鲜膜蒙在起居室的马桶上。然后我那位舅舅上厕所的时候……

我马上阻止了我朋友继续讲下去，因为这场景想想就觉得太恶心了。

他继续说：父亲知道了对我说：想法很绝妙，童子军，但是从现在起你不准吃饭，直到 24 个小时之后。看在上帝的分上，我那时候才 10 岁，真怕自己就这么被饿死。

我来了兴趣：然后你真的 24 个小时没有进食？

我的朋友摇了摇头，温暖地笑了笑：怎么可能，第二天 11 点半，我肚子饿得咕咕叫的时候，妈妈就偷偷给我送来了一大盘子玛芬蛋糕和热可可，天知道那是我吃过的最棒的一顿饭。当然，后来我知道了，其实那些蛋糕是爸爸做的，但他不方便出面。我们管这叫好警察和坏警察，你们中国叫一个唱红脸一个唱白脸。实际上，爸爸并不需要惩罚我，他只需要让我明白他有权力惩罚我就好，并且绝不姑息。这给我带来了两个好处：一是在他的监护下没犯过大错；二是明白了在与其他人相处时，如果对方犯错了也无需责罚

第十四章 展开心理博弈，把握致胜关键

他，只要让他明白我有惩罚他的能力就行。

与我这位朋友的父亲相比，我也见过许多糟糕的父亲，他们动辄打骂孩子，这样在孩子还小的时候或许能令他很"听话"，到稍微长大之后，可能就会引起激烈的反弹。我考察过几个关于动手打父母的儿子，他们的共同特征是，从小受尽虐待。但一味的骄纵甚至不闻不问也会导致孩子从小就养成"太子病"或"公主病"。因此，好的育子策略，就像我朋友的父亲做的那样，绝不是经常处罚孩子，而是让孩子明白自己有处罚的能力。并且犯了错误就一定会受到相应的惩罚。

亲子关系如此，其他关系同样如此，承诺威胁效应甚至可以用在国际关系中。

冷战开始时，人们就开始对核武器的威力极为惊恐。而且，五大核武器国开始了核武器装备竞赛，原子弹氢弹越造越多越造越大。"核战灭世"成了最常见的科幻小说题材。但是，国际关系学家此时却大松了一口气，他们的观点是：核武器出现后，世界的和平与存续将得益于核武器本身，核武器由多方掌控，造得越多，世界越安全。

因为如果一方向另一方发动核战，只要没有完全毁灭对方，让对方有反击的能力，那么发动战争的一方也会遭到毁灭。明白这个道理之后，核大国都开始把研究的侧重点转向"接受第一次打击之后仍然保留毁灭对方的核打击能力"，这就是第二次核打击能力。

所以，21世纪后，各个核大国并没有停止关于核武器的研究。但与以往不同的是，他们不再专注于如何取得更高的杀伤力，杀伤更多的生命，而是研究如何保留第二次核打击能力，和提升第二次核打击能力的威力。

2005年，印度海军上将普拉喀什表示，印度不仅有第二次核打击能力，而且这种能力更具有不可抵挡的毁灭性。

俄国的著名高能科学家所罗门诺夫也说：俄国的核武器挂载器越来越隐秘，白杨系列导弹已经具备移动能力，潜射型"圆锤"导弹也开始服役各艘潜艇。

负责任的核大国确信：核威慑必须根植于其他人心中，让他们明白，使用核武器的毁灭性后果，所以他将永远不敢使用核武器。

可以说，承诺威胁效应令世界得以在灭世武器中艰难地生存，我们都要谢谢它。

猎鹿效应：打破不合作误区，实现共同利益

> **微表情关键词** 猎鹿心理给一个社群造成的伤害是很可怕的，即便在小社群中，猎鹿心理也会成为人们彼此的合作障碍。而塑造一种超然力量，就成了突破这种障碍的有效方式。这种超然力量看似很玄，其实只要你找准一个强有力的担保，那么就可以令对方信服。

哲学家卢梭在《论人类不平等的起源和基础》中，讲过一个故事，用以映射人类的某种思维习惯——

森林中有两个猎人，如果他们分头去打猎的话，利用简陋的弓箭，每人只能猎取三只兔了。但如果两人合作，通过大型陷阱，则可以猎到一头鹿。每只兔子够一个人吃三天，一头鹿则可以令每人吃五天。

相比之下，合作给二人带来的收益远远大于分头行动，但是，令人惊讶的是，大多数猎人会选择不合作，即便不合作获得的猎物并不可观。

这后来被称为猎鹿效应，用来描摹人们非理性排斥有益合作的心理轨迹。经济学上提出过一个"理性人"的概念，认为人们的行为是理性的，时刻都会为了自身利益找到最为优化的行为反应。但随着消费者心理学研究的越来越深入，这个词的概念意义越来越强，实用意义趋近于无。到现在，即便再传统的经济学家也要承认，绝对的"理性人"在客观上是不存在的，就像经典物理学界提出的"绝对光滑没有摩擦力的平面"一样。

而猎鹿效应是阻碍人们达成绝对理性的重要原因之一，西方社会会出现周期性的经济危机，而当经济危机演变成更严重的金融危机时，就会发生挤兑。挤兑使银行流动资金大幅度减少，商业银行纷纷破产，人们的恐慌情绪增加，社会金融和信托体系被破坏殆尽，货币流通和和商品交换冻结，大萧条就此开始。挤兑就是猎鹿效应的体现：每个人都知道只要不去挤兑银行就不会倒闭，但却害怕其他人抢先，所以都纷纷去银行取出自己的存款。

第十四章 展开心理博弈，把握致胜关键

实际上，清末大名鼎鼎的晋商领袖胡雪岩就是败亡于"挤兑"。

这场挤兑风潮是从胡雪岩开始囤积生丝开始，19世纪80年代，胡雪岩认准市场，开始囤积大量生丝，这个过程持续了一年，他囤积了8000包生丝，是上海全年交易量的2/3，这是一个非常恐怖的数字。

此时的生丝已经涨到了一个很高的价格，但胡雪岩并不满足，他继续把手上的流动资金购进生丝。他认为，当市场上买不到一包生丝的时候，缫丝厂没有生丝就不能开工，自己就成了市场的唯一庄家，价格将由自己制定。

而此时，市面上忽然风传一则新闻：外国人向胡雪岩讨债，胡马上就要破产啦。

这个传闻并不完全是假的，讨债一事为真。之前胡雪岩曾经给一位商人作担保，向外商借钱。借款到期后，那位商人拒付本息，外商于是转向担保人胡雪岩讨债。

其实，以胡雪岩的经济实力，这笔钱可以很轻松地拿出来，就算眼下胡雪岩流动资金紧张，以他的诚信度和社会地位以及社会关系，还上这笔钱也不是问题。甚至，如果那位老外对中国市场有更大图谋的话，甚至可以直接免去这笔款子来换取胡雪岩的友谊，这也不是没有过的事情。

但民众们并不知道这些事情，一个小事瞬间被人为地放大，1000块大洋欠款马上变成了万两黄金。人人都在说胡雪岩濒临破产。于是，储户们纷纷涌入胡雪岩的钱庄挤兑，他在各地钱庄的现银，几乎都被抢空。而他又因为囤积生丝导致流动资金周转不灵，庞大的商业帝国几乎瞬间破产。

但胡雪岩的破产只是金融危机的前兆，这种挤兑在接下来造成了极大的恐慌，几乎所有的钱庄都受到牵连。一个月内，北京、扬州、上海、福州、宁波、镇江、汉口有数百家钱庄被挤兑破产。大清帝国刚建立的原始金融信托体制，就被一个谣言粉碎。

无论是古老的清政府，还是现代的美国，只要人们稍微冷静下来就能想明白：如果大家都不去挤兑，那么资金流充足的银行就绝对不会破产，自己可以继续享受便利安全的金融服务，甚至还有一定的利息。但是每当涉及到"当大家都如何如何就不会如何如何"这种问题时，每个人想的却都是"如果他们如何如何了而我没如何如何，吃亏的是我"。就像那个不合作的猎人，未尝不是这么想：如果我和他共同猎了一头鹿，但却被他独吞了怎么办。

猎鹿效应给社会和个人造成的伤害是巨大的：每个人都怀疑其他人的行为会加害自己，所以即使稍微冷静合作就可以实现共赢时，却没人愿意合作。

各地出现的民众对于公共资源的不爱惜就是猎鹿效应的另一个体现：各地的室外公共垃圾桶总是破败脏乱的样子，而个人家里却很干净。人们认为家里的设施理所应当干净，而外面的东西不是自己的，就可以随便处置，不用爱惜。可是，所有置办公共设施的资金，说到底不还是从纳税人，也就是他们自己身上的来的吗？一旦公共设施损坏，一方面对人对己造成了巨大的不便，另一方面也会增加政府的支出，这就意味着更多的征税，说来说去不还是会落到自己身上吗？人们明知道这点，但却无法克制对公共事物的不爱惜。这就是猎鹿效应在作祟了。

当然，猎鹿效应的恶果绝非不可以克服。一个超然的调节力量，可以让人们回归理性。

罗斯福总统上台之前，美国一直实行自由资本主义政策，这个国家的立国者认为：市场的力量可以让每个自私的策略最后变成公共利益的平衡与最优。

这种对市场的盲目崇拜和迷信，最终导致了20世纪初的金融危机，一场席卷世界的经济危机爆发，主要资本主义国家经济倒退数十年，霓虹灯下甚至出现了饿死的尸体。

而罗斯福总统制定了新的经济政策，政府开始干预经济，修建大规模公共设施，为银行提供信贷担保。这种欣欣向荣的景象令美国人走出了阴霾，政府成了调节美国经济的超然存在。

而在生活中，当你有了双赢的合作愿望而对方却无意合作时，你可以以塑造或借用这种超然的存在，令对方摆脱这种猎鹿效应。比如，你是一名猎人，准备去猎鹿，而对方担心你私吞整个猎物，不想与你一起去，你就可以用你母亲的名义发誓，一定会公正处理猎物，前提是你是个孝子。也可以去找村长老作担保，令对方放心。

第十四章 展开心理博弈，把握致胜关键

协和谬误：越陷越深，危险的陷阱往往由自己设计

> **微表情关键词** 协和谬误给人造成的损失不可估量，但并非不可避免，实际上，避免这种心理只需要增强对于沉没成本的认识。在任何时候，要不要对某个项目继续投入，都应该取决于其发展前景，而不是已经投入进去的成本。

20世纪60年代英法两国政府准备联合研发一种能够震惊世界的超音速客运飞机，这种飞机不但速度快，而且载客量大，安全系数高，座舱舒适，功能全面……

大笔资金投入到这个项目当中，一个引擎部分的投入就数亿英镑，而超大客舱和稳定性，以及空气动力研究等难题，使得这架飞机变成了吸金无底洞，据说法国政府为了完成超音速客机计划，甚至补发了一次国债。

然而随着工作研究的深入，研究者越发地发现，以英法两国航空公司当前的客流量，这种飞机可能产生的销售额根本无法填补研发它的无底洞。

但是此时英法两国骑虎难下，如果现在放弃超音速客机，那么之前的十几亿投入也等于打了水漂。于是，两国政府明知道这个计划无法实现盈利，却也只能把大把大把的钞票扔进无底洞。

1969年，这架超音速飞机才完成，被命名为"协和飞机"。1976年元旦，协和飞机第一次投入商业使用，用于英法两国往返美洲的航线。由于其高昂的运营成本，导致协和飞机根本不具备太大的市场竞争力，在商业上根本无法达成预计的目标。

明知当前计划无法完成，但由于不想放弃前期投入，导致投入越来越大，损失也越来越大。这种反理性的心理，由于英法两国政府的错误举动，而被命名为"协和谬误"。经济学上，把这种一旦计划无法达成，就难以收回的成本，称之为沉没成本。人们对于沉没成本的眷恋，是导致协和谬误的元

凶。协和谬误之所以称之为谬误，就是因为人们止损意识的错误投射，把沉没成本当成了非沉没成本。

相比英法两国政府，美国的波音公司就聪明多了。在得知英法开始研制超音速客机之后，波音公司也开始了超音速客机的研发，并在1971年造出了两架样机，命名为"波音2707"。但紧接着，市场部发现，这种投入根本无法在中短期内收回，于是马上终止了计划。相比之下，英法两国造了20架协和飞机，虽然实现了协和飞机的商业化，但损失就大得多。

协和谬误虽然起源于大国之间的"空战博弈"，但这决不代表着协和谬误就与我们之间没什么关系。

爸爸喜欢吉他，但是忙于工作，却无法学习，于是把希望放在了我的身上，希望我能够完成他的梦想，便花了3000多元给我买了一把巴西玫瑰木做琴箱的古典吉他。

但我生性不爱拘束，虽然喜欢音乐，但却不喜欢我爸爸强逼着我如何如何。

爸爸看我的态度，明白我不太可能好好学，但他仍然觉得，3000元钱不能白花，于是又花了6000元给我报了一个少年古典吉他培训班。

学过古典吉他的人都知道这对于一个孩子来说有多枯燥，没多久，我就揪着班上的其他几个小孩调皮捣蛋。整个一个学期，五线谱都没认全。我父亲后来哀叹，这是他最失败的一笔投资。

其实，在我不想学古典吉他的情况下，他明明知道无论在此投入多少钱，都只会打水漂，为什么还会再投入6000元学费呢？这就是他对买琴的3000元沉没成本过于看重，导致协和谬误同样也发生在他的身上。

而且，不只是钱，一切可以视为成本的东西，都可能出现协和谬误。我曾经带着女友去看电影，电影很烂，就不说名字了。我看了15分钟，实在看不下去，准备退场，而我女友坚持要看完，按照她的话：100多元的电影票，如果不看完，多亏本啊。

这里就可以看出我和女友思维方式的差别，我女友认为，电影虽然难看，但毕竟花了那么多钱，不看完损失就更大了。而我考虑问题是这样的：已经投入的100多元，是沉没成本，如果电影好看，说明这笔投入值得。如果电影很平庸，那么也可以看完。可是如果电影很差，那么接下来两个小时的时间等于完全浪费，也就是说，如果电影非常差仍然要看完的话，不但没有任何回报还要在100多元的基础上，加上两个小时的时间损失。

第十四章 展开心理博弈，把握致胜关键

在热带雨林，有经验的猎人都知道，被鳄鱼咬住腿之后，一定要用柴刀砍断自己的腿，否则你整个人都会被鳄鱼吞掉。这种"砍腿精神"，就是克服妥协和谬误的不二法门。看起来悲壮，实际上能够最大程度减少你的损失。

除了客观事物之外，主观感情也可以作为沉没成本。

我留学的时候，隔壁的隔壁住着一对夫妻，他们六岁的独生女儿在街上玩耍的时候，被一辆车撞死。整个社区都见识到了这对夫妻的悲恸，以往乐于助人的夫妻变得冷淡沉默，他们的院子里杂草丛生（这在美国似乎是跟信用破产一样严重的问题）。两人的关系也似乎变得隔阂丛生，以往他们会在黄昏的时候牵着手逛街，而大家在参加葬礼时，发现两人之间几乎没有身体接触。一切都表明，他们失去了对生活的热爱。如果这么放任下去，这对相爱的夫妻很可能会就此离婚，并生活在悔恨中。

于是邻居们凑在一起想了一个办法。

这一天晚上，睡梦中的丈夫听到有什么声音，一开始以为是老鼠，于是准备走到客厅看看这是怎么回事。

忽然，卧室的门被一脚踹开，丈夫一屁股坐在地上，妻子也惊醒。

这时候，五六个头戴面具、手拿卡宾枪的人，已经涌入了卧室。当夫妻俩反应过来之前，枪口已经顶在了两人头上。

两人不敢反抗，丈夫故作镇定地说："朋友们，这座屋子里的一切你们都可以拿走，但请不要伤害我们。"

几人摇了摇头，一个壮汉用低沉的声音说道："少废话，你看清我们的长相了。"

丈夫说："我发誓我没有。这样，不远处有一家 ATM 机，我账户里有 30 多万美元，我可以把这笔钱取出来，我只求你们别伤害我的妻子。"

不等劫匪说话，妻子马上抱住了丈夫，说："不，要去一起去，我要和他在一起。"

魁梧的劫匪怪叫："闭嘴，别以为我不懂你在打什么主意。你想让我们带你走后，留下你妻子一人报警，好在ATM机前抓获我们，是吧？不可能……"

这是，忽然有另一个声音说道："老大，外面似乎有一辆车。不会是警察吧。"

魁梧的人说道："混蛋！没办法了，我们快跑！"

劫匪跑出去之后，并没有走远，而是悄悄蹲在他们卧房窗户前，伪装出越跑越远的声音，并且悄悄地摘掉面具——这几个人竟然是丈夫在社区里最要好的一帮铁哥们——他们蹲在墙角,侧耳倾听房间里的声音。

夫妻俩惊呆片刻,然后抱头痛哭。丈夫也惊魂未定,还一直拍着妻子的背,安慰她。妻子哭泣着说:"亲爱的,我无法承受同时失去你们两个人。"

第二天,丈夫准备向最好的朋友,也是这个社区的一名警察报警时,好朋友制止了他,并对他说明了真相:他就是那位彪形大汉……

我作为这件事的见证人,一方面为美国人的大胆开放感到惊讶,另一方面也明白了协和谬误在这里产生的感情作用:两人因为失去孩子的悲恸,无法看见对方,从而导致生无可恋。但实际上,他们是爱着彼此的,丈夫的好友们做的这种极端行为,就是让他们在极度惊恐中,再次看到彼此的存在,让他们明白他们活下去的意义。在生活中失去了挚爱而消沉的朋友,你们一定也有其他爱着的人,那就让已经过去的悲伤沉没,为了生者而好好活着吧。

分蛋糕效应:讨价还价也是一门学问

微表情关键词 针对分蛋糕心理可能出现的实际状况,我们可以总结出许多类似的小策略,帮助我们实现利益最优。但需要告诫的是,零和博弈在某些情况下很容易演变成冲突,这就会造成"负数和",并且双方都受损。因此,在分蛋糕之前,一定要把握对方可以接受的底线,并且尽量不触碰它。

一块蛋糕同时给两个孩子吃,他们都想做分蛋糕的人,因为担心对方会切得不公平。所以一直为此争执不下。

这时候,他们的父亲走过来说:一个人切,另一个人优先选,这样就公平了。

为什么两个孩子会为分蛋糕的事情争执不下呢?因为一方如果切的多了,另一方吃的就少了。蛋糕只有一块,吃完就没了。A吃得多一些,B吃得必定会少一些。假设每人吃了正好一半的时候,收益为0,那么如果一个人多吃了一点,收益是1,另一个人少吃了一点,收益就是-1。双方的收益相

第十四章 展开心理博弈,把握致胜关键

加之后,等于零。

像这种,当双方存在于一场博弈中,一方获利另一方就受损的情况,被称为零和博弈。而人们在零和博弈中产生的心理状态就是分蛋糕心理:总是害怕对方会侵害自己的利益。于是出现了随处可见的讨价还价。

讨价还价是分蛋糕心理所主导的最常见行为,双方都存在着这样的心理:如果让你占便宜了,那么我的收益将会减少。所以,卖家核算成本之后,会出现一个利润十倍于成本的价格,而买家开口就要砍掉1/3。

理论上来说,分蛋糕心理最终能够达成的理想成果是双方平分秋色,制定出一个"A来切蛋糕,B来优先选"的相对公平结局。但实际上,由于买卖双方的专业知识以及信息量的不平等,导致了一方很难真正明白如何能达成对自己的利益最大化。100元钱的商品,买家砍价到80之后就沾沾自喜,仿佛得到了胜利。而实际上,其成本可能只有30元。

这就是优秀的定价策略:让消费者认为自己占了便宜。商场里的大让利大酬宾,跳楼大甩卖,都暗合消费者心理学。说得简单些,无非就是在分蛋糕的时候,用黑布挡出一块蛋糕,使另一方错估蛋糕的数量。

消费者不可能知道这件商品的原材料采集成本、工厂车间流水线成本、制作工人人力成本、制造能源成本、市场营销成本等到底是什么数字,我们无法猜测一件商品到底凝结了多少劳动价值。这是商家掌握主动定价的最大倚仗。消费者能做的其实只能是"货比三家"。可是当三家商人达成一个共识,表面竞争,实际勾结控制市场时,消费者也只能乖乖地受骗。

话题回到那块蛋糕上,再加入一个假设条件,如果蛋糕是冰激凌蛋糕呢?也就是说,讨价还价的双方如果不在一定时间内得出共识,那么双方利益均受伤害。讨价还价所用的时间,也是成本,这被称为等待成本。一般来说,等待成本的添加并不是公平地针对双方,而往往是针对一方。

郭德纲相声里有个段子,说某人在街上走,忽然发现街上有一对城管在清理街道,于是此人拔足狂奔到500米外的烤羊肉串小摊,跟老板要了100串羊肉串,老板辛辛苦苦烤完100串交到此人手中,城管正好接近这家烤串小摊。老板自然不能等下去,于是卷盖铺弃"串"而去。

如果老板继续等下去,那么他将被城管抓获,没收和罚款使他难以承受等待的成本,所以只能便宜了此人。

当然,很多时候,博弈的一方可以给另一方施加等待成本。老北京城有个大古玩商,手中有三块玉璧。被一位扬州的大商人预定,预约金300现大洋。

  一星期后，扬州商人来到了京城的古董店，与老板商谈。老板提出，三块玉璧，一口价800现大洋。

  大商人马上摇头：你这是狮子大开口，这样，我只买一对玉璧，500大洋！

  古玩老板一愣，二话不说，从桌上拿起一块玉璧，轻轻向地上一扔。还不等扬州商人反应过来，玉璧摔在地上应声而碎。清脆的响声明确地提醒着扬州商人，这块玉是难得的珍品。

  商人马上站起来，火急火燎地质问古玩老板。老板施施然喝了一口茶：既然您只要两块，那么另一块就没有存在的意义了。这两块，还卖800大洋。

  大商人更冒火了：三块800，两块还是800，你拿我当冤大头？

  古玩商人又从桌上拿起一块玉璧，往地上一摔，扬州商人已经惊呆了。老板继续说：现在这桌上只剩一块玉璧，我要价1000大洋，一口价的买卖，您要是不识货，我也只能送客了。

  扬州商人急道：什么？一块玉璧比三块卖得都贵，你这……

  不等商人说完，老板又从桌上拿起了最后一块玉璧，商人见状也顾不上仪表礼貌，窜上前一把抓住老板的袖子，大喊：1000，成交！

  交易两讫之后，学徒来接待厅打扫地板，心疼地对老板说：师傅，您也太狠心了……

  老板闻言捋了捋胡子，得意地笑说：砸掉的那两块只是赝品，三天前托东城叶师傅做的，花了我小一百大洋呐……

  古玩老板给扬州商人捏造了一个等待成本，打消了他的一切讨价还价的理由，并在等待的最后一刻，摧垮扬州商人的心理防线，把价格提升到一个相当高的程度，赚了个盆满钵满。

  利用等待成本去砍价，当然不只是卖方的专利。我留学的第二年，与两个要好的同学在学校附近租了一间三人公寓，头一年的合同是月租金1500美元。房租在第二年5月份到期后，我们三个准备与房东谈续约的事情时，房东提出了要把第二年房租提高到每月2000美元。

  房东说：大学城里的留学生越来越多，租房市场越来越热，1500美元只是一年前的市价，现在给你们涨到2000美元，也是市价，并没有占你们便宜。如果你们有困难，可以续租一个月，然后再去找房看看，2000美元值不值。

第十四章　展开心理博弈，把握致胜关键

我明白老板说得对，也大概把握了老板的小心思：他看到其他房东纷纷涨价，同水平公寓的房租提升到了2000美元，有些"眼馋"。但虽然他有他的道理，但我们也有我们的道理：三个留学生租公寓住本来就已经有些捉襟见肘，这么一涨价，我们可能有"睡大街"的危险。

我的室友一个是没什么心机的印度人，一位是不善言辞的秘鲁人。不能指望他们两人了，于是我想了想，给我的房东算了一笔账：先生，你说的合情合理，但你忽略了一件事。

房东一愣：什么事？

我继续说：我们来算一笔账，如果我们现在搬走，新入户住进，按照现在的市价您把房租涨到2000美元，相比去年，明年一年你能多拿6000美元，对吧？

房东点点头，我继续说道：但你忽略了，现在是5月份，半个月之内，这里所有的学院都要放三个月的暑假。而这里是大学城，恐怕至少要到三个月后重新开学的时候，您才能2000美元一个月把这房子租出去。也就是说，如果我们不住了，您至少损失三个月房租，4500美元，对不对？

房东先生说：但这样的话我还是挣了1500美元。

我说：是的，但你要考虑很多问题：新来的学生会不会在您的房子里抽烟开派对吸大麻，或者把房子当成柴火烧掉。您也看到我们三个对这座公寓多爱惜了，那些基本用具几乎毫发无损。我们甚至两次被这栋公寓的管理员内定为星级住户。不客气地说，您很难找到我们这么好的房客了。您确定要为了每年1500美元就冒这个险吗？

房东叹了一口气，我看出他已经被我说动了。于是继续加了一把劲：但是附近房租涨价也是不争的事实，可我们都是穷学生啊，先生，你得体谅我们。这样吧，我们象征性地涨100美元，这样的话，按照我们刚才的算法，您一年只损失了300美元。300美元买到了内心的踏实，300美元避免了新租户可能带来的麻烦，还买到了我们的友谊，请选择吧，先生。

房东先生被我说得哈哈大笑：你要不是中国人我就建议你去竞选参议员了！就按你说的，成交！

这件事我经常拿出来教育晚辈，算是我众多"还价大战"之中的得意之作。而我之所以能够游说成功，就是抓住了房东先生的等待成本，所以我应该感谢美国教育制度订下的三个月的漫长暑假，这让他必须在暑假前把房子租出去，否则，就等于损失三个月房租。

最后要说明的是，很多人对于"分蛋糕效应"会有一定的羞耻感，羞于讨价还价。我毕业十多年后，去看望一位大学期间对我非常照顾的教授，老人家已经年近古稀，赋闲在家。我去看望他时正赶上他在给儿子布置新房，准备去买一套家具。我说我跟这一行的人打过交道，带我去吧，至少不受骗。

老师欣然拉着我前往家具城。看好一套家具之后，老师准备付钱，我马上握住他的手，开始跟商家讨价。最终叫来了店长，打了个八折，省下了1000多元。

我正准备邀功，谁知回去的路上老师板着脸把我训了一顿，说我把他的脸丢尽了。之后吃晚饭的时候都一直在给我脸色看。师母大人问明原委之后只是一个劲乐，还跟我说：你老师就这样，别跟他一般见识。

当然不能跟老师生气，只能苦笑，苦笑之后却明白了老师的脾性。作为老一代知识分子，他的清高让他羞于"讨价还价"。很多人或轻或重都有这种情结，这是没必要的，因为人在进入零和博弈之后，必定会避免自己的损失，此乃天经地义，是人的自然心理反应。

枪手效应：置身于是非之外，庶民的胜利

微表情关键词 只有那些出类拔萃的人才能获得最终的胜利吗？错，所谓木秀于林风必摧之，又所谓两虎相争必有一伤。你要做的是托庇于秀木的卓越，老虎后面的狐狸。喜欢争斗的人，让他们去斗好了，至于我们，练好本事干好工作，才是王道。

热爱西部片的美国经济学家们，曾经设定过一个这样的博弈环节——

在小镇上，有三个互相仇视的枪手，相约来到街上决斗，他们的仇恨不共戴天，每个人都想杀死另外两个人。由于是世仇，所以每个人都对另外两个人的实力十分了解：

A枪手枪法精准，十发八中；

第十四章　展开心理博弈，把握致胜关键

B枪手枪法一般，十发六中；

C枪手枪法拙劣，十发四中。

三人每人站稳一个点，形成了一个等边三角形。战斗一触即发——

这时候，煞风景的经济心理学家提了一个问题：三个人谁更可能活下来？

按照武侠小说或者美国大片的逻辑，活下来的必定是A枪手，因为他枪法精准武功高强，比另外两人高了一大截。相比之下，C枪手枪法拙劣，没什么战斗力，简直就是传说中的路人甲。

但是，经济学家给出的答案却与此截然相反。原因其实一点即破。A枪手要在他的对手B和C之间选择一个人互相瞄准，那么他必定会选择B，因为B枪手对他的威胁比较大。而B枪手此时也必定要瞄准A，因为A很有可能一枪打死自己。

于是，枪法最为拙劣的C枪手竟然没有被任何人瞄准！他可以在两人互相开枪时，瞄准活下来的，取得先攻权。运气好的话，A、B枪手直接同归于尽也说不定。

解释完之后，经济心理学家会再问一个问题：如果让C先开枪，他会打谁？

他可以瞄准威胁最大的A，毕竟这家伙枪法神准。如果没有打中，A也不会报复自己，因为C向自己证明了自己的枪法有多烂，相比枪法拙劣的C，A更愿意先干掉枪法只比自己差一线的B。

可是，如果C运气好一枪打死了A，怎么办？这时候，C就变成了B的唯一威胁，B不得不与C打上一架。而B比C要厉害不少，所以C可能被B杀死。

说来说去，如果让C先开枪的话，最好的策略竟然是胡乱向天上开一枪，谁也打不中最好。因为只要当前的情势不变，那么C就是场上最不具备威胁的人，他的活命几率也就最大。

最差的枪手，只要不主动打破平衡，他就永远有优势。因为强者在争斗中会忽视弱者，这种由忽视弱者而令弱者产生的策略优势，被称为枪手效应。

三国鼎力，就是一个最为形象的枪手效应示意图，孙刘联军在赤壁打败曹操，曹操北逃，但关羽却在华容道放过了曹操，让曹操跑回许昌，整顿了曹魏政权。

原因很简单，一旦曹操死在长江边，那么孙吴将成为最大的政权，首当

其冲的自然是当时还十分弱小的刘备。所以，为了让孙吴无暇他顾，一个统一的有威慑力的曹魏政权必须存在。这样才能保证刘备政权的超然性，继续在两大巨头的夹缝中，寻找生机。

时间过了几年，夷陵之战令西蜀和东吴之间脆弱的协议荡然无存，昭烈帝刘备倾国之力讨伐东吴，但却被陆逊火烧连营，把西蜀军杀得丢盔弃甲。一直把蜀军追到了鱼腹浦，此时诸葛亮领兵进川，而陆逊准备渡河时，发现对面的石头摆放很奇怪，接着便狂风大作、飞沙走石，陆逊见状只得班师回朝，并叹道：孔明真卧龙也，我比不上他。

三国演义里的神话桥段自然不能当真，但在历史上，陆逊确实也有继续追击蜀军扩大东吴版图的能力，但他却并没有这样做。原因很简单：一个具有一定实力的西蜀政权，可以对曹魏构成更大的威胁。东吴也可以获得战争之后的喘息，保有难能可贵的和平局面。

事实如东吴所料，诸葛亮回西蜀之后，积极整备，在余生疯狂地进攻魏国，史称六出祁山。吴国则作壁上观，享受了多年的和平发展。

国家之间存在枪手效应，而实际上在生活中枪手效应有更广泛的应用空间。因为只要你在群体中，就免不了利益牵扯和利益冲突。这种时候，不要太与其他人针锋相对，即便在工作上做出了较大的成绩，也不要太引人注目。

你要做的是，在没有巨大利益时，尽量不把自己的能力暴露给对手看。工作能力让老板一个人知道就可以了。同一个办公室中，不要总想着出彩，要尽量笨一点，迟钝一点，让其他看似有能力的人针锋相对，互相下绊子。你要做的是把工作做好，让上司明白谁才是真正能够干活的人。

第十四章 展开心理博弈,把握致胜关键

信息甄别效应:数亿元的广告位为何令人趋之若鹜

> **微表情关键词** 在没有经过控制的时候,人们进行的信息甄别,是主观的、表面的和一厢情愿的。克服这种主观性信息甄别的过程,往往就是人们从感性主导思维转向理性主导思维的过程。这对于一个人的成熟和成长来说,是必要的。所以,就从"不通过衣着外貌武断地判断一个人"来做起吧。

我在前几年买了一间房子,刚搬家入户的时候,少不了一番折腾。由于需要干脏活累活,所以穿了一身很破旧的衣服。一天下来终于勉强收拾妥当,再看自己的形象,可说是满面尘灰烟火色,两鬓苍苍十指黑。

这时候觉得口渴打算出门买水,在便民超市里买了一瓶矿泉水之后,发现钥匙手机钱包都没带,但那瓶水已经喝了一口,自然不能再还给人家,于是只能尴尬地说:对不起啊,我没带钱,我是这个小区的住户,能不能等我晚上给你。

便利店老板一脸狐疑地看着我:这小区里没几家人家,我怎么没见过你?

我说自己是新搬进来的,住16栋。

便利店老板:16栋就在对面,我可以看见单元门,你可以现在回去取。

我又尴尬地说:我没带钥匙。

老板有些不屑地说:算了算了,拿着这水走吧。你要是没吃饭我可以给你个馒头,你们也挺苦的。这小区的隔壁小区是街道办,可以帮失业人士办理再就业手续,小伙子,倚老卖老地说一句,你这么年轻干点什么不行啊……

面对老板心存善意的喋喋不休,我只能苦笑:我肤色很重,因为要干重活又穿得破破烂烂,买矿泉水的一元钱都拿不出来,被误认为游民乞丐倒也

无可厚非。后来由于经常和这位小老板打交道，大家交情不错，谈起这事儿也都哈哈大笑，笑过之后，我却发现，这件事从侧面描摹了人类心理的某种轨迹：信息甄别效应。

信息甄别效应，就是人们对他人或某件事物的认知过程，往往是通过信息归类所取得的。比如一个女孩，当她穿着泡泡裙公主靴的时候，人们会认为她是个娇小可爱的女孩；当她穿着吊带短裙和高跟鞋的时候，人们则认为她成熟妩媚；而当她穿着跨栏背心七分裤和帆布鞋时，大家则认为她活力四射，是个运动女孩……而实际上，这都只是女孩打算展示给外人的那一部分，至于女孩自己到底是什么样的，恐怕连她自己都没有全然把握清楚。

这种信息甄别法，其实来源于人的惰性。一个人真正的性格和内心十分复杂，我们认识一个人时，很难对他进行这种深入的、全方位的认识。但是，可以通过类似的标签对他进行判断，这样就省了不少力。张三是个暴脾气，李四为人忠厚，通过这种贴标签，我们把他人当作一团信息处理，在这个信息甄别的过程中，人被标签化。

对人如此，对物也是如此。

2005年末，央视2006年的"黄金资源"广告位，总共招标额为58.7亿元。很多大商家斥资数亿，仅仅是为了在新闻联播之前，自己的产品能在银屏上出现30秒。

其实有人统计过，那些播放热门娱乐节目或电视剧的频道加在一起，覆盖面积和收视率是要远远高于央视"黄金资源"的。但即使在这些电视台所有的黄金时段的广告费用加在一起，也不如央视同时间的1/5。

作为宣传手段，明明"热门地方台集束买断"的策略要远远优于"央视黄金资源"，为什么仍然有那么多大厂商对央视趋之若鹜呢？

原因很简单，他们投放广告并不仅仅是宣传自己的产品，更重要的是：告诉消费者，本公司有在央视投放广告的能力，那么自然资金雄厚财大气粗，做出来的商品也不会太差。

其实人类的甄别效应在自然界也很常见。在鸟类的族群中，雌鸟挑选雄鸟往往遵循着这样的原则：羽毛越华丽越受欢迎。

按照自然界优胜劣汰的法则，华丽的羽毛实在不利于雄鸟的生存：华丽的羽毛往往厚重，这会令雄鸟更笨拙；同时华丽的羽毛过于显眼，会让天敌和猎人更容易发现。

但雌鸟仍然对长着华丽羽毛的雄鸟趋之若鹜，这是为什么？因为只有强

第十四章　展开心理博弈，把握致胜关键

壮健康的雄鸟才能在保留华丽羽毛的同时，生存下来。也就是说，华丽羽毛作为一种生存成本，而敢于背负这种成本的，往往是鸟中精英。这其实和大厂商们投放巨额广告费有异曲同工之妙：数亿的成本，小商家不敢背负，但是我敢，因为我有实力。

由于信息甄别效应的存在，导致人们在认识事物上会表面化、标签化，这种简单的惰性被人利用之后，就会对我们自身利益产生危害。比如大厂商们，他们其实并没有承担巨额广告成本，而是把这类广告的成本算进了商品定价，让消费者来承担。

所以，聪明人在选择商品时，不会通过"名气"，而是建立另一套巧妙理性的甄别机制：两件同类商品，即便定价差不多，也要买没名气的，因为名气大的那个商品里必定包含这广告成本，那么这件商品里凝结的使用价值就更低。如果担心商品质量的话，则不妨通过没有商业性的纯质量认证方式去审核它：比如看它是否有国际质量体系的认证，贩卖它的商家口碑如何……

对待人，同样可以建立类似的甄别机制。圣经里一则所罗门王的著名故事就可以给我们启示：

两个女人和她们几个月大的孩子住在一间房里，一女在睡觉时不小心压死了自己的孩子，于是将死去的婴儿放进另一位女人怀中，并抱走她怀里活着的婴儿。

天亮后女人发现怀中死去的婴儿不是自己的，于是告到了所罗门王的面前。大堂上，两个女人都说孩子是自己的，所罗门王想了想，决定把孩子从中间劈成两半，给两个女人每人一半。

假妈妈遵从了所罗门王的判罚。

真妈妈听了之后大哭道：孩子不是我的，给她吧，我不要了。

所罗门王把这孩子判给了真妈妈。

所罗门王设定了更加理性和智慧的信息甄别方式，我们平时在对其他人的信息甄别时，也要借鉴所罗门王的智慧。摆脱传统的不动脑子的直观式信息甄别，而进入更深层次的信息甄别。神探福尔摩斯其实就是这种理性信息甄别的极致，通过此人言行举止和衣着外貌的细节演绎，他可以看出一个乞丐在祖上那一代是王国贵族。

当然，福尔摩斯强大到神话级别的推演能力只能出现在小说中，但这种信息甄别的方式，我们完全可以学习。